ÖSTERREICHISCHE AKADEMIE DER WISSENSCHAFTEN
PHILOSOPHISCH-HISTORISCHE KLASSE
SITZUNGSBERICHTE, 592. BAND

VERÖFFENTLICHUNGEN DES INSTITUTS FÜR
REALIENKUNDE DES MITTELALTERS UND DER FRÜHEN NEUZEIT
NR. 14

WALLFAHRT UND ALLTAG IN MITTELALTER UND FRÜHER NEUZEIT

INTERNATIONALES ROUND-TABLE-GESPRÄCH
KREMS AN DER DONAU
8. OKTOBER 1990

MIT 3 ABBILDUNGEN

VERLAG DER
ÖSTERREICHISCHEN AKADEMIE DER WISSENSCHAFTEN
WIEN 1992

Vorgelegt von w. M. HERWIG WOLFRAM
in der Sitzung vom 19. Juni 1991

Gedruckt mit Unterstützung durch den Fonds zur Förderung der wissenschaftlichen Forschung

Redaktion: Gerhard Jaritz und Barbara Schuh

Umschlagbild:
Jan Pollak?, Pilger an der Kapelle des hl. Wolfgang,
Tafelbild, München-Obermenzing, Pfarrkirche Pipping
(aus: Der heilige Wolfgang in Geschichte, Kunst und Kult,
Ausstellungskatalog. Linz 1976, Farbtafel VI,
Foto: Dr. Peter Pfarl, Bad Ischl).

ISBN 3-7001-1976-3

Druck: Styria, Graz

Inhaltsverzeichnis

Vorwort

Die internationalen Round-Table Gespräche, die seit 1982 in Krems im zweijährigen Rhythmus abgehalten werden, sind jeweils bemüht, spezielle Themen in engstem Kreis von Fachleuten zur Diskussion zu stellen und solcherart mosaikartig zur Erforschung der mittelalterlichen und frühneuzeitlichen Alltagsgeschichte und Sachkultur beizutragen.

Im Herbst 1990 veranstaltete das Institut für Realienkunde des Mittelalters und der frühen Neuzeit ein solches Gespräch, das sich mit dem überaus vielschichtigen, heterogenen Thema 'Wallfahrt und Alltag in Spätmittelalter und früher Neuzeit' auseinandersetzte und zu wertvollen Erkenntnissen gelangte. Es galt – ausgehend von unterschiedlichen Forschungsansätzen – die Frage zu diskutieren, inwieweit das Phänomen der Wallfahrt als ein Teil des mittelalterlichen und frühneuzeitlichen Alltags anzusprechen ist. Unter diesem Aspekt traten zahlreiche Facetten des Pilgerwesens zutage, diente doch die Wallfahrt außer religiösen Intentionen auch dem Sozialprestige und damit der vertikalen Mobilität; sie wurde auch zur Anbahnung von Geschäftsbeziehungen oder zur Auskundschaftung militärischer Geheimnisse benützt. Für die unteren sozialen Schichten bedeutete Wallfahrt ein Ausbrechen aus dem Alltag, eine Hilfestellung zur Krisenbewältigung durch intensive Kommunikation, wodurch im gleichen Maße das christliche Wir-Gefühl gestärkt wurde. Mit dem Einsetzen der überregionalen und regionalen Wallfahrt kam es zwingend zu einem Konkurrenzdenken, das sowohl in Mirakelbüchern nachhaltigen Niederschlag fand als auch in der Schaffung spezifischer 'Wunderaltäre' kulminierte. Schriftliche Aufzeichnungen bzw. Druckwerke und Bilder wurden solcherart zu Werbeträgern umfunktioniert. Durch ihren Einsatz war man bestrebt, 'Besonderheiten' als Unterscheidungsmerkmale zu anderen Wallfahrtsstätten hervorzuheben. Die im Druck erschienenen Berichte über Pilgerreisen zu den drei großen Wallfahrtsstätten Rom, Santiago de Compostela und Jerusalem lassen wenig Verständnis oder gar Toleranz gegenüber Andersgläubigen erkennen und machen überdies die überwiegend ablehnende Haltung gegenüber allem 'Fremden', wie etwa den Nationalitäten, deutlich. Erst im ausgehenden 15. Jahrhundert sind Ansätze zu einer Änderung zu beobachten, kam es doch zu ersten Würdigungen anderer Trachten und Lebensgewohnheiten, von Handelsplätzen, Produktionsstätten und Bauwerken, die einer Pilgerreise allmählich auch den Charakter einer *peregrinatio erudita* verliehen.

Krems, im Mai 1992 — Harry Kühnel

Das Problemfeld Wallfahrtsforschung oder: Mediaevistik und neuzeitliche Sozialgeschichte im Gespräch

Wolfgang Brückner

Meine Spezialdisziplin, die Volkskunde oder europäische Ethnologie, genauer die Sozialgeschichte regionaler Kultur, hat bis vor zwei Jahrzehnten zumindest für die Neuzeit das Phänomen Wallfahrt als Forschungsaufgabe quasi zugeschoben bekommen im Grobkonzept der mitteleuropäischen Geisteswissenschaften. Was für das Mittelalter durchaus relevanter und damit reputierlicher Forschungsgegenstand von Historikern und nicht nur solcher der Kirchengeschichte sein durfte, galt auf dem Felde der letzten fünfhundert Jahre selbst für landesgeschichtliche Studien mehr als ein Kulturkuriosum der lokalen Heimatgeschichte oder eben der Volkskundler im Zusammenhang ganz bestimmter ethnographischer Theorienbildung.

Dahinter stecken zwei gewichtige geistesgeschichtliche Konstellationen, die in gewisser Weise bis heute nachwirken: zum einen das Verdikt von Reformation und katholisch-kirchlicher Aufklärung, Wallfahrt sei des Teufels oder lenke zumindest vom eigentlichen Glauben ab, und zum anderen – daraus abgeleitet – für die in Mitteleuropa protestantisch und aufklärerisch geprägten Geisteswissenschaften des 19. und 20. Jahrhunderts, Wallfahrt sei entwicklungsgeschichtlich zu verstehen als eine religiöse Äußerungsform urmenschlicher Mentalität; sie sei dem vollentwickelten Homo sapiens mit Abitur, Matura oder Baccalaureat unangemessen, also notabene ein Forschungsgegenstand des Mythologisch-Magischen, nur am Rande noch ein Objekt der Kirchenhistorie vielleicht, genauer aber ein Phänomen des ethnographischen und religionswissenschaftlichen Vergleichs mit fremden Völkern und frühen Kulturen, allenfalls im Hinblick auf Kontinuitätsvorstellungen von der Antike her auch historisch interessant, zumal die Religionswissenschaftler der Jahrhundertwende in der Regel Altphilologen waren. Die geisteswissenschaftlichen Erkenntnisziele galten stets sogenannten Ursprüngen, Abstammungslinien und von den Naturwissenschaften her gedachten entwicklungsgeschichtlichen Vorstellungen. Die Mittelalterwissenschaften aber durften – ich spreche vornehmlich für die Philologen – ihre Gegenstände sozusagen wertfrei monumentieren, das heißt zu nationalen Denkmälern stilisieren, während die gleichen Themen für die Neuzeit tabuisiert blieben. Das gilt typischerweise für weite Bereiche der religiösen Kultur, also der Hagiographie, der Legendenstudien, der Marienliteratur des Barock, bis vor kurzem alles keine Forschungsgegenstände der feinen Neuzeitwissenschaften mit angesehenen Lehrstühlen, Instituten und Feuilletonlobby in der gebildeten Öffentlichkeit, daher nicht prestigeträchtig für Habilitationen und Berufungsmöglichkeiten, mithin forschungspolitisch dysfunktional.

Mit der Mauserung der wissenschaftlichen Volkskunde zu einer historisch arbeitenden Sozialwissenschaft ist im letzten halben Jahrhundert jedoch auf diesem Felde ein weiteres Problem aufgekommen, nämlich das der Gesprächsschwierigkeiten zwischen Mediaevisten und Gegenwartsempiristen. Das ist nur konsequent, weil hier methodologische Fragen der Übertragbarkeit, der falschen oder erlaubten Projektionen vorliegen. Einerseits lassen wir von unseren heutigen empirischen Felderfahrungen nicht mehr zu, Kulturphänomene des Mittelalters (mit welchen theoretischen Prämissen auch immer) allein magistisch zu interpretieren und diese Deutung dann fortzuschreiben für verwandte Erscheinungen in der Neuzeit bis auf unsere Tage, aber andererseits wissen wir, wie schwierig es ist, heutige soziale Beziehungsgeflechte, gesellschaftliche Motivationen, gruppendynamische Prozesse usw. – wenn auch nur vergleichsweise – ins Mittelalter zu übertragen. Dennoch dürfte die These, zumal inzwischen erhärtet durch punktuelle Studien, nicht abwegig sein, daß etwa die Menschen zwischen 1200 und 1800 intellektuell wie mental nicht anders strukturiert waren als wir heute, auch wenn ihre Mentalität als eine historisch gewachsene Denkform eine andere gewesen ist. Wenn wir heute von Mentalitäten sprechen, dann meinen wir zwar geistige Prägungen von längerer Dauer, und wir stellen uns von langer Hand historisch gewachsene Weltbilder vor, aber wir hantieren keineswegs mehr mit ahistorischen Kategorien aus den zwanziger Jahren unseres Jahrhunderts, wie die des prälogischen Denkens und der quasi ontologischen, wesensmäßigen Veränderungen des menschlichen Geistes im Zeitraum der letzten zweitausend Jahre.

Das ist zwar so nie formuliert, aber stillschweigend und wie selbstverständlich angenommen worden. Dabei handelt es sich um romantische Ideen aufklärerischer Denker, die heute noch virulent sind in der angelsächsischen und französischen Forschung. Wir Deutsche befleißigen uns nach zweihundert Jahren Mythos-Begeisterung meistens mehr der Nüchternheit, und – wie ich meine – mit einigem Erfolg für die zu beobachtende Sache betreiben wir Vor-Ort-Studien in unserem engeren Bereich. Dazu einige Hinweise auf die konkrete Forschungsgeschichte.

Sie beginnt in meinem Fach um 1900 mit der Dokumentation des altbayerischen Votivwesens im Sinne 'ethnographischer Parallelen' als ein neuer Teilbereich für das damals im Entstehen begriffene "Hand-wörterbuch des deutschen Aberglaubens" (1928–40). Von den zwanziger/dreißiger Jahren an traten kirchengeschichtliche Interessen hinzu: Georg Schreiber und seine Schule. Der katholische Kirchenhistoriker nannte seine Wallfahrtsforschung 'volkskundlich', die Volkskundler seinerzeit aber, und nicht nur die nationalsozialistischen, sprachen von 'kirchlicher' oder 'konfessioneller' Volkskunde. Neu aber war der historisierende Begriff und Blick auf den sogenannten 'Strukturwandel der Wallfahrt', das heißt vornehmlich die geschichtlich festmachbaren Unterschiede zwischen dem weltweiten mittelalterlichen Pilgerwesen und der neuzeitlichen Territorialwallfahrt.

Daneben gab es selbstverständlich unterschiedliche Formen positivistischer Dokumentationsversuche von Wallfahrt, bezeichnenderweise sortiert nach Gnadenstätten, weil zumeist erwachsen aus praktischen Bedürfnissen der Gläubigen; keine wissenschaftlichen Abhandlungen mithin, aber nützliche Bestandsaufnahmen von Ist-Zuständen zwischen 1850 und 1950, worin ich Gustav Gugitz' fünfbändiges Werk eines österreichischen Wallfahrts-Dehios ausdrücklich einschließen möchte, weil es Vollständigkeit für eine ganze Region anstrebt. Damit aber stehen wir vor einem neuen folgenschweren Problem definitorischer Voraussetzungen und damit analytischer Konsequenzen.

Indem hier sozusagen punktuell und kartographisch gedacht wird, sind alle Bestimmungskriterien, was Wallfahrt sei und als solche mithin gezählt (aber nicht gewogen) werden müsse, abgestellt auf den Ort. In dem nie fertig gewordenen "Lexikon der Marienkunde" (1967 ff.) wetteiferten die Archivare deutscher Diözesen miteinander, möglichst viele Marienwallfahrtsorte für ihren jeweiligen Distrikt einzubringen. Was aber ist ein *locus sanctus*? Gugitz spricht mit gutem Grund nicht von 'Wallfahrten', sondern von 'Gnadenstätten', um sich nicht festlegen zu müssen; jede Feldkapelle mit ein paar Votivtafeln, jedes Marienbrünnlein im Walde mit Maiandachten, jeder Seitenalter in einer Kirche mit Kerzenopfer, sie sind bei Gugitz gewissenhaft vermerkt. Nach diesem Vorbild hat man später versucht, eine altbayerische Wallfahrtstopographie zu erstellen, zu deren immer weiter verschwimmenden Bestimmungskriterien Hans Dünninger einst ironisch anmerkte, danach sei wohl der fromme Schritt von der Küche ins Wohnzimmer zum Hausaltärchen eine Wallfahrt, weil 'außerliturgische Begehung'. Wir selbst haben uns in Würzburg mit einem DFG-Projekt "Wallfahrtsinventarisation" in Süddeutschland außerhalb Bayerns zunächst auch nicht anders verhalten können, als uns jeden Ort vorzunehmen, der in der Literatur oder Öffentlichkeit jemals in irgendeiner Form als Wallfahrt oder wallfahrtsähnlich genannt worden ist, und derartige Kataloge werden immer so verfahren müssen, aber nie als ein Verzeichnis 'der' Wallfahrten angesehen werden dürfen, sondern können nur als eine Dokumentation des Wallfahrtswesens insgesamt verstanden werden.

Wie folgenschwer aus so gewonnenen Auflistungen falsche Computerkonsequenzen gezogen werden, wenn nämlich eines Tages Nachbarwissenschaften diese sogenannten Ergebnisse für ganz andere Zwecke zu quantifizieren suchen, belegt das wissenschaftliche Kriminalstück des kanadischen Historikers Lionel Rothkrug, der zwischen 1972 und 1975 von der DFG dafür Geld in München erhalten hat.

Anfang der siebziger Jahre wollte er – laut Diskussionspapieren – "Untersuchungen über Mentalität und Bewußtseinsstrukturen anhand einer Auswertung von Wallfahrtsorten, Wallfahrtsstätten und deren anthropologische Bezüge" anstellen und meinte damit "mentale Charakteristika und tief eingewurzelte Glaubens- und Bewußtseinsinhalte, die jedem Mitglied eines Kollektives gemeinsam sind" fassen zu können. Es sollte daher "an einem speziellen Modell, nämlich dem der Wallfahrten die Möglichkeit einer solchen Methode und Projektion" versucht werden. Das Projekt wollte mithin "in keiner Weise eine volkskundliche Forschung, sondern eine interdisziplinäre Untersuchung über die Entwicklung des deutschen Geistes oder der Mentalität der Deutschen" sein. Es sollte "sich um eine kombinierte gesellschaftsgeschichtliche, literarhistorische, religionsgeschichtliche, wissenssoziologische und vor allem psychologische Fragestellung" handeln. Rothkrug meinte schon vorab "eine weitgehende Beziehung zwischen der Verteilung der mittelalterlichen Wallfahrtsorte und der reformatorischen Konfessionsgeographie des Reiches" feststellen zu können und schloß damit "auf tiefe Unterschiede in der Volksfrömmigkeit bereits vor der Reformation". Hinzu trat die These, "daß die Stellung der Frau im religiösen Leben zwar ein schwieriges aber wesentliches Mittel zur Bestimmung der Entwicklung verschiedener Formen der Frömmigkeit" sei, wofür die angebliche Tatsache sprach, "daß die Wallfahrtsorte nördlich des Limes vor allem in der Nähe von Frauenkonventen" gelegen haben, somit die "Frauenfrömmigkeit ein bestimmter Faktor in der unterschiedlichen Ausformung der Frömmigkeit in Nord und Süd war". Im Süden habe es nämlich auffallend wenig Frauenklöster gegeben, so daß man "ein männliches Element in der ländlichen Volksfrömmigkeit des Südens, vor allem in Bayern feststellen" müsse.

Hieraus sei eine Relation "zwischen Volksfrömmigkeit und den Hintergründen der Bauernaufstände auf der einen und Verbreitung der Hexenprozesse auf der anderen Seite" zu folgern. "Bauernaufstände erscheinen in Gegenden mit großen Unterschieden zwischen Volks- und Adelsfrömmigkeit vor der Reformation. Hexenprozesse fanden am häufigsten in Gegenden mit stärkster Frauenspiritualität statt. Das könnte

z. B. erklären, warum Bayern ein Land mit den wenigsten Hexenprozessen im ganzen Reich war ... Dort wo die führenden Schichten sich unter dem Einfluß weiblicher Spiritualität verschiedenartiger Erneuerung unterzogen, machten sie Wallfahrten außerhalb des Landes. Das Verhältnis der Aristokratie zur Frauenfrömmigkeit entschied über die Trennung oder Integration des religiösen Lebens in den Volksschichten vor der Reformation. Um festzustellen, in welchem Ausmaß religiöses Leben ein gesellschaftlicher Integrations- und Divergenzfaktor in deutschen Landen war, bedarf es einer weiträumigen historischen Dokumentation", also einer Wallfahrts-Kartierung. Die methodische Berechtigung liege in der deutschen "Territorialisierung der christlichen Hauptkulte", so daß man empirisch jene Tatsache isolieren dürfe, "die am meisten zu kulturellen und schließlich nationalen Differenzierung der europäischen Kultur begetragen habe". Das Erkenntnisziel war mithin die Herauspräparierung "einer kollektiven Identität", ob es nämlich religiös vorgeprägte Mentalitäten des Nordens und des Südens gibt, die nicht erst durch die Reformation und ihre Folgen entstanden sind.

1979 legte Lionel Rothkrug das Hauptergebnis in Form einer entsprechenden Karte vor. Die Erhebungsdaten zur Karte folgten dann im Anhang zu seinem Buch von 1980, dessen Titel frei übersetzt im Deutschen heißen müßte: "Kult und Kollektivbewußtsein. Latente Kongruenzen um 1500".

Eine Auszählung 'der' Wallfahrtsorte und ihrer – meist fragwürdigen – Entstehungsdaten zwischen 1200 und 1530 ergibt folgendes Fazit: "that the schoolbook slogan cuius regio ... is a sheer myth, repeated by generations of scholars who failed to inquire into the social background of the Reformation" (1979, 65). Rothkrug glaubt diesen nach seiner Meinung grundsätzlichen Irrtum zu widerlegen, indem er feststellt, daß die Reformation ein kulturelles Nord-Süd-Problem sei, das an der niederdeutschen Sprachgrenze festgemacht werden könne. Beginen-Frömmigkeit im Norden und sogenannte Reichsfrömmigkeit ("cult of Empire") im Süden, zugleich ein Gegensatz von norddeutsch-städtischen Verhältnissen und süddeutscher Kleinadelskultur hätten in einer Art seit der Christianisierung nachwirkenden, im Norden "weiblichen" und im Süden "männlichen" Frömmigkeit die religiösen und damit sozialen Strukturen vorgeprägt.

Warum kann das alles nicht stimmen? Weil zunächst schon das empirische Basismaterial weder ausreicht noch stichhaltig ist. Die vorgelegte Karte für die Zeit um 1500 kann weder für Süddeutschland, noch für den Norden historische Gültigkeit beanspruchen. Damit ist aber auch das zu demonstrierende Ergebnis insgesamt falsch. Weder stimmt es, daß der Süden voller Kultorte und der Norden so gut wie leer waren, noch sind die für den Süden wie den Norden ausgeworfenen Punkte richtig und lassen interpretierbare Relationen abschätzen, denn es fehlt an einer für den statistischen Vergleich notwendigen Einheitlichkeit der Vergleichsgrößen. Man darf bekanntlich nicht von Erbsen und Bohnen reden, wenn in bestimmten Quellengruppen nur Hülsenfrüchte vorkommen. Es gebricht bei Rothkrug an jeder Art von definitorischer und methodologisch begründeter Bestimmung dessen, was unter Wallfahrt und Wallfahrtsort in der fraglichen Zeit zu verstehen sei. Wir haben zum Beispiel in unserem genannten DFG-Projekt "Wallfahrtsinventarisation" eine nicht ganz unbekannte württembergische Quelle aus der Mitte des 16. Jahrhunderts neuerlich auf ihren Aussagewert hin analysiert. Was dort auf protestantischer Seite im Nachhinein alles als Wallfahrt in altkirchlicher Zeit bezeichnet wird und so dann auch in der Forschung bisher unbesehen weiter zitiert worden ist, wollte im Reformationszeitalter keine Wallfahrtsstatistik für Computereingaben von Mentalitätsforschern sein, sondern war eine theologische Rechtfertigung für abgestellte religiöse Aktivitäten verschiedenster Art, deren gemeinsames Gravamen aus reformatorischer Sicht lediglich heißt: kein gemeindekirchlicher Gottesdienst der Pfarre am Ort, sondern 'Auslauf' der verschiedensten Formen, Anlässe und zum Teil auch liturgischen Gewohnheiten. Es kann also gar nicht die Rede von einer besonderen Wallfahrtshäufigkeit in Württemberg etwa gegenüber niederdeutschen Regionen zu Beginn des 16. Jahrhunderts sein. Auch dort hat es Flurprozessionen und Mendikantenpredigt, Reliquienbesitz vielerlei Art und Patroziniumsfeste gegeben.

Wir stehen mithin vor einem Quellenproblem:

1. Wer die falschen Fragen stellt, erhält bekanntlich die falschen Antworten. Trotz dieser methodischen Binsenweisheit handeln wir zumindest einäugig, wenn wir bloß nach den Unterschieden fragen. Damit sind solche quasi vorausgesetzt, werden geradezu postuliert und als Erkenntnisse isoliert. So aber hypostasieren sie zu quasi Überfakten der Geschichte. – Umgekehrt gilt natürlich das gleiche. Wer nur das Gemeinsame sieht, pflegt Gegensätzliches weniger zu gewichten, sucht es vielleicht gar zu verwischen.

2. Wer sich oder welche Zeit sich – aus welchen Gründen auch immer – für ältere Zustände und deren Erfahrbarkeit weniger interessiert, läßt diese oder deren Kenntnismöglichkeiten verkümmern, ja untergehen. Ich spreche von der selektiven Quellenüberlieferung. Dies gilt in ganz besonderem Maße für unser Feld der Religion. Der Zufallsstand der Forschung korrespondiert mit der Zufallsüberlieferung an Wißbarem. Dort, wo Kirchengeschichte nach der Reformation Geschichte der neuen Kirchen heißt, interessierte die der alten Kirche höchstens noch in ihrem Endstadium als notwendigerweise par-

teüsch gefärbte Folie für den Neubeginn. Die tatsächliche Realität spätmittelalterlichen Lebens ist gar keine Frage gewesen und zwar durch Jahrhunderte hindurch; in der Lokalforschung gewiß bis zum heutigen Tage. Das aber hat Rückwirkungen auf die – modern gesprochen – Archivpflege vor Ort; sehr unterschiedlich übrigens, wie wir noch sehen werden. Aber, und dies ist hier zunächst wichtig: Solches methodische Vorbedenken kann überhaupt nicht ernst genug genommen werden, denn die genannten Fakten lassen sich ebenfalls auf der konfessionellen Gegenseite beschreiben, und zwar nur mit umgekehrtem Vorzeichen. Das heißt:

3. Wer an vergangenen Zuständen sozusagen interessiert ist, weil er dort Legitimationen herleiten will wie im Falle der katholischen Gegenreformation, der pflegt bestimmte Erinnerungen, gräbt weiter nach, konstruiert möglicherweise Zusammenhänge und Kontinuitäten, begründet damit neue Traditionen – und dies nun seit mindestens 400 Jahren, so daß nicht verwundern darf, wenn hier dann sowohl die archivalische wie chronikalische Überlieferung von Erinnerungen an das kirchliche Mittelalter unverhältnismäßig größer sind. Jede Institution pflegt ihre eigene Geschichte und prägt dabei entsprechende Geschichtsbilder aus, die zwar nicht ganz der einstigen Wirklichkeit zu entsprechen brauchen, aber als sozusagen Ideologeme selbst ein Stück wirksamer Wirklichkeit für Gegenwart und Zukunft werden, indem sie historische Bewußtseinslagen befördern, die allemal auch noch und immer wieder die Fragestellungen der Wissenschaft mit beeinflußt haben.

Fazit: Die moderne Fixierung bloß auf den Wallfahrtsort führte also in die Irre, weil der Blick auf das Gesamtphänomen des Wallfahrtswesens fehlt, speziell auf die eigentliche Fahrt, den Weg, das Unterwegssein – *vita est peregrinatio* – auf den *homo viator* als zugleich einer wieder modernen Definition des Christen im zweiten Vaticanum. Wir müssen uns um terminologische Klarheiten bemühen, damit wir von daher sowohl für Gegenwart wie Vergangenheit differenzieren können und sagen, wovon jeweils die Rede ist.

Luther dürfte für den Sprachgebrauch während der 'großen Wende' sowohl volkssprachlich als auch kirchenamtlich gleichermaßen kompetente Zeugnisse bieten. Vom frühen Luther besitzen wir in den 1516/17 zu Wittenberg gehaltenen Predigten über die zehn Gebote die lateinische Druckfassung des Autors sowie eine mehrfach und vielerorts aufgelegte oberdeutsche Übersetzung fremder Hand. Dieser Umstand vermag unsere Argumentation zu stärken, weil dadurch allgemeingültige Bedeutungen der Zeit stärker hervortreten.

Luther behandelt beim ersten Gebot u. a. die Mißbräuche seiner Zeit und zwar keineswegs in dogmatischer Ablehnung, sondern ganz im Sinne der alten, zu gewissen Zeiten immer wieder auftretenden Klagen pastoraler und kirchenrechtlicher Natur, wie sie schon Thomas von Kempten, Nikolaus von Kues, Geiler von Kaisersberg und andere vorgetragen hatten. Sie alle wenden sich angesichts einer turbulent gewordenen 'Sakralmobilität' der Gläubigen – wie ich das einmal nennen möchte – gegen die Entwertung der Pfarrkirche, ihres Gottesdienstes und ihrer Seelsorge als dem Mittelpunkt eines mehr vergeistigten Gemeindelebens. Luther predigt darum gegen Orte, wo *turba vulgi ... concurrit*, und er stellt fest, *facit hos discursus diabolus* oder *tales concursus sint ex diabolo*, was der oberdeutsche Übersetzer schlicht mit *geläuff*, *fahrt* und *zulauff* wiedergibt. Luther empfiehlt dagegen *sese arripi tali peregrinandi spiritu*, oberdeutsch *im gaist zu walfarten.* Der Übersetzer scheidet davon sprachlich sehr deutlich jenes Faktum, das entsteht, wenn alle Welt jeder Kirchweih und jedem Ablaß 'zuläuft', wofür Luther zwar auch das Verbum *peregrinari* an einer Stelle verwendet, weil dort in der lateinischen Satzkonstruktion zugleich Fernziele echter *peregrinatio* mitbegriffen werden, die den angesprochenen Kirchweihfahrten in Nachbardörfer nicht vergleichbar sind: *quando relicta matrice ecclesia peregrinari sollicitat ad dedicationes et patrocinia aliorum ecclesiarum vel in deserto vel in ... pagis* = (*so er verschaff daß man die muterkirch oder pfarkirch verlaßt und den Kirchweihungen und hailigen beganсknussen zulaufft, in die weld oder auff dörffer, do man findt wirtshäuser ...*).

Die im kirchenrechtlich geprägten Latein kaum fixierbaren, weil theologisch irrelevanten Unterscheidungen von Nah- und Fernfahrten traditioneller und modischer Heiltumssuche spiegeln sich vor allem im deutschen Ausdruck. Wo Luther die rhetorische Frage nach den alten Pilgerzielen der Christenheit stellt, spricht er selbstverständlich von *peregrinationes* und nicht von *concursus*, während der Übersetzer durch ein Adjektivum differenzierender formuliert: *Möcht ainer mir hie für werffen die b e w e r t e n Wallfahrten, die zu sant Peter gen Rom, zu Sant Jacob, gen Hierusalem, gen Trier, und andern steten geschehen, zu eren des Heiltumb der hailgen und den Ablaß erlangen.* Auch diese *bewerten Wallfahrten* hieß Luther zumindest für seine Zeit keineswegs gut. 1520 verurteilte er sie scharf im Punkt 12 des Schreibens *An den christlichen Adel deutscher Nation.* Hiervon getrennt behandelt er in Punkt 18 die 'Wallfahrten' zu *wilden Kapellen und feltkirchen*, also jene *concursus* der Zehngebotepredigt. Wir erkennen einen klaren Unterschied zwischen *peregrinatio* und *concursus*, zwischen *walfart* und *geläuff*, wobei der Ausdruck Wallfahrt schließlich übergeht auf das Geläuf.

Im Anschluß daran läßt sich nun bayerischer Sprachgebrauch im

16. Jahrhundert genauer analysieren. Angesichts der Fülle und Lebendigkeit auch heute noch in alpinen Landschaften beobachtbarer Erscheinungen pflegen süddeutsche Autoren gerne das bekannte Zitat des bayerischen Historikers aus dem 16. Jahrhundert, Johannes Turmair, genannt Aventinus, zu wiederholen: *Das baierisch volk ... ist geistlich, schlecht und gerecht, gét, läuft gern kirchferten, hat auch vil kirchfart ...*, womit schon vor über vierhundert Jahren bewiesen scheint, was eine von der Völkerpsychologie des späten 19. Jahrhunderts herkommende volkskundliche Forschung bereitwillig geglaubt hat, daß hier nämlich ein gewichtiges Moment stammesmäßig bedingter Eigenheiten zu erkennen sei und somit einem volkscharakterologischen Erkenntnisziel gedient werden könnte.

Der heute noch in Altbayern geläufige Ausdruck 'Kirchfahrt' wird in der Literatur gleichgesetzt mit dem im Schriftdeutschen eingebürgerten Worte 'Wallfahrt', welcher Terminus darüber hinaus ein Allgemeinbegriff der Religionswissenschaft geworden ist, so daß auch von mohammedanischer und indischer Wallfahrt usw. gesprochen werden kann. Dadurch vermag man Aventinus nur so zu verstehen: Bayern steckt voller Wallfahrtsorte – was dem heutigen nachreformatorischen (damit aber auch nach-Aventinischen) Befund insofern augenfällig zu entsprechen scheint, als es in den anschließenden, meist protestantisch gewordenen westlichen und nördlichen Landschaften keinen Wallfahrtskult mehr gibt. Hinzu tritt eine wirksam gebliebene, patriotisch gefärbte, bayerisches Staatsbewußtsein repräsentierende barocke Erbauungsliteratur zum gegenreformatorischen Thema "Bavaria Sancta", die für Hunderte von Kirchen, Klöstern und Kapellen Gnadenbilder Mariens und andere von den verschiedenen Orden und Bruderschaften geförderte Sonderkulte aufzählt und dadurch die Bestimmung tatsächlicher Wallfahrtsorte erschwert. Die zitierte Stelle aus Aventins Bayerischer Chronik findet sich im Einleitungskapitel dieses "ersten großen und volkstümlichen deutschen Geschichtswerkes" der Neuzeit, und zwar unter der Überschrift *Beschreibung der sitten des lands auf das kürzest und in der gemain.* Der Abschnitt beginnt ohne jede Auslassungen:

Das baierisch volk (gemeinlich davon zu reden) ist geistlich, schlecht und gerecht, gét, läuft gern kirchferten, hat auch vil kirchfart; legt sich mer auf den ackerpau und das viech dan auf die krieg, denen es nit vast nachläuft; pleibt gern dahaim, raist nit vast auß in frembde land; trinkt ser, macht vil kinder; ist etwas unfreuntlicher und ainmüetiger als die nit vil auß kommen, gern anhaims erhalten, wenig hantierung treiben, fremde länder und gegent haimsuechen; achten nit der kaufmannschaft, kumen auch die kaufleut nit vast zu inen. Und im ganzen Baierland sein dreierlai ständ, die da zu eren und verwaltung land und leut gepraucht werden ..., nämlich die Prälaten in den Stiften, der Adel auf dem Land und die Bürger in den Städten. Davon unterscheidet Aventin den *gemain man, so auf dem gä und land sitzt*, keinerlei politische Rechte innehat, aber, wie es heißt, *tuet sunst was er wil, sitzt tag und nacht bei dem wein, schreit singt; tanzt kart spilt; mag wer tragen, schweinspieß und lange messer. Grosse und überflüssige hochzeit, totenmal und kirchtag haben ist erlich und unsträflich, raicht kainem zu nachtail, kumpt kainem zu übel ...* . Damit klingt das Eingangsmotiv der Kirchfahrten wieder auf, denn auch den Kirchweihfesten der heimatlichen Umgebung läuft jedermann nach, wie Luther zur gleichen Zeit beklagt. Aventins offenkundig reformatorische Gesinnung kommt hier nur indirekt zum Vorschein, spricht aber deutlich genug aus der Setzung solcher Akzente.

Sehen wir uns den vielzitierten ersten Satz nochmals genauer an, wo es heißt: *das baierisch volk ... läuft gern kirchferten, hat auch vil kirchfart ...*, so fällt auf, daß der Autor zwar wenig später, aber noch im gleichen Atemzug fortfährt: *plaibt gern dahaim, raist nit vast auß in frembde land.* Das scheint sich zu widersprechen, wenn man 'Kirchfahrt' in der älteren Bedeutung von *peregrinatio* annimmt, oder es scheint die landläufige Meinung zu bestätigen, Bayern selbst steckt voller Wallfahrtsorte, so daß der Bayer gar nicht über die Grenzen seines Landes hinaus zu reisen braucht.

Aventin hat jedoch die spätmittelalterliche Situation seiner Zeit vor Augen und begreift unter 'Kirchfahrt' ganz im bislang erörterten Sinne der Wallfahrt sowohl die Pilgerreise als auch das zeitgenössische Prozessionswesen. 'Kirchfahrt' lautet bei ihm die fast ausschließlich gebrauchte Vokabel; für Aventin ein Sammelbegriff folgender, dennoch wohl unterschiedener Erscheinungen: 1. Pilgerfahrt, 2. Wallfahrt, 3. Kreuzgang.

Der einzelne auf Fernfahrt heißt *pilgram* entweder auf dem Wege nach Jerusalem oder wenn er nach Rom *kirchferten* geht – und ganz im Sinn der alten mönchischen *vita christiana* nennt Aventin, wie seine lateinische Quelle, die Regensburger Schottenmönche *pilgreimen.* Auch in seiner Chronik der alten Deutschen rühmt er deren Gastfreundschaft gegenüber Fremden, nämlich *pilgram.* Wallfahrt hingegen ist ein Wort, das diesem Bayer offensichtlich nicht so geläufig war wie Kirchfahrt, jedenfalls benutzt er es höchst selten und dann lediglich in historisierender Ausdeutung einer eigenwilligen Etymologie der von ihm mit besonderem Eifer verdeutschten Namen. Diese noch durchaus mittelalterliche Methode läßt ihn jedoch eine typisch deutsch-humanistische Wallfahrtstheorie entwickeln. Wie später die Mythologen des 19. Jahrhunderts – in vieler Hinsicht Deutungen des 16. und 17. Jahrhunderts aufgreifend – konstruiert Aventin eine germanische Kontinuität des bayerischen Wallfahrtswesens. Zunächst stellt er philologisch exakt fest: *Wallen ist bei den alten hin und her laufen und ziehen in fremde land*, also die auch von Kluge/Götze bestätigte Ableitung mit der wichtigen Bestimmung des Außer-Landes-Gehens. Aventin übersetzt die Namen Sigovesus und Bellovesus in Sigweils, *der zu dem sig füert* und Walweis, *der ein volk in frembde land füert.* Wo er aber zu konkreten Beispielen der eigenen Geschichte fortschreitet, beginnt der Autor seine bayerische Gegenwart damit zu konfrontieren und etymologisiert entsprechend anders. In dem aus Tacitus schöpfenden Kapitel *vom gotsdienst, wie in künig Tuitscho gesetzt hat* spricht er von Naturkulten an Bäumen und in Wäldern und erläutert: *von diesem ietzgemelten unserer vorvordern brauch haisen wir noch die kirchfart 'waldfart' und kirchferten, dahin und herlaufen 'walden gen'.* An anderer Stelle wiederholt Aventin indirekt diese Theorie bei Erklärung des Ortsnamens Almanstain, der sich von dem König Alman herleiten soll, denn dort *haben in unser vorvordern irem brauch nach in dem Wald geert und dahin kirchfart geloffen.*

Neben diesen hypothetischen Kirchfahrten der Germanen, die den noch zu behandelnden Zusammenhängen nach von Aventin als Flurprozessionen und Stationsandachten verstanden worden sind, berichtet er wiederholt von klassischen 'Kirchfahrten' der Antike. Wunderorte, Orakelstätten, heilige Tempelbezirke, all das nennt Aventin Kirchfahrten, etwa bei der Beschreibung von Olympia, Delphi, den Landschaften Epirus und Thessalien, aber auch römischer Plätze und Stadtgottheiten. Zweimal vergleicht er diese Pilgerziele mit dem Rom seiner Tage, was zwar kritisch gemeint ist, aber zugleich deutlich erkennen läßt, welcher Art Kirchfahrt er hier anspricht, nämlich die seiner *pilgrame.* An anderer Stelle verdeutlicht er diesen Umstand mit einem ähnlichen Vergleich zur eigenen Zeit: *all da haben die alten Haiden und Römer ein gotshaus gehabt und kirchfart, hat gehaissen zum Juppiter dem grösten Nothelfer und Vater zu Arubio, wie bei uns zu unser frauen zu Ach oder Ötting oder Hall in Henngäu.* Da geht es Aventin genauso wie uns allen heute noch, wenn er gefragt wird, was eine Wallfahrt sei; Antwort: Altötting.

Aus Aventin läßt sich jedoch eine zweite Gruppe von Kirchfahrtbelegen zusammenstellen, die das von den germanischen "Waldfahrten" abgeleitete Phänomen des bayerischen Prozessionswesens seiner Zeit im Auge hat. Daß die damit verbundenen Wallfahrtskonkurse von der spätmittelalterlichen Prozessionsfreudigkeit leben, steht auch sprachlich außer jedem Zweifel. Aventin benutzt häufig die Formel: *kirchfart und creutzgang*, das heißt: Wallfahrt und Prozession als gemeinsam beobachtbare Erscheinungen von wechselseitiger Abhängigkeit. Indem er diese Termini auch für die antike Geschichte anwendet, wird ihr Sinn wiederum besonders deutlich. Im römischen Reich zum Beispiel wurden zur Wetterbitte *offenlich feiertag, kirchfarten und creutzgäng* angeordnet.

Aventin sieht die Beziehungen zu seiner *Waldfahrt* noch viel enger, wenn er ein römisches Gedächtnisfest folgendermaßen beschreibt: *Allda nachmals alle jar begiengen ein jartag, hielten alda ein feirtag und kirchfart, giengen mit dem hailtum hinaus, hiessen's die waldfeir.* Und an anderer Stelle: *Do dieser sig dem römischen volk zu Rom schriftlich verkündt ward, war allenthalben in der stat und auf dem land grosse freud, schluegen drei tag aneinander ein feir, kirchfart und umbgang an.* Wie fest für Aventin Kirchfahrt = Prozession bedeutet, erweist schließlich treffend seine Verdeutschung des römischen Triumphzuges: *sigs-kirchfart.*

Was in Franken die Wallfahrt, in Niederdeutschland im Spätmittelalter die Betfahrt bedeutet, das besitzt zu Aventins Zeiten in Bayern seine Entsprechung in der Kirchfahrt, jeweils sowohl die ursprüngliche Bedeutung der *peregrinatio* noch mit beinhaltend, aber zugleich den *ambitus* der *supplicatio* fest mit einschließend. Wenn also Aventin von den Bayern spricht, die gern Kirchfahrten gehen und dazu auch genügend Gelegenheit besitzen, andererseits aber nicht außer Landes gehen, dann meint er wesentlich anderes als heutige Wallfahrtsforschung sich darunter vorzustellen bereit ist.

Dies läßt sich mit einem Blick auf altbayerische Klöster im Mittelalter leicht bestätigen, und ich habe das andernorts getan. Daß man übrigens schon im 16. Jahrhundert unter Theologen weiterhin sehr genau zu scheiden wußte, bezeugt der gegenreformatorische Kontroversist Abraham Nagel, der in Ingolstadt 1583 schrieb: *Ich wil aber auff dißmal nicht mit den Wortkriegern disputieren und streiten, ob es ein Ding sey, ein Bittfart, Wallfahrt, Bilgerfart, Creutzgang, Process und Umbgang, oder aber ob kein Underschid under erzelten Wörten seye.*

Ohne Belege belassen darf ich ebenfalls meine und Hans Dünningers bekannte Position, daß zumindest in Franken seit dem 16. Jahrhundert *wallen = processionaliter gehen* heißt. Auch in Fulda nennt man heute die Fronleichnamsprozession Wallfahrt, die Flurgänge der Wallwoche um Himmelfahrt ohnehin, und einen Wallfahrtsort aufsuchen als Wallfahrt kann man eigentlich nur in Prozession, nämlich mit der Wallfahrt. Hier wird das sozialgeschichtliche Faktum der spätmittelalterlichen quasi Verstädterung Frankens manifest, genauer die ausgeprägte Gemeindebildung mit allen Attributen gemeinschaftlicher Lebensgestaltung und der entsprechenden Ausprägungen von Orts- und Territorialidentitäten, aufgrund derer Gemeinde- und Landeswallfahrten seit dem 15. Jahrhundert organisiert wurden und seit dem späten 16. Jahrhundert gar nicht mehr anders denkbar waren, also auch in diesem Sinne von den geistlichen und weltlichen Trägern der Gegenreformation gefördert, ja ausdrücklich so gestaltet worden sind und weitgehend heute noch so existieren.

Von diesen Beobachtungen aus lassen sich mittelalterliche Quellen über ihre bisherige, schiefe Interpretation hinaus genauer lesen, so meinen wir in Würzburg. Ich habe das zum Beispiel mit dem frühen Kult der hl. Elisabeth von Marburg für das 13. Jahrhundert gewagt und bin dafür von den hessischen Heimatforschern getadelt worden, weil meiner Meinung nach die Elisabethkirche damals keineswegs mit Santiago zu vergleichen gewesen ist, wie ein einzelner französischer Lobschreiber des 13. Jahrhunderts es in offenbarer Unkenntnis der örtlichen Verhältnisse formuliert hat und die Landesgeschichtsforschung dann in die übrigen Quellen vor Ort hineinzulesen sich bemühte, obgleich es da nur die üblichen kleinen Ablässe für den Kirchbau und die ebenfalls üblichen Wunderberichte für die Kanonisation gab.

Caesarius von Heisterbach nannte 1237 in seiner Predigt über die Translation der hl. Elisabeth die Besucher aus entfernten Gegenden innerhalb des Menschenstroms in Marburg vom Jahre 1233 nicht wie moderne Interpolatoren und Übersetzer "Pilgerscharen" ("Pilgerscharen, die sich auf dem Rückweg befanden, kamen Neuankommende entgegen"), sondern sagte schlicht und korrekt *aliis recedentibus alii occurrebant.* Damals tagte dort die Heiligsprechungskommission, und Caesarius war selbst zugegen. Auch Huyskens spricht allerdings davon, daß Caesarius den "Zustrom der Pilger" selbst gesehen haben. Aber Caesarius gebraucht für dieses Phänomen nirgends den Ausdruck peregrinatio oder peregrini, sondern er benutzt den auch in späterer Zeit noch üblichen Begriff *confluxus.* Gott habe mit solchen Zeichen und Wundern am Grabe der Heiligen seine Gnade gezeigt (*tantis signis et prodigiis sepulchrum illius illustravit*), daß aus verschiedenen Provinzen (*ex diversis provinciis*) aus Gesundheits- und Andachtsgründen die Volksmassen zusammenströmten.

Die Wunderprotokolle der Kanonisationsakten beschreiben zum Beispiel das Gelöbnis einer Mutter, ihren kranken Sohn von Grünberg in Hessen nach Marburg ans Grab der im Geruch der Heiligkeit verstorbenen Elisabeth zu bringen, als "Wallfahrt", wie die Literatur leichtfertig übersetzend formuliert, im lateinischen Original aber vielmehr als das, was solch ein Votationsakt auch heute noch in verwandter Situation, etwa einer großen katholischen Stadt mit vielen Kirchen und Heiligtümern, darstellen kann, nämlich die vertrauende Anheimstellung unter den Schutz eines himmlischen Patrons: "Daher tat die Mutter des Jungen ein Gelübde für ihren Sohn, daß sie ihn mit Geschenken zum Grab der seligen Elisabeth bringen werde" (*unde mater pueri votum fecit pro filio suo, quod ipsum cum hostiis ad sepulchrum beate Elyzabet deferret*), oder ein krankes Mädchen besuchte, wie sie gelobt hatte, mit Geschenken das Grab der seligen Elisabeth (*ex voto cum oblationibus sepulchrum beate Elyzabet visitavit*); am deutlichsten auch in Marburg mehrfach dadurch belegt, daß Kranke sich zu dauernden Schuldnern oder Zinsern der Heiligen machten. Das Grab eines Heiligen vertrauensvoll besuchen, erhebt dieses damit noch nicht automatisch und für immer zum Wallfahrtsort. Das – religionswissenschaftlich gesprochen – Faktum der kultischen Begehung stellt nur e i n e n der integrierenden Bestandteile des Phänomens Wallfahrtsort dar. Das häufigste Verbum der Bezeichnung des Gangs nach Marburg lautet in den Mirakelprotokollen darum schlicht *venire* oder *ire, pervenire, visitare*; Kranke "bringt" oder "führt" man zum Grab der Heiligen (*ducere, adducere, deducere* und so fort).

Was die ausführlichen Wunderberichte der Heiligsprechungsakten für den Kanonisationsprozeß der hl. Elisabeth aus den frühen dreißiger Jahren des 13. Jahrhundert in Marburg berichten, hat vielerorts schon immer stattgefunden, ohne daß wir deshalb heute sogleich von auf Dauer etablierter Wallfahrt sprechen dürfen. In Würzburg gibt es vergleichbare Akten der Jahre 1202/03 für die Kanonisation des Bischofs Bruno. Niemand kommt hierbei auf die Idee, von einer Bruno-Wallfahrt zu sprechen oder den Würzburger Dom mit dem Brunograb in mittelalterlicher Zeit für einen Wallfahrtsort auszugeben.

Das gilt auch für den Erzbischof Anno von Köln, gestorben 1075 zu Siegburg und die aus dem 12. Jahrhundert stammenden *Libri quatuor miraculorum*. Hier begegnet schon das ganze Spektrum volksfrommer Devotion und Votation wie zu Beginn des 13. Jahrhunderts in Marburg und Würzburg und danach in der übrigen Literatur aus Spätmittelalter und Barock. Aber – und das ist für unseren Zusammenhang besonders wichtig – im 12. und 13. Jahrhundert kam es den Verfassern der Berichte gar nicht in den Sinn, die Besucher von Heiligengräbern aus dem regionalen Umkreis als Wallfahrer anzusprechen. Das tun erst moderne Übertragungen: "Eine Frau aus Köln kam mit anderen Wallfahrern mehr aus Neugierde als mit der Absicht zu beten herbei". Die Siegburger Quelle des späten 12. Jahrhunderts lautet im Original: *Mulier quedam de Colonia curiositate magis quam orationis studio cum ceteris conviantibus adveniens ...* . Derselbe anonyme Mönchsautor aber spricht selbstverständlich im Zusammenhang einer vielköpfigen Santiagowallfahrt rheinischer Pilger von einer Frau, die mit vielen Gefährten auf einer langen Pilgerreise zum hl. Jakobus zog (*quedam etenim mulier ... ad sanctum Jacobum longo peregrinationis itinere multis sibi sociatis ibat*), und im 13. Jahrhundert berichtete Caesarius von Heisterbach ebenfalls von einem wirklichen Pilger seiner Zeit, nämlich *peregrinus quidam de transmarinis veniens partibus*, der sich durch unziemliche Besäufnisse sein Pilgergewand (*vestem peregrinationis suae*) befleckte, das heißt, seinen religiösen Stand und Status mißachtete und desavouierte.

Wir müssen also schon früh oder immer zwischen Pilgerschaft und Devotionswallfahrten oder Devotionsplätzen, sprich Gnadenstätten, unterscheiden, die sozusagen auf dem Wege liegen, mitgenommen werden und einen lokalen Gelegenheitskult darstellen, allerorten möglich, und deshalb auch überall immer wieder aus den verschiedensten Gründen zu etablieren, zu erhalten oder zu erneuern gesucht worden sind. Aus manchen solcher Kulte konnte dann tatsächliche Wallfahrt im eigentlichen Sinne, also mit regelmäßigen Zeiten und organisierten Begehungen entstehen.

Insofern besitzt die spezielle Behandlung des Themas Regelmäßigkeit auf unserem Kolloquium eine besondere Bedeutung. Ich habe in meiner schematischen Überschau zur Nomenklatur des Wallfahrtswesen von 1970 (siehe Beilage, S. 26) diesen wichtigen Punkt der "Heiligen Zeiten" nicht gesondert ausgeworfen in meiner ersten Rubrik "Konkrete Kulturerscheinungen", die Gotteshaus, Reliquienkult, Bilderverehrung, geheiligte Orte, asketische Peregrinatio und den außerordentlichen Heiligtumsbesuch als erste Hälfte des konkret faßbaren Phänomenbereichs benennen. Der "außerordentliche Heiligtumsbesuch" schließt natürlich die "Heiligen Zeiten" ein, aber diese sind auch unter Punkt 10 "Kirchliche Hilfsmittel" zu subsumieren, weil hier die Ablaßgewinnung als geistliches Angebot des sakramentalen Denkens aufgelistet wird. Daraus ergibt sich, warum ich "Heilige Zeiten" nicht als eigenständigen Punkt habe auftreten lassen können. Es sind Sekundärfolgen bestimmter Konstellationen. Doch ihre Ausbildung und ihr Wandel sagen viel über die Bedeutung eines Kultes aus. Wenn ein seit dem späten Mittelalter bekannter und im Barock zu großer Berühmtheit gelangter Wallfahrtsort wie Walldürn im Mainzischen, heute Badischen, zunächst nur an liturgisch bestimmten Festtagen des legendären Blutwunders, nämlich der Oktav von Fronleichnam, Konkurs abhielt, weil der früheste Ablaß dafür verliehen worden war und sich dieser Zuzug von Gläubigen dann im Verlaufe des 17. Jahrhunderts auf 14 Tage ausdehnte, die man schließlich in der Mitte des 20. Jahrhunderts auf vier Wochen erweiterte, so waren dies immer noch geschlossene heilige Zeiten, weil nur in diesen der Wunderschrein geöffnet und also für jedermann sichtbar und zugänglich gewesen ist. Heute nun, im Zeichen des allgemeinen Tourismus und der versetzten Ferien und gleitenden Arbeitszeit gibt es dies in Walldürn nur noch bedingt, also das ganze Jahr über Möglichkeiten der Schreinöffnung, während er ununterbrochen die üblichen vier Wochen als dem Höhepunkt der Wallfahrtssaison geöffnet bleibt. Die Regelmäßigkeit der heiligen Zeit beginnt sich also aufzulösen.

Andererseits besaßen die einzelnen Prozessionen immer schon ihre festen Zeiten, und der Kreuzberg in der Rhön oder der heilige Berg

Andechs in Oberbayern sind nicht Wallfahrten durch die ständigen Biertrinker, sondern werden erst Wallfahrten durch Prozessionen an ganz bestimmten Tagen, die alle Jahre wieder zu genauer Zeit, ja auf Stunde und Minute berechenbar eintreffen.

Diese unsere Beobachtungen hat ein junger niederländischer Historiker, Paul Berbée, auf die Romwallfahrt übertragen und zu Recht festgestellt, daß hier für das Mittelalter meist unzureichend gesprochen wird in den Wissenschaften. Jegliche Rombesucher werden bislang dem in keiner Weise näher definierten Phänomen Wallfahrt zugeordnet, so daß immer wieder falsche Pilgerlisten publiziert werden können. Dabei handelt es sich in Wirklichkeit um Fremdennachweise, nämlich peregrini im römisch-rechtlichen Sinne, um durchreisende Pilger nach dem hl. Lande, um Poenitenten, um Ad-limina-Besucher der Kurie, um Diplomaten, um Kaufleute, um Gelehrte etc. Berbée folgert daraus eine "Scheinhistoriographie" zur Romwallfahrt. Diese erweist sich vielmehr als ein spätmittelalterliches Phänomen der jährlichen Karwoche und der alle 25 Jahre stattfindenden Jubelablässe. Die uns heute so geläufige Siebenkirchenfahrt ist ganz und gar eine Schöpfung der frühen Neuzeit, vollendet erst um 1550. Einen wesentlichen Anteil an der Ausbildung zum tatsächlichen Wallfahrtsort haben nach Berbée die römischen Lokalbehörden, der Handel und das ansässige Gewerbe gehabt sowie die parallel dazu sich etablierende wohltätige Pilgerfürsorge. Erst auf der Grundlage dieser sich ständig entwickelnden und dann vorhandenen Infrastruktur ist der relativ späte Aufstieg zu einem veritablen Wallfahrtsort möglich geworden.

Damit sind wir endlich bei unserem zentralen Thema des Alltags angelangt. Wallfahrt und Alltag könnten zunächst als ein Gegensatzpaar verstanden werden. Wallfahrt gerade nicht als das Alltägliche. Noch die Romantiker verteidigten in Deutschland das Wallfahren der Landleute gegenüber den Verbote publizierenden Aufklärern mit dem Hinweis auf die Badereisen der Gebildeten. Jeder Mensch brauche sozusagen einmal im Jahr Urlaub vom Alltag.

Alltag, das wäre also zunächst jener am Wallfahrtsort, jener der Kultveranstalter, jener der lokalen Kultinteressenten. Kurt Tucholsky, der in seinem "Pyrenäenbuch" 1927 ein kritisches Kapitel über Lourdes veröffentlicht hat, schreibt über das ihn faszinierende Organisationstalent der Franzosen: "Jede Pèlerinage ist höchstens vier, fünf Tage in Lourdes, und das ist sehr gut eingerichtet. Längerer Aufenthalt geht auf Kosten der Intensität. Man sieht zuviel". Er meint damit, das offizielle Programm ist auf diesen kurzen Zeitraum abgestimmt, dann werden die nächsten Massen damit betreut. Der Alltag in Lourdes besteht also aus einer kurzen, sich wiederholenden Sequenz von geistlichen Angeboten.

Wie aber stellt sich "Wallfahrt und Alltag" für die Pilger dar? Er begründet in der Regel ein generelles Anheimstellungsverhältnis, stellt sich zeitlebens unter das Patronat des Wallfahrtsortes, geht seinen zukünftigen Weg sozusagen im Leben und im Tode in diesem Zeichen. Darauf verweist die schon zitierte Zinsigkeit, die noch in der frühen Neuzeit zu Problemen mit der Grundherrschaft führen konnte. Man verpflichtet sich in den Rechtsformen des Mittelalters, bindet sich sozusagen ewig und damit alltäglich an dieses Ziel. Die großen Herrschaften haben dies sogar im Tode dokumentiert, indem etwa die Herzen der Wittelsbacher um das Gnadenbild von Altötting hängen, die der Habsburger im Herzgrüfterl in der Augustinerkirche, einst der Loretokapelle zugeeignet, die der Bourbonen an einem entsprechenden Marienheiligtum usw. Das gilt zum Teil auch für die Lebensstationen. Die Habsburger haben seit der Gegenreformation in der Loretokapelle der Augustinerkirche geheiratet, getauft; das Heiraten am Wallfahrtsort ist ein beliebter Brauch, auch wenn er in späterer Zeit oft zur Ausweichstation für Schwangere werden sollte. Die jährliche Erneuerung der Bindungen durch den gemeinschaftlichen Gang veralltäglicht, so könnte man sagen, in seiner regelmäßigen Wiederkehr den Zusammenhalt von Pilger und Wallfahrtsort. Bilder, Devotionalien, früher die Pilgerzeichen halten die ständige Gegenwart zu Hause optisch wach. Hinzu treten Bruderschaften oder Pilgervereine, die auch das Jahr über für den Zusammenhalt der Interessenten sorgen, indem sie für die Lebenden und Verstorbenen beten und Gottesdienste halten. In Würzburg kann man bei Todesanzeigen immer wieder den Vermerk finden "Mitglied der Kreuzbruderschaft", was schlicht bedeutet, daß wir hier einen ständigen Kreuzbergwallfahrer vor uns haben. Zu nichts anderem ist die Kreuzbruderschaft da. Sie organisiert die jährliche fünftägige Fußprozession mit heute fast 500 Teilnehmern.

An meiner kurzen Auflistung erkennt man allerdings, daß es sich in der Regel um neuzeitliche Phänomene handelt, jedenfalls um solche, die wir erst heute genauer fassen können. Für das Mittelalter greifen wir meist nur die Fernwallfahrer, und für lokale Kulte besitzen wir an aussagekräftigen Quellen lediglich bisweilen Mirakelberichte oder Realienzeugnisse wie Pilgerzeichen.

Genaueres wissen wir von Heiltumsschauen und Pflichtprozessionen. Aber damit sind wir längst wieder in Bereichen, die dem allgemeinen *concursus populi*, dem *geläuff* angehören, ohne daß dies Wallfahrten im strengen Sinne sein müßten. Die fließenden Grenzen machen uns hier zu schaffen, denn nicht jeder Kirchgang ist schon Wallfahrt.

Literaturhinweise:

Andree Richard, Votive und Weihegaben des katholischen Volkes in Süddeutschland. Braunschweig 1904.

Baumer Iso, Wallfahrt und Wallfahrtsterminologie. In: FS für Leopold Schmidt. Wien 1972, 304–316.

–, Wallfahrt als Handlungsspiel. Ein Beitrag zum Verständnis religiösen Handelns. Bern–Frankfurt/Main 1977.

Berbée Paul, Die Romwallfahrt aus der Sicht stadtrömischer Quellen zwischen 1377 und 1550. Prämissen und Probleme ihrer Erforschung. In: Jahrbuch für Volkskunde NF 9 (1986) 85–111.

–, Zur Klärung von Sprache und Sache in der Wallfahrtsforschung. Begriffsgeschichtlicher Beitrag zur Diskussion. In: Bayerische Blätter für Volkskunde 14/2 (1987) 65–82.

Brückner Wolfgang, Die Verehrung des hl. Blutes in Walldürn. Volkskundlich-soziologische Untersuchungen zum Strukturwandel barocken Wallfahrtens. Aschaffenburg 1958.

–, Zur Phänomenologie und Nomenklatur des Wallfahrtswesens und seiner Erforschung. Wörter und Sachen in systematisch-semantischem Zusammenhang. In: FS für Josef Dünninger. Berlin 1970, 384–423.

–, Zu Heiligenkult und Wallfahrtswesen im 13. Jahrhundert. Einordnungsversuch der volksfrommen Elisabeth-Verehrung in Marburg. In: Sankt Elisabeth, Ausstellung zum 750. Todestag. Sigmaringen 1981, 117–127.

– (Hg.), Wallfahrt – Pilgerzeichen – Andachtsbild. Aus der Arbeit am Corpuswerk der Wallfahrtsstätten Deutschland: Probleme, Erfahrungen, Anregungen (Veröffentlichungen zur Volkskunde und Kulturgeschichte 14) Würzburg 1982.

–, Das Nord-Süd-Problem für die Erforschung religiöser Volkskultur. Allgemeines Vorurteil und Wissenschaftsstereotyp. In: Günter Wiegelmann (Hg.), Nord-Süd-Unterschiede in der städtischen und ländlichen Kultur Mitteleuropas (Beiträge zur Volkskultur in Nordwestdeutschland 40) Münster/W. 1985, 327–344.

Dünninger Hans, Processio peregrinationis. Volkskundliche Untersuchungen zu einer Geschichte des Wallfahrtswesens in der heutigen Diöszese Würzburg. In: Würzburger Diözesan-Geschichtsblätter 23 (1961) 53–176 und 24 (1962) 52–188.

–, Was ist Wallfahrt? Erneute Aufforderung zur Diskussion um eine Begriffsbestimmung. In: Zeitschrift für Volkskunde 59 (1963) 221–232.

–, Zum Wallfahrtsbegriff des Zeitalters der Reformation im Verzeichnis "furneme walfarten". In: Brückner 1982, 233–240.

–, Ablaßbilder. Zur Klärung der Begriffe "Gnadenbild" und "Gnadenstätte". In: Jahrbuch für Volkskunde NF 8 (1985) 50–91.

–, Gnad und Ablaß – Glück und Segen. Das Verhüllen und Enthüllen heiliger Bilder. In: ebd. NF 10 (1987) 135–150.

Gugitz Gustav, Österreichs Gnadenstätten in Kult und Brauch. Ein Handbuch zur religiösen Volkskunde in fünf Bänden. Wien 1955–58.

Kriss Rudolf, Die Volkskunde der altbayerischen Gnadenstätten. 3 Bde. München 1953–55.

Kriss-Rettenbeck Lenz und Möhler Gerda (Hg.), Wallfahrt kennt keine Grenzen. Themen zu einer Ausstellung. München–Zürich 1984.

Rothkrug Lionel, Religious Practices and Collective Perceptions: Hidden Homologies in the Renaissance and Reformation (Historical Reflexions 7) Waterloo 1980.

Schreiber Georg (Hg.), Wallfahrt und Volkstum in Geschichte und Leben (Forschungen zur Volkskunde 16/17) Düsseldorf 1934.

NOMENKLATUR DES WALLFAHRTSWESENS

	1	2	3	4	5	6	7	8	9	10	11	12
I Konkrete Kulterscheinungen	Gotteshaus	Reliquienkult	Bilderverehrung	Geheiligter Ort	Asketische *peregrinatio*	Außerordentlicher Heiligtumsbesuch	Kanonisches Patronatswesen	Liturgische *processio*	Potentielles Wundererlebnis	Kirchliche Hilfsmittel	Wirksame Realien	„Zeitlose" Heil- und Bußpraxis
II Die ihnen zugrundeliegenden geistigen Haltungen	Pietät und Devotion bei traditionsgebundener Objektverortung durch positive Sanktionsmechanismen				Christliche Bußgesinnung	Votierende oder promulgierende Demonstration	Religiöse Anheimstellung	Feierliches Bekenntnis im gemeinsamen Rechtsvollzug	Gnadenbewußtsein		Fromme Hoffnung	
III Daraus resultierende Aktionen	*Concursus populi* (Devotionswallfahrt als Gemeinschaftskult)				Einsame Pilgerschaft	Private rituelle Begehung	Votationswesen	Öffentlicher Wallfahrtszug	Gebet	Ablaßgewinnung	Devotionale und superstitiöse Anwendung	
IV Die sie tragenden funktionalen Prägekräfte	Manifestationen des Numinosen im Erlebnis der Gläubigen				Wandern als Lebensstil	Innere Bindung	Rechtliche Verpflichtung	Formale Gestaltung	Erfahrung des Numen	Sakramentales Denken	Konkrete Heilsuche	Unreflektierter Brauch
V Die gestaltenden Motivationssysteme	Dingliche Anlässe und deren dogmatische oder legendäre Überhöhungen als soziale Integrationshilfen				Kulturell geprägte Handlungsschemata				Psychologische Bereitschaft	Geistliches Angebot	Lokale Spezifika	Allgemeinste Einflüsse
VI Deren Denkstrukturen	Objektaktualisierungen				Ausdrucksgeschehen				Gebrauchsbereiche			
VII Ihre intentionalen Beziehungsgefüge	Fixpunkte für Jenseitsbeziehungen				Gestaltung von Jenseitsbeziehungen				Materialien für Jenseitsbeziehungen			
VIII Allgemeinste Definitionsmöglichkeit	Ein historisch gewachsenes komplexes System intentionaler Konkretisierungen von Kommunikationsversuchen mit der Überwelt in einem integralen sozialen Beziehungsfeld											

Pilgrimages and Social Prestige.
Some reflections on a theme*

JAN VAN HERWAARDEN

INTRODUCTION: PILGRIMAGE

Ideally a pilgrimage meant a state of 'asketische Heimatlosigkeit', which indicates that the pilgrim was temporarily released from the bonds of his daily existence here and now, that he had 'dedicated' himself wholly to God.[1] In his *peregrinatio* the pilgrim was on his way to another mother country: 'Le lieu de pèlerinage ... est une sorte de pays natal, de chez soi, élevé à la deuxième puissance.'[2] The pilgrim was temporarily admitted into a state (*ordo peregrinorum*) which can be compared with that of monastics.[3] This special status was emphasized by ecclesiastical provisions and could also entail secular privileges.[4] That going on a pilgrimage was advised against or forbidden in the case of monks and nuns is understandable: the monastic vows already contained the pilgrim's vow.[5]

The essence of a pilgrimage is clearly described in the 12th century *Book of Saint James*:

---

* Translation: Ch. A. Greenwood, Amsterdam.

[1] Cf. A. von Campenhausen, Die asketische Heimatlosigkeit im altkirchlichen und frühmittelalterlichen Mönchtum (Tübingen 1930); B. Kötting, Peregrinatio religiosa. Wallfahrt und Pilgerwesen in Antike und alter Kirche (Münster/W. 1950) 301–307: 'Das Pilgern als aszetische Lebensform'.

[2] G. van der Leeuw, La religion dans son essence et ses manifestations: phénoménologie de la religion (Paris 1948) 393.

[3] Cf. A. Franz, Die kirchlichen Benediktionen im Mittelalter II (Freiburg im Breisgau 1909) 271 ff.; G. Schreiber (ed.), Wallfahrt in Geschichte und Leben (Forschungen zur Volkskunde XVI–XVII) Düsseldorf 1934) 1–4; the pilgrim as monk: Petrus Venerabilis, De miraculis I.11.19. In: Migne, PL CLXXXIX, cols. 874–875, 883.

[4] Summarizing now on this: L. Carlen, Wallfahrt und Recht im Abendland (Freiburger Veröffentlichungen aus dem Gebiete von Kirche und Staat 23) Freiburg (Switzerland) 1987.

[5] J. van Herwaarden, Pelgrimstochten (Bussum 1974) 144–146, refers, among others, to Thomas Aquinas, Summa theologia II.ii, LXXXVIII, CLXXXV, CLXXXIX; J. Sumption, Pilgrimage. An image of mediaeval religion (London 1975) 97; Carlen, Wallfahrt und Recht, 116–117.

> 'Going on pilgrimage is a most excellent but also a difficult business, because for man the path to life is narrow, that to death, on the other hand, broad and spacious. The pilgrim's path is the straight path, (and means) disappearance of vices, mortification of the body, revelation of virtues, remission of punishments, penance of penitents, path of the righteous, love of the saints, belief in the resurrection and reward of the blessed, delivery from hell, mercy from heaven. Pilgrimage weakens (the appetite for) sumptuous food, restrains gluttony, tames lust and suppresses bodily desires which are in conflict with (the salvation of) the soul, purifies the spirit, causes the person to reflect, humbles the proud, makes the meek blessed, loves poverty, hates wealth which is guarded by greed but loves generosity which slakes needs, rewards those who abstain and perform good works, but does not in itself save sinners and the avaricious.'[6]

Indeed, a pilgrimage in itself meant nothing. Pilgrimages acquired significance within the framework of the Church's doctrine of redemption as a possibility for acquiring the state of grace. Indissolubly linked to this is the requirement that the pilgrim should confess his sins before departing and be in a state of repentance during the journey and in the shrine itself. The miraculous power of the saint could then be invoked for salvation (eventually also for that of others) or for curing mental and physical ills. Stories about miracles which had occurred at a shrine had the function of pointing out to the faithful that divine intervention was still always possible.

The ideal pilgrimage brings the pilgrim close to God, to an almost heavenly state, as Dante described in his *Divina Commedia*:

> 'If the barbarians ... when they saw Rome, her mighty monuments (the days the Lateran, built high, outsoared all mortal art), were so struck with amazement, then I – coming to Heaven from mortal earth, from man's time to Divine eternity, from Florence to a people just and sane – with what amazement must I have been struck! Truly, between my stupor and my joy, it was a pleasure not to hear or speak. And as a pilgrim now refreshed with joy surveys the temple of his vow, and wonders how to describe it when he is back home, so through the living light I let my eyes go wandering among the ranks of Blest, now up, now down, now searching all around.'[7]

---

[6] Translation of part of the sermon *Veneranda dies*, W.M. Whitehill (ed.), Liber Sancti Jacobi. Codex Calixtinus I: Texto (Santiago de Compostela 1944) 152.

[7] Paradiso XXXI, 31–48, Dante Alighieri, The Divine Comedy, translated with an introduction, notes and commentary by Mark Musa (Harmondsworth 1986) 366.

I. The theme

The theme of this contribution concerns the relationship between two concepts, each of which is itself open to many different interpretations. The phenomenon of pilgrimages can be approached in so many ways and the concept of social prestige is so diffuse that investigating the possible relationship between the two is a hazardous undertaking. It could even be questioned whether in fact the two concepts have much to do with one another. I should like to make it clear in advance that I have not endeavoured to define the two concepts more precisely or to analyze in depth the essence of the relationship between them. What follows must be seen as a number of marginal notes on the theme as I conceive it. This implies that I definitely believe that it is possible to link concepts such as pilgrimages and social prestige.

In elaborating on the theme, I have confined myself to concrete data. I am fully aware that the connotation of the term 'pilgrimages' yields a meaning which is to some extent generally accepted[8], but that the definition of the second part of the theme immediately presents difficulties. Despite this problem of definition, social prestige or social esteem is nonetheless usable, because everyone can picture something when terms such as prestige or esteem are employed.

In the relationship between the concepts in question one sees the entwining of different phenomena as a result of influences which are external to those phenomena individually. Such external influences have occurred frequently in the case of expressions of faith such as pilgrimages and in the origin and development of places of pilgrimage. This does not by any means apply solely to the Latin Christian world. Plutarch, for example, believed that the revival of the oracle of Delphi around 120 was due to the patronage of the emperor Hadrian – whose prestige caused others to follow – whereas some 40 years earlier the same Plutarch had written his famous dialogue *On the disappearance of oracles*, in which the speakers were convinced that oracles had fallen into decline.[9] Without

[8] Cf. P. A. J. S. Berbée, 'Zur Klärung von Sprache und Sache in der Wallfahrtsforschung. Begriffsgeschichtlicher Beitrag zur Diskussion', Bayerische Blätter für Volkskunde XIV,2 (1987) 65–82 (see also: idem, ''Bedevaart' en 'pelgrimstocht' in Nederland. Over oude termen en nieuwe methoden in bedevaartonderzoek', in: N. Lettinck and J. J. van Moolenbroek (eds.), In de schaduw van de eeuwigheid. Tien studies over religie en samenleving in laatmiddeleeuws Nederland aangeboden aan prof. dr. A. H. Bredero (Utrecht 1986) 167–199.

[9] R. L. Fox, Pagans and christians in the mediterranean world from the second century AD to the conversion of Constantine (Harmondsworth 1986) 201, refers to Plutarch, Moralia 409C; R. M. Ogilvie, The date of De defectu oraculorum (Phoenix 1967).

wishing to suggest connections of this kind so directly in all cases, similar figurations will repeatedly occur in what follows.

In examining relationships between pilgrimages and social prestige, the value attached to pilgrimages in general is important. This touches on the general problem of how geographical mobility as such was viewed in a given society. Rather radical changes occurred in this respect during the Middle Ages, chiefly as a result of economic developments which fostered mobility. Nevertheless, there was a constant undercurrent of distrust of the foreign. One thinks here above all of what are sometimes called *Fahrende Leute* and of the problem of marginality, which, particularly towards the end of the Middle Ages, was an almost endemic feature of the social order.[10] Problems of this kind unquestionably also affected the appreciation of pilgrimages, and it is undeniable that in the case especially of those persons who were sent on pilgrimages because of criminal acts there was a large chance of their being marginalized, always assuming that they did not join roving bands on their own initiative. Interesting and important for the appreciation of pilgrimages as these aspects may be, they will be touched on only indirectly here.[11]

That also applies to the appreciation of pilgrimages on the basis of the value attached to outward displays of piety, in which respect there existed large differences. If, for example, one were to take Erasmus' standpoint, one could question whether pilgrimages deserved to have any positive value attached to them at all. Erasmus' critical views follow on a long tradition of scepticism with respect to pilgrimages and similar expressions of faith. However important that continuous flow of criticism may be for the assessment of medieval Christian pilgrimages, particularly in the Low Countries, I shall leave all that largely out of consideration here.[12]

Such criticism was aimed particularly at indulgences, which will also

---

[10] Fr. Graus, 'Randgruppen der städtischen Gesellschaft im Spätmittelalter', Zeitschrift für Historische Forschung VIII (1981) 385–437.

[11] Summarizing: B. Geremek, Truands et misérables dans l'Europe moderne (1350–1600) (Paris 1980). Also, e. g., the Paris colloquium 'Les pèlerins de l'Orient et les vagabonds de l'Occident' (Cahiers de l'Université Saint-Jean-de-Jerusalem, 4) Paris 1978; H. Pley, Het gilde van de Blauwe Schuit. Literatuur, volksfeest en burgermoraal in de late middeleeuwen (Amsterdam 1979); W. Hartung, 'Die Spielleute. Eine Randgruppe in der Gesellschaft des Mittelalters', Vierteljahrschrift für Sozial- und Wirtschaftsgeschichte, Beiheft 72 (Wiesbaden 1982); Fr. Graus, 'Die Randständigen', in: P. Moraw (ed.), Unterwegssein in Spätmittelalter (Zeitschrift für historische Forschung, Beiheft 1) Berlin 1986, 93–104.

[12] See Van Herwaarden, Pelgrimstochten, 143–157: 'Bedevaarten: devotie en kritiek tot in de zestiende eeuw'; idem, 'Erasmus over bedevaarten en heiligenverering', Spiegel historiael IX (1974) 66–73; P. J. A. Nissen, 'Bedevaart is lekenzaak. Fred-

largely be left out of consideration here, though not before it has been made clear that – especially thanks to the Holy Year indulgences and their derivatives – the indulgence system initially provided an important stimulus for pilgrimage activity but eventually exerted an extremely negative effect on the appreciation of pilgrimages due both to inflation and to laxness as regards the norms for granting indulgences.[13]

Finally, it should be clearly stated that the theme, especially favoured in the literature, of all too gullible pilgrims and the scandalous deceptions perpetrated from time to time with pilgrimage centres, relics and miracles will not be dealt with here, much as such phenomena adversely affected the value attached to pilgrimages.[14]

II. The prestige of places of pilgrimage

When pilgrimages are discussed, the term encompasses not only the journeys to sacred places but also the sacred places themselves. The necessity for further explanations immediately arises in relation to the concept of prestige, because marked differences in prestige existed and still exist between places of pilgrimage. If these differences were constant, this would imply that a stratification could be drawn up for Christian places of pilgrimage in which their order of ranking would be clearly visible. However, one has, not a constant, but a cyclical valuation, not only of the phenomenon of pilgrimages as such but also of the innumerable places of pilgrimage individually.

Geographical classification

It is nonetheless possible to systematize to some extent. Analogously with what Bhardwaj has done for a number of places of pilgrimage in India[15], the Turners suggested in their controversial book[16] a classification of the Christian places of pilgrimage into four groups distinguished

---

erik van Heilo en de jubileumbedevaart van 1450', in: M. van Uden and P. Post, Christelijke bedevaarten (Nijmegen 1988) 39–60.

13 See, e. g., J. van Herwaarden, 'Middeleeuwse aflaten en Nederlandse devotie', in: D. E. H. de Boer and J. W. Marsilje (eds.), De Nederlanden in de late middeleeuwen (Utrecht 1987) 31–68.

14 On this still: K. Schreiner, 'Discrimen veri ac falsi. Ansätze und Formen der Kritik in der Heiligen- und Reliquienverehrung des Mittelalters', Archiv für Kulturgeschichte XLVIII (1966) 1–53 and idem, 'Zum Wahrheitsverständnis im Heiligen- und Reliquienwesen des Mittelalters', Saeculum XVII (1966) 131–169. Cf. also Sumption, Pilgrimages, 22–88: relics, saints, miracles, cures.

15 S. M. Bhardwaj, Hindu places of pilgrimage. A study in cultural geography (Berkeley–Los Angeles–London 1973) 146, 169–174.

16 Victor and Edith Turner, Image and pilgrimage in christian culture. Anthropo-

by level: international, national, regional and inter-village (local) places of pilgrimage.[17] Schmugge has simplified this classification for the Latin Christian world to three categories:

1. distant pilgrimages to Jerusalem, Rome and Santiago de Compostela;
2. supra-regional pilgrimages (also over considerable distances and, hence, of long duration);
3. local pilgrimages (to nearby places and of short duration).[18]

This classification is not watertight either, if only because distance and duration are relative concepts which have to do not only with the place of pilgrimage but also with the pilgrims concerned. Even the apparently clear specification of the three principal sacred places in the Latin Christian world is then found to be relative. It meant that people were universally convinced of the high prestige of those places, but in the daily practice of pilgrimages that was not an absolute fact, because for a person from, for example, Burgos a pilgrimage to Cologne, for instance, was a more radical undertaking than a trip to the prestigious Santiago. In the indulgence system, which was closely linked to pilgrimages, this aspect was taken into account, as is apparent, for example, from the fact that in Rome different tariffs were charged for the faithful from Rome itself and the surrounding area, from the rest of Italy and from regions north of the Alps.[19]

Thus, distance and prestige – and, as far as indulgences were concerned, also the effect on spiritual welfare – had something to do with one another. This is shown in a completely different manner by the distinction made in the inquisitor's manual compiled by Bernard Gui ca. 1324 between the journey overseas, to the Holy Land, the four *peregrinationes majores* (Rome, Santiago de Compostela, St. Thomas of Canterbury and the Magi in Cologne) and twenty *peregrinationes minores.*[20] In assessing that distinction one must take account of the geographical perspective:

---

logical perspectives (Oxford 1978); cf. J. van Herwaarden, 'Hebben christelijke bedevaarten een status-veranderend effect gehad. Een commentaar op een antropologische beschouwing', Tijdschrift voor Geschiedenis XCIII (1980) 247–254.

[17] Turner, Image, 239, cf. 17–19.

[18] L. Schmugge, 'Die Pilger', in: Moraw (ed.), Unterwegssein, 18; idem, 'Kollektive und individuelle Motivstrukturen im mittelalterlichen Pilgerwesen', in: G. Jaritz and A. Müller (eds.), Migration in der Feudalgesellschaft (Frankfurt/M.–New York 1988) 264.

[19] Van Herwaarden, 'Aflaten', 43.

[20] G. Mollat and G. Drioux (eds.), Bernard Gui, Manuel de l'inquisiteur I (2 vols., Paris 1926–1927) LVI, LXV: The Mary shrines of Chartres, LePuy, Rocamadour, Sérignan, Souillac, Vauvert, Notre-Dames-des-Tables at Montpellier, Saint-Guilhem-du-Désert, Saint-Gilles-en-Provence (St.-Gilles-du-Gard), Saint-Pierre de Montma-

the list was drawn up in southern France (the manual was intended for the inquisitors of Albi, Carcassonne and Toulouse) and the distances from there to the four places mentioned as majores are roughly equal.

Conclusions arrived at on the basis of this list that Canterbury and Cologne had a prestige equal to that of Rome or Compostela or that Chartres, Rocamadour, St. Antoine-en-Viennois or any other places of pilgrimage which are classed as minores in the list had less prestige than Canterbury and Cologne are groundless. When the prestige of particular pilgrimages is talked about, the geographical context is important.

Aside from the exclusion of the Holy Land from the measure and the naming of Rome and Compostela in the same breath, Bernard Gui's list means little more than a setting of tariffs with the aid of pilgrimages, a phenomenon with which we are also familiar from the system of imposed pilgrimages such as operated in the Low Countries.[21] Some cautious conclusions can be drawn from this with respect to the value attached to certain places of pilgrimage. In doing so, however, account must always be taken of the fact that it was indeed a matter of tariffs and, hence, that in assessing quantitative data one must bear in mind that it was also a matter of certain offences which occurred with greater or lesser frequency. Moreover, the Holy Land and, to a lesser extent, Rome too occupied a special place in the system of tariffs.

It can nonetheless be established to some extent which places of pilgrimage in the various provinces of the Low Countries were high on the list. Two approaches can be taken: quantification of pilgrimages on the basis of all the jurisdictions which have been studied and the number of pilgrimages imposed per region in those jurisdictions. In classifying pilgrimages according to distance I employ four criteria here:

1. the distant pilgrimages;
2. the places of pilgrimage which are closer but still reasonably far from the Low Countries;
3. the places of pilgrimage which are close but outside the Low Countries and

jour, Sainte-Marthe at Tarascon, Sainte-Marie-Madeleine at Saint-Maximin, Saint-Antoine-en-Viennois, Saint Martial at Limoges, Saint-Léonard-de-Noblat, Saint-Denis, Saint-Seurin at Bordeaux, Sainte-Foy at Conques, Saint-Paul at Narbonne and Saint-Vincent at Castres.

21 J. van Herwaarden, Opgelegde bedevaarten. Een studie over de praktijk van opleggen van bedevaarten (met name in de stedelijke rechtspraak) in de Nederlanden gedurende de late middeleeuwen (ca 1300–ca 1550) (Assen–Amsterdam 1978) 29–47 for the origin of that system via Irish and Anglo-Saxon penitentials, the Rome journey, the pax and treuga Dei, indulgences, crusades and inquisition and the relationship to ecclesiastical legal practice; 48–52 for the relationship with the reconciliation system in German law.

4. the places of pilgrimage in the Low Countries.[22]

On the basis of the first criterion, for 95 judicial bodies spread over a large number of provinces of the Low Countries, of the distant pilgrimages Santiago de Compostela occurs with by far the greatest frequency, followed by Rome, Cyprus (which can be regarded in a certain sense as a substitute for the Holy Land[23]) and Bari, where St. Nicholas, who was popular in the Low Countries, was venerated.[24] Of the closer places of pilgrimage, Rocamadour, a centre of veneration for Mary, is the most frequently mentioned, followed by the Holy Blood at Wilsnack, the Holy Tear (and Our Lady) at Vendôme, Our Lady at Einsiedeln – which underwent a period of decline as a monastery but flourished as a place of pilgrimage between the 12th and 16th century[25] –, St.-Antoine-en-Viennois, Milan (various shrines), St. Martin at Tours and St. Thibault at Thann in Alsace. Of the places which are close but not in the Low Countries, the veneration centre for the Magi at Cologne is by far the most frequently mentioned, followed by Our Lady at Aix-la-Chapelle, St.-Josse-sur-Mer, St.-Nicholas-de-Port (near Nancy), St. Matthew at Treves and Our Lady at Boulogne, while of the places located in the Low Countries the Virgin Mary shrines at Halle, Aardenburg and 's-Hertogenbosch and St. Adrian at Geraardsbergen occur most frequently. It should be emphasized that these are lists of places of pilgrimage as they are mentioned in the tariffs and sentences in the jurisdictions and, hence, their value is relative, though they do provide an indication of the prestige of certain places of pilgrimage.

For some provinces (Brabant, Holland and Zeeland) further indications of regional and local popularity can be given on the basis of information on the frequency of imposed pilgrimages in various jurisdictions in those provinces. Measured in absolute numbers, St.-Josse-sur-Mer was the most frequently imposed in Brabant, followed by Rome, Milan and Santiago de Compostela. For Holland the order was Rome, Einsiedeln, Cologne and Santiago and for Zeeland Cologne, Einsiedeln, Rome and Wilsnack.[26]

---

[22] Ibidem, 410–417.

[23] Ibidem, 54.

[24] Cf. for that veneration of St. Nicholas: K. Meisen, Nikolauskult und Nikolausbrauch im Abendlande (Düsseldorf 1931).

[25] R. Henggeler, Einsiedeln (Einsiedeln 1948) 9–12 (decline as monastery), 23–24 (heyday as place of pilgrimage).

[26] Computed for individual cities, it can be concluded that in Antwerp Cologne, Trier, 's-Hertogenbosch, Wilsnack and Einsiedeln, in Brussels Milan, Rome and Cologne, in Louvain St.-Josse-sur-Mer, Milan, Our Lady at Strasbourg and Rome, in Nijvel Santiago de Compostela, Rocamadour and St. Nicolas-de-Port, in Tienen St. Josse-

As has already been indicated, it is questionable whether these data are a reflection of the devotion for particular places of pilgrimages. It seems to me probable, however, that there was a certain degree of correlation between existing devotions and the inclusion of particular places of pilgrimage in the administration of justice in the cities.

On the basis of this hypothesis and the quantitative data on imposed pilgrimages in Brabant, Holland and Zeeland it can be concluded that Rome and Santiago were the most popular of the distant places of pilgrimage, followed by journeys 'overseas'; Bari comes far behind these and was actually imposed with some frequency only in Antwerp, Brussels and Louvain, while St. Nicholas was highly venerated mainly in the Northern Netherlands. Of the closer places of pilgrimage the most favoured were Milan (only in Brabant), Einsiedeln (chiefly in Holland), Rocamadour (chiefly in Brabant) and Wilsnack (chiefly in Antwerp and Holland).

Of the places of pilgrimage which were close but not in the Low Countries, St.-Josse-sur-Mer was by far the most frequently imposed in Brabant but was scarcely imposed in Holland. Cologne followed St.-Josse-sur-Mer in Brabant but was the favourite destination in this category in Holland and Zeeland. In Brabant, St.-Josse-sur-Mer and Cologne were followed by Treves, while in Holland and Zeeland Cologne was followed by Aix-la-Chapelle, though at a very great distance.

Places of pilgrimage inside the Low Countries were more in favour in Holland and Zeeland than in Brabant. Pilgrimages to Our Lady in 's-Hertogenbosch were the most frequently imposed except in Zeeland, followed in Brabant by Halle and Aardenburg. In Zeeland, Geraardsbergen and Halle were the most frequently mentioned and in Holland 's-Hertogenbosch was followed by 's-Gravenzande, Amersfoort and the Holy Blood at Bergen (Noord-Holland), and only then came Halle.

The closer they were, the greater was the differentiation between customary places of pilgrimage. The 'distant' places of pilgrimage were certainly universal; as far as Rome and Santiago de Compostela are concerned, in conformity with the data from the literature on devotional pilgrimages. Of these, the Holy Land itself occupied an important place, which one finds allotted to Cyprus in the case of imposed pilgrimages. Devotionally Cyprus served at most as an intermediate stage for journeys to the Holy Land, though it did have centres of veneration, of which the

---

sur-Mer, Milan, St. Thibault at Thann and Rome, in Brielle Einsiedeln, Rome and Cologne, in Dordrecht Paris and Santiago de Compostela, in Gouda Rome, in Leiden Rome, Einsiedeln, 's-Hertogenbosch and Our Lady at 's-Gravenzande and in Schiedam Cologne, Einsiedeln, Rome and Wilsnack enjoyed the greatest popularity.

memorial place of the good murderer and the grave of St. Catherine in particular can be mentioned as being of importance.[27]

In this context, Milan also occupies a remarkable position. There were indeed a few special places of veneration in that city – for St. Ambrose, Mary and Peter – and it boasted a church such as San Pietro dei Pellegrini – a typical 'transit church' for pilgrims on their way to Rome – but it was probably included in the series of pilgrimage centres chiefly because it was situated roughly halfway to Rome. On the tariff lists of Brussels, Diest, Louvain and Maastricht the sum to buy off a pilgrimage to Rome was twice as high as that for Milan, and in Ghent a person was sometimes sent 'halfway to Rome', by which Milan was meant. Milan was not a pilgrimage centre *sui generis*, but its situation halfway to Rome fitted in well in terms of the desired tariff.

As regards places of pilgrimage located at a lesser distance, it is noteworthy that other factors are also found to have played a role in the differentiation. The French pilgrimage centres were affected by the wars in the 15th century, to such an extent, indeed, that Rocamadour and Vendôme, for example, were scarcely imposed anymore in Louvain after 1430. However, such a fact must not be isolated either: in Antwerp pilgrimages to Rocamadour were imposed throughout, albeit it with fluctuating frequency. Though it was generally oriented to France, Italian pilgrimage centres were very much in favour in Brabant, and neither the journey to that country nor the situation in Italy itself were by any means free from dangers of war. It is notable that places familiar in the literature as important pilgrimage centres such as Tours and Mont-Saint-Michel occur infrequently or scarcely at all in the sentences, while pilgrimages to Saint-Gilles-du-Gard, which occurred fairly often in the 14th century particularly in Flemish reconciliations, are scarcely mentioned anymore in the 15th century.

The differentiation is greatest in the case of places of pilgrimage situated in the Low Countries. It is logical that regionally famous places such as Our Lady at 's-Gravenzande (whose statue of the Virgin Mary, like that of Halle, had come from St. Elizabeth of Thuringia and veneration of which was stimulated by the counts of Holland[28]) and the Holy Blood of Bergen (where the Eucharistic miracle of 1421 took place and

---

[27] R. Röhricht and H. Meisner, Deutsche Pilgerreisen nach dem Heiligen Lande (Berlin 1880) 22–23, note 5 ('Mount of the Cross': the good murderer); B. Wasser, Nederlandse pelgrims naar het heilige land (Zutphen 1983) 33 [cites the account of Jan Aerts (1525) on Catherine].

[28] J. A. F. Kronenburg, Maria's heerlijkheid in Nederland. Geschiedkundige schets van de vereering der H. Maagd in ons vaderland, van de eerste tijdem tot op onze dagen, 8 vols. (Amsterdam 1904–1914) VI, 41–51.

was connected with the Elizabeth Flood of that year which so drastically affected Holland[29]) occur most in the data for Holland and are not mentioned in other provinces. In that context, the popularity of Amersfoort is striking. The miracle of the statuette of the Virgin which was thrown into the water but did not float away occurred in 1444 and the statuette was carried in procession to the Chapel of Our Lady in Amersfoort on 26 December 1444.[30] This produced a cult which rapidly grew in popularity, as also became apparent in imposed pilgrimages, the first of which dates from 1448.[31] Its rise in popularity was such that Amersfoort rivalled 's-Gravenzande and overshadowed Bergen, which was not so old either.

However deficient the indications used here may be, they nonetheless lead to the conclusion that differences existed with respect to the prestige of places of pilgrimage and that these increased the closer the places of pilgrimage were. This in turn leads to the conclusion that it is justified to make general comments on pilgrimage centres such as the Holy Land, Rome and Santiago de Compostela which have validity for the whole of the Latin Christian world, but that for all the other categories of pilgrimage centres the regional differences in prestige become greater the closer the centre in question is to the place from which that prestige is studied.

In this context, other indicators can also be used in some cases, namely a classification of miracles which were recorded within a given – usually relatively short – space of time at a particular place of pilgrimage. The correlation between frequency and geographical distribution then gives a radius which can be comparable to the relationship between the epicentre of an earthquake and its effect over a large area. In the Low Countries a study of this kind is possible for a few places of pilgrimage, the most important data having been preserved on the miracles at Our Lady of 's-Hertogenbosch. This type of research has also been successfully carried out elsewhere. The many miracles at the shrine of St. Thomas of Canterbury have attracted a particularly large amount of attention in this respect.[32]

---

29 P. Browe, Die eucharistischen Wunder des Mittelalters (Breslau 1938) 144, 199.

30 Kronenburg, Maria's heerlijkheid, 392–413; miracles: P. Lukkenaer, Mirakelboeck Onser Liever Vrouwen t'Amersfoert (Amersfoort 1946).

31 Municipal archives of Leiden, Oude rechterlijke archieven 4A (Correction Book) 274: 16 I 1448 sentence; letter of proof dated 19 I 1448 submitted on 22 I 1448.

32 H. Hens et al., Mirakelen van Onze Lieve Vrouw te 's-Hertogenbosch, 1381–1603 (Bijdragen tot de geschiedenis van het Zuiden van Nederland XLII) Tilburg 1978, passim (N.B.: 461 of the 481 recorded miracles took place between 8 November 1382 and 10 July 1388); G. Verhoeven, 'Het mirakelboek van het Heilig Hout te Dor-

Qualitative classification

Distance and duration are not the only criteria with which the prestige of places of pilgrimage can be measured. Though it is connected with geographical conditions, the criterion of accessibility, detached from distance, is of a more qualitative nature. The degree of difficulty of reaching a place of pilgrimage could in itself yield an extra prestige point, as was the case with, for example, Mont-Saint-Michel, San Galgano, a shrine also dedicated to the archangel Michael, and St. Patrick's purgatory in Ireland. Such facets undoubtedly had an influence on social prestige for the pilgrims concerned, but can not be explained uniformly because too much variation in prestige occurs. This actually also applies to the extra obstacles facing pilgrims in places which were not otherwise especially difficult of access, such as the steps in, for example, Rome (both the Scala Santa and the steps of St. Peter's) or Rocamadour, which the pilgrim has to climb on his knees if he wants to profit fully from the possibilities of grace at the place in question.

St. Patrick's purgatory, for example, on a small island in Lough Derg has had an erratic history as far as prestige is concerned: it was (and is, because another revival has taken place) most certainly difficult to reach, but the veneration itself has proved to be subject to variations in esteem. This pilgrimage came into favour from the 12th century onwards and involves visiting the dark well at which Ireland's patron

---

drecht', Archief voor de geschiedenis van de katholieke kerk in Nederland LXXXV (1985) 104–139; idem, 'De cultus van het Heilig Hout te Dordrecht: het ontstaan van een bedevaart in de late middeleeuwen', in: Lettinck and Van Moolenbroek (eds.), Schaduw, 200–223. Cf. also: D. Harmening, 'Fränkische Mirakelbücher. Quellen und Untersuchungen zur historischen Volkskunde und Geschichte der Volksfrömmigkeit', Würzburger Diözesangeschichtsblätter XXVIII (1966) 25–240; P. A. Sigal, 'Maladie, pèlerinage et guerison au XIIe siècle. Les miracles de Saint Gibrien à Reims', Annales ESC XXIV (1969) 1522–1539; R. C. Finucane, Miracles and pilgrims. Popular beliefs in medieval England (London etc. 1977) 125 (703 miracles in the first decade after Becket's death); 152 ff.: 'Maps and miracles'; M. Zender, 'Mirakelbücher als Quelle für das Volksleben im Rheinland', Rheinische Vierteljahrsblätter XLI (1977) 108–123; A. Vauchez, La sainteté en occident aux derniers siècles du moyen âge d'après les procès de canonisation et les documents hagiographiques (Bibliothèque des écoles françaises d'Athènes et de Rome 241) Rome 1981, 540 ff.; Constanze [Hofmann-]Rendtel, Hochmittelalterliche Mirakelberichte als Quelle zur Sozial- und Mentalitätsgeschichte sowie zur Geschichte des Wallfahrtswesens (Düsseldorf 1985); P. J. A. Nissen, 'Niederländische Mirakelbücher aus dem Spätmittelalter, insbesondere das Arnheimer Mirakelbuch des heiligen Eusebius, als Quelle für den Volksglauben', in: P. Dinzelbacher and D. R. Bauer (eds.), Volksreligion im hohen und späten Mittelalter (Quellen und Forschungen aus dem Gebiet der Geschichte, Neue Folge, Heft 13) Paderborn etc. 1990, 275–305.

saint, St. Patrick, is said to have demonstrated the workings of hell to the heathens. It was claimed that, after having confessed and kept watch in repentance for a day and a night at the bottom of the well, the person would be cleansed of all sins and have seen the punishments of hell and the joys of heaven. The shocking deceit here led a pilgrim from the Low Countries to urge Pope Alexander VI to take measures against this place of pilgrimage, following which the shrine was thoroughly destroyed on the latter's orders in 1497, but apparently not sufficiently that it did not have to be done again in 1632. Even thereafter, however, it continued to attract pilgrims, and does to this day.[33]

Less clearly measurable and also more sensitive to changes in appreciation is the qualitative approach to the prestige of places of pilgrimage. The maxim applies here that the closer to Christ himself the veneration is, the higher the prestige of the place of veneration. That applies particularly to the older pilgrimage centres in the Christian world, which can also be taken to include the places at which martyrs are commemorated. Where the direct connection with Christ can no longer be demonstrated so clearly, other criteria come to apply. A close connection with the earliest Christian times can still be created through spectacular movements of relics, as is the case in a certain sense with Santiago de Compostela, and certainly with pilgrimage centres such as Venice (the evangelist Mark), Treves (the apostle Matthew), Cologne (the Magi) and St. Andrews in Scotland.

On the other hand, completely different rules can apply, such as the great impression made on the faithful by recent events which give rise to new centres of veneration or the many miracles which take place at a particular centre in a short period.[34] A veneration centre could thereby achieve high prestige without its having been officially recognized by Rome[35], though canonization was actually necessary from the 11th century onwards if pilgrims and centres wanted to be able to enjoy ecclesiastical privileges.[36] Recognized or not, a good reputation was not

---

[33] Van Herwaarden, Pelgrimstochten, 123–124; cf. Turner, Image, 104–139: 'St. Patrick's purgatory: religion and nationalism in an archaic pilgrimage'; J. Richard, Les récits de voyages et de pèlerinages (Typologie des sources du moyen âge occidental 38) Turnhout 1981, 81, note 14. Cf. M. Haren and Y. de Pontfarcy (eds.), The medieval pilgrimage to St. Patrick's purgatory Lough Derg and the European tradition (Enniskillen 1988).

[34] See above, note 32.

[35] Finucane, Miracles and pilgrims, 11 and passim (Finucane deals in particular with nine venerations, five of which were eventually canonized).

[36] See: S. Kuttner, 'La réservation papale du droit de canonisation', Revue historique du droit français et étranger IV, 17 (1938) 172–228; E. Kemp, Canonization and

a fixed fact, if only because the number of miracles could decline or the veneration itself could come into dispute.

The Holy Land

Once the principle of going on pilgrimages had been accepted in Christian circles, the Holy Land immediately became the most important centre of Christian pilgrimages. The events of Christian salvation determined that status, which consequently appears to be little disputed. It is not for nothing that the Turners, in their much-discussed book on the importance of pilgrimages in the Christian culture, chose Jerusalem as the place of Christ's *Via crucis* – the Christian *root paradigm* – as the point of departure.[37] That so many different places of pilgrimage have arisen in the Christian world can be traced back to this:

> 'The pilgrimage complex of the Holy Land, made up of sites traditionally connected with the life, teaching, and death of Jesus, was in effect transferred piecemeal to Europe in the form of shrines dedicated to different aspects of Jesus and Mary and often reputed to be of miraculous or apparitional origin. The result was pilgrimage polycentrism, in a multilingual Europe.'[38]

Because of this, a journey to Palestine has always been endowed with the holy aura of the imprinting of the footsteps of Christ himself, of following his acts on earth. Jerusalem was, as Thomas Aquinas also asserted, the centre of the inhabitable world.[39] Nonetheless, even the value attached to the Holy Land has been subject to fluctuations right up to the present day, also in the light of the political entanglements in that region.

The indisputable value of the Holy Land partly came about thanks to a previous history which is also illustrative in itself with respect to the theme of pilgrimages and social prestige. In a negative sense, the prestige of the emperor Hadrian played as much of a role in this as in the Delphic oracle, mentioned earlier, as we learn from early Christian writers who assert that he deliberately set up shrines in honour of Venus and Jupiter respectively on the sites of Jesus' suffering and death and above Christ's

---

authority in the western church (Oxford–London 1948); N. Herrmann-Mascard, Les reliques des saints. Formation coutumière d'un droit (Paris 1975); Vauchez, Sainteté en occident, 25 ff.

37 Turner, Image, 248–249; concerning the Holy Land also: C. Kopp, Die heilige Stätten der Evangelien (Regensburg 1959).

38 Turner, Image, 233, cf. 4, 6.

39 *Jerusalem est in medio terrae habitabilis*, Thomas Aquinas, Summa theologica III.46.10,1.

tomb and, in Bethlehem, wanted to eradicate the attention received by Christ's birthplace by establishing an Adonis cult.[40]

This did not result in the least in the oblivion desired by Hadrian, because around a century later Origen was able to report that in Bethlehem the cave of Christ's birth could be shown, the authenticity of which was recognized even by non-Christians[41]; it was precisely the imperial animosity earlier shown towards the Christians which resulted in the conviction that the sacred places venerated by the Christians were indeed where they asserted that they were.[42]

The prestige of the heathen emperor thus provided a proof for those who wished to verify 'the prophecy of Micah and the reports of Jesus' disciples in the gospels'.[43] because of this, a century later Constantine's mother Helena knew roughly where she had to search for the relics of Christ's suffering and death. With Constantine's mother a second prototype presents itself which came to occupy a much larger place in Christian history than the example of Hadrian, who was reviled by Christian apologists such as Justin Martyr because of the love of boys which he displayed towards Antinoüs.[44]

Whatever Constantine's dream may have been[45] and however much that emperor is at the root of much which would later form part of Christian history, for the history of pilgrimages it was the emperor's mother Helena who possibly in fact, and certainly according to tradition, laid the foundations for what always was and remained the principal Christian pilgrimage, that to the places of Christ's suffering and death.[46]

---

[40] A. Baumstark, Die Modestianischen und die Konstantinischen Bauten am Heiligen Grabe zu Jerusalem (Paderborn 1915) 159 ff.; also: Kötting, Peregrinatio religiosa, 92, 101, note 96. Cf. on Hadrian in relation to Christianity: W. H. C. Frend, Martyrdom and persecution in the early church. A study of a conflict from the Maccabees to Donatus (New York 1967) 168–172; also consider in this context remarks such as those of John Mandeville: 'And he (Hadrian) would suffer no Jews to dwell there, but only Christian Men. For although it were so that he was not christened, yet he loved Christian Men more than any other Nation save his own', The marvellous adventures of sir John Maundeville kt. ..., ed. by Arthur Layard (Westminster 1895) 102.

[41] Origen, Contra Celsum I, 51, cited by Kötting, Peregrinatio religiosa, 86–87, note 20.

[42] Cf. P. Bamm, Welten des Glaubens. Aus den Frühzeiten des Christentums (Munich 1963) 164.

[43] Origen, Contra Celsum I, 51; cf. Micah 5:1: Bethlehem as the birthplace of Jesus.

[44] Justin Martyr, Apology I, 29.

[45] Cf. Lactantius, De mortibus persecutorum 44.5; *De droom van Constantijn* is the title of the Dutch edition of Fox, Pagans and Christians (Harmondsworth 1986).

[46] Cf. E. Wistrand, Konstantins Kirche am heiligen Grab in Jerusalem nach den

Just as much as in the activities of the heathen Hadrian – whose work in the Holy Land she was to undo – imperial prestige played an important and perhaps even decisive role in the success of her acts.

Just over a century later a close relative of the reigning emperor was again involved with the Holy Land, namely Eudocia (d. 460), the daughter of emperor Theodosius II (401–450). The first journey which this princess made to Palestine, in 438, is reminiscent of what are called in German *Bildungsreisen.* This term refers to travels which were regarded, at any rate within certain limits, as an indispensable part of an education, of which they were also the pinnacle.[47] Eudocia's journey was filled with deputy imperial prestige, an accompanying phenomenon being that the sacred places which she visited received many privileges. Around 442, after she had fallen into disfavour at the imperial court, Eudocia retired permanently to the vicinity of the sacred places in Palestine, which certainly benefited those places.[48] Her actions are rightly compared with those of Helena and were an important stimulus for the recognition of the Holy Land as the principal centre for Christian pilgrimages.[49]

Apostolic traditions

Jerusalem is the supreme example of 'prototypical' pilgrimages in Christendom. This category, however, includes not only the pilgrimage centres which are directly linked to the founder of the religion but also the places which can be linked to the activities of the most important of those who first preached the faith.[50] The effect of that principle of apostolicity[51] is apparent above all from the history of Rome[52], where the veneration

ältesten literarischen Zeugnissen (Göteborg 1952); for the 'Jerusalem-perception' in the fourth century: P. W. L. Walker, Holy city, holy places? Christian attitudes to Jerusalem and the Holy Land in the fourth century (Oxford 1990).

47 Cf. A. Frank-van Westrienen, De Groote Tour. Tekening van de educatiereis der Nederlanders in de zeventiende eeuw (Leiden 1983).

48 E. D. Hunt, Holy land pilgrimage in the later Roman empire, AD 312–460 (Oxford 1982) 221–248.

49 Ibidem, 247.

50 Turner, Image, 18, 239.

51 On this, see still R. A. Lipsius, Die apokryphen Apostelgeschichte und Apostellegenden, 2 vols. (Braunschweig 1883–1884); Th. Schermann, Propheten- und Apostellegenden nebst Jüngerkatalogen des Dorotheos und verwandter Texte (Untersuchungen zur Geschichte der altchristlichen Literatur 31,3) Leipzig 1907; F. Haase, Apostel und Evangelisten in den orientalischen Überlieferungen. Neutestamentische Abhandlungen 9,1–3 (Münster/W. 1922).

52 Congar, 'Cephas–Cephalê–Caput', Revue du moyen âge latin VIII (1952) 5–41; J.

of the apostles Peter and Paul was concentrated, but also applies to Constantinople[53], Efese[54] and Santiago de Compostela.[55]

In terms of prestige, apostolicity put Rome close to Jerusalem as a pilgrimage centre, and in the late Middle Ages it was considered its equal. The tradition that Peter had died there only clearly took hold after North Africa had been lost to Christendom as the most important Christian region. Though its apostolic status was scarcely disputed thereafter[56], as a pilgrimage centre Rome has nonetheless known wide fluctuations in the numbers visiting it. In the 12th and 13th centuries especially, the Crusades to the Holy Land and the resultant extra stimulus also for ordinary pilgrims and the Reconquista of Spain and the associated popularity of Santiago de Compostela greatly reduced the importance of Rome as a place of pilgrimage.[57]

This changed when Pope Boniface VIII – among others things, as a reaction to the fall of Acre in 1291 – decided in 1300 to extend the full indulgence which had hitherto been reserved for crusaders and persons equated with them to those who visited Rome in a Holy Year.[58] It is not too surprising in this context to see the words placed in the mouth of that monument of papal self-conceit, Boniface VIII, that it was com-

---

Ludwig, Die Primatworte Matth. 16,18.19 in der altkirchlichen Exegese. Neutestamentliche Abhandlungen XIX.4 (Münster/W. 1952); K. Froehlich, Formen der Auslegung von Matth. 16, 13–18 in lateinischen Mittelalter (Tübingen 1963). At a later time, see, for example: Chr. Ryan (ed.), The religious role of the papacy: ideals and realities, 1150–1300 (Toronto 1989).

53 F. Dvornik, The idea of apostolicity in Byzantium and the legend of the apostle Andrew [Cambridge (Mass.) 1958].

54 Kötting, Peregrinatio religiosa, 32–57: Antiquity; 171–183: Christianity.

55 J. van Herwaarden, 'The origins of the cult of St James of Compostela', Journal of medieval studies VI (1980) 3–7; K. Herbers, Der Jakobuskult des 12. Jahrhunderts und der "Liber Sancti Jacobi". Studien über das Verhältnis zwischen Religion und Gesellschaft im hohen Mittelalter (Historische Forschungen VII) Wiesbaden 1984, 70–81; J. van Herwaarden, 'L'integrità di testo del Codex Calixtinus', in: Il Pellegrinaggio a Santiago de Compostela e la letteratura jacopea. Atti del convegno internazionale di studi (Perugia 1985) 263–265; idem, Pelgrims door de eeuwen heen. Santiago de Compostela in woord en beeld (Turnhout–Utrecht 1985) 43–45 (De apostoliciteit van Compostela: theorie en praktijk), 87–88 ('Concilie van Compostela').

56 Dvornik, Apostolicity, 34 ff.

57 R. Oursel, Les pèlerins du moyen âge. Les hommes, les chemins, les sanctuaires (Paris 1963) 34.

58 J. van Herwaarden, 'Geloof en geloofsuitingen in de late middeleeuwen in de Nederlanden: Jerusalembedevaarten, lijdensdevotie en kruiswegverering', Bijdragen en mededelingen betreffende de geschiedenis der Nederlanden XCVIII (1983) 415 ff.; cf. Sumption, Pilgrimages, 231 ff.

pletely unnecessary to go on a pilgrimage to Jerusalem, because enough salubrious effects could be obtained in Rome.[59] The renewed attraction of Rome and, in particular, the large influx of pilgrims during Holy Years did not adversely affect pilgrimages to the Holy Land, which were also organized better and better from the 14th century onwards.[60]

Until the conquest in 1204 by the Latin Christian participants in the Fourth Crusade[61], Constantinople was also an important place of pilgrimage for the Latin Christian world:[62] Christ was almost tangibly present there because of the many relics, especially of the Birth and the Passion; Constantinople possessed by far the greatest part of the surviving remains of the cross.[63] Centres of veneration in that city are already mentioned in one of the oldest surviving accounts of a journey from the West to the Middle East, that of Egeria: 'When I had arrived there, I went through all the churches – that of the Apostles and all the martyr-memorials, of which there are very many ...'[64] This wealth of relics was possibly an important stimulus for the Latin Christian conquest;[65] it is certain at any rate that the notion was held that the Byzantines were unworthy to be the custodians of that salubrious treasure because of their schismatic behaviour.[66]

Nonetheless, when Latin Christian sources talk about a triad of pilgrimage centres encompassing the whole of Christendom it is not Constantinople which is mentioned but Efese, whose sacredness because of

[59] Van Herwaarden, 'Geloof', 419 ff.; cf. Sumption, Pilgrimage, 244.

[60] Van Herwaarden, 'Geloof', 407–408. L. Schmugge, 'Die Anfänge des organisierten Pilgerverkehrs im Mittelalter', Quellen und Forschungen aus italienischen Archiven LXIV (1984) 81–82 gives an inadequate impression of it.

[61] D. Queller, The fourth crusade. The conquest of Constantinople, 1202–1204 (Leicester 1978).

[62] For the oldest history of Constantinople as a place of pilgrimage: Kötting, Peregrinatio religiosa, 211–222.

[63] A. Frolow, Recherches sur la déviation de la IVe croisade vers Constantinople (Paris 1955) 63–64 (cites the Byzantine prelate and author Nicholas Mesarites), 50.

[64] M. L. McClure and C. L. Feltoe (trans.) The pilgrimage of Egeria (London–New York n. y.) 44.

[65] See Frolow, Recherches 54–59; the importance of the relics of the cross in this respect: 59–71.

[66] See, e. g., Gunther of Pairis, Historia Constantinopolitana 11 [P. Riant (ed.), Exuviae sacrae Constantinopolitanae I (Paris 1877) 85]: *Congruum quippe videbatur ut... occidentalis ecclesia sacrosanctis reliquiis, quibus illi* (namely the Byzantines) *se indignos reddiderant, illuminata perpetuo letaretur*; cf. on this source: F. R. Swietek, 'Gunther of Pairis and the Historia Constantinopolitana', Speculum LIII (1979) 49–79.

the apostle John had also already been noted by Egeria:[67] Rome in the centre, Efese in the east and Santiago de Compostela in the west, that is the message in the 8th century hymn in honour of St. James the Great and his cult in Spain[68], repeated centuries later in the so-called Turpin's Chronicle, that highly important literary document on the Spanish cult of St. James which is included in the 12th century Liber Sancti Jacobi.[69]

At first sight the apostolic origin of the pilgrimage centre applies to Santiago de Compostela just as to Rome, be it that there is only one apostle here, James the Great. What is involved is not so much the fact that mortal remains of an apostle have ultimately finished up in a certain place – though that was naturally highly beneficial to any place – or the activities of an apostle in a particular area – in itself also important – but the combination of facts: activities, suffering, death and place of burial. In the James legend the acts of the apostle in Spain became an important component in addition to the tomb in Spain. That combination was ultimately given shape in the James legend, which has not only been an important basis as a literary document for the prestige of the veneration centre in northwestern Spain and, consequently, contributed to the prestige of the Spanish church, but above all served as a vehicle for the pretensions of the bishops there, since the 12th century the archbishops of Compostela.[70]

It is all too well known that the entire James legend is a compilation of fabrications and that the veneration does not go back further than at most the 8th century. The appeal made in the legend to the apostolicity of the veneration of James has given Santiago de Compostela a fictitious seniority. That does not in any way detract from the fact, however, that in the late Middle Ages Santiago was placed on a par with Jerusalem and Rome at the top of the hierarchy of Latin Christian places of pilgrimage.[71]

---

[67] McClure and Feltre (trans.), Pilgrimage, 44.

[68] Van Herwaarden, 'Origins', 7–18; cf. also the hymn attributed to Venantius Fortunatus (but in reality probably dating from the mozarabic period) in Whitehill (ed.), Liber Sancti Jacobi, 34; cf. Herbers, Jakobskult, 76, note 113.

[69] Whitehill (ed.), Liber Sancti Jacobi I, 325–326. Cf. also the allusion in the 'Sermon of Pope Leo', ibidem, 135: John – Asia, that is right, James – Spain, that is left, i. e. of Christ, referring to Matthew 20:20–28; Mark 10:35–40; Herbers, Jakobuskult, 72, 76, 79; Van Herwaarden, 'L'integrità', 265; M. C. Diaz y Diaz, El Codice Calixtino de la catedral de Santiago ... (Santiago de Compostela 1988) 88–90.

[70] On this, e. g., R. A. Fletcher, St. James's catapult. The life and times of Diego Gelmírez of Santiago de Compostela (Oxford 1984); for the 'older' history: Van Herwaarden, 'Origins'; cf. R. Plötz, 'Der Apostel Jacobus in Spanien bis zum 9. Jahrhundert', Spanische Forschungen der Görres-Gesellschaft XXX (1982) 19–145.

[71] Van Herwaarden, Pelgrimstochten, 154; idem, 'Middeleeuwse aflaten', 49.

The 'triad' of the Latin Christian world: Jerusalem – Rome – Compostela

In this context it is not too surprising that the French scholar Dupront viewed the pilgrimage phenomenon in the Latin Christian world from the triad Jerusalem, Rome and Compostela, whose lines of communication determined not only the communication within that world but also its cohesion. Alongside Jerusalem, 'terre des sources et lieu insigne de la geste rédemptrice, "terre de la promesse" aussi', and Rome, 'ou les *limina Apostolorum* imposent le triomphe chrétien', Compostela signified for the West – precisely because of the late and, hence, actually all the more miraculous discovery of the apostolic remains – 'une juste répartition des lieux où retrouver quasi physiquement le Christ', thanks to the mortal remains of the apostle who was one of those who, as a witness, had been most closely involved in the Christian revelation. Compostela was, in short, necessary for the equilibrium of the medieval 'vie sacrale'.[72]

Dante does not refer in his vision to the trio of earthly pilgrimage centres jointly but does name them, with their pilgrims. The *palmieri, romei, peregrini* signify the concretization of the metaphor that life itself is a pilgrimage.[73] Is it accident that Dante names Romeo di Villanova as a pilgrim? According to tradition, this man, of humble descent and a foreigner and by name actually 'Rome-goer', finished up at the Provençal court on the return journey of his pilgrimage to Santiago de Compostela, but ended his life as a wandering beggar, thus becoming the ideal pilgrim.[74]

In later times we see pilgrims actually visiting the three centres, but of only one traveller can it be said with any certainty that he visited the three on a single round trip through the Christian world, the Rhineland knight Arnold von Harff, who between 1496 and 1499 journeyed from Cologne first to Rome, then to the Middle East and finally to Santiago de Compostela.[75] One is again forced to think of *Bildungsreisen.* That term refers to travels out of curiosity, travels for the purpose of discovery. *Curiositas* was a controversial term within the Christian world and 'travels undertaken to see other lands, and above all spiritual journeys,

---

72 [A. Dupront], 'Puissance du pèlerinage. Perspectives anthropologiques', in: La quête du sacré. Saint-Jacques de Compostelle (Turnhout 1985) 183–184.

73 Cf. R. Plötz, ''Peregrini, palmieri, romei'. Untersuchungen zum Pilgerbegriff der Zeit Dantes', Jahrbuch für Volkskunde, Neue Folge 2 (1979) 103–134.

74 Dante, Divina commedia, Par. VI, 128–142.

75 E. von Groote, Die Pilgerfahrt des Ritters Arnold von Harff ... in den Jahren 1496 bis 1499 (Cologne 1860); V. Honemann, 'Arnold von Harff', in: K. Illing and Chr. Stöllinger (red.), Die deutsche Literatur des Mittelalters. Verfasserlexikon I (Berlin–New York 1978) 471–472.

pilgrimages, were commonly suspected ... of being motivated by curiosity'.[76] A commentator such as Jacques de Vitry – who wrote in the first half of the 13th century and spent a long time in the Holy Land – saw with sorrow how people travelled 'out of mere curiosity and love of novelty' and wanted nothing more than to 'travel through unknown lands to investigate the absurd, exaggerated stories they had heard about the east'.[77]

Despite the fact that *curiositas* did not immediately become a virtue and Faber, for example, emphasized that he had not made his second journey to Jerusalem out of curiosity[78], towards the end of the Middle Ages curiosity was nonetheless regarded somewhat differently, when it 'was divorced more and more from the vice and acquired less pejorative overtones ... More and more of these curious travelers were pilgrims – pilgrims were the largest and fastest growing group of travelers – and their motives for travel, although in part pious, seem just as often to have been worldly'.[79] It is highly questionable whether curiosity was harmful to devotional submission. Rather, it can be remarked that the *Bildungs*-character made a number of travel accounts from later centuries interesting. I am thinking here not so much of partly fabricated accounts such as that of Sir John Mandeville[80], but especially of surviving accounts which contain more than a list of the (sacred) places visited.[81]

---

[76] C.K. Zacher, Curiosity and pilgrimage. Literature of discovery in fourteenth-century England (Baltimore–London 1976) 40.

[77] Jacques de Vitry, Historia Hierosolymitana I, 82, cited by Sumption, Pilgrimage, 257.

[78] A. Stewart (trans.), Felix Fabri (Circa 1480–1483 A.D.). Palestine Pilgrims' Text Society, 2 vols. (London 1892–1893) I, 49.

[79] Zacher, Curiosity, 40; cf. E.S. Bates, Touring in 1600. A study in the development of travel as a means of education (London 1912); J.P.A. van der Vin, Travellers to Greece and Constantinople. Ancient monuments and old traditions in medieval travellers' tales, 2 vol. (Leiden 1980).

[80] See above, note 40; for the Middle Dutch version: N.A. Cramer, De reis van Jan van Mandeville, naar de middelnederlandsche handschriften en incunabelen uitgegeven (Leiden 1908). On John himself: W. Letts, Sir John Mandeville, the man and his book (London 1948); see also: E. Bremer, 'Jean de Mandeville', in: Chr. Stöllinger-Löser (red.), Die deutsche Literatur des Mittelalters. Verfasserlexikon V (Berlin–New York 1985) 1201–1214.

[81] U. Ganz-Blätter, Andacht und Abenteuer. Berichte europäischer Jerusalem- und Santiago-Pilger, 1320–1520 (Tübingen 1990). For a list of travel accounts: R. Röhricht, Bibliotheca geographica Palaestinae. Chronologisches Verzeichnis der von 333 bis 1878 verfassten Literatur über das heilige Land mit dem Versuch einer Kartografie, improved and supplemented edition with a foreword by D.H.K. Amiran

The people who ventured on these travels which encompassed the whole of the Christian world were members of the nobility and eminent ecclesiastics and laymen, such as the Frenchman Nompar II de Caumont, who travelled to Santiago and the Holy Land in 1417 and 1418[82], the Spaniard Pero Tafur, who between 1435 and 1439 travelled to Rome, the Holy Land, Constantinople and many other regions[83], the Bohemian Leo von Roszmital, who in 1465 visited Santiago, Rome and Venice and from there wanted to travel to the Holy Land but merely acquired a standard guide in Venice[84], and Taccoen van Zillebeke, who between 1500 (?) and 1514 travelled to Santiago, Rome, Our Lady at Loreto and the Holy Land.[85] Though they made many journeys, women such as Brigitta of

(Jerusalem 1963); cf. for example M. Sommerfeld, 'Die Reisebeschreibungen der deutschen Jerusalempilger im ausgehenden Mittelalter', Deutsche Vierteljahrschrift für Literaturwissenschaft und Geistesgeschichte II (1924) 816–851; F. Behrend, 'Deutsche Pilgerreisen in das heilige Land', in: Festschrift für Georg Leidinger (1930) 1–13; H.-J. Lepszy, Die Reiseberichte des Mittelalters und der Reformationszeit. Diss. Masch. Hamburg 1952; B. Dansette, 'Les pèlerinages occidentaux en Terre Sainte: une pratique de la "Dévotion Moderne" à la fin du Moyen Age? Relation inédite d'un pèlerinage effectuée en 1486', Archivum franciscanum historicum LXXII (1979) 128–133; C. Zrenner, Die Berichte der europäischen Jerusalempilger (1475–1500). Ein literarischer Vergleich im historischen Kontext (Frankfurt/M.–Bern 1981); A. Esch, 'Gemeinsames Erlebnis – individueller Bericht: vier Parallelberichte aus einer Reisegruppe von Jerusalempilgern, 1480', Zeitschrift für Historische Forschung XI (1984) 385–416; D. Huschenbett, 'Die Literatur der deutschen Pilgerreisen nach Jerusalem im späten Mittelalter', Deutsche Vierteljahrschrift für Literaturwissenschaft und Geistesgeschichte LIX (1985) 29–46. Also, e.g.: the journey of father and son Adorno from (1470/1): J. Heers and G. de Groer (eds), Itinéraire d'Anselme Adorno en terre sainte (1470–1471) (translation; Paris 1978); of Bernhard von Breidenbach: Die heylighe bevarden tot dat heylighe grafft in iherusalem (...). (Mainz 1488): Middle Dutch edition with woodcuts by Erhard Rewich of Utrecht; and of Mher Joos of Ghistele in 1485: Tvoyage van Mher Joos van Ghistele, an edition of which in typoscript produced by R. J. G. A. A. Gaspar is available; on Breidenbach: A. Wagner, 'Die Breidenbachsche Pilgerfahrt. Eine Reise ins Heilige Land im Jahre 1483', Damals. Zeitschrift für geschichtliches Wissens X (1973) 867–882; D. Huschenbett, 'Bernhard von Breidenbach', in: K. Illing and Chr. Stöllinger, Die deutsche Literatur des Mittelalters. Verfasserlexikon I (Berlin–New York 1978) 752–754.

[82]Marquis de la Grange (éd.), Voyage d'Oultremer à Jherusalem par le Seigneur de Caumont, 1418 (Paris 1859).

[83] Pero Tafur, Travels and adventures, 1435–1439, translated and edited with an introduction by Malcolm Letts (London 1926).

[84] J. A. Schmelles (ed.), Des Böhmischen Herrn Leo's von Rozmital Ritter-, Hof- und Pilgerreise durch die Abendlande, 1465–1467 (Bibliothek des literarischen Vereins in Stuttgart VII) Stuttgart 1844; cf. The travels of Leo of Rozmital, trans. and ed. by Malcolm Letts (The Hakluyt Society, 2nd ser., CVIII) Cambridge 1957.

[85] Uncertainty exists regarding the dates of Zillebeke's travels, see, however, A.

Sweden – who was of royal blood – and Margery Kempe – an eminent commoner – do not belong in this list because they did not leave behind travel accounts in the strict sense of the word but, rather, wrote down their reflections on their experiences.[86] Brigitta visited Santiago de Compostela, Rome and the Holy Land, while Margery travelled to the Holy Land, Rome, Santiago, Wilsnack and Aix-la-Chapelle, and thus evokes associations with Chaucer's wife of Bath, despite the great differences between them.

Apostolicity elsewhere

References to apostolic times play a role in the legends which grew up regarding the origins, not only of the places of pilgrimage mentioned here, but also of many others. In going back as far as possible, the endeavour was to find a link with apostolic times, even if only an indirect one: the roots of shrines were attributed to persons who could be connected as closely as possible with the apostles, and preferably with Christ himself.

Thus, a host of legends arose around Mary Magdalene, Martha, Lazarus, Mary Salome, Mary Cleophas and others near them – the handmaid Sarah, who became the most venerated saint for the gypsies, Maximinus, who became Mary Magdalene's confessor, Zacchaeus the Publican and such vague person as Amadour – which accompanied the virtually apostolic establishment of Christianity in Provence.[87] Many French pilgrimage centres, for example, were said to have been founded by disciples of the apostles,[88] even though their actual origin was usu-

---

Viaene, Vlaamse pelgrimstochten (Brugge 1982) 199, cf. 246: 1500 (Cologne–Rome–Loreto–Venice, did not embark – returned via Piemonte); 1509 (did not get further than Rome); 1512 (Nieuwpoort–Santiago v.v.); 1514 (21 III 1514: Sluis–Lisbon–Sardinia–Sicily–Syria–H. Land–Jaffa–Rhodes–Sicily–Lombardy–Ghent, arrival 9 III 1515). His travel accounts have not been published; see: Douai, Bibliothèque municipale, Ms. 459.

86 On Brigitta: A. Butkovich, Revelations (Los Angeles 1972) 1–26; on Margery: C. W. Atkinson, Mystic and pilgrim. The Book and the world of Margery Kempe (Ithaca–London 1983) 39–66: 'Pilgrims and mystic'.

87 J. B. Gaï, L'age d'or du christianisme en Provence (Paris 1952) 13–28; A. B. Caillau, Histoire critique et religieuse de Notre-Dame de Roc-Amadour ... (Paris 1834) 35 ff.; A. Mazel, Les Saintes-Maries-de-la-Mer et la Camargue (Paris 1955).

88 It is not the intention to give a list here of all those legendary origins; examples are St. Trophimus at Arles (associated with the disciple of Paul mentioned in II Timothy 4:20 whom he left in Milletum sick or the person mentioned as a martyr by Gregory of Tours ca. 250), St. Saturninus at Toulouse (according to some traditions a disciple of John the Baptist who had been instructed by Peter to go and preach in Toulouse, or the person who – also according to Gregory of Tours – ca. 250 had undergone martyrdom there), St. Fronto at Perigueux (who according to tradition

ally of later date. The same comments can also be made with regard to Spanish pilgrimage centres.[89]

In general it can be asserted in this context that, where the origin of shrines is not completely clear and, hence, they can not be related to a particular, definite fact, there is a tendency to go back as far as possible in time in the history of their origin, because age was generally seen as an important factor as regards prestige.

Reputations

In addition to closeness to Christ and apostolicity, numerous other criteria could apply in the qualitative evaluation of places of pilgrimage, as has already been indicated in the foregoing: dramatic events, miracles and the like. The sudden popularity of Canterbury as a place of pilgrimage is a striking example: the sensational murder of Thomas Becket was followed by a great many miracles around the martyr's grave.[90]

The reputations of a great many pilgrimage centres which owed their existence to miraculous events or apparitions were confirmed by a remarkable number of miracles which took place there in a short period of time and which made a contribution as regards the endeavour to obtain official recognition, as the fortunes of a Mary centre such as 's-Hertogenbosch demonstrate.[91] As was the case with the canonization of saints, these miracles were necessary for the canonization – the official recognition – of places.[92] New pilgrimage centres were thus able to rapidly gain in reputation. However, as was indicated earlier in the case of St. Patrick's purgatory, the history of pilgrimages repeatedly provides grounds for the comment that a good reputation was not a guarantee.

---

lived in apostolic times but in reality was probably the first bishop of Perigreux in the 6th century), St. Dionysius (St. Denis) near Paris (who was linked with Paul via his nickname Areopagita or with Peter via Clement but, again according to Gregory of Tours, actually underwent martyrdom as the first bishop of Paris ca. 272), or St. Eutropius of Saintes (who is described by Gregory of Tours as one of the many martyrs of the 3rd century, but of whom it is reported in a much later story that he had seen Christ himself during the Via Dolorosa); see also the annotation in the Dutch edition prepared by myself of the 12th century pilgrim's guide to Santiago de Compostela: J. van Herwaarden, O, roemrijke Jacobus, bescherm Uw volk (2nd printing, Amstelveen 1985) passim.

89 See, e.g. Dvornik, Idea of apostolicity, 33 ff., cf. P.B. Gams, Kirchengeschichte von Spanien, 2 vols. (reprint Graz 1956) I, 1 ff., 76 ff., 218–221; II, 2, 8, 173 ff. and Z. Garcia Villada, Historia ecclesiastica de España I (Madrid 1929) 27–104.

90 Finucane, Miracles, 121 ff.; H. Loxton, Pilgrimage to Canterbury (Newton Abbot etc. 1978) 73 ff.; the miracles between 1171 and 1177: 84–87.

91 Hens et al. (ed.), Mirakelen, passim; cf. also above, note 32.

92 Cf. above, notes 35 and 36.

A good illustration of this is the fortunes of Wilsnack, where a blood miracle was venerated. In the 15th century this much-visited pilgrimage centre fell into such discredit that during his tour of Germany and the Low Countries in 1451 Cardinal Nicholas of Cues advised the faithful against going on a pilgrimage to it. Though officially the miracle as such was under discussion, other factors also exerted an influence which in themselves had nothing to do with pilgrimages or venerations. In particular, the animosity between the archbishop of Magdeburg and the bishop of Havelberg – Wilsnack was situated in the bishopric of Havelberg, which formed part of the archbishopric of Magdeburg – and the disagreement between the Franciscans (advocates of the veneration) and the Dominicans (opponents) surfaced in this affair. Moreover, the secular power could not remain neutral. Both of the bulls in which Pope Nicholas V made known his ultimate decision in favour of the veneration were issued while the Elector of Brandenburg was staying in Rome in order to use his personal influence.[93]

III. The prestige of pilgrims

The effect of social changes

In the social context of pilgrimages in general, demographic developments play an important role: the phenomenon of crusades and the intensification of pilgrimage activity from the 11th century onwards in the Latin Christian world are unthinkable without the population growth in that period. This population growth also brought about profound changes in the social pattern, examples being the urbanization process, the growth of trade, including trade over long distances, and the transition to a money economy, with all its consequences for the structure of

93 Ch. Zika, 'Hosts, processions and pilgrimages: controlling the sacred in fifteenth-century Germany', Past and Present 118 (1988) 25–64, esp. 49–56; H. Boockmann, 'Der Streit um das Wilsnacker Blut: Zur Situation des deutschen Klerus in der Mitte des 15. Jahrhunderts', Zeitschrift für historische Forschung IX (1982) 385–408; F. Escher, 'Brandenburgische Wallfahrten und Wallfahrtsorte im Mittelalter', Jahrbuch für die Geschichte Mittel- und Ostdeutschlands XVII (1978) 116–137; cf. E. Breest, 'Das Wunderblut von Wilsnack (1383–1552). Quellenmässige Darstellung seiner Geschichte', Märkische Forschungen XVI (1881) 133–301; on the attacks 162–181: among others, Jan Hus; 181–274: 'Magdeburg' against Wilsnack (1426–1453); Nicholas of Cues: 240 [cf. D. Sullivan, 'Nicholas of Cusa as reformer: the papal legation to the Germanies, 1451–1452', Medieval Studies XXXVI (1974) 403–404]; B. Hennig, 'Kurfürst Friedrich II. und das Wunderblut zu Wilsnack', Forschungen zur Brandenburgischen und Preussischen Geschichte XIX (1906) 73–104: the 'victory' of Wilsnack in 1453: papal bulls dated 6 and 12 March 1453 [cf. E. van Steenberghe, Le cardinal Nicolas de Cues (Paris 1920) 99].

society. These changes had a great influence on mobility and the way it was viewed, and it is not too surprising, therefore, that going on pilgrimages ceased to be a rarity, even after the population growth had come to an end in the course of the 14th century and turned into what for many areas of Europe was a disastrous decline as a result of the Black Death.[94] Indeed, it is striking that mobility in general remained high in this period.[95]

There were, however, changes in pilgrimage activity: on the one hand, a shift in interest was observable towards places of pilgrimage situated at a shorter distance[96] and, on the other, here and there a certain reluctance to go on pilgrimages developed because these and other expressions of faith became exposed to growing criticism.[97] This resulted in the disappearance of such expressions of faith in the areas which had become Protestant[98] and a substantial decline in the number of visitors to the major 'international' pilgrimage centres, such as Jerusalem and Santiago de Compostela.[99]

The social context was such that the thought alone of departing for a place of pilgrimage had clear implications for the individual pilgrim. Where the social pattern is predominantly static and its most characteristic feature is that people are tied to one place, thoughts of distant travels are less likely to arise than in a society characterized by geographical mobility. It is indisputable that, in situations in which people were predominantly tied to one place, going on a pilgrimage was an act which caused the person concerned to stand out in his familiar surroundings. In such a context, pilgrimages were contrary to the normal state of affairs. The more strongly the pilgrim concerned was tied to his area, the

---

94 See, e. g., Schmugge, 'Motivstrukturen', 266.

95 Cf. Schmugge, 'Die Pilger', 19 and for other types of mobility, e. g., K. Schulz, 'Die Handwerksgesellen', ibidem, 74 ff.

96 Cf. Schmugge, 'Die Pilger', 18, 39 ff.

97 See above, note 12.

98 In his 'Zusammenfassung' [Moraw (ed.), Unterwegssein, 108] Schmugge rightly points in this context to the studies of Lionel Rothkrug, 'Religious practices and collective perceptions: hidden homologies in the Renaissance and Reformation', Historical Reflexions VII (1980) 1–266; 'Icon and ideology in religion and rebellion, 1300–1600: Bauernfreiheit and religion royale', in: J. M. Bak and G. Benecke (eds.), Religion and rural revolt (Manchester 1984) 31–61.

99 See, e. g., J. van Herwaarden with the assistance of A. I. Menalda-van der Hoeven (ed.), 'Een Jerusalemreis in 1536. Reisverslag van Jan Hendrikszoon van Beveren', Nederlandse historische bronnen 5 (1985) 15–16: Jerusalem; I. Mieck, 'Wallfahrt nach Santiago de Compostela zwischen 1400 und 1650. Resonanz, Strukturwandel und Krise', Gesammelte Aufsätze zur Kulturgeschichte Spaniens XXX (Münster/W. 1982) 483–533.

more remarkable his pilgrimage was. Nonetheless, in the history of the medieval world, pilgrimages were an essential part of religious life even in periods and situations in which we speak of a predominantly agrarian society and in which, consequently, the social pattern was predominantly of a static nature.

The demographic developments and the social changes had their effect on what one can call the pilgrim population. Over time, one sees that more and more people from more and more sections of society were able to go on pilgrimages. We learn first mainly of travels by royal personages and very eminent laymen and ecclesiastics. Later, particularly when the social structure allowed more scope for it, burghers and craftsmen were also able to go on journeys.[100] This general observation does not mean that pilgrimaging was always confined to these groups. Even in periods in which the degree to which people were tied to one place allowed virtually no exceptions, there were always individuals who managed to lead a wandering existence. These included those wanderers who saw their lives as a *peregrinatio*, in the Christian world particularly the wandering monks who sought their mortification in continuous travelling.[101]

Continuity in royal travels

As became apparent earlier, royal persons such as the emperor Hadrian, the empress Helena and the emperor's daughter Eudocia could allow themselves to undertake long journeys. In late Roman and early Christian times the reports of travels come from the highest circles of society and they make it clear that travelling comfortably over long distances was a costly business which could be engaged in only by those who, thanks to the social structure, did not need to engage in activities which for the vast majority were absolutely essential in order to survive.

The travels of Hadrian were not only among the possibilities open to this Roman emperor; they were also attributes of his power which in turn increased the ruler's prestige. In Hadrian's case the travels not only bolstered the emperor's prestige but also increased that of the places he visited – and not only through the emperor's concrete acts – and stimulated the cults which enjoyed imperial attention. His example caused others to follow. Similar arguments applied to people such as Helena and Eudocia.

In all cases one finds that prestige or esteem does not attach only to the person directly involved but also brushes off on people and things

[100] See, for example, Schmugge, 'Pilgerfahrt', 26 ff.

[101] On this, still M. Bechthum, Beweggründe und Bedeutung des Vagantentums der lateinischen Kirche des Mittelalters (Beiträge zur mittelalterlichen, neueren und allgemeinen Geschichte 14) Jena 1941.

that come into contact with that person. This aspect remained part of the world of pilgrimages up to the end of the Middle Ages. Even in a period in which people who did not belong to the top layer of society were able to travel, the elite could continue to stand out in all sorts of ways. As regards conspicuous travelling, one can point to monarchs who went on journeys with a large entourage in the 15th century, with the luggage sometimes on a separate ship in the case of journeys to the Holy Land.[102]

In these later centuries, going on pilgrimage was still an important act for monarchs. *Le roi pèlerin* was not a French speciality. The entwinement of the prestige of pilgrimage centres and that of visitors is observable everywhere. A monarch such as Emperor Charles IV found it worthwhile in 1354 to travel to the Swiss pilgrimage centre Einsiedeln, where a year previously a large pilgrims' hospice had been opened.[103] The fame of the Mary centre in the Vrouwenpolder on the island of Walcheren in Zeeland was due in considerable measure to a visit by the Roman king Sigismund.[104]

Royal visits and royal attention were important elements in the prosperity of places of pilgrimage. The importance of royal influence is demonstrable right down to the roots of some pilgrimage centres. For example, the history of such centres of veneration as Saint-Dénis or Santiago de Compostela is unthinkable without taking account of the local relationships and the interventions of local royalty.[105] Both of these can be regarded as 'central places of veneration', places of pilgrimage in which the veneration is not only of a religious nature but is also clearly aimed at the identity of an area, eventually even of a nation. In the case of both, the area in question became ever larger in the course of time: for St. Dénis from Ile de France to France, for Santiago de Compostela from Galicia to Spain. In a certain sense the same applies to the position of the veneration of St. Thomas of Canterbury in England, where

---

[102] Sumption, Pilgrimage, 265.

[103] Henggeler, Einsiedeln, 23.

[104] Kronenburg, Maria's heerlijkheid VI, 207 with (p. 210) a reference to the Dutch chronicle of Johannes à Leydis: F. Sweertius, Rerum Belgicarum annales chronici et historici ... I.1 (Frankfurt 1620) 344.

[105] For Saint-Dénis: still L. Olschki, Der ideale Mittelpunkt Frankreichs im Mittelalter (Heidelberg 1913); cf. also P.E. Schramm, Der König von Frankreich, 2 vols. (Weimar 1939) I, 131–144; II, 62–71 and H. Glaser, Beati Dyonisii ... (Munich 1958); the 'link' between St. Dénis and Santiago in the Chronicle of the Pseudo-Turpin: Whitehill, Liber Sancti Jacobi I, 325 (Spain), 339 (France); cf. Van Herwaarden, Pelgrims, 87–88: 'Het "Concilie van Compostela"'; summarizing for Santiago: Van Herwaarden (ed.), Pelgrims, 33–51: 'Santiago en Spanje: politieke en kerkelijke verwikkelingen'.

the identification area, however, was roughly fixed from the very beginning. This centre of veneration, which was also privileged by the English kings, became the pre-eminent English place of pilgrimage, thus putting an end to the polycentric situation that had characterized Anglo-Saxon England.[106] That is not to say that there was no room for other venerations. On the contrary: England had and continued to have a wealth of old and constantly emerging new centres of veneration.[107]

The same should have applied to Aix-la-Chapelle as to these three centres. A journey to Aix-la-Chapelle was on the agenda not only of those who were crowned Roman king in that city[108], but also of many monarchs and innumerable others who wished to drink in, not only the prestige of Charlemagne, but also that of the Mary shrine venerated in Aix-la-Chapelle and the holy water obtainable there.[109] Though Aix-la-Chapelle did not fulfil the same function as a place of pilgrimage as the three previously mentioned, it nonetheless became a much-visited veneration centre of international stature. It is questionable whether the veneration of Charlemagne did in fact play such a large role in this. That veneration acquired the status of hagiolatry[110] and was not restricted solely to the German Empire but had strong roots in both France and Spain, as was touched upon earlier.

Despite the efforts of emperors such as Frederick Barbarossa and Charles IV, who both stimulated the cult of Charlemagne, the emperor-

[106] Cf., for example, H. Mayr-Harting, The coming of christianity to Anglo-Saxon England (London 1972); S. J. Ridyard, The royal saints of Anglo-Saxon England. A study of West Saxon and East Anglian cults (Cambridge 1988).

[107] See for this, e. g., Finucane, Miracles and pilgrims, referred to earlier here.

[108] St. Beissel, Die Aachenfahrt. Verehrung der Aachener Heiligtümer seit den Tagen Karls des Grossen bis in unsere Zeit (Freiburg im Breisgau 1902) 95 ff.: Charles IV and Aix-la-Chapelle; cf. F. Seibt, Karl IV. Ein Kaiser in Europa, 1346 bis 1378 (Munich 1978) 21, 390–391.

[109] St. Beissel, Aachenfahrt, 74 ff.: German; 86 ff.: Hungarian, Austrian and Belgian (i. e. from the Low Countries) pilgrims [cf. also E. Thoemmes, Die Wallfahrten der Ungarn an den Rhein (Bonn 1937)].

[110] Charlemagne was canonized by the anti-pope Paschal III in 1165, P. A. Becker, Die Heiligsprechung Karls des Grossen (Berichte über die Verhandlung der Sächsischen Akademie der Wissenschaften zu Leipzig, phil.-hist. Klasse 84,2) Berlin 1947; R. Folz, 'Aspects du culte liturgique de Saint Charlemagne en France' and M. Zender, 'Die Verehrung des heiligen Karl im Gebiet des mittelalterlichen Reiches', in: W. Braunfels (ed.), Karl der Grosse. Lebenswerk und Nachleben IV: W. Braunfels and P. E. Schramm (ed.), Das Nachleben (Düsseldorf 1967) 77–99, 100–112; J. Petersohn, 'Die päpstliche Kanonisationsdelegation des 11. und 12. Jahrhunderts und die Heiligsprechung Karls des Grossen', Proceedings of the fourth international congress of medieval canon law. Monumenta Iuris Canonici, Ser. C. 5 (Vatican 1976) 163–206.

ship or the Roman kingship was not an equivalent factor to the French, English or Spanish situation in this respect. Moreover, even a Barbarossa, with all his regard for Charlemagne, was not consistent when he staged and stimulated the veneration of the Magi for Cologne.[111] Charles IV was not continually occupied with Aix-la-Chapelle either: he too stimulated ecclesiastical institutions elsewhere and preferred to see Prague as the epicentre of his power position rather than Aix-la-Chapelle.[112] That need not, however, have been an obstacle to the development of Aix-la-Chapelle as the pre-eminent veneration centre for all of Germany in view of the fact that the geographically marginal position of Compostela helped rather than hindered its prestige, but the fragmentation of the Empire stood in the way of this. At the same time, that fragmentation was a stimulating factor for many other places of pilgrimage, which enjoyed the support of local rulers, as the example of Wilsnack demonstrated. It was here that the possibilities for central functions lay in the German countries; veneration centres therefore became regional identification points.

None of this prevented Aix-la-Chapelle from being a centre which continued to attract pilgrims from every country. Beissel's contribution on Aix-la-Chapelle shows that many persons of high birth continued to find their way to Aix-la-Chapelle, flanked more and more by large numbers of pilgrims of other ranks and classes.[113] Mention was also made earlier of the royal attention paid to English pilgrimage centres, to which numerous other examples can be added.[114]

It has been remarked of the Burgundian duke Philip the Good that 'his pilgrimages were as frequent and as pious as everyone else's'.[115] The duke repeatedly visited the shrine of Our Lady at Boulogne, several times accompanied by his wife Isabella of Portugal, which also bolstered the prestige of that pilgrimage centre.[116] Philip's son Charles the Bold also displayed his reverence for that shrine, as he did for shrines such as St.

---

111 H. Hoffmann, Die Heilige Drei Könige. Zur Heiligenverehrung im kirchlichen, gesellschaftlichen und politischen Leben des Mittelalters (Rheinisches Archiv 94) Bonn 1976; O. Engels, 'Die Reliquien der Heiligen Drei Könige in der Reichspolitik der Staufer' and H. Stehkämper, 'Könige und Heilige Drei Könige', in: Die Heiligen Drei Könige – Darstellung und Verehrung (Köln 1982) 33–36, 37–50.

112 Seibt, Karl IV., 381–384.

113 Beissel, Aachenfahrt, 74–95: pilgrims from Germany, the Low Countries, Austria and Hungary.

114 D. J. Hall, English medieval pilgrimage (London 1965) passim.

115 R. Vaughan, Philip the Good. The apogee of Burgundy (London 1970) 128.

116 A. Benoit, 'Les pèlerinages de Philippe le Bon à Notre-Dame de Boulogne', Bulletin de la société d'étude de la province de Cambrai XXXVII (1937) 119–123.

Martin at Tours, St. Hubert in the Ardennes, St.-Nicholas-de-Port, St. Esprit at Rue and Our Lady at Liesse.[117] On one of his visits to Liesse the duke was in the company of his mortal enemy, the French king Louis XI. Charles the Bold, profoundly distrusting the king but knowing of his great reverence for Liesse, forced him in that shrine to swear to keep the terms laid down in the agreement of Péronne in 1469.[118]

The French king Louis XI

It is worthwhile taking a look here at the activities of this French king, who made a great many pilgrimages. These say more about his spiritual life than about the prestige of the places he visited, though his visits naturally lent lustre to them. His veneration culminated, materially speaking, in the gift to the shrine of St. Martin at Tours of a 'shining metal trellis to enclose his (St. Martin's) tomb wrought from 11,000 pounds of fine silver, costing 200,000 livres'.[119]

According to not too reliable stories, Louis XI went on a pilgrimage when he was only six years old to the shrine dedicated to Mary at Cléry, and did so, moreover, in the company of Jeanne d'Arc when she honoured that shrine in the vicinity of Orléans with a visit in 1429 after it had been destroyed by the English. Later this monarch contributed to the building and embellishment of the church and became the first in rank of the canons of the collegiate church of Cléry. Towards the end of his life, in 1482, ill but faithful to a vow he had made, Louis visited Cléry again, following a visit to the shrine of St. Claude.[120] Finally, Louis was buried near the shrine which he so loved.[121]

The other shrines patronized by Louis XI included La Sainte Baume, which he visited as dauphin in 1447 and where he embellished the altar of Mary Magdalene with his coat of arms and a portrait of himself as a pilgrim with the Order of St. Michael and of his wife Charlotte of Savoy.[122] He also showed interest in the shrine of St. Michael, the famous Mont-Saint-Michel, and made several pilgrimages to Our Lady at Liesse, where he founded a curateship at the high altar, to Le Puy-Notre-Dame

---

[117] R. Vaughan, Charles the Bold. The last Valois duke of Burgundy (London 1973) 161.

[118] E. and A. Duployé, Notre-Dame de Liesse. Légende et pèlerinage (Reims 1862) 132–137 (Louis XI).

[119] P.M. Kendall, Louis XI. '... the universal spider ...' (London 1971) 428.

[120] Kendall, Louis XI, 37, 440–441; cf. L. Millet, Notre Dame de Cléry (Paris 1926) 25–27 (Jeanne d'Arc), 32–36 (Louis XI).

[121] Sumption, Pilgrimage, 264.

[122] G. Chastel, La Sainte Baume (Paris 1930) 159.

in Anjou, where a belt of the Virgin was venerated, to Notre-Dame-du-Puy in Auvergne and, in 1463, to Our Lady at Rocamadour.[123]

Interaction

Aside from the incidental importance which can be attached to a royal visit to anything whatsoever, other considerations apply to royal attention paid to places of pilgrimage. The question which constantly recurs here is which prestige carries the greater weight. In the case of Hadrian, the imperial prestige radiated over the objects visited. This was already less the case with Helena and Eudocia: the latter in particular remained a focus of attention because she was in the Holy Land. The journeys to Rome made by the Anglo-Saxon monarchs bolstered their prestige more than their visits increased the prestige of Rome.

The relationships, however, are not permanent. It has already been shown that royal intervention could have far-reaching consequences for shrines. In the case of Wilsnack, was it the prestige of the elector that caused the pope to confirm Wilsnack or was it the prestige of Wilsnack that led the elector to urge the pope to decide in its favour? Not or–or, but and–and: in matters of this kind there was an interaction.

In general one can put forward the proposition that the more local the origin of the centre of veneration, the greater the effect of attention paid to them by high-ranking visitors, also as regards recognition by the Church. The interaction referred to expresses itself in a back and forth effect as regards prestige: visitors are attracted by the prestige of the shrines and the more eminent the visitors of which the shrines can boast, the higher they rise in prestige.

Changes in patterns

In the centuries in which Christianity spread over Europe, as far as the Latin Christian world was concerned the Irish/Anglo-Saxon *peregrinatio* idea was the most striking phenomenon in the history of pilgrimages. This led to a marked contrast between the ideal of the Latin Christian monastic system, in which ultimately the principle of being bound to one place (*stabilitas loci*) gained the upper hand, and the idea of a continuous pilgrimage which caused those concerned to wander aimlessly and restlessly.[124] It was precisely in a period in which the structure of

---

123 Sumption, Pilgrimage, 264; A. B. Caillau, Histoire critique et religieuse de Notre-Dame de Rocamadour ... (Paris 1854) 78–79.

124 On this, still: W. Levison, England and the continent in the eighth century (Oxford 1966); cf. also A. Angenendt, 'Die irische Peregrinatio und ihre Auswirkungen auf dem Kontinent vor dem Jahre 800', in: H. Löwe (ed.), Die Iren und Europa im früheren Mittelalter (Stuttgart 1982) I, 52–79. F. Prinz, Frühes Mönchtum

society moved more and more in the direction of a sedentary community that wanderers came to constitute a problem. Gradually, therefore, these aimless wanderings became somewhat more linked to a goal and all sorts of measures were taken in an attempt to curb aimless rovings.[125] Nonetheless, *gyrovagi* continued to occur and travelling preachers were not only persons authorized by Church and State, such as Willibrord and Boniface, but also wandering *clerici* who preached heresies.[126]

In this period Rome developed into the principal pilgrimage centre in the western, Latin Christian world.[127] Special communities, *scholae*, of pilgrims from many regions arose there, of which those from the Anglo-Saxon world appeal most to the imagination.[128] Kings and missionaries made their way to the place where the apostles Peter and Paul had found their last resting-place, *ad limina apostolorum*, to the thresholds of the apostles. It is questionable whether, for the Anglo-Saxon kings concerned, these journeys should be regarded as attributes of their power or as a means of legitimizing that power. In other words, did the prestige of the kings reflect on Rome or did the prestige of Rome reflect on the kings? It seems to me that the latter was the case. For the preachers, at any rate, the visit to Rome was legitimizing, though the approval of secular rulers was also of great importance to them.[129]

On the other hand, pilgrimages and pilgrims gained a bad reputation, not least because of the imposed pilgrimages which became customary in the ecclesiastical penance system and in secular justice.[130] In the period in which this originally Irish and subsequently Anglo-Saxon

---

im Frankenreich. Kultur und Gesellschaft in Gallien, den Rheinlanden und Bayern am Beispiel der monastischen Entwicklung (4. bis 8. Jahrhundert) (second printing, Darmstadt 1988) 83, 91, 265 ff.; cf. A. Angenendt, Monachi peregrini. Studien zu Pirmin und den monastischen Vorstellungen des frühen Mittelalters (Münstersche Mittelalter-Schriften 6) Munich 1972.

125 Carlen, Wallfahrt und Recht, 37.

126 Van Herwaarden, Pelgrimstochten, 30.

127 Schmugge, 'Anfänge', 4–8.

128 Levison, England and the continent, 36–44; cf. M.P.M. Muskens, De kerk van de Friezen bij het graf van Petrus (Rome 1989), written for a wide readership, but with a lot of information.

129 A. G. Weiler, Willibrords missie. Christendom en cultuur in de zevende en achtste eeuw (Hilversum 1989) 98 ff.; H. Löwe, 'Pirmin, Willibrord und Bonifatius. Ihre Bedeutung für die Missionsgeschichte ihrer Zeit', in: La conversione al cristianesimo (Settimane di studio 14) Spoleto 1967, 217–261, esp. 249–253 (see also the discussion, 512–526) [the article too in: K. Schäferdieck (ed.), Die Kirche des frühen Mittelalters, in: H. Frohnes, H.-W. Gensichen and G. Kretschmar (eds.), Kirchengeschichte als Missionsgeschichte II,1 (Munich 1978) 192–226].

130 Van Herwaarden, Opgelegde bedevaarten, 29 ff.

practice gained in popularity in the ecclesiastical penance system and also came to be used increasingly on the Continent, from around the 8th century onwards, Rome was the most favoured destination – Rome became the pre-eminent *refugium peccatorum* (refuge of sinners) – though the pilgrimage imposed often had no destination (the Irish notion of *peregrinatio*). This tendency has been clearly described in the monumental work of Gregorovius on the history of medieval Rome:

> 'Die Geschichte der Pilgerungen wäre zugleich die Kriminalgeschichte jener Zeit ... Weil die Abbüssung eines Verbrechens zugleich einen Freibrief der Verpflegung bot, so hüllten sich nicht selten Gauner in die Maske der Scheusslichsten Untat, nur um Gelegenheit zu Reisabenteuern und betrügerischem Gewinn zu haben. Sie zogen mit falschen Pässen durch die Länder, das unsinnige Mitleiden der Menschen zu erregen und in Abteien oder Pilgerherbergen sich zu nähren ...'.[131]

Complaints about pilgrimages and pilgrims were not new. Ecclesiastics, particularly monks, and women (and, hence, certainly women who had entered a convent) had in fact always been advised against going on pilgrimages since the 4th century. To illustrate the quotation from Gregorovius and as an example of warnings of this type, the remarks which Boniface made on this point in his correspondence in the first half of the 8th century deserve every attention. Boniface repeatedly pointed out that the journey to Rome was paved with dangers. In a letter to King Aethelbald of Mercia he described how the Anglo-Saxons had misbehaved in 'Francia' and 'Italia' by committing adultery and giving themselves up to sodomy and whoring. In another letter he urged that women and nuns should be forbidden to go on pilgrimages because a large proportion of the pilgrims foundered and few remained uncontaminated: 'For a very small number of towns in Longobardia or in Francia or in Gallia do not have an adulteress or whore of English stock'.[132]

Thus, there was high esteem on the one hand and deep condemnation on the other. The theme was to be frequently returned to in later centuries.[133] This did not alter the fact that going on pilgrimages was and remained a part of religious life and that distant journeys in particular continued to be the prerogative of the few as far as laymen were concerned, and especially of royalty. When the Latin Christian

[131] F. Gregorovius, Geschichte der Stadt Rom im Mittelalter vom V. bis XVI. Jahrhundert. Neu herausgegeben von Waldemar Kampf (Darmstadt 1963) I, 500.

[132] M. Tangl (ed.), S. Bonifatii et Lullii epistolae (Berlin 1916) 47–49, 127, 128, 151, 169.

[133] This also in Zacher, Curiosity, 48–49.

world began to expand again after around the year 1000 following a long period of contraction, geographical mobility increased considerably.

Reference was made earlier to the phenomenon of crusades, which in fact were also pilgrimages to the Holy Land. These undertakings and the pilgrimages to Santiago de Compostela acquired their knightly characteristics under the influence of the crusade idea. The knightly crusade ideal and the knightly way of life affected other segments of society. On the one hand, the Church's legitimation of this knightly pattern of behaviour led to the acceptance as pilgrimages of journeys by knights to the Baltic countries – the 'Prussian journeys' – which had acquired the character of pilgrimages because of the indulgences linked to them and which, particularly in the late Middle Ages, became an activity that had great implications for the status of knights in European knighthood.[134]

At the same time the changes in society – which included, for example, the urbanization process – made it possible for other sections of society to go on pilgrimages, a trend which grew in strength from around 1200 onwards. In 1199 we see a pilgrim who was probably neither noble nor a clergyman travelling from Freising to Santiago. In 1224 a certain Nicholas of Tiel journeyed with his wife to Santiago.[135] Around two years later six inhabitants of Ninove in the Southern Netherlands set off seven weeks before Easter to visit St. Thomas at Canterbury, Santiago de Compostela and the Magi at Cologne.[136]

This participation of commoners in the practice of going on pilgrimages had a profound effect on the pilgrimage infrastructure. In particular, the facilities for travellers in the form of hospices and the like are a tangible result of these changes. This also had consequences as regards social prestige: it became *bon ton* to take part in such activities. People everywhere engaged in activities in this area; in numerous organizations countless numbers devoted themselves to aiding travellers.[137]

The freedom of the pilgrim

By going on a pilgrimage the pilgrim detached himself from his familiar

---

134 See, e.g., Schmugge, 'Motivstrukturen', 281; for the Prussian journeys the impressive study by W. Paravicini, Die Preussenreisen des europäischen Adels (Beihefte der Francia 17,1) Sigmaringen 1989.

135 Van Herwaarden, Pelgrimstochten, 83.

136 Ex Philippi Mousket Historia regum Francorum, MGH SS XXVI (Hannover 1882) 778 (vs. 25515–25523).

137 Schmugge, 'Anfänge', passim.

surroundings, or, in the words of Schmugge: 'Pilgerfahrt macht frei'.[138] One should not be too quick to conclude from this, however, that pilgrims were exempt from the restrictions of social standards while they were travelling or that there was no distinction on the basis of rank and class: freedom does not mean equality and it is highly questionable whether pilgrimages can indeed be described as 'too democratic, not sufficiently hierarchical' and, consequently, contributed to hesitancy on the part of established powers.[139] This is not to deny that measures were repeatedly taken against roving people, as is made clear by a couple of statutes of the English king Richard II and his French colleague Charles VI.[140]

Certainly the state of exception so characteristic of any form of travel applies to all: monarchs pilgrimaged just as did farmers and townsmen; all sorts of people, whether men, women, children or elderly persons, craftsmen, scholars or merchants, went on pilgrimages, which suggests a colourful company on the roads, as is made so vividly clear by Chaucer's *Canterbury Tales*.

Even for those who had had their pilgrimage imposed on them, the departure was accompanied by out-of-the-ordinary and, hence, striking activities. Making a will, arranging for the management of goods during the person's absence and making gifts to institutions were not public actions. What were public actions were the blessing in the church of the pilgrim's attributes, the knapsack and staff – the *benedictio perae et baculi* – calling out the names of the departing pilgrims from the steps of the town hall and accompanying the pilgrims to the village or city limits.[141] It occurred fairly frequently that pilgrims travelled in groups, and in the case of imposed pilgrimages there were two departure dates a year in some jurisdictions on which the people who had been sentenced to make pilgrimages in the period prior to one of those dates had to leave, the so-called *moutte* (cf. *movere*, to move).[142] The return did not go unnoticed either. Naturally, people who had been sent on pilgrimages

---

[138] L. Schmugge, ' "Pilgerfahrt macht frei". Eine These zur Bedeutung des mittelalterlichen Pilgerwesens', Römische Quartalschrift LXXIV (1979) 16–31.

[139] See, e.g., Turner, Image, 31.

[140] Zacher, Curiosity, 55.

[141] A. Franz, Kirchliche Benediktionen im Mittelalter II (Freiburg im Breisgau 1909) 271 ff.; F. Garrison, 'A propos des pèlerins et de leur condition juridique', Études d'histoire du droit canonique dédicées à Gabriel le Bras II (Paris 1965) 1072–1074; Van Herwaarden, Opgelegde bedevaarten, 15; cf. R. Plötz, 'Benedictio perarum und coronatio peregrinorum. Beiträge zur Ikonographie des hl. Jakobus im deutschsprachigen Raum', in: D. Harmening and E. Wimmer (eds.), Volkskultur und Heimat. Festschrift für J. Dünninger zum 80. Geburtstag (Würzburg 1986) 339–376.

[142] Van Herwaarden, Opgelegde bedevaarten, 53–57.

had to report when they came back, sometimes from the boundary of the jurisdiction before they could enter their place of origin. Pilgrims who returned from distant places could count on a hearty reception, the 'frohe Mahl' of the *Christenlich Bilger*, in which Johann Geiler von Kaisersberg (1445–1510) described this and other phenomena associated with going on pilgrimage.[143] If rituals of this kind are regarded as signs of a change in status, that can relate only to the status of the pilgrim during his pilgrimage and not to his position in society before and after that pilgrimage.

A degree of blurring of norms, certainly, perhaps a 'Schwächung aller Traditionen' as a result of the temporary break with the daily coercion of society through which the travellers acquired a sanctuary, as it were, but no permanent breach of social relationships: the temporary exceptionality was wiped out again by the pilgrim's return to his own surroundings.[144] This did not apply, of course, to those who never returned, who took up residence elsewhere as a result of their participation in the crusades or, later, of a voluntary or imposed pilgrimage; these people had indeed freed themselves from the chafing bonds of their old surroundings.[145]

Was a consequence, however, far-reaching equality for pilgrims on the road? Naturally, they were confronted with each other more, certainly in the case of sea voyages in the limited space of a ship, as with the journeys to the Holy Land. But the journey was very expensive[146], which in itself meant a selection, despite the fact that there were indigents who were able to make the journey because they were 'adopted' by more affluent pilgrims.[147] Even in the case of journeys on land I doubt the levelling tendency of pilgrimages, if only because of the different modes of travel. Here too, though the members of a company of travellers were confronted more with one another, that did not at all mean that they treated one another as equals.

---

143 Cf. G. Schreiber, 'Strukturwandel der Wallfahrt' in: G. Schreiber (ed.). Wallfahrt und Volkstum in Geschichte und Leben (Forschungen zur Volkskunde XVI, XVII) Düsseldorf 1924, 11.

144 Cf. Schmugge, 'Motivstrukturen', 283 who tends more in the direction of lasting effects.

145 Cf. ibidem, 282–283.

146 See for the cost of the journey: Van Herwaarden (ed.), 'Jerusalemreis', 13–15, 19: the journey cost Van Beveren some 500 day's wages of a mason or the annuity of the government prosecutor in Holland.

147 See, e.g., the travel account of Felix Faber: Stewart (trans.), Felix Fabri I, 82: eight pilgrims at the expense of four nobles; I, 190–191.

Inspired by the work of the French scholar Van Gennep[148], in their anthropological reflections on Christian pilgrimages the Turners see in them, by analogy with initiation rites, examples of a rite of passage which takes the person concerned from one state or status to another. The departure signifies the isolation which gives the person concerned a sanctified status as a pilgrim thanks to the pilgrim's blessing; the journey itself is the purification which brings the pilgrim to the threshold of the new state or status, after which the pilgrim is again admitted into his familiar surroundings. As they found on reflection that pilgrimages were not obligatory acts in either a social or a religious sense the Turners were obliged – in using the appropriate terminology – to replace *liminal* with *liminoid* or *quasi-liminal*.[149]

In their description of pilgrimages the Turners arrive at the following characteristics:

> Pilgrimage has some of the attributes of liminality ...; release from the mundane structure of norms and values; equality in status (of pilgrims on their journey); simplicity of dress and behaviour; sense of community (*communitas*) among pilgrims; ordeal; reflection on the meaning of basic religious and cultural values; ritualized enactment of correspondences between religious paradigms and shared human experiences (pilgrims travel Christ's *via crucis*); emergence of the integral person from multiple personae; movement from a mundane centre to a sacred periphery which suddenly, transiently, becomes central for the individual, an axis mundi of his faith; travelling, movement itself, which can be a symbol of the elusiveness of the short-lived community of like-minded persons, as against the fixedness (*stasis*) of the social structures which have been left behind because of the pilgrimage; individuality posed against the institutionalized milieu: (...)
>
> But since it is a voluntary, not an obligatory social mechanism to mark the transition of an individual or group from one state or status to another within the mundane sphere, pilgrimage is perhaps best thought of as "liminoid" or "quasi-liminal" rather than "liminal".[150]

Certain aspects of pilgrimages in general are contained in this list of characteristics of pilgrimages, but the question is whether these are the essential characteristics and whether pilgrimages in the Christian culture

---

148 A. van Gennep, Les rites de passage (Paris 1909) 27, 263–264.

149 Turner, Image, 1–39.

150 Ibidem, 34–35, 253–254; for the summary given here: Van Herwaarden, 'Hebben christelijke bedevaarten een status-veranderend effect gehad?', 248.

can be regarded as a voluntary possibility of moving from one status to another. The authors realize that – they do, after all, relativize the term 'transition' – by casting doubt on the possible status-changing effect of pilgrimage[151], but in doing so forget to point out that status-changing elements could attach to at any rate two pilgrimages – Jerusalem and Santiago de Compostela – via specific orders of knights and brotherhoods of pilgrims, provided the persons concerned satisfied social criteria (noble birth, citizenship).

In noting this possibility of a change in status it must be emphasized that, as far as the brotherhoods were concerned, it existed only where such a brotherhood existed, which was in a small of minority of cities. However, obtaining membership of such a brotherhood had no consequences for the person concerned and his position in society: no special rights were granted by the community. Particularly in cases where he or she had been to a distant place of pilgrimage, a pilgrim might have been held in higher regard in his or her own surroundings than prior to the pilgrimage, but such assumptions can not be proved. Following the return, normal life reasserted its rights and it is only to be hoped that the reality was usually different than the pulpit orator Johann Geiler von Kaisersberg assumed in his remark on pilgrims:

> 'Eine Gans ist geflogen uss und Gagack kumpt wider zu huss'.[152]

Aside from that, other gradations occur. The concept of pilgrimage encompasses a very varied spectrum of possibilities, because it can relate both to a journey more or less to the other end of the world and to a procession in the person's own vicinity.[153] It is important in general to note that differences of that type not only affected the prestige of the concept of pilgrimages but also produced nuances in the degree of obligatoriness of the act. In medieval Christian society a pilgrimage to a distant shrine was not in any way obligatory, but for certain categories of people – the inhabitants of a village, the citizens of a town, guild members, brotherhood members and the like – participation in processions could be obligatory and participation in a joint pilgrimage to a shrine located not too far away could be virtually obligatory.[154]

---

151 Turner, Image, 9.

152 Cited by Schreiber, 'Strukturwandel', 11.

153 See, e. g., U. Berlière, 'Les processions des croix banales', Bulletin de la classe des lettres et des sciences morales et politiques de l'académie royale de Belgique, 5e série VIII (1922) 419–446; N. Kyll, Pflichtprozessionen und Bannfahrten im westlichen Teil des alten Erzbistums Trier (Rheinisches Archiv 57) Bonn 1962.

154 Cf. Schmugge, 'Motivstrukturen', 273–274; almost no summarizing study has yet been written on this aspect of urban life and the data must be drawn from

In the financial accounts of the city of Ghent, for example, a separate item repeatedly occurs for the costs of the city's deputation to the annual Our Lady procession at Doornik held on September 12th[155] and in Amersfoort it was recorded each year from 1446 onwards that the Sunday before Whitsun was 'Vrouwenvaertsdag' and that everyone was obliged to take part in the procession on that day.[156]

It is not the intention here to deal in more detail with the interesting views of the Turners. Going on a pilgrimage undeniably had an effect on the normal pattern of life which was greater the more strongly the person was tied to his own area and the more distant or the more difficult to reach the chosen destination was. Whether these aspects also contributed to the salubrious character of the undertaking is a question not of a social but of a devotional nature and one, moreover, to which the answer is not as uniform as it appears. However all that may be, if one takes the ideal form of the concept of peregrinatio in the Christian world, the terms used by the Turners are able to emphasize excellently the exceptional nature of a pilgrimage.

Pilgrimage: ideal and reality

> 'There are three acts in life on which another person may not give advice on whether to do them or not. The first is marriage, the second is making war and the third is travelling to the Holy Sepulchre.'

---

individual studies on urban customs or devotional phenomena. See, e.g., E. van Autenboer, 'Ommegangen in het noorden van het oude hertogdom Brabant (vóór 1600)', Taxandria Nieuwe reeks XXV (1963) 109–128; J. Heers, 'Les métiers et les fêtes "médiévales" en France du Nord et en Angleterre', Revue du Nord LV (1973) 193–206; J. A. van Houtte, De geschiedenis van Brugge (Tielt–Bussum 1982) 248–250; J. van Herwaarden, 'Geloof en samenleving: Eucharistische devotie en de verering voor het lijden van Jezus', in: M. Baud (ed.), Geschiedenis en maatschappij. Tien jaar historisch onderzoek in Rotterdam (Rotterdam 1988) 123 ff.

155 [N. de Pauw and J. Vuylsteke (eds.)], De rekeningen der stad Gent tijdens Jacob van Artevelde, 3 vols. (Gent 1874–1885) I, 33–34: 'Dit es dat dontfangers ebben uteghegheven binnen desen jare van onser vrouwenfeeste van Dornicke, ende dat daertoe behoord doe men te Dornicke haren fiertre omme drouch', total just over 638 £ (1336); 149–150: just over 761 £ (1337); 271–272: just over 950 £ (1338); 381–382: almost 525 £ (1339); II, 18: just over 512 £ (1340); 100: incomplete statement (1341); 186–187: just over 628 £ (1342); 285–287: no total amount given (1343); no statement in 1344; 468–469: no total (1345); III, 35–36: just over 1,028 £ (1346); no statement in 1347; 297: limited reporting (1348). J. Vuylsteke (ed.), De rekeningen der stad Gent. Tijdvak van Philips van Artevelde, 1376–1389 (Gent 1893) 18–20: just over 4,135 £ (1376); 76–78: no total (1377); 371–373: just over 53 £ (1386); 401–403: just over 50 £ (1389).

156 Kronenburg, Maria's heerlijkheid VI, 399.

This was said by the German count Eberhard von Württemberg ca. 1480 to the Dominican monk Felix Faber, who answered that they were in themselves good things, but easily could turn into evil.[157] At the time that he said this, Eberhard had already been on a pilgrimage to Jerusalem, where he had been made a knight of the Holy Sepulchre. Felix Faber was to travel twice to Palestine, in 1480 and 1483, and has left behind a detailed account particularly of the second journey, which he wrote in 1488.[158] Moreover, he later warmly recommended his experiences as matter for meditation to Dominican nuns, hermits and other interested persons who regularly visited him for that purpose in Ulm. Supplemented with pilgrimages to Loreto, Rome and Santiago de Compostela, also divided into day's journeys, he wrote those stories down some years later 'als ain bild ainer gaistlichen pilgerfahrt, als der si möchtin nemen ain form der gaistlichen pilgerfahrt', intended not only for monastics but also for 'andern andechtigen gut willigen kinden'.[159]

From the work of Felix Faber it is apparent that pilgrimages to the Holy Land enjoyed high prestige and that pilgrimages in general were also seen as valuable acts, which could provide matter for meditation even for those who could not travel or whose manner of life entailed *stabilitas loci*. Faber's enumeration shows that in his view the pilgrimage to the

[157] *Tres inquit* (sc. Eberhard von Württemberg), *sunt humani actus quos nullus debet suadere aut dissuadere unico. Unus est contrahere matrimonium. Alter est inire bellum. Tertium est visitare sanctum sepulchrum. Hi, inquam* (sc. Felix Faber), *tres actus sunt quidem boni, sed faciliter possunt malum finem sortiri*, Fratris Felicis Fabri, Evagatorium in Terrae Sanctae, Arabiae et Aegyptae peregrinationem, edidit C.D. Hassler 3 vols. (Bibliothek des literarischen Vereins in Stuttgart II–IV) Stuttgart 1843–1849, I, 26.

[158] Dated 1488: ed. Hassler II, 348 [cf. Stewart (trans.), Felix Fabri II, 283], III, 357. Stewart (trans.), Felix Fabri: English translation of the first two parts of the publication of Hassler, the third part of which has remained untranslated. To a large extent based on Faber's writings: H.F.M. Prescott, Jerusalem journey. Pilgrimage to the Holy Land in the fifteenth century (London 1954) and idem, Once to Sinai. The further pilgrimage of friar Felix Fabri (London 1957). The 'Egyptian' part: Felix Fabri, Voyage en Egypte ..., prés. par J. Masson. Collection des voyageurs occidentaux à Egypte (Cairo 1975); cf. also the German version: H. Roob, Die Pilgerfahrt des Bruders Felix Faber ins Heilige Land (Heidelberg 1964). On Felix Faber: H. Feilke, Felix Fabris Evagatorium über seine Reise ins heilige Land: eine Untersuchung über die Pilgerliteratur des ausgehenden Mittelalters (Europäische Hochschulschriften 155) Frankfurt/M.–Bern 1976, 1–12; K. Hannemann, 'Felix Fabri', in: Chr. Stöllinger (red.), Die deutsche Literatur des Mittelalters. Verfasserlexikon II (Berlin–New York 1980) 682–689; Zrenner, Berichte, 41–42; Huschenbett, 'Literatur', 39.

[159] Röhricht and Meisner, Deutsche Pilgerreisen, 278–296.

Holy Land was by far the most preferable, but that Loreto, Rome and Santiago were also worthy of being undertaken in meditation.

The value attached to the pilgrimage to the Holy Sepulchre in Jerusalem was increased by the possibility of being made a knight of the Holy Sepulchre there, as happened to Eberhard von Württemberg. In his account of his journey in 1483 Felix Faber devotes a remarkable amount of space to that ceremony and gives a very favourable description of the knighthood, which he praises in no fewer than fourteen points.

The knighthood of the Holy Sepulchre is the most desirable in every respect and raised far above all other orders of knights; the knights occupy the first place in both the spiritual and the worldly sense. Their knighthood is at once the most humble, the most difficult, the bravest, the furthest removed, the most universal and so forth. Whereas other knights do not deign to be in the company of persons who are not of the nobility, the Knights of the Holy Sepulchre look down on no one and reject the company of no one: they not only travel in the company of monks, priests, merchants, craftsmen and poor beggars but do not shun either the company of women, young or old, beguines and nuns. They take no notice of the conceited comments of their slanderers who say that the Knighthood of the Holy Sepulchre is something for the effeminate because the knights are dubbed in the presence of old women. On the contrary: they do not feel shamed by that company but rejoice to receive that earthly knighthood at the place where nuns, beguines and old women, monks and priests and the faithful of all kinds seek support in their spiritual war in the hope of increase in God's grace. The knighthood means in a certain sense a guarantee of salvation,

> 'because a Knight of the Holy Sepulchre is indeed fortunate for, if he is journeying on a pilgrimage and suddenly dies, he immediately flies to Heaven and need not enter Purgatory.'[160]

Knighthood and brotherhoods

Felix Faber provides a wealth of matter for consideration in the context of the theme of pilgrimages and social prestige. Though he points out that going on pilgrimage, which is in itself a good act, can easily turn into its opposite, he makes it abundantly clear how high the regard was in which pilgrimages, and in particular the pilgrimage to Jerusalem, were held. One could regard being knighted as setting the seal on the work, a seal, however, which – and Faber does not mention this – was reserved exclusively for noble pilgrims with at least four quarters in their coat of arms.

---

[160] Stewart (trans.), Felix Fabri I, 610–622.

In the account which Arend Willemsz., a pilgrim from the Low Countries, has left us of his journey to Jerusalem in 1525, this is described in more detail: the aspirant knights had to swear that they were of free and noble birth on both their mother's and their father's side and that they were wealthy enough to uphold their knightly state without

> 'enyghe maniere van comantschappen te doen daer sij van soude moeten leven' (doing any manner of trade from which they would have to live).[161]

Faber's description of the dubbing does not match that of other authors, which does not, however, imply that his view of the Jerusalem knighthood is dubious.[162] Confusion has existed concerning the knighthood of the Holy Sepulchre, partly because an Order of the Holy Sepulchre was founded by Arnulf van Choques (d. 1118), the fourth Latin patriarch of Jerusalem, shortly after the capture of Jerusalem by the crusaders in 1114.[163] This was an order of regular canons which was recognized by the pope in 1122 and which spread through Europe from its headquarters in Perugia.[164] To this order of sepulchrans, as the canons were also known, were attached lay brotherhoods whose members profited from indulgences and the like in exchange for gifts to the order. These confratres also included knights, which made them, in a certain sense, 'knights of the order of the Holy Sepulchre'.[165] That does not imply an Order of the Holy Sepulchre as such, which never has existed.[166] Only accolades at the Holy Sepulchre were at stake, by which the persons involved always felt a special relationship, sometimes represented by additions to their personal coat of arms.[167]

The earliest description of something that resembles being made a

---

161 C. J. Gonnet, Bedevaart naar Jerusalem in 1525 (Haarlem 1884) 137.

162 See, e. g., Prescott, Jerusalem journey, 138–140.

163 W. Hotzelt, 'Die Chorherren vom Heiligen Grabe in Jerusalem', in: Das Heilige Land in Vergangenheit und Gegenwart. Gesammelte Beiträge und Berichte zur Palästinaforschung II (1940) 43 ff.

164 For the Low Countries: Sister Hereswitha, Orde van het Heilig Graf. Inleiding tot de geschiedenis van het kloosterwezen in de Nederlanden A: Orden ontstaan in de middeleeuwen II.1.f (Brussels 1975) 31–35.

165 J. Prawer, 'Social classes in the Latin Kingdom: the Franks', in: K. M. Setton, A history of the crusades V: N. P. Zacour and H. W. Hazard (eds.), The impact of the crusades on the near east (Madison 1985) 161–162.

166 D. J. D. Boulton, The knights of the crown. The monarchical orders of knighthood in later medieval Europe, 1325–1520 (Woodbridge 1987) XXI; K. Elm, 'Kanoniker und Ritter vom Heiligen Grab. Ein Beitrag zur Entstehung und Frühgeschichte der palästinensischen Ritterorden', in: J. Fleckenstein and M. Hellmann (eds.), Die geistlichen Ritterordens Europas (Sigmaringen 1980) 141–169.

167 Cf. J. Prawer, Crusader institutions (Oxford 1980) 312, note 97. For the acco-

knight of the Holy Sepulchre is to be found in the account which the German knight William of Boldensele wrote in 1336 of his visit to the Holy Land. The passage in question is far from clear, because Willem talks about two noble knights whom he

> 'had lay their sword on the Holy Sepulchre and had them do other things which were customary in entering a military order (i. e. a religious order of knights)'.[168]

Thus, it was apparently William who conducted the ritual which sealed promotion to knight of the Holy Sepulchre. One finds something similar in the description of Pero Tafür, who visited the Holy Land in 1436:

> 'That day we confessed and received the Sacrament and I dubbed three gentlemen Knights of the Holy Sepulchre, two Germans and a Frenchman'.[169]

It appears, therefore, to be a fairly disorganized proceeding without a fixed ritual. The question is whether this is not a normal conferring of knighthood at the Holy Sepulchre by one of the travelling companions who was already a knight rather than being made a Knight of the Holy Sepulchre.

Travel accounts written later in the 15th century show that this had changed and between ca. 1475 and ca. 1500 it was usually the same Prussian knight, John of Pomerania, who dubbed the knights, while from 1500 onwards the authority to do this was entrusted to the guardian of the Franciscan monastery.[170] Faber's remark is notable that the pilgrims who had just become knights of the Holy Sepulchre were again dubbed in Cyprus by the queen of Cyprus, after which their names were entered in a register and they received a silver dagger with sheath and belt decorated

---

lade and its historical background: V. Cramer, 'Der Ritterschlag am Heiligen Grabe. Zur Entstehung und Frühgeschichte des Ritterordens vom Heiligen Grabe', in: Das Heilige Land in Vergangenheit und Gegenwart. Gesammelte Beiträge und Berichte zur Palästinaforschung II (1940) 137–199; idem, 'Das Rittertum vom Heiligen Grabe im 14. und 15. Jahrhundert', in: ibidem III (1941) 111–200. Also idem, Der Ritterorden vom Heiligen Grabe von den Kreuzzügen bis zur Gegenwart (Cologne 1952), which I unfortunately could not obtain.

168 C. L. Grotefend, 'Die Edelherren von Boldensele oder Boldense', Zeitschrift des historischen Vereins für Niedersachsen (1852) 237–286: Itinerarius Guillielmi de Boldensele, 267.

169 Pero Tafur, Travels, 62; cf. also A. Bernouilli, 'Hans und Peter Rot's Pilgerreisen, 1440 und 1453', Beiträge zur vaterländischen Geschichte, Neue Folge 1 (1882) 354–355: dubbed by Heinrich von Schwartzburg, knight, and spurred by Johann von Schwalbach, commander of St. John.

170 P. L. Lemmens, Die Franziskaner auf dem Sion (Münster/W. 1916) 188–191; Cramer, 'Ritterschlag', 164, 168–181 (John of Pommerania/Prussia); 181 ff.: the guardian; Dansette, 'Pèlerinages', 378, note 1; Zrenner, Berichte, 132–134.

with a silver violet as a sign of the knighthood of the Holy Sepulchre.[171] Just over a quarter of a century previously a dubbing in Cyprus was also mentioned, but it clearly related to another order, whose members undertook to take part in a future crusade.[172]
For the period from the second half of the 15th century to the decline of the Jerusalem journeys, the words of Röhricht apply:

> 'Der feierlichste Act in der heiligen Grabeskirche war der Ritterschlag zum Ritter des heiligen Grabes, um dessenwillen allein oft viele, namentlich Niederländer[173], die gefährliche Fahrt nach Jerusalem unternahmen, und dessen Zeichen selbst Protestanten später ... annahmen.'[174]

That particularly pilgrims from the Low Countries wished to be knighted is not so clearly evident from the travel accounts from the Northern Netherlands: not until 1522 is mention first made of this ceremony by Geert Kuynretorff in his account of the journey which he made to the Holy Land from Kampen in 1520.[175] In another account it is remarked that the knighthood was aspired to particularly by people from German countries.[176]

In relating the pilgrimage to Jerusalem to social prestige it must immediately be stated that what in a certain sense was the highest good of that pilgrimage was not at all such a clear affair and that the knighthood was attainable only by those who already possessed a certain status, namely persons of noble birth. Consequently, it is questionable whether what one has here is a status - changing effect of the pilgrimage, as is sometimes suggested, or a privilege which confirms status. This also applies to a seemingly clear case such as that of Hans Rot of Basel, who was dubbed a knight at the Holy Sepulchre in 1440. It is indeed true of him that his status as *Achtbürger* was raised by being knighted, because

---

171 Stewart (trans.), Felix Fabri I, 25.

172 Röhricht and Meisner, Deutsche Pilgerreisen, 22, note 5, continuing on 23, refers to the travel account of Stephan von Gumppenberg, who had visited the Holy Land in 1449–1450.

173 What is meant is: pilgrims from the Low Countries, i.e. from the Netherlands, Belgium, part of northern France and Luxembourg; cf., e.g., the list of O'Kelly de Galway, Mémoire sur l'ordre de Saint Sépulchre (Brussels 1875) 47–144.

174 R. Röhricht, Deutsche Pilgerreisen nach dem Heiligen Lande (Gotha 1889) 27, cf. 71–72, note 255: survey of accounts in which the dubbing ceremony is described (cf. also Röhricht and Meisner, Deutsche Pilgerreisen, 32–33 and note 7).

175 B. Wasser, Nederlandse pelgrims naar het heilige land (Zutphen 1983) 77; on the account of Kuynretorff: R.J. Kolman, 'De pelgrims van Jeruzalem te Kampen (ca. 1450–1580)', Kamper Almanak (Kampen 1988) 155–214.

176 Dansette, 'Pèlerinages', 378.

he thereby gained equality with the nobles in his surroundings. That is a consequence of being knighted *tout court*, but says nothing about the specific accolade at the Holy Sepulchre.[177]

A similar comment can be made about that other facet which caused pilgrimages to Jerusalem to leave clear marks in society, namely the special Jerusalem brotherhoods.[178] In the case of the brotherhoods as in that of the Knighthood of the Holy Sepulchre, one has the parallel with the veneration of St. James the Great: the *Orden de Santiago* can be compared to the Knights of the Holy Sepulchre, and the Santiago brotherhoods to the Jerusalem brotherhoods.[179] In these cases the pilgrimage itself is specific to the order of knights or brotherhood linked to it. Pilgrims to Rome also joined together in brotherhoods, but these do not occur in such a pronounced form as the two others.[180] No other places of pilgrimage are known to have had such brotherhoods, though a reservation must be made in the case of the St. Jost brotherhoods, for which a condition of admission must have been a pilgrimage to St.-Josse-sur-Mer.[181]

There were numerous other types of religious brotherhoods but they were not linked to particular pilgrimage centres, though some had a pattern which could also be associated with a particular pilgrimage centre, such as, at any rate, the aforementioned St. Jost brotherhoods with St.-Josse-sur-Mer and, in addition, for example, the brotherhoods of Our Lady at Halle as evidence of international veneration of this Mary shrine in Brabant[182], the St. Anthony brotherhoods with St.-Antoine-en-Viennois or the St. Hubert brotherhoods with St. Hubert in the Ar-

---

[177] Against W. Schneider, Peregrinatio Hierosolymitana. Studien zum spätmittelalterlichen Jerusalembrauchtum und zu den aus der Heiliglandfahrt hervorgegangenen nordwesteuropäischen Jerusalembruderschaften (Münster 1982) 209 and note 1; cf. Bernouilli, 'Pilgerreisen', 333. See also Paravicini, Preussenreisen, 154, 157.

[178] Schneider, Peregrinatio, 73–83: Utrecht, Leiden, Dordrecht, Amersfoort, Gouda, Middelburg, Haarlem, Amsterdam, Antwerp, Kampen en Delft. The activities: ibidem, 139 ff.

[179] For the Orden de Santiago: D. Lomax, La Orden de Santiago, 1170–1275 (Madrid 1965); cf. also the survey of F. Gutton, L'Ordre de Santiago (Paris 1975).

[180] See, however, for example H. van Hoogdalem, 'De broederschap der Romeinen en Jeruzalems Heren', Oud Gorcum Varia (Gorinchem 1961) 11–22; in Utrecht the brotherhood 'der Romeynen' was centered in the Buurkerk.

[181] Cf. Jost Trier, Der heilige Jodocus. Sein Leben und seine Verehrung (Germanistische Abhandlungen LVI) Breslau 1924.

[182] G. Renson, 'Bijdrage tot de studie der Broederschappen van Onze Lieve Vrouw van Halle en de verering in andere landen', De Brabantse Folklore CLVII (1963) 43–104.

dennes. The pilgrimage in question, however, was not a condition of membership.[183]

There were also indulgence brotherhoods that had close connections with particular pilgrimages, such as the brotherhoods linked to the order of the sepulchrans, about which something has already been said. Another example against the background of the Holy Land was the brotherhood which came to be linked to the order of the trinitarians: this order was founded in the period of the Crusades and was concerned at first solely with ransoming Christians captured by the heathens; from the 14th century onwards it also operated hospices. An indulgence brotherhood of this kind also existed in connection with Santiago de Compostela, after the large hospice in Compostela had been destroyed by fire. Popes Innocent VIII (1484–1492) and Alexander VI (1492–1503) gave permission for the founding of a *confraternitas* open to women and men, membership of which could be obtained by purchasing indulgences.[184]

These and similar brotherhoods had a more or less close relationship with particular pilgrimages, but they can not be placed in the same category as the true pilgrims' brotherhoods. For the latter, pilgrimages remained a condition of membership and, on the basis of this, it can be said that those pilgrimages were a condition of a change in status. However, as with the knighthood, the principle of the brotherhood was that the members were first of all established citizens, which made them eligible to become members provided they had undertook the pilgrimage in question or intended to so do in the near future.[185] In this configuration, relationships did indeed exist between pilgrimages and social prestige, but one finds that the existing status is the criterion for the effect of the pilgrimage on it. This conclusion remains valid, even though it must

183 Cf. A. Eekhof, De questierders van den aflaat in de Noordelijke Nederlanden ('s-Gravenhage 1909) 86–89; cf. on the importance of the brotherhoods, e. g., H. Hoberg, 'Das Bruderschaftwesen am Oberrhein im Spätmittelalter', Historisches Jahrbuch LXXII (1952) 238–252; R. Henggeler, Die kirchlichen Bruderschaften und Zünfte der Innerschweiz (Einsiedeln 1955) and the study – which is focused on a particular region but is much more generally usable in terms of contents – of L. Remling, Bruderschaften in Franken. Kirchen- und sozialgeschichtliche Untersuchungen zum spätmittelalterlichen und frühneuzeitlichen Bruderschaftswesen (Quellen und Forschungen zur Geschichte des Bistums und Hochstifts Würzburg XXXV) Würzburg 1986.

184 Van Herwaarden, 'Aflaten', 52–53.

185 Cf. J. W. C. van Campen, 'De Utrechtsche Jerusalembroederschap', Jaarboekje Oud Utrecht (1935) 55 ff.; Van Herwaarden (ed.), Pelgrims, 176–186 (St. James brotherhoods in Europe), 228–230 (St. James brotherhood in Ghent), 250–253 (other St. James brotherhoods in the Low Countries).

immediately be noted in this context that the condition of noble birth for becoming a Knight of the Holy Sepulchre was eventually diluted and that money came to take the place of quarters: consequently, 'ordinary' people too could become a Knight of the Holy Sepulchre.[186]

As regards the brotherhoods, it can further be observed that membership as such did not have any effect on the person's position in society but that it did on occasion lead to activities which stood out because of their public nature. In that respect, the urban community also counted on such brotherhoods. From data on Kampen it can be concluded that the council made the continued existence of a Jerusalem brotherhood in that city possible.[187] This applies, it might be added, to all sorts of associations in the Middle Ages, because they were closely involved with the life of the community. It is undeniable that brotherhoods formed an important part of organized religious life in the late Middle Ages. How their contribution to that religious life should be assessed will not be considered here. It must be noted, however, that the phenomenon of brotherhoods did not go unchallenged. This is most clearly apparent from the actions of Cardinal Nicholas of Cues, who was mentioned earlier, during his tour of Germany and the Low Countries as papal legate. In a letter addressed to all the faithful of the city and bishopric of Minden he distanced himself from the rapid spread of brotherhoods and Eucharistic processions. The cardinal forbad the founding of new brotherhoods and urged that the existing brotherhoods should not be granted any further privileges; the holding of Eucharistic processions had to be restricted.[188]

Guild meals and brotherhood meals on the saint's days of their own saints and participation in processions, both processions for their own saints and the general processions of the community on feast days, are among the conspicuous activities which those concerned engaged in publicly (positively or otherwise) to celebrate those occasions. This applies incidentally to the commissions given to artists by guilds and brotherhoods, which resulted, for example, in members of the Utrecht and Haarlem Jerusalem brotherhoods being immortalized by Jan van Scorel.[189] A wooden panel with the names of 17 persons from Leiden, having made

---

[186] Röhricht, Deutsche Pilgerreisen, 71–72, note 255; Sumption, Pilgrimage, 266; Van Herwaarden, 'Geloof', 409.

[187] Koldam, 'Pelgrims', 161.

[188] A. Schröer, 'Die Legation des Kardinals Nikolaus von Kues in Deutschland und ihre Bedeutung für Westfalen', in: Dona Westfalica (Münster/W. 1963) 310–311.

[189] Een schilderij centraal. De Jeruzalemvaarders van Jan van Scorel (Utrecht 1979); J. A. L. de Meyere, Jan van Scorel, 1495–1562. Schilder voor prinsen en prelaten (Utrecht 1981) 18–20, 41–47, 53.

their voyage to the Holy Sepulchre between 1462 and 1471, may be used as caption to a picture of those members of the Jerusalem-confraternity at Leiden.[190] A structural activity of the Jerusalem brotherhoods of Utrecht and Kampen was participation in the celebration of Palm Sunday: the parading of the ass through the city with a statue of Christ on its back to commemorate Jesus' entry into Jerusalem.[191] In Utrecht the Jerusalem brothers were also present on Maundy Thursday in the Buurkerk, where the priest washed the feet of a number of people, and they took part in the ensuing distribution of bread.[192] Permanently conspicuous were the specific commemoration places of the brotherhoods: free-standing Jerusalem chapels modelled on the Church of the Holy Sepulchre, chapels or altars in a church.[193]

Scoundrels en route

Thus far, only Faber's positive opinion of the pilgrimage to Jerusalem has been commented on, but in his reply to the remark made by Eberhard van Württemberg Faber clearly hints that there were also disadvantages attached to it. He was not alluding to the general criticism of pilgrimages which can be regarded as a virtually permanent counterpoint to the propaganda for them, because it is all too apparent from his work how positive his attitude was towards this expression of faith. What Faber was referring to was rather the evil aspects associated with pilgrimaging, more, also, than to the numerous practical problems, particularly of distant pilgrimages.

A journey to Jerusalem was a sacred good for many people and a person who had made it could count on the esteem of the like-minded when he returned, but this did not alter the fact that a negative view could be taken of undertakings of this kind. These negative opinions were based on an amalgam of considerations. In the first half of the 13th century Jacques de Vitry referred flatly to those who had come from the Occident to the Orient as 'dregs'; the loss of the Holy Land

---

190 Leiden, Museum de Lakenhal, Inv. nr. 825; cf. D.E.H. de Boer, 'Jherusalem in Leyden of de strijd om een erfenis', De Leidse hofjes VIII (1979) 40–42.

191 Van Campen, 'Utrechtsche Jeruzalembroederschap', 63 ff.; Koldam, 'Pelgrims', 186 ff.

192 Van Campen, 'Jeruzalembroederschap', 71–72; Schneider, Peregrinatio, 152.

193 Schneider, Peregrinatio, 93–122: Utrecht, Haarlem, Leiden, Amsterdam, Gouda, Antwerp and Dordrecht; ibidem 122–123: in Delft possibly an altar, perhaps a chapel; in Amersfoort an altar, perhaps a chapel. For Utrecht: Van Campen, 'Jeruzalembroederschap', 66–69; for Kampen: Koldam, 'Pelgrims', 178 ff.; other foundations: Schneider, Peregrinatio, 169–178: Leiden, Haarlem; for Leiden: De Boer, 'Jherusalem in Leyden', 39–75.

was due to the low level of the Latin Christian pilgrims who had settled in the Middle East.[194]

More negative qualifications of this kind are found where the company of travellers is described in travel accounts or where a warning against them is given beforehand. This objection did not by any means apply solely to the journey to Jerusalem, but to all journeys. Not all the travellers were deeply religious pilgrims, even though they were dressed in the pilgrim's garb. The English mystic Margery Kempe complained about the behaviour of her travelling companions, who were irritated by the fact that she cried fairly often and constantly endeavoured to get them to talk about religious matters.[195]

Already in an early stage in Christian history we see that there was concern particularly about women going on pilgrimages, because they could all too easily get into bad company. Though a pilgrimage meant that the persons concerned – men and women – were admitted into the *ordo peregrinorum*, that did not remove the many dangers for body and soul. Reference has already been made to the remarks which were made about women pilgrims up to the 8th century. A few centuries later we see similar arguments against women in a letter written by the Dominican bishop Thomas of Bethlehem to the 'wise men, deans and rectors' in Friesland around March 1260:

> 'Frisian women who out of piety or to protect the Holy Land travel to these regions are exposed to many dangers due to the excessive distance and many other things which occur when travelling. Thus it often happens ... that whoring and adultery are committed with some of them by the crusaders during the journey and on the ships ... We ... earnestly advise ... all of you, therefore, that you warn all of the women in your province and endeavour to persuade them not to travel overseas for the reasons mentioned ...'

If they allowed themselves to be released from their vow to visit the Holy Land in the right manner (by fulfilling other obligations), on the authority granted to him by the pope the bishop could assure these women that their sins would be forgiven as much as if they had visited the Holy Land.[196]

Evidently, warnings of this kind were repeatedly ignored and women

---

194 Jacques de Vitry, Historia Hierosolymitana I, 82.

195 L. Collis, The apprentice saint (London 1964) 51 ff.; Cl. W. Atkinson, Mystic and pilgrim. The Book and the world of Margery Kempe (Ithaca–London 1983) 54–55; cf. The book of Margery Kempe, translated by B. A. Windeatt (Harmondsworth 1985) 96 ff.

196 Kroniek van het klooster Bloemhof te Wittewierum. Inleiding, editie en vertaling H. P. H. Jansen and A. Janse (Hilversum 1991) 402–403.

were indeed perhaps too bent on adventure for them to be restrained from making journeys to the Middle East with, as appears from various stories, no small chance of undergoing disastrous experiences. In Cairo, for example – but it could also have happened to him in cities such as Damascus, Beirut, Tripoli, Alexandria and Constantinople – Felix Faber saw Christian women exploited as prostitutes by Christian pimps,

> 'extremely beautiful women ... from all sorts of Christian countries ... from France, Spain, Calabria, Italy ... Catalunia ... Genoa, Padua, Treviso and Venice ... daughters of undoubtedly good families, but seduced and brought to the abyss of damnation.'[197]

This evil can not be situated solely in the world of Islam. Pero Tafur tells how a poor woman in Sluis offered him her two daughters for a mere crust of bread.[198] Nicolas de Clemanges sighs that going on pilgrimage is the source of all sorts of misbehaviour and that the odious procuresses are always present at the places of pilgrimage to lure the girls.[199] And how fiercely the preacher of the sermon *Veneranda dies* from the 12th century *Liber Sancti Jacobi* attacks such practices:

> 'The whores who ... meet the pilgrims professionally on the road must not only be excommunicated but stripped of everything and disgraced by cutting off their nose.'[200]

Efforts were made to protect pilgrims from temptations, as is apparent, for example, from the attempts of the port authorities in Marseille to prevent women whose morals were suspect from boarding the ships that sailed to the Holy Land.[201]

The attack on the moral innocence of the women was a favourite *topos* in the literature, as has been shown by the examples given here. The pilgrim's garb was frequently a cloak for practices which could not support the light of day, practices which were not confined to immoral acts of this kind but also included smuggling and spying.[202] Allusions to degeneracy occur repeatedly. In the *Roman de la rose*, which was also widely known outside the French language area thanks to translations,

---

197 Ed. Hassler III, 168–169.

198 Pero Tafur, Travels, 17.

199 Cited by J. Huizinga, Herfsttij der middeleeuwen. Studie over levens- en gedachtenvormen der veertiende en vijftiende eeuw in Frankrijk en de Nederlanden, in: Huizinga, Verzamelde Werken III (Haarlem 1949) 194.

200 Whitehill, Liber I, 161, Dutch translation: Van Herwaarden, Roemrijke Jacobus, 8.

201 J. Prawer, The Latin Kingdom of Jerusalem. European colonisation in the middle ages (London 1972) 203.

202 Schmugge, 'Motivstrukturen', 280.

pilgrimaging was drawn completely into the sexual sphere.[203] Critical remarks on this matter are to be found both in Langland's *Piers Plowman* and in Chaucer's *Canterbury Tales.*[204] In the latter work it is above all the wife of Bath who attracts attention, not only because she bragged so on her pilgrimages, but also because of her influence on the company, as appears from the course taken by the tales.[205] Chaucer's account of the behaviour of the wife of Bath evokes associations with stories about the possibilities which pilgrimages afforded for having affairs, such as those described in writings like *Quinze joyes de mariage* or *Les cents nouvelles nouvelles.*

With this theme and these examples the literary treatment of the prestige of pilgrimages and pilgrims is reached, a field which – interesting though it may be – will not be dealt with in more detail here. Undeniably, the everyday practice of pilgrimaging afforded sufficient matter for reflections of every possible kind and more than enough material for depictions which could acquire scabrous features. As has already been indicated, their nature as penance made pilgrimages suitable for being imposed as punishment by secular judges, based on a conviction that pilgrimages were salubrious not only for the condemned person but also for the community. The notion underlying this was that the pilgrim could come to repent and that at the shrine he could beg intercession for the community. This salubrious effect can not, of course, be ruled out, but a great many evil aspects also attached to these practices, as the quotation from Gregorovius indicated and as repeatedly appears from the pilgrims' literature.

The pilgrimages imposed by secular judges did not make a favourable contribution to the reputation of places of pilgrimage which were frequently named in sentences, especially in the areas where those pilgrimages were frequently imposed. This applies particularly to a pilgrimage centre such as Our Lady at Rocamadour, whose pilgrims were referred to as *amadours*, an allusion to their not all too moral behaviour en route. How strongly the insulting nature of the word *amadour* was felt is apparent from a decision of the Great Council of Mechelen: a person whose sentence for manslaughter included a pilgrimage to Rocamadour requested a change in the sentence because of its bad reputation

---

[203] Cf. also K. A. Ott, Der Rosenroman (Darmstadt 1980) 32 ff.

[204] G.G. Coulton, Medieval panorama II: The horizons of thought (Second printing, London 1961) 181–187; 194–195; idem, Chaucer and his England (Tenth printing, London 1963) 121–132; M. Bowden, A commentary on the General Prologue to the Canterbury Tales (London 1973) 19–43.

[205] Ch. A. Owen, Pilgrimage and storytelling in the Canterbury tales. The dialectic of 'ernest' and 'game' (Norman 1977) 144 ff.: 'The wife of Bath's influence'.

and the highest legal body in the Low Countries granted the request by imposing Santiago de Compostela as the destination, which meant, in fact, a considerably heavier punishment. The ironical thing is that the *coquille* of Santiago became the sign of the vagabond who was scarcely to be trusted: pilgrims were *coquillards*, they formed the *coquignaille*.[206]

IV. Conclusion

Pilgrimages and pilgrims have been judged in completely different ways over the centuries. These judgements are closely connected with social conditions and the value attached to religious phenomena in general. In the foregoing an attempt has been made to indicate a number of tendencies, based on the practice of pilgrimages. The emphasis was placed first of all on the pilgrimage centres and their prestige, an aspect which is usually left out of consideration but which, in my opinion, was of importance in this context. The interaction was then examined between eminent visitors and the places of pilgrimage that received their visits, an issue which deserves much more attention, because study of this aspect offers many possibilities for tracing the course of the prestige of particular centres of veneration over time. Following on this, attention was focused on the pilgrims themselves, with the main emphasis on the pilgrimage to the Holy Land and all its implications. It was found that a great many comments can be made on the relationship between pilgrims and their social prestige, but that no fixed pattern is discernible. The existence of specific associations does not in itself provide sufficient grounds either for asserting that pilgrimages had a status-changing effect. All sorts of social aspects do, however, attach to going on pilgrimages, which can also be seen as one of the many ways of showing oneself socially (and in this way confirming one's status), just as the travels of the emperor Hadrian can perhaps be regarded too as attributes of his rank, added to which there is the fact that a person can show that he is in a position to satisfy his curiosity, as a result of which the distant pilgrimages can also acquire the character of *Bildungsreisen*.

As a permanent background to all these remarks, one has the fact that critical comments were constantly being made about pilgrimages and everything associated with them and that a great many pilgrims brought pilgrimages into discredit because of their behaviour en route. All that criticism and all those warnings, and even the Reformations, do not alter the fact that, within a particular context, pilgrimages are still a conspicuous part of religious behaviour.

---

206 Van Herwaarden, Opgelegde bedevaarten, 421, 425, note 15, 435–36, note 52; cf. A. Georges, Le pèlerinage à Compostelle en Belgique et dans le Nord de la France (Brussels 1971) 64.

Die Regelmäßigkeit mittelalterlicher Wallfahrt

BERNHARD SCHIMMELPFENNIG

1. VORBEMERKUNGEN

'Regelmäßigkeit' im Rahmen des Pilgerwesens setzt zumindest eine von drei möglichen Bedingungen voraus: bestimmte Tage, ein fixierter Zeitraum innerhalb eines Jahres oder kontinuierlich wiederkehrende Jahreszyklen machen einen Ort oder eine bestimmte Kirche für potentielle Besucher attraktiver, als es sonst der Fall ist. Wird diese Definition akzeptiert, ergeben sich zwei Folgerungen: 1. der Pilger will nicht nur zu einer heiligen Person beten, 2. er sucht nicht nur Heilung von körperlichen Gebrechen, denn beide Möglichkeiten bestanden gewöhnlich das ganze Jahr hindurch. Ebenso waren Buß- und Strafwallfahrten das ganze Jahr über möglich. Demzufolge dürften derartige Wallfahrten im folgenden auszuschließen sein.

Trotz all meiner Heilsgewißheit möchte ich doch die eben formulierte Definition etwas relativieren: Auch Kirchen, die einen besonders starken Fürsprecher bei Gott oder einen wirkmächtigen Wundertäter vorwiesen, konnten an einer – auf der Tradition basierenden oder erst neuerlich eingeführten – Regelmäßigkeit interessiert sein, vor allem dann, wenn ihnen sonst Besucher fernzubleiben drohten. Ihr Interesse konnten sie damit begründen und ihre Begründung als Propagandamittel benutzen, daß der oder die Heilige an bestimmten Tagen mit Hilfe Gottes besonders freigebig mit Wundern sei oder daß in einer gewissen 'Regelmäßigkeit' besonders hohe Ablässe den Besucher belohnen würden.

Mit der Erwähnung des Ablasses wurde schon ein wichtiger Grund für 'Regelmäßigkeit' im Hoch- und Spätmittelalter genannt. Bevor ich jedoch darauf näher eingehe, möchte ich – dem Hang zur Ökumene und Universalhistorie ein wenig nachgebend – kurz auf vor- und außerchristliche Wallfahrten eingehen und damit mögliche Einflüsse auf das ominöse 'christliche Abendland' oder analoge Phänomene andeuten.

2. AUSSERCHRISTLICHE WALLFAHRTEN

Heutzutage dürfte jede christliche Wallfahrt von einer nichtchristlichen an Regelmäßigkeit und Quantität übertroffen werden: von der Hadsch nach Mekka. Während allerdings in der Gegenwart auch jeglicher Moslem oder Jude die Pilgerbräuche etwa in Rom, Lourdes, Altötting oder

Santiago beobachten kann, ohne Anstoß zu erregen, bleibt Mekka den Nichtmuslimen weiterhin verschlossen. Das dürfte auch der Hauptgrund dafür sein, daß Mekka in Europa so selten im Zusammenhang mit der Wallfahrt berücksichtigt wird.

Allah hatte seinem Propheten geboten, den Gläubigen die große Wallfahrt als Pflicht aufzuerlegen[1]. Im Gegensatz zum Besuch der Kaaba, der – zusammen mit dem von zwei anderen vorislamischen Stätten in Mekka (Safa und Marwa) – als kleine Fahrt (*umra*) jederzeit möglich war, sollte die große Wallfahrt (*hadjdj*) als jedem Moslem einmal im Leben auferlegte Pflicht nur zu einem ganz bestimmten Termin möglich sein: in den letzten Monaten des Jahres[2] bzw. an den zehn ersten Tagen des Monats *Dhu-al-hidjd-ja*[3], dem 12. Monat des nach Monden berechneten Jahres. Zur großen Wallfahrt gehörte es, außer Mekka auch die Hochebene von Arafat zu besuchen; und besonders segensreich war es, wenn der dafür vorgeschriebene 9. Monatstag auf einen Freitag fiel. Weil die Bestimmung von Tag und Monat vom Beobachten des Mondes, also von guter Sicht, abhing, neigten schon im Mittelalter Muslime – ähnlich wie christliche Ablaßjäger – zu Manipulationen, wie es *Ibu Djubayr* zum Jahre 1184 beschrieben hat[4].

Der Koran führt den Besuch der heiligen Stätten auf Abraham zurück. Damit deutet er zwei Wurzeln der großen Wallfahrt an: den Besuch von Kultstätten in und um Mekka schon in vorislamischer Zeit sowie das jüdische Vorbild. Mohammed handelte also ähnlich wie auch christliche Förderer von Wallfahrten: durch die Einbeziehung 'heidnischer' Stätten erleichterte er die Akzeptanz der neuen Lehre; durch die Verpflichtung zur Wallfahrt und vor allem auch durch die Fixierung der Regelmäßigkeit machte er nicht nur Mekka zum Zentrum des Islam, sondern regelte er zugleich auch einen wichtigen Bestandteil seiner Lehre und die Gleichheit aller Gläubigen im Angesichte Allahs[5]. Für mein Thema wichtig ist vornehmlich das jüdische Vorbild.

Stärker als zuvor war Jerusalem seit der nachexilischen Zeit das Zentrum der Juden[6]. Dort stand der Tempel, der einzige Ort für Opfer, denn in den Synagogen waren lediglich Wortgottesdienst und Schrift-

---

[1] Koran, Sure 22, 27–31. Vgl. auch Sure 2, 126, 159 und 197 f.

[2] Ebd., Sure 2, 198.

[3] Ebd., Sure 22,29. Zur Wallfahrt vgl. zuletzt Suraiya Faroqhi, Herrscher über Mekka. Die Geschichte der Pilgerfahrt. München–Zürich 1990. Termin: Faroqhi 23 f.

[4] Faroqhi 28 f.

[5] Mekka in der vorislamischen Zeit vgl. z. B. Bernhard Kötting, Peregrinatio religiosa. Wallfahrten in der Antike und das Pilgerwesen in der alten Kirche. Münster ²1980, 71–79.

[6] Zum folgenden vgl. z. B. Kötting 57–69.

auslegung gestattet. Daher ist es verständlich, daß Jerusalem Ziel vieler Juden war, wenn die vier Hauptfeste gefeiert wurden: Pascha als Erinnerung an den Auszug aus Ägypten, Pfingsten als Fest zu Beginn der Ernte, an deren Ende das Laubhüttenfest sowie schließlich das Versöhnungsfest. Vor allem weiter entfernt wohnende Juden pilgerten lediglich einmal im Jahr nach Jerusalem, gewöhnlich zum Paschafest. Dieser Brauch wurde allmählich Pflicht für jeden männlichen Juden, der das 12. Lebensjahr vollendet hatte, während für Frauen und Sklaven der Besuch freiwillig war und von der Erlaubnis des Herren abhing. Juden in der Diaspora mußten gleichfalls einmal im Jahr die Pilgerfahrt auf sich nehmen. Noch die Evangelien und die Apostelgeschichte setzten den regelmäßigen Besuch Jerusalems als für ihre Zeit selbstverständlich voraus (Pascha in den Evangelien, Pfingsten in der Apostelgeschichte). Die Verknüpfung von historischem Ereignis und kultischer Gedächtnisfeier sowie die daran gebundene Regelmäßigkeit konnten demzufolge durch Heilige Schrift und traditionellen Brauch die Christen von den Juden übernehmen.

Doch auch 'heidnische' Wallfahrten können von Einfluß auf das Christentum gewesen sein[7]. Heilige Stätten, die nicht der Heilung oder dem Orakel, vielmehr ausschließlich der Verehrung eines Gottes oder einer Göttin dienten, waren – ebenso wie Jerusalem und Mekka – Zentren von Wallfahrten an großen Jahresfesten, so etwa das Artemisheiligtum in Ephesos, wo im Monat Artemision – also im Frühling – alle wichtigen Kultereignisse stattfanden. Doch auch kontinuierlich besuchte Heilstätten konnten ihre Attraktion noch durch regelmäßige Wallfahrten steigern, wie zum Beispiel der Tempel des Asklepios in Epidauros, zu dem alle vier Jahre anläßlich der Asklepieia offizielle Deputationen aus ganz Griechenland pilgerten.

3. Spätantike und Frühes Mittelalter

An Ephesos läßt sich gut der Versuch erkennen, regelmäßige Wallfahrten zu 'Götzen' durch entsprechende der neuen siegreichen Religion zu ersetzen[8]. Allerdings wurde dort nicht die eine Jungfrau von der anderen, also Artemis von Maria abgelöst, sondern von Mariens 'Sohn' Johannes. Von ihm hatte man schließlich das Grab nebst Leichnam. Und um die Attraktivität zu erhöhen, wurden den Pilgern zwei Feste offeriert: am 8. Mai das 'Erntefest' des Manna (Staubpartikel vom Heiligengrab), am 26. September das der 'Verwandlung' von Jesu Lieblingsjünger.

---

[7] Ebd. 14 f., 31, 52.

[8] Ebd. 177 und 179. Zu Johannes in Ephesos vgl. zuletzt Wilhelm Gessel, Die Johannestradition auf dem Ayasoluk im Lichte der apokryphen Johannesakten. In: Lingua restituta orientalis. Festgabe für J. Assfalg. Wiesbaden 1991, 108–113.

Andere Orte versuchten, die Anziehungskraft ihrer Heiligen durch die Verbindung des Hauptfestes mit ökonomischen oder sozialen Komponenten zu verbessern. Am häufigsten war – wie auch später –die Kombination von Fest und Markt oder Volksfest, so am Fest der hl. Thekla in Seleukeia oder an dem des hl. Demetrios in Thessalonike[9]. Der Demetriostag behielt seine Bedeutung für den Balkanhandel bis in das späte Mittelalter. Die soziale Komponente kann man an Karthago erkennen[10]: das Cypriansfest am 16. September lag am Beginn der Herbststürme und galt daher vor allem den Seeleuten, so daß der für die Stürme verantwortliche Wind den Namen *Cypriana* erhielt. Ein Jahrmarkt wurde im Sommer auch bei den Patriarchengräbern in Hebron veranstaltet[11]. Was diesen Ort von anderen unterscheidet, ist, daß von der Spätantike bis in die Zeit der Kreuzfahrer hinein alle Verehrer der Patriarchen – seien es Juden, Christen oder Muslime – zu ihm pilgerten, ein seltenes Beispiel für Toleranz im Pilgerwesen.

Diese Toleranz fehlte völlig im ehemaligen Zentrum der Juden, in Jerusalem. Der Tempel war zerstört, Juden auch nach der 'konstantinischen Wende' der Zutritt zur Stadt erschwert. Die Hauptattraktion bildete seit dem 4. Jahrhundert das Kreuz, das den Pilgern am Karfreitag sowie am 14. September, dem Fest der Kirchweihe der Golgothakirche und der Anastasisrotunde, gezeigt wurde[12]. Daher waren dieser Tag sowie die Karwoche die kultischen Hauptereignisse und Anlaß für regelmäßige Wallfahrten.

Stand in Jerusalem, analog zur jüdischen Tradition, der historische Ereignisse memorierende Kult im Vordergrund, so können wir im Westen die 'heidnische' Tradition erkennen, nämlich die Verbindung von Kult und Wunder. Am deutlichsten zeigte sie sich im gallischen Brioude, wo das traditionell heilende Wasser nun im Dienste des hl. Julian wirkte[13]. Andernorts, etwa in Nola und Tours, wirkten die Reliquien der dort bestatteten Heiligen fast tagtäglich Wunder[14]. Dennoch waren auch in Brioude, Tours und Nola die Hauptfeste durch besonders großen Pilgerandrang ausgezeichnet; dies erstaunt vor allem in Nola, denn der Zeitpunkt (Fest des hl. Felix am 14. Januar) lag nicht gerade in der angenehmsten Jahreszeit.

Eine Art von 'Regelmäßigkeit' zeigte sich auch in Rom. Zwar schil-

---

[9] Kötting 154 und 226.

[10] Ebd. 256.

[11] Ebd. 107 f.; Hans Eberhard Mayer, Geschichte der Kreuzzüge. Stuttgart 1965, 158.

[12] Kötting 94.

[13] Ebd. 277 f.

[14] Ebd. 250 f. und 269 f.

derte etwa der spanische Dichter Prudentius, daß schon um das Jahr 400 Pilger an vielerlei Festen die Gräber von Heiligen aufsuchten. Doch alle Tage wurden übertroffen vom 29. Juni, dem seit der Mitte des 3. Jahrhunderts gefeierten Fest der beiden Apostelfürsten[15]. Dieser Tag sollte auch in Zukunft für regelmäßige Wallfahrten wichtig bleiben.

4. Hoch- und Spätmittelalter

Die bisher genannten Anlässe für regelmäßige Pilgerfahrten veränderten sich nicht bis zum 11. Jahrhundert. Doch seit dem frühen 12. Jahrhundert zeigten sich zwei neue Komponenten, die die Regelmäßigkeit von Wallfahrten steigerten und bis in die Gegenwart fortwirkten: Ablaß und Jubiläum.

Ursprung, Merkmale und Verständnis des Ablasses zu erörtern, ist hier nicht angebracht[16]. Wichtig sind jedoch seine Funktionen. Den vollkommenen Ablaß, also den Erlaß aller Sündenstrafen, konnte von Anfang an nur der Papst erteilen. Ursprünglich, ab 1095, den Kämpfern gegen Feinde des Glaubens versprochen, diente er seit dem Ende des 13. Jahrhunderts – häufig in Verbindung mit einem Jubiläum – auch dazu, die Attraktivität eines bestimmten Pilgerzieles zu steigern. Einen partiellen Ablaß erteilten anfangs, außer dem Papst, auch Bischöfe und andere die Beichtgewalt besitzende Geistliche. Weil jedoch vor allem Bischöfe häufig die Ablaßbewilligung exzessiv betrieben, wurde im Laufe des 13. Jahrhunderts auch die Bewilligung von Teilablässen immer stärker zum päpstlichen Reservat, um so den Überschwang zu reduzieren und zugleich die Autorität des Papstes zu stärken. Wichtig ist für unser Thema gerade diese Art von Ablaß, denn sie trug erheblich zur Stimulierung von regelmäßigen Wallfahrten bei und ersetzte immer stärker die Verehrung

---

15 Ebd. 233–237. Zum christlichen Rom in der Spätantike vgl. bes. Charles Pietri, Roma Christiana. Recherches sur l'Église de Rome, sa organisation, sa politique, sa idéologie de Miltiade à Sixte III, 311–440. Rom 1976.

16 Am ausführlichsten ist immer noch Nikolaus Paulus, Geschichte des Ablasses im Mittelalter, 3 Bde. Paderborn 1922/23. Vgl. außerdem Ludwig Hödl, Ablaß. In: Lexikon des Mittelalters 1, Sp. 43–46; Georg Schwaiger, Der Ablaß im Mittelalter. In: Lenz Kriss-Reckenbeck – Gerda Möhler (Hg.), Wallfahrt kennt keine Grenzen. München–Zürich 1984, 341–345. Zum Ablaß im Spätmittelalter vgl. auch F. Remy, Les grandes indulgences pontificales aux Pays-Bas à la fin du moyen âge 1300–1531. Löwen 1928; Bernard Guillemain, Les papes d'Avignon, les indulgences et les pèlerinages. In: Le pèlerinage (Cahiers de Fanjeaux 15) Toulouse 1980, 257–268; Bernhard Schimmelpfennig, Römische Ablaßfälschungen aus der Mitte des 14. Jahrhunderts. In: Fälschungen im Mittelalter 5 (MGH Schriften 33, V) Hannover 1988, 637–658; Hartmut Boockmann, Ablaßfälschungen im 15. Jahrhundert. In: ebda. 659–668.

von Reliquien sowie die Erwartung von Wundern als Motiv der Wallfahrt.

Kompliziert ist die Entstehungsgeschichte des Jubiläums[17]. Abgeleitet ist das Wort vom hebräischen *yobel*, das den Widder oder dessen Hörner bezeichnete. Mit einem Widderhorn sollte im Alten Bund jeweils nach 49 (7 x 7) Jahren das Jahr der Versöhnung angekündigt werden, in dem Schulden erlassen und Ungerechtigkeiten getilgt wurden (Lv 25, 8–17; Nm 36,4). Die Latinisierung erfolgte durch Hieronymus in Anlehnung an das lateinische Verb *iubilare*. Dem jüdischen Vorbild folgend konnte der Begriff *iubileum* einen fünfzigjährigen Zyklus bezeichnen. Beispiele hierfür sind die Jahre 1126 und 1189: Die im erstgenannten Jahr erfolgte Thronbesteigung Alfons' VII. von León-Kastilien datierte der Autor der Chronik Alfons' VII. auf verschiedene Art, darunter mit der Formulierung *beato iubilei anni tempore*, die wohl auf den 50 Jahre zuvor begonnenen Neubau der Kathedrale von Santiago verweisen sollte[18]; die 1189 erfolgte Heiligsprechung Ottos von Bamberg, 50 Jahre nach dessen Tod, wird von dem Autor eines Berichtes über die Ereignisse ausdrücklich und unter Berufung auf das Alte Testament mit dem 'Jubiläum' begründet[19].

Schon zuvor, etwa seit der Mitte des 12. Jahrhunderts, wurden Ablaß und Jubiläum miteinander kombiniert. Wohl als erster tat dies Bernhard von Clairvaux. Bei seiner Werbung für den 2. Kreuzzug nannte er das Jahr, in dem dieser stattfinden sollte, ein *annus remissionis, annus utique iubileus*[20]. Bernhard dürfte seine Formulierung spirituell gemeint, also die alttestamentarische *remissio* von Schulden auf die neuartige der Bußschulden übertragen haben, weshalb er auch nicht exakt schrieb, was er unter *remissio* verstand. Etwas genauer waren Predigten zum Ottofest

---

17 Zum folgenden vgl. Raymonde Foreville, Le jubilé de St. Thomas Becket du XIIIe au XVe siècle (1220–1470). Paris 1958; dies., L'idée du jubilé chez les théologiens et les canonistes (XIIe–XIIIe siècles) avant l'institution du jubilé romain. In: RHE 56 (1961) 401–423; Arsenio Frugoni, Il Giubileo di Bonifacio VIII. In: Bull. del Ist. Stor. It. 62 (1950) 1–121; ders., Il "Giubileo" di Tommaso Becket. In: Nova Historia 14 (1962) 29–37; Horst Fuhrmann, Einladung ins Mittelalter. München 1987, 239–245; Herbert Grundmann, Jubel. In: Festschrift Jost Trier. Meisenheim 1954, 477–511; G. Lambert, Jubilé hébreu et jubilé chrétien. In: Nouv. rev. théol. 72 (1950) 234–251; Jürgen Petersohn, Jubiläumsfrömmigkeit vor dem Jubelablaß. Jubeljahr, Reliquientranslation und "remissio" in Bamberg (1189) und Canterbury (1220). In: DA 45 (1989) 31–53; Bernhard Schimmelpfennig, Die Anfänge des Heiligen Jahres von Santiago de Compostela im Mittelalter. In: Journal of Med. Hist. 4 (1978) 285–303; Ludwig Schmugge (Hg.), Radulfus Niger. De re militari et triplici via peregrinationis Ierosolimitane. Berlin 1977, 142.

18 Schimmelpfennig, Die Anfänge 290 f.

19 Petersohn, Jubiläumsfrömmigkeit 41 f.

20 Ebd. 34, Anm. 13.

in Bamberg 1189 und zur Translation Thomas Beckets im Jahre 1220. In der Bamberger Predigt sind unter Hinweis auf die Fürsprache Ottos vor Gott die Ausdrücke *iubileum, remissio* und *indulgentia* aufeinander bezogen[21]; ähnlich, wenn auch ohne Nennung der *indulgentia*, pries 1220 Stephen Langton die Heilswirksamkeit seines heiligen Vorgängers[22]. Allerdings war weder 1189 noch 1220 ein 'Jubelablaß', der vollkommene Ablaß anläßlich eines *iubileum*, versprochen worden. Dies geschah erstmals im Jahre 1300 durch Bonifaz VIII.

Bevor ich jedoch auf den bonifazianischen Jubelablaß eingehe, möchte ich ein paar Beispiele anführen, die zeigen, wie durch die Erteilung von Teilablässen die Regelmäßigkeit von Pilgerfahrten gefördert werden konnte. Hauptanlaß waren natürlich lokale Kulte, so etwa in Benevent. Im Jahre 1119 ließ der dortige Erzbischof Landulph die, bislang eher verborgenen, Gebeine von sieben Heiligen erheben und durch aufwendig gestaltete Prozessionen seitens der Stadtbevölkerung verehren; zum Abschluß der Feierlichkeiten erhob er eigenmächtig – in einer lokalen Form der Heiligsprechung – einen früheren Bischof und einen früheren Diakon der Beneventaner Kirche zur Ehre der Altäre. Allen, die diesem Akt beiwohnten oder künftig am Tag der Elevation die Reliquien besuchten, versprach er den Nachlaß der *quarta pars peccatorum*. Der Beneventaner Chronist Falco, der von den Ereignissen berichtete[23], verwechselte in wohl zeittypischer Art den Nachlaß von Bußstrafen mit dem der Sünden selbst. Für unser Thema wichtig ist jedoch, wie hier ein Bischof den Ablaß nutzte, um einen neuen Kult und dessen regelmäßige Verehrung durchzusetzen. Fünf Jahre später, 1124, erhob Landulphs Nachfolger Roffridus die Reliquien seines heiligen Vorgängers aus dem 7. Jahrhundert, Barbatus, zur Ehre der Altäre und versprach gleichfalls für die Pilgerfahrt an dessen Festtag (19. Februar) den Nachlaß einer *pars peccatorum*[24].

Benevent ist allerdings auch ein Beispiel dafür, wie später diese Art von Regelmäßigkeit (= Hervorhebung eines fixierten Datums) durch eine andere, nämlich durch die Kontinuität der Verehrung das ganze Jahr über, in ihrer Bedeutung relativiert werden konnte. Im Jahre 1337 hatte der damalige Erzbischof, Arnaldus de Brussaco, von Papst Benedikt XII. ein Privileg erwirkt, dem gemäß am Hauptfest des Apostels Bartholomäus (in Benevent: 25. August), des Patrons von Stadt und Diözese, ein Ablaß von 1 Jahr und 1 Quadragene den Pilgern gewährt werden

---

21 Ebd. 42–45.

22 Ebd. 35–38 und 47 f. (mit berechtigter, auf Frugoni basierender Kritik an Foreville).

23 Falco von Benevent, Chronicon: In: Migne PL 173, Sp. 1175 C–1178 A.

24 Ebd., Sp. 1188 D–1189 D.

dürfe[25]. Der gewährte Ablaß sollte also die regelmäßige Wallfahrt am 25. August fördern. Doch was tat der Erzbischof? Am Apostelfest des folgenden Jahres versprach er kraft eigener Autorität einen Ablaß von 1 Quadragene all den Pilgern, die die Reliquien am Weihetag, an Herren-, Marien- oder Apostelfesten sowie sonntags, montags oder freitags verehrten. Sein Ablaß war zwar geringer, doch durch Kumulation konnte er leicht die Attraktivität des Hauptfestes und der damit verbundenen regelmäßigen Wallfahrt verringern.

Andererseits konnte die Kumulierung von relativ geringen Ablässen auch die Regelmäßigkeit der Wallfahrt an bestimmten Terminen fördern. Dafür ist Rom das früheste und zugleich wohl auch wichtigste Beispiel. Hatte, wie schon erwähnt, seit der Spätantike in Jerusalem die Karwoche eine besondere Bedeutung für die Pilger besessen, so stellte Rom Jerusalem bald in den Schatten durch die vierzigtägige Fastenzeit, in welcher der Papst fast tagtäglich in einer Stationskirche die Messe zelebrierte. Und war schon im Frühmittelalter demzufolge die Fastenzeit Anlaß für regelmäßige Wallfahrten nach Rom, so noch mehr seit dem späten 12. Jahrhundert. Eine Liste, die vielleicht aus der Zeit Innozenz' III. stammt, führt alle Stationskirchen vom Sonntag Sexagesima bis zum Sonntag nach Ostern auf und fügt die jeweils zu gewinnenden Ablässe hinzu[26]: für die Sonntage und wichtigeren Wochentage jeweils 1 Jahr und 1 Quadragene, für die übrigen Tage je 1 Quadragene. So viele Ablässe an einem einzigen Ort in relativ kurzer Zeit zu gewinnen, war damals nirgendwo sonst möglich. Rom zur Fastenzeit zu besuchen, lohnte. Kirchen, die mithalten wollten, mußten daher vom Papst gleichfalls Ablässe erwirken oder diese fälschen.

Tatort Santiago de Compostela: Mitte des 13. Jahrhunderts stellte dort eine Diözesansynode alle an der Kathedrale zu gewinnenden Ablässe zusammen[27]. Am meisten bot der Besuch am Jakobusfest, also am 25. Juli. Auf Privilegien basierten die wenigsten Ablässe. Doch kann an dem Vorgehen der Synodalen erkannt werden, wie wichtig mittlerweile selbst für etablierte und international anerkannte Wallfahrtsorte das Winken mit dem Ablaßzettel geworden, die Bedeutung von Reliquien und Wun-

[25] Dazu und zum folgenden vgl. Ferdinando Ughelli, Italia sacra 8. Venedig ²1721, Sp. 145–147; Giovanni de Nicastro, Benevento sacro, a cura di Gaetana Intorcia. Benevent 1976, 95–100, 268.

[26] Bernhard Schimmelpfennig, Ein bisher unbekannter Text zur Wahl, Konsekration und Krönung des Papstes im 12. Jahrhundert. In: AH Pont 6 (1968) 47 f.; darauf basierend Michele Maccarrone, L'indulgenza del Giubileo del 1300 e la Basilica di San Pietro. In: Roma anno 1300, a cura di Angiola Maria Romanini. Rom 1983, 736.

[27] A. López Ferreiro, Historia de la Santa A. M. Iglesia de Santiago de Compostela 5. Santiago de Compostela 1902, 73 f. Ap. 28,13.

dern hingegen zurückgegangen war. Ohne attraktive Ablässe hatten regelmäßige Wallfahrten kaum noch eine Chance.

Der Wettbewerb verschärfte sich noch seit dem Jahr 1300. Damals hatte bekanntlich Bonifaz VIII. das erste Heilige Jahr verkündet[28]. Die entsprechende Konstitution[29] vom 22. Februar 1300 (Fest der Cathedra Petri) hat der französische Kardinal Johannes Monachus wenig später ausführlich kommentiert[30]. Er referiert auch die Begründung des Jubiläums, wie sie Bonifaz im Konsistorium gegeben haben soll: "Seit der Geburt Jesu Christi, mit dem der wahre *iubileus* begann, kann jedes fünfzigste Jahr sehr richtig *iubileus* genannt werden. Daß aber der Papst nicht im fünfzigsten Jahr, sondern im hundertsten diesen Ablaß verlieh, hat zwei Gründe: Erstens, weil die Kunde verbreitet ist, daß dieser Ablaß in jedem hundertsten Jahr seit der Geburt Christi verliehen zu werden pflegte. ... Der andere Grund war: weil der Papst zugunsten des Kreuzzugsablasses, der diesem Ablaß glich, den Ablaß des Heiligen Jahres nicht im fünfzigsten Jahr – denn dieses Jahr findet häufiger statt –, sondern in diesem hundertsten Jahr und für jedes folgende hundertste Jahr erteilen wollte, weil die Dauer des menschlichen Lebens, außer in wenigen Fällen, kürzer als hundert Jahre währt." Es sollte demnach die Außerordentlichkeit und Seltenheit des Jubeljahres hervorgehoben, zugleich aber die Attraktion des Kreuzzugsablasses nicht gemindert werden.

In seiner Konstitution hat Bonifaz VIII. vier Punkte festgelegt, die fortan nicht nur bei Rom, sondern auch bei anderen Pilgerzielen die

---

[28] Vgl. dazu Frugoni, Il Giubileo, passim; Alfonso Stickler, Il Giubileo di Bonifacio VIII. Aspetti giuridico-pastorali. Rom 1977; Maccarrone, L'indulgenza 731–752; Raoul Manselli, La religiosità giubilare nel 1300: proposte di un'interpretazione. In: Roma anno 1300, 727–730; Petersohn, Jubiläumsfrömmigkeit, 51 f.

[29] "Antiquorum habet": Extrav. Comm. 5.9.1, ed. Emil Friedberg (Corpus iuris canonici 2) Leipzig 1879, Sp. 1303 f.; Hermanus Schmidt, Bullarium anni sancti. Rom 1949, 33 f. Nr. I,1. Vgl. auch Archivio Segreto Vaticano, Mostra documentaria degli anni santi (1300–1975). Città del Vaticano 1975, 7 f. Nr. 1–3.

[30] Gedruckt als Glosse zu Extrav. Comm. 5.9.1 in den glossierten Ausgaben bis 1620. Zitiert wird im folgenden die Ausgabe Lyon 1584, Sp. 346 f. s. v. *confitebuntur*: *A nativitate igitur domini nostri Iesu Christi, in qua verus iubileus incepit, quilibet sequens annus quinquagesimus vocari potest rectissime iubileus. Quod autem summus pontifex non in anno quinquagesimo sed in centesimo indulgentiam istam concederet, sicut ego ex ore ipsius audivi, duplex ratio movit eum: Primo, quia vulgatum est, quod talis indulgentia in annis centesimis a nativitate Christi olim concedi solebat. ... Alia causa fuit, quia ob favorem indulgentie transmarine, que similis huic extitit, hanc indulgentiam non in anno quinquagesimo, quia frequenter evenit, sed in hoc centesimo concedere voluit et deinceps in quolibet anno centesimo secuturo, eo quod periodus humane vite annum centesimum, nisi in paucissimis, non transcendit.*

wichtigsten Merkmale für die Regelmäßigkeit von Wallfahrten werden sollten: den Zeitpunkt – davon war eben die Rede –, die Besuchsziele, die Verweildauer und den Ertrag. Als Besuchsziele galten lediglich die Basiliken der beiden Apostelfürsten. Allerdings war der tägliche Besuch der zwei Kirchen strapaziös genug, vornehmlich für Fußgänger – von Gebrechlichen ganz zu schweigen –, denn die kürzeste Entfernung zwischen beiden Besuchszielen betrug etwa acht Kilometer, das durchschnittliche Tagespensum also etwa zwanzig Kilometer. Dieses Pensum war unterschiedlich lange zu bewältigen: von Römern 30, von Pilgern und *forenses* 15 Tage lang. Unter *forenses* verstand man die Rombesucher, die keine Pilger waren, also Kaufleute, Bittsteller etc., die Kurialen waren den Römern gleichgestellt. Alle lockte der einzigartige Ertrag: *non solum plena et largior, immo plenissima omnium venia peccatorum*, wie es zum Schluß des dritten Abschnitts von Bonifaz' Dekret heißt. Schon eine *plena venia* übertraf alle bislang in Rom zu erwerbenden Ablässe, denn der höchste der Lateranbasilika zugestandene Ablaß von 1289 betrug lediglich 7 Jahre und 7 Quadragene[31]. Auch die anderen Kirchen hatten bisher nicht mehr erhalten. Daher war die Verleihung eines vollkommenen Ablasses für den Besuch der beiden Basiliken eine Aufsehen erregende Novität. Darüber hinaus versprach aber Bonifaz sogar eine *plenissima venia.* Selbst die Kardinäle wußten, wie Johannes Monachus berichtete, anfangs nichts mit dem Ausdruck anzufangen. Daher belehrte sie der Papst im Konsistorium, daß diese Indulgenz soweit reiche wie die ihm übertragene Schlüsselgewalt. Das bedeutete in der Praxis, daß sogar die Sünder, die nur vom Papst oder dessen Großpönitentiar absolviert werden konnten[32] – was normalerweise viel Zeit und Geld kostete –, in den Genuß des Ablasses kommen konnten, vor allem also Exkommunizierte. Auch wenn genaue Zahlen fehlen, dürften Ertrag und Verweildauer dazu geführt haben, daß zumindest nach dem heißen Sommer mehr Pilger als Einwohner Rom täglich frequentierten.

Der Erfolg von 1300 führte bald zu Veränderungen, die den Zyklus und die Besuchsziele betrafen[33]. Von Clemens VI. erwirkten die Römer, das nächste Heilige Jahr schon für 1350 auszurufen, entspre-

[31] Vgl. Les registres de Nicolas IV, ed. Ernest Langlois. Paris 1905, Nr. 1432 (1289) und 4712 (1291) betr. Apostelhäupter. Höhe des Ablasses gestaffelt: je 3 bzw. 4 Jahre und Quadragenen für Römer, je 5 für Italiener, je 7 für *transmontani et maria transeuntes.*

[32] Emil Göller, Die päpstliche Pönitentiarie von ihrem Ursprung bis zu ihrer Umgestaltung unter Pius V. Rom 1907, Bd. I 1, 75–85; Bd. I 2, 1–6.

[33] Vgl. die entsprechenden Dekrete in Extrav. Comm. 5.9.2–5, Friedberg, Corpus iuris canonici 2, Sp. 1304–1309, die entsprechenden Texte in Schmidt, Bullarium, und die Verweise auf die Aktenüberlieferung in Arch. Segr. Vat., Mostra, 10–37. Zu den Heiligen Jahren vgl. z. B. die Angaben in Bernhard Schimmelpfennig, Heiliges

chend dem alttestamentarischen Zyklus; 1389 wurde die Frist auf alle 33 Jahre (Lebenszeit Jesu), 1468/1470 auf alle 25 Jahre verringert. Beim letzten Zeitraum ist es bis heute geblieben. Außerdem gab es noch Heilige Jahre – wie zuletzt 1983 –, die außerhalb des Turnus aus bestimmten Anlässen ausgerufen wurden. Als verpflichtende Besuchsziele kamen 1350 die Lateranbasilika, 1390 S. Maria Maggiore hinzu und steigerten das Tagespensum erheblich; spätestens ab 1575 waren alle sieben sogenannten Hauptkirchen vorgeschrieben. Gerade die Ausweitung der Pilgerziele bewirkte, daß ab 1450 die Päpste als Stadtherren Stadtplanung betrieben. Jeweils vor den Jubiläen wurden Kirchen und Paläste verschönert, Brücken gebaut, Straßen begradigt oder neu angelegt, erweitert und gepflastert. Nicht allzu teure Kupferstiche zeigten den finanzkräftigen Pilgern seit 1575 die Besuchsziele und die dorthin führenden Straßen. Seit dem späten 15. Jahrhundert wurde vor allem der Bereich zwischen der Porta del Popolo, dem wichtigsten Eingangstor, und St. Peter zur Hotelzone der Stadt[34]. Wie heutzutage bei Olympiaden oder Fußballweltmeisterschaften führten auch damals schon die Vorbereitungen manchmal zur Verschuldung, die nicht immer durch die Einnahmen ausgeglichen werden konnte.

Doch wegen der nach außen nur sichtbaren Vorteile regte das römische Vorbild andere Wallfahrtsorte zur Nachahmung an, denn sie mußten sonst um den lukrativen Zustrom von Pilgern bangen. Sie konnten dabei legal vorgehen, also päpstliche Privilegien erwirken, oder durch Fälschungen entsprechende Jubiläumsablässe fingieren. Die erste Möglichkeit wurde schon seit dem zweiten Heiligen Jahr genutzt, etwa in Spanien[35], und nahm vor allem seit 1390 enorm zu[36], wie es sich schon 1392 bei der Andechs-Münchener Wallfahrt zeigte. Die Privilegien sicherten den mit ihnen dotierten Orten einen dem römischen Jubiläum entsprechenden Ablaß zu und konnten manchmal zu einer regelmäßigen Wallfahrt ausgebaut werden. Mindestens ebenso häufig gab es jedoch gefälschte Jubiläumsablässe. Schon am 22. Dezember 1402 verbot Bo-

Jahr. In: Lexikon des Mittelalters 4, Sp. 2024 f.; Petersohn, Jubiläumsfrömmigkeit 31, Anm. 1; Gli anni santi. Turin etc. 1934.

[34] Vgl. z. B. Bernhard Schimmelpfennig, Der Papst als Territorialherr im 15. Jahrhundert. In: Ferdinand Seibt – Winfried Eberhard (Hg.), Europa 1500. Stuttgart 1987, 91–93.

[35] Johannes Vincke, Zum Jubiläumsablaß des Jahres 1350. In: Röm. Quartalschrift 49 (1954) 251–255.

[36] Paulus, Geschichte 3, 181–194. Zu Andechs vgl. Albert Brackmann, Die Entstehung der Andechser Wallfahrt. Berlin 1929.

nifaz IX. alle, meist gefälschten, Ablässe, die dem römischen Jubelablaß glichen, wie etwa in Santiago de Compostela[37].

Der die Regelmäßigkeit garantierende Zyklus konnte auf zweierlei Weise festgelegt werden: 1. wenn ein bestimmtes Fest auf einen Sonntag oder einen anderen Festtag fiel; 2. durch die Fixierung eines zyklischen Turnus. Beide Arten schlossen aus, des versprochenen religiösen Ertrages jährlich oder gar täglich teilhaftig werden zu können. Bonifaz' VIII. Regelung wirkte also, wenn auch in reduziertem Maße, weiter.

Die Kombination von zwei Kulttagen war vor allem in Frankreich und Spanien üblich. Normalerweise kombinierte man das traditionelle Hauptfest mit einem zweiten Termin. Daraus ist zu folgern, daß das Hauptfest zwar wie in früheren Zeiten jährlich von Pilgern gefeiert wurde, daß jedoch ihre Zahl durch das neuartige Vorgehen und den dann versprochenen vollkommenen Ablaß gesteigert werden sollte. Und typisch ist, daß die Attraktion pro Jahrhundert manchmal häufiger war als das römische Jubiläum, dies sogar nach der Festlegung des 25-Jahre-Turnus. Das älteste Beispiel ist, soweit ich weiß, Le Puy. Dort wurde ein vollkommener Ablaß den Pilgern immer für den Termin versprochen, an dem das Fest Mariä Verkündigung (25. März) auf den Karfreitag fiel[38], was im 15. Jahrhundert viermal der Fall war (1407, 1418, 1429, 1440); und schon zu 1407 wird der Jubelablaß in einem Reisebericht erwähnt. Seit der Mitte des 15. Jahrhunderts, 1451, soll ein analoger Ablaß in Lyon versprochen worden sein, und zwar für den Fall, daß das Fest des Kathedralpatrons Johannes (24. Juni) am gleichen Tag wie Fronleichnam gefeiert wurde. Allerdings gibt es laut Nikolaus Paulus[39] Belege erst für das Jahr 1546. Und sehr lohnend dürfte das Versprechen auch nicht gewesen sein, denn vor der Französischen Revolution kamen lediglich die Jahre 1451, 1546, 1641, 1666 und 1734 in Betracht. Ähnlich unsicher wie für Lyon sind hinsichtlich des Mittelalters entsprechende Angaben über Comminges, Montmajour und Einsiedeln[40].

Weitaus erfolgreicher war Santiago de Compostela[41]. Dort wurde seit dem frühen 15. Jahrhundert ein Jubelablaß immer dann versprochen, wenn das Jakobsfest auf einen Sonntag fiel, was durchschnittlich vierzehnmal im Jahrhundert der Fall ist. Bald darauf öffentlich propagiert, wurde der Ablaß um 1500 sogar in einer angeblichen Urkunde

---

37 Paulus, Geschichte 2, 325.

38 Paulus, Geschichte 3, 161, Anm. 4 (Berechnung der Häufigkeit gemäß Grotefend).

39 Paulus, Geschichte 3, 188, Anm. 7.

40 Wie Anm. 39. Zu Einsiedeln vgl. z. B. Ida Lüthold-Minder, Madonna im Finsterwald. Aus der Wallfahrtsgeschichte Unserer Lieben Frau von Einsiedeln. Einsiedeln 1973.

41 Zum Jubelablaß von Santiago vgl. Schimmelpfennig, Die Anfänge, passim.

Alexanders III. als vom Papst lange vor dem ersten römischen Heiligen Jahr erteilt hingestellt. Bis heute wird in Spanien an dieser Fiktion festgehalten, so daß Santiago – besonders wieder seit Francos Diktatur – außer Rom für Katholiken das erfolgreichste Ziel einer regelmäßigen Wallfahrt ist. Der Nachweis, daß das spanische Heilige Jahr auf einer Fälschung basiert, wird schlicht negiert.

Im Unterschied zum Süden Europas wurde in Deutschland nicht die Kombination zweier Feste, sondern ein fixierter Jahreszyklus bevorzugt. Das wohl früheste, auf jeden Fall aber erfolgreichste Beispiel ist die Heiltumsfahrt nach Aachen[42]. Früher häufig in die mythische Vorzeit (Karl d. Gr.) oder zumindest in das 13. Jahrhundert zurückgeführt, dürfte die Aachenfahrt erst im Lauf des 14. Jahrhunderts entstanden und propagiert worden sein; seit dessen Ende ist sie gut bezeugt. Die Wallfahrt fand alle sieben Jahre statt – also weitaus häufiger als die nach Santiago oder gar die nach Rom. Das Datum bestimmte das Kirchweihfest (17. Juli): je sieben Tage vor und nach diesem Fest und natürlich an ihm selbst wurden die Heiligtümer gewiesen. Die Zahl Sieben (Jahreszyklus, Tage vor und nach dem Fest) war vielleicht von der Anzahl der gewiesenen Heiligtümer bestimmt. Dem Aachener Beispiel folgten bald die benachbarten Orte Kornelimünster und Maastricht[43]; Köln hingegen hatte trotz des Dreikönigsschreins das Nachsehen[44]. Im Gegensatz jedoch zu Rom oder Santiago konnte während des späten Mittelalters in keinem

---

[42] Zu Aachen vgl. außer Paulus, Geschichte 3, 290: Wolfgang Brückner, Aachenfahrt. In: Lexikon des Mittelalters 1, Sp. 3 f.; Stephan Beissel, Die Aachenfahrt. Verehrung der Aachener Heiligtümer seit den Tagen Karls des Großen bis in unsere Zeit. Freiburg/Br. 1902; Heinrich Schiffers, Kulturgeschichte der Aachener Heiligtumsfahrt. Köln 1930; ders., Aachener Heiltumsfahrt. Reliquien–Geschichte–Brauchtum. Aachen 1937, bes. 123–171; ders., Der Reliquienschatz Karls des Großen und die Anfänge der Aachenfahrt. Aachen 1951, bes. 52–75; ders., Zur Geschichte der Heiligtumsfahrt nach Aachen und Kornelimünster sowie ihre Riten. In: Aachen zum Jahre 1951. Neuß 1951, 167–177; Erich Stephany, Heiligtumsfahrt. In: Rhein und Maas (Ausstellungskatalog). Köln 1972, 142–144; Herta Lepie, Die Aachenfahrt. In: Wallfahrt im Rheinland. Köln 1981, 79–94; Kurt Köster, Gutenbergs Straßburger Aachenspiegel-Unternehmen von 1438/1440. In: Gutenberg-Jb. 58 (1983), bes. 29 f. und 33. Kritik an manchem Aachen-Mythus übt Erich Meuthen im Urkundenbuch der Stadt Aachen. Für Hinweise danke ich Ludwig Falkenstein (Aachen).

[43] Beissel, Zur Geschichte, passim; Schiffers, Aachener Heiligtumsfahrt 98 ff., 113–121; Peter Cornelius Boeren, Heiligdomsvaart Maastricht. Schets van de geschiedenis der heiligdomsvaarten en andere jubelvaarten. Maastricht 1962.

[44] Heinrich Joseph Floß, Dreikönigenbuch. Die Uebertragung der hh. Dreikönige von Mailand nach Köln. Köln 1864, bes. 127–134 (Quellen); Walter Schäfke, Die Wallfahrt zu den Heiligen Drei Königen. In: Die Heiligen Drei Könige. Köln 1982, 73–80.

der vier Orte ein vollkommener Ablaß gewonnen werden. Die Ablässe in Aachen und Kornelimünster waren 'unzählig', Maastricht bot maximal 800 Jahre; Köln erhielt einen vollkommenen Ablaß erst im Jahre 1671. Dennoch war die Aachenfahrt Ende des 14. Jahrhunderts in Deutschland schon so populär, selbst in Pommern, daß bei Ketzerprozessen Aachen neben Rom genannt wurde, wenn es darum ging, die Ablehnung von Pilgerfahrten durch Waldenser zu verdeutlichen[45], von denen eine Angeklagte vor 1393, dem Jahr des Verhöres, sogar dreimal nach Aachen gepilgert war.

Ein Sonderfall hinsichtlich des fixierten Jahreszyklus war Canterbury[46]. Seit 1370 ist dort ein Jubelablaß bezeugt. Er knüpfte an zwei Traditionen an: an den römischen Jubelablaß in der für 1350 festgelegten Regelmäßigkeit (alle 50 Jahre) und an die seit 1220 in Canterbury alle 50 Jahre besonders gefeierte Translation. – Daß es schon seit 1220 in Canterbury einen vollkommenen Ablaß anläßlich des Jubiläums gegeben habe, ist eine lokale Fiktion des späten Mittelalters, die bis heute von Wissenschaftlern (etwa von Raymonde Foreville) 'bewiesen' wurde. – Ein besonders großer Erfolg war das Jubiläum von 1420; erzürnt stellte deshalb Papst Martin V. aufgrund des schon genannten Verbotes durch Bonifaz IX. vom Jahre 1402 das kentische Jubiläum als nicht vom Papst autorisierte Anmaßung dar. Erst das folgende Jubiläum von 1470 konnte mit päpstlicher Billigung gefeiert werden. Doch sollte das nächste Jubiläum von 1520 das letzte sein. In der englischen Hochkirche war dafür kein Platz mehr.

Fazit: Am Ende des Mittelalters gab es drei Arten von Regelmäßigkeit: die seit der Spätantike traditionelle (Hauptfest oder Festwoche) sowie die beiden relativ 'modernen' anläßlich kombinierter Festtage oder in einem fixierten Jahreszyklus. Alle drei Arten überdauerten Reformation, Aufklärung und Säkularisation. Noch heute bestimmen sie religiöses Gemeinschaftsleben.

[45] Dietrich Kurze (Hg.), Quellen zur Ketzergeschichte Brandenburgs und Pommerns. Berlin 1975, 198, Nr. 16; 209, Nr. 16.

[46] Foreville, Le jubilé, passim; Frugoni, Il "Giubileo" 29–37; Petersohn, Jubiläumsfrömmigkeit 31–53; Raymonde Foreville, Canterbury-Wallfahrt. In: Lexikon des Mittelalters 2, Sp. 1455–1457.

‘Werbung’, Wunder und Wallfahrt

HARRY KÜHNEL

Die Berichte über Wunderheilungen, die der Deutschordenspfarrer Johannes von Ellringen im Jahre 1442 aufzeichnete und sodann bis 1447 aus persönlichem Erleben weitere Mirakel niederschrieb, stellen den Versuch dar, die Heiligblutwallfahrt nach Rothenburg ob der Tauber, der einzig regionale Bedeutung zukam, zu propagieren und qualitativ aufzuwerten. Signifikant für die Werbe-Intention des Verfassers ist folgende Eintragung: *Item Claus von Wirtzburg hy von der stat hat eyn dochter, dy 1 1/2 iar plint ist gewest, und hat zu vil heyligen gelobt, als zu Wiulschenach, und zu heyligen plut ge(n) Polfelt, zu sant Sixt, zu sand Ottiligen und anders wo hyn, dem kin(d) was ungeholffen. Do gelobt ers yn dy cappellen zum heyligen plut und wart geseen und gesich(t) noch.* Die eigene, weniger anerkannte Wallfahrtsstätte wird in den Blickpunkt der Argumentation gerückt und deren Gleichwertigkeit mit angesehenen, überregionalen Pilgerorten betont, hat doch der Vater des blinden Kindes bereits erfolglose Gelübde nach Wilsnack und dem Odilienberg im Elsaß abgelegt. Zudem machen die Eintragungen im Mirakelbuch deutlich, daß allen sozialen Ständen sowie Männern, Frauen und Kindern im gleichen Maße geholfen wird[1]. Um das Ziel zu erreichen, für die Rothenburger Wallfahrt zu werben, greift der Autor zur Werbemethode der Kontrastwirkung und wendet, um die Glaubwürdigkeit zu erhöhen, ein einprägsames schwarz-weiß Denkmuster an[2].

Das Pilgerwesen als europäisches Massenphänomen hat erst im 13. Jahrhundert seine volle Ausformung erfahren; damals erfolgte die Einstufung der drei Hauptwallfahrten nach Rom, Santiago und Jerusalem als peregrinationes majores. Die peregrinatio minor, die kleine Wallfahrt entwickelte sich erst im Verlaufe des 14. Jahrhunderts. Es entstanden Ersatz- und Konkurrenzkultstätten zu den großen Pilgerzielen, wobei sich jene vielfach wie bei Aachen und Einsiedeln als Sta-

[1] Ludwig Schnurrer, Kapelle und Wallfahrt Zum Heiligen Blut in Rothenburg. In: 500 Jahre St. Jakob Rothenburg o. d. T. Rothenburg 1985, 94; ders., Wunderheilungen zum Heiligen Blut in der Rothenburger St. Jakobskirche im ausgehenden Mittelalter. In: Die Linde. Beilage zum fränkischen Anzeiger für Geschichte und Heimatkunde von Rothenburg 67/1 (1985) 4; 67/2, 14.

[2] Peter Assion, Geistliche und weltliche Heilkunst in Konkurrenz. In: Bayerisches Jahrbuch für Volkskunde 1976/77 (1978) 19, Anm. 2.

tionen zu und von den peregrinationes majores etablierten[3]. Als Ursache für dieses Phänomen hat man den Verfall der Zentralgewalt, das weit verbreitete Konkurrenzdenken einer auf Leistungsökonomie orientierten bürgerlichen Gesellschaft, sowie das gesteigerte Wunderbedürfnis als Reaktion auf eine wirtschaftliche und existenzielle Instabilität, auf verunsichernde Daseinserfahrungen geltend gemacht[4]. Ein Netzwerk aus sich überlagerndem, unterschiedlich motiviertem Fern-, Regional- und Lokalpilgertum erleichterte die Suche nach Bezugspunkten, die zur Bewältigung des Daseins, der Not und Angst beitrugen. Die Identifikation im christlichen Wir-Gefühl spielte hiebei eine nicht unbedeutende Rolle[5].

Mit Hilfe unterschiedlicher Medien – handschriftliche Einladungen, gedruckte Ablässe, Mirakelbücher, Mirakelbilder, Gedichte und spezifische Objekte – versuchte man, die Menschen für Wallfahrten zu motivieren und gewisse Stätten zu favorisieren.

I. Die Aussagekraft schriftlicher und gedruckter 'Werbeträger'

Mirakelbücher folgten bestimmten literarischen und motivischen Vorbildern. "Formeln und Topoi, Redewendungen aus Bibel und Patristik beherrschen den Text. Es gibt ein vorgeformtes Schema bei dem religiösen Ablauf: Die große Not, die nutzlose Suche nach Hilfe bei weltlichen Kräften, den Ärzten, die sehr schlecht wegkommen, der Gedanke eines Beteiligten, das Gnadenbild anzurufen. Feierliches Anrufen der Heiligen in formelhaften Sätzen und ausdrückliches Gelöbnis gehen der Heilung voraus"[6]. In einem der ältesten Mirakelbücher, in jenem von St. Maria im Elende am Harz, findet sich der Hinweis, daß Martin von Waldenfels

---

[3] Wolfgang Brückner, Zu Heiligenkult und Wallfahrtswesen im 13. Jahrhundert. In: Sankt Elisabeth. Fürstin–Dienerin–Heilige. Sigmaringen 1981, 119.

[4] Ferdinand Seibt, Die Krise der Frömmigkeit – die Frömmigkeit aus der Krise. Zur Religiosität des späteren Mittelalters. In: 500 Jahre Rosenkranz. 1475–1975. Köln 1975, 20; Klaus Schreiner, Zum Wahrheitsverständnis im Heiligen- und Reliquienwesen des Mittelalters. In: Saeculum 17 (1966) 131; Winfried Eberhard, Die Krise des Spätmittelalters: Versuch einer Zusammenfassung. In: Europa 1400. Die Krise des Spätmittelalters, hg. von Ferdinand Seibt und Winfried Eberhard. Stuttgart 1984, 313.

[5] Harry Kühnel, Integrative Aspekte der Pilgerfahrten. In: Europa 1500, hg. von Ferdinand Seibt und Winfried Eberhard. Stuttgart 1987, 497 ff.; Heinz-Dieter Heimann, Europa 1500: "Ordnung schaffen" und "Sich-Einordnenlassen" als Koordination eines Strukturprofils. In: ebd. 548 f.

[6] Matthias Zender, Mirakelbücher als Quelle des Volkslebens im Rheinland. In: Rheinische Vierteljahrsblätter 41 (1977) 111.

sechzehn Wochen krank gewesen ist und von drei Ärzten betreut worden war, jedoch erst sein Verlöbnis zum Gnadenort brachte ihm Heilung, wofür er mit einem 20 pfündigen Wachsopfer dankte[7]. Dieser Versagenstopos bringt die Kritik der Geistlichen an medizinischen Verfahren und am Kurpfuschertum nachhaltig zum Ausdruck und weist auf die Vergeblichkeit irdischer Bemühungen hin. Die Ursache dieser Haltung liegt in der organisatorischen Emanzipation der Medizin von der Kirche seit dem 14. Jahrhundert und das zahlreiche Auftreten wissenschaftlich legitimierter Ärzte im öffentlichen Bereich, ein Vorgang, der zur Verdrängung der als Ärzte tätigen Theologen führte[8]. Auf Verstärkung des Wundereffekts und Potenzierung der mentalen Wirkung zielt das lateinische Mirakel aus Nürnberg von 1448, nennt es doch alle Nürnberger Ärzte und namentlich den brandenburgischen Leibarzt Nicolaus als vergeblich behandelnde Mediziner: *quod omnes medici Nuerembergenses et eciam magister Nicolaus domini marchionis Brandenburgensis medicus de restitutione eius et sanitate fuissent desperati*[9]. Im Altöttinger Mirakelbuch des Jacobus Issickemer von 1497 (s. Abb. 1) hingegen werden allgemeine Formulierungen für die zur Hilflosigkeit verurteilten Ärzte verwendet: *Saget daß er* (Erhard Mor von Trient) *an der Gelsucht so krank wäre gewesen, daß ihm die Ärzte sein Leben ganz abgesagt hätten. Wann er inwendig ganz faul wäre*, oder *Suchet viel Rats und Arznei, half nichts.* Katherina Zehetner, die in einem Ohr ein ganzes Jahr einen Wurm gehabt haben soll und große Schmerzen litt, vergeudete *alles ihr Gut den Ärzten*, freilich ohne Erfolg. Zwei Frauen mit aufgedunsenen Bäuchen gleich einer Schwangerschaft *versuchten ... bei gelehrten Ärzten Arznei viel. Half nit, kamen beide in todliche Not*[10]. Die letztlich doch überlegene geistliche Heilkunst wird in diesen Fällen mit der "Begrenztheit irdisch-ärztlichen Könnens" konfrontiert[11]. Vorausgegangen war der Publikation von Issickemer das 1494 in Augsburg gedruckte Altöttinger Mirakelbüchlein, das bereits der seit 1492 einsetzenden Vergrößerung des Einzugsgebietes Rechnung trug, werden doch Hilfesuchende aus Franken, Böhmen und Südtirol protokolliert. Der Propagandacharakter dieser Schrift wird in der Überlieferung von vier Wunderberichten ersichtlich,

---

[7] Karl Heinrich Schäfer, Das Mirakelbuch von St. Maria im Elende am Harz. In: Georg Schreiber (Hg.), Deutsche Mirakelbücher. Düsseldorf 1938, 137 f.

[8] Assion, Geistliche und weltliche Heilkunst 17.

[9] Dieter Harmening, Fränkische Mirakelbücher. Quellen und Untersuchungen zur historischen Volkskunde und Geschichte der Volksfrömmigkeit. In: Würzburger Diözesangeschichtsblätter 28 (1966) 63.

[10] Robert Bauer, Das Büchlein der Zuflucht zu Maria. Altöttinger Mirakelberichte von Jacobus Issickemer. In: Ostbairische Grenzmarken 7 (1964/65) 212, 217, 219.

[11] Assion, Geistliche und weltliche Heilkunst 17.

in denen ziemlich unverhüllt Strafen angedroht werden, wenn eine versprochene Wallfahrt nach Altötting nicht angetreten oder jemand an einer solchen gehindert wird[12]. Der durchschlagende Erfolg dieser Werbung machte sich 1498 bereits bemerkbar, war es der Kapellverwaltung nur wenige Jahre nach Beginn der Wallfahrt doch bereits möglich, Georg dem Reichen von Landshut zur Finanzierung des Landshuter Erbfolgekriegs die horrende Summe von 57.000 fl. zu leihen[13]. Ein Mann, der lange Zeit krank war, *so dat eme keyn artzste gehilffen enkonde*, leistete 1491 ein Verlöbnis zur Wallfahrtskirche Marienthal bei Hammm an der Sieg[14], und wurde daraufhin geheilt. Das Versagen der ärztlichen Kunst wird auch immer wieder in den Mirakelbüchern des Klosters Eberhardskirchen hervorgehoben[15].

Das Renommee eines Wallfahrtsortes suchte man durch Vergleich mit anderen Gnadenstätten zu verbessern und brachte damit zum Ausdruck, erfolgreicher als andere zu sein. Interessant in diesem Kontext ist der Fall eines Bürgers aus Thann/Elsaß, der im Jahre 1472 eine Wallfahrt nach Santiago de Compostela unternahm und durch einen Sturm in Seenot geriet. In dieser gefährlichen Situation rief er aber nicht den hl. Jacobus an, sondern den in seiner Heimatstadt verehrten hl. Theobald. Mit einer solchen Feststellung im *Tomus miraculorum sancti Theobaldi* wollte man die internationale Bedeutung von Thann veranschaulichen und das Konkurrenzverhältnis zum nahegelegenen Einsiedeln zu eigenen Gunsten beeinflußen[16]. Das Marienthaler Mirakelbuch weiß zu berichten, daß eine kranke Frau in Aachen und in der Wallfahrtskirche U. L. Frau von Westerburg Hilfe suchen wollte, eine Stimme habe ihr aber empfohlen, die Gottesmutter in der Wallfahrtskirche Marien-

---

12 Robert Bauer, Das älteste gedruckte Mirakelbüchlein von Altötting. In: Ostbairische Grenzmarken 1961, 151; Wallfahrt kennt keine Grenzen. Katalog. München 1984, Nr. 362 und 363.

13 Oliva Wiebel-Fanderl, Die Verehrung der Altöttinger Muttergottes. In: Wallfahrt kennt keine Grenzen, hg. von Lenz Kriss-Rettenbeck und Gerda Möhler. München–Zürich 1984, 501.

14 Karl Meisen, Ein Mirakelbüchlein des 15. Jahrhunderts aus der Wallfahrtskirche Marienthal bei Hamm an der Sieg. In: Annalen des Historischen Vereins für den Niederrhein 129 (1936) 113.

15 Paul Hoffmann – Peter Dohms, Die Mirakelbücher des Klosters Eberhardsklausen (Publikationen der Gesellschaft für Rheinische Geschichtskunde LXIV) Düsseldorf 1988, Nr. 39 und 54; Peter Dohms, Die Geschichte des Klosters und Wallfahrtsortes Eberhardsklausen an der Mosel von den Anfängen bis zur Auflösung des Klosters im Jahre 1802. In: Rheinisches Archiv 64 (1968) 156, 161.

16 L. Pfleger, Kulturgeschichtliches und Volkskundliches aus dem Mirakelbuch des hl. Theobald zu Thann. In: Jahrbuch der Elsässisch-Lothringischen Gesellschaft 10 (1937) 32, 39.

thal bei Hamm anzurufen[17]. Keine Arznei noch Gelübde nach Aachen und Rufach im Elsaß vermochten Mathäus Eberhard aus Sommershausen bei Würzburg gegen sein "hinfallendes Siechtum" nach einem Sturz vom Gerüst zu helfen, erst die Anrufung der Muttergottes von Altötting befreite ihn von seiner Krankheit[18]. Im Falle einer vom bösen Geist angefochtenen Gemütskranken aus Königheim in der unmittelbaren Nachbarschaft von Walldürn[19] versprach man sich 1497 zum weit entfernten bayerischen Gnadenort Altötting, weil in Walldürn um die Wende vom 15. zum 16. Jahrhundert nur eine lokale Wallfahrt bestand, die noch zu wenig Ansehen genoß[20].

Nicht unerheblich für das Aufblühen einer Wallfahrtsstätte war eine politische Förderung durch Landesherren. Herzog Albrecht III. von Bayern-München hatte 1453 das Kollegiatsstift in Andechs in ein Benediktinerkloster umgewandelt, "mit der Absicht, das Kloster als Familienkloster einzurichten". Vorausgegangen war eine Revision der Andechser Reliquien durch Kardinal Nikolaus von Kues 1451, bei der dieser keine Zweifel über die Echtheit der Reliquien äußerte und Papst Nikolaus V. empfahl, Andechs mit einem Ablaß auszuzeichnen. Dies war gleichsam die Grundlage und der Auftakt für den weiteren Aufstieg von Andechs seit der Wiederauffindung der Reliquien 1388, hat doch Herzog Albrecht III. "eine zielbewußte Propagandatätigkeit im Interesse der Andechser Reliquien" initiiert und seinem Sekretär Albrecht Hosch von Kronach 1456 beauftragt, eine Andechser Chronik niederzuschreiben. Solcherart wurde für den Besuch von Andechs durch die Würdigung der Kapelle Werbung betrieben[21].

---

17 Meisen, Ein Mirakelbüchlein 103.

18 Gerhard Jaritz, Zwischen Augenblick und Ewigkeit. Einführung in die Alltagsgeschichte des Mittelalters. Wien–Köln 1989, 120.

19 Vgl. Harry Kühnel, "... beraubt seiner synne und vernunfft". Geisteskrankheit und Wallfahrt. In: Festschrift für Erich Egg (Veröffentlichungen des Museums Ferdinandeum 70) Innsbruck 1990, 126 f.

20 Wolfgang Brückner, Die Verehrung des Heiligen Blutes in Walldürn. Aschaffenburg 1958, 50 ff., 138; Peter Assion, Die mittelalterliche Mirakel-Literatur als Forschungsgegenstand. In: Archiv für Kulturgeschichte 50 (1968) 179.

21 Albert Brackmann, Die Entstehung der Andechser Wallfahrt. In: Abhandlungen der Preußischen Akademie der Wissenschaften Jg. 1929, phil.-hist. Kl. 5. Berlin 1929, 16, 19 ff., 23; Der Schatz vom Heiligen Berg Andechs. Katalog Andechs 1967, Nr. 80; Wolfgang Brückner, Zur Phänomenologie und Nomenklatur des Wallfahrtswesens und seiner Erforschung. In: Volkskultur und Geschichte. Festgabe für Josef Dünninger zum 65. Geburtstag. Berlin 1970, 403; Klaus Guth, Geschichtlicher Abriß der marianischen Wallfahrtsbewegungen im deutschsprachigen Raum. In: Handbuch der Marienkunde, hg. von Wolfgang Beinert und Heinrich Petri. Regensburg 1984, 744.

Der überregionale Wallfahrtsort Thann im Elsaß, ursprünglich im Besitz der Grafen von Pfirt, erfuhr insbesonders durch die Habsburger eine nachhaltige Förderung, hat doch Herzog Albrecht II. 1324 in Thann Johanna, die Tochter des Grafen Ulrich III. von Pfirt geehelicht und am Fuße der Engelburg haben später gerne österreichische Herzoge gewohnt. Seit der Inbesitznahme haben die Habsburger durch ihre Maßnahmen der Theobalduswallfahrt zu Ansehen und Reichtum verholfen[22].

Für die Wallfahrt zur Bluthostie von Müstair, 1287 und 1300 bereits mit Ablässen ausgestattet, verfaßte der Münstertaler Priester Nikolaus Schlegel ein deutsches Gedicht und trug dadurch zur Verbreitung der Mirakel und Förderung des Kults bei. Mitte des 15. Jahrhunderts verfaßte der Notar Hans Rabustan einen Bericht in lateinischer Sprache, der wichtige Nachrichten über Ablaßverleihungen und Inschriften enthält, überdies listete er 1460 alle für Müstair gemachten Stiftungen auf[23]. Das Ausmaß und die Wirksamkeit dieser Werbemaßnahmen muß allerdings gering veranschlagt werden.

II. Die Wirksamkeit 'bildlicher Werbeträger'

Mittelalterliche religiöse 'Werbung' durch bildliche Darstellungen im weitesten Sinne – Flugblätter, Mirakelbildzyklen als Gemälde oder Fresken, Altäre – wurde im Wallfahrtswesen häufig eingesetzt, um die Rezipienten zu Aktionen für die Erlangung des Seelenheils anzuleiten, zur Bewältigung der Alltagsprobleme und Heilung von Krankheiten. Als Vorlage für Einzelblätter wie für Bildzyklen, denen gleichsam die Funktion eines 'Bildprotokolls' verliehen wurde und die 'kultpropagandistische' Zwecke verfolgten, dienten die Mirakelberichte. Die als Legende zum Bild geschriebenen Texte mit Nennung von Namen, Daten und Orten beweist einmal mehr den Kontext mit den schriftlichen Aufzeichnungen und sollte im Falle von Bildzyklen das quantitative Kriterium der zu beweisenden Wunder veranschaulichen[24].

---

[22] Alphons Lhotsky, Geschichte Österreichs seit der Mitte des 13. Jahrhunderts (Veröffentlichungen der Kommission für Geschichte Österreichs 1) Wien 1967, 310, 314; H. Lempfried, Die Thanner Theobaldsage und der Beginn des Thanner Münsterbaus. In: Mitteilungen der Gesellschaft für Erhaltung der geschichtlichen Denkmäler im Elsaß 21 (1903) 1–128.

[23] Iso Müller, Die churrätische Wallfahrt im Mittelalter. In: Schriften der Schweizerischen Gesellschaft für Volkskunde 43 (1964) 65 f.; ders., Die Bluthostie von Münster. Die Entstehung eines vintschgauischen Wallfahrtsortes. In: Der Schlern 35 (1961) 177–189.

[24] Dieter Harmening, Mirakelbildzyklen – Formen und Tendenzen von Kultpropaganda. In: Bayerisches Jahrbuch für Volkskunde 1976/77 (1978) 53.

Die ersten erhaltenen Darstellungen der Einsiedler Engelweihe finden sich in der frühen Druckgraphik. Das Kloster hat wahrscheinlich für das Einsiedler Engelweihfest von 1466 in einer Basler Werkstatt ein Blockbuch in Auftrag gegeben, das sich im Text wie im Bildprogramm eng an die vom Frater Georg von Gengenbach verfaßte Meinradslegende anlehnt. "Da alle Lettern eines Blockbuches einzeln in Holz geschnitzt werden müssen, hat sich der Formschneider bei der Erzählung der Meinradslegende mit kurzen erklärenden Texten begnügt ... So ist ein eigentliches Bilderbuch entstanden, welches nur die nötigsten Kurztexte bietet und ganz von den Illustrationen lebt"[25]. In einer einzigen Abbildung faßt die Holzschnittillustration die "literarischen Traditionen von der göttlichen Weihe der Kapelle um Mitternacht und von der Unterbrechung der menschlichen Weihe durch den dreimaligen Engelruf des *Cessa frater* am Mittag des Festtages ... zusammen" (F. O. Schuppisser). Von den Illustrationen des Blockbuches inspiriert waren jene beiden Holzschnitte zur Engelweihe, die in den bei Michael Furter in Basel gedruckten Inkunabeln – im Auftrag des Klosters Einsiedeln – enthalten sind (1496). Das im Stiftsarchiv des Klosters Einsiedeln verwahrte Papiermanuskript mit qualitativ hochstehenden Federzeichnungen zur Meinradslegende läßt vermuten, daß ein Nachdruck der Furterschen Ausgabe mit neuen Illustrationen geplant war. "Die Qualität dieser neuen Buchholzschnitte sollte geeignet sein, auch in den Schichten des hohen Klerus und des Adels für die Einsiedler Wallfahrt zu werben"[26]. Das Fest der Engelweihe im Jahre 1466 gab aber auch den Anstoß in der neu aufgekommenen Technik des Kupferstiches durch den Meister E.S. Kupferstichblätter, religiöse Andachtsbilder als Einzelblätter für die Pilger herzustellen und somit gleichfalls die Wallfahrt zu propagieren (s. Abb. 2). Horst Appuhn machte die Beobachtung, daß von den 318 erhaltenen Kupferstichen des Meisters nur 18 das angebliche Monogramm aus E. und S. oder nur ein E. bzw. e. aufweisen, verbunden mit den Jahreszahlen 1466 und 1467. Der Autor kommt zu der Überzeugung, daß es sich bei den Buchstaben nicht um die Initialen des Künstlers, sondern um das Verlagssignet des Klosters handelt, fungierte dieses doch als Auftraggeber und Verleger. 1466 galt es, das 500. Jubiläum der Anerkennung der Engelweihe durch den Papst Leo VIII. besonders feierlich zu begehen, wofür von Papst Pius II. den Einsiedler-Pilgern auch ein 14tägiger vollkommener Ablaß für ewige Zeit, die sogenannte "Römische Gnade" gewährt wurde. Zu den Vorbereitungen zählte auch das Ste-

[25] Fritz Oskar Schuppisser, Die Engelweihe der Gnadenkapelle von Einsiedeln in der frühen Druckgraphik. In: Zeitschrift für Schweizerische Architektur und Kunstgeschichte 43 (1986) 142.

[26] Schuppisser, Die Engelweihe 144, 146.

chen und Drucken der Kupferstiche, wie die in das Jahr 1466 datierten Einsiedeln-Madonnen, die sogenannte große, kleine und kleinste, gleichsam für unterschiedliche Funktionen und unterschiedlicher sozialer Herkunft gestochen[27]. Die Steinmetzzeichen auf dem kunstvollen Kapellengebäude des kleinen und großen Stichs sollten den Eindruck eines wirklichen Bauwerks verstärken, und bei den Pilgern für milde Gaben für den Wiederaufbau der 1465 abgebrannten Kirche werben[28].

Die 'propagandaimmanente Tendenz' des kolorierten Holzschnittes, der für die Aachenfahrt 1468 oder 1475 gedruckt worden ist und der als das älteste graphische Zeugnis für Mehrorte-Wallfahrt von Maastricht, Aachen und Kornelimünster gilt, steht außer Frage. Das gut lesbare Blatt "zeigt in der Mitte die vier großen Heiligtümer von Aachen, daneben aber auch die verehrten Reliquien im nahen Kornelimünster und in Maastricht"[29]. Bemerkswert ist die Solidarität der drei Wallfahrtsorte, wobei die Potenzierung der Wirksamkeit der Reliquien dreier Gnadenstätten zugleich Ausdruck utilitaristisch-rechnerischer Frömmigkeit war; die feste Hoffnung auf die Heilswirkung des Schauens erfüllte die Menschen, wenngleich es sich hiebei um reine Werkfrömmigkeit und eine gewisse Veräußerlichung handelte[30].

Marienthal bei Hagenau im Elsaß, ein Wallfahrtsort, dem Papst Innozenz IV. bereits 1245 Privilegien und Ablaß verliehen hatte, erlangte 1402 auf fünf Jahre einen Ablaß, *so zu gewinnen in Einsidlen bey vnser lieben Frawen*, und sollte allen Pilgern zuteil werden, die am Pfingstsonntag und den folgenden drei Festtagen die Kirche mit der wundertätigen Madonna besuchen und ein Opfer darbringen. Die Ursache des *großen zulaufen* war jenes Mirakel, das die Geschichte des Kaufmanns von Selz überliefert, der im Walde von Räubern überfallen, gefesselt und geknebelt wurde und durch die Hilfe der Muttergottes von Marienthal befreit und bis vor die Tore der Stadt zurückgebracht worden ist. In der vor 1462 begonnenen neuen ungewölbten Kirche mit gewölbtem Chor, erst kurz vor 1500 fertiggestellt, ließ Sabine Mensler 1519 zwölf Szenen aus den damals bekannten sieben Mirakeln in Wandmalereien verewigen und

---

[27] Horst Appuhn, Das Monogramm des Meisters E. S. und die Pilgerfahrt nach Einsiedeln. In: Zeitschrift für Schweizerische Architektur und Kunstgeschichte 45 (1988) 302 f., 306 ff.; Wallfahrt kennt keine Grenzen, Kat. Nr. 304; Meister E. S. Ein oberrheinischer Kupferstecher der Spätgotik. München–Berlin 1986/87, 8, Nr. 30–32, Abb. 31–33; Hans Belting, Bild und Kult. Eine Geschichte des Bildes vor dem Zeitalter der Kunst. München 1990, 477.

[28] Schuppisser, Die Engelweihe 148.

[29] Wallfahrt kennt keine Grenzen. Katalog, Nr. 225; Heinrich Schiffers, Kulturgeschichte der Aachener Heiligtumsfahrt. Köln 1930, 192 f.

[30] Harry Kühnel (Hg.), Alltag im Spätmittelalter. Graz–Wien–Köln [3]1986, 97, 111.

verhalf damit dem Wallfahrtsort zu mehr Publizität. Als Bischof Albert von Straßburg 1494 den weiteren Ausbau der Klosterkirche durch Gewährung eines Ablaßes bewilligte, wurde das Gnadenbild der schmerzhaften Muttergottes mit dem hl. Wilhelm und dem geretteten Kaufmann in einem Holzschnitt festgehalten, ein weiteres Wallfahrtsbild, 1489 in Straßburg gedruckt[31], diente gleichfalls dem selben Zweck: Werbung für den Wallfahrtsort und Ausbau der Kirche aus dem Erlös der Spenden.

Es kann nicht übersehen werden, daß fünf Jahre nach dem Hostienwunder von Wilsnack in der Mark Brandenburg, 1388 in der der Ebelsberger Pfarre von Erling inkorporierten Kapelle auf dem Berg Andechs ein Reliquienfund gemacht wurde, bei dem zu der schon vorhandenen Gregoriushostie zwei weitere gefunden wurden, die nunmehr das Hauptziel der Wallfahrt bildeten. Andechs rückte damit in die Reihe der spätmittelalterlichen Blutwallfahrten gemeinsam mit Wilsnack, Walldürn und Weingarten auf. Zu den vom politischen und wirtschaftlichen Interesse getragenen Maßnahmen der Herzöge von Bayern hat im ausgehenden 15. Jahrhundert Abt Johann Schrattenbach durch gezielte Vorgangsweise wesentlich zum Aufstieg von Andechs beigetragen. In der Chronik des Abtes Huttler von 1608 wird erwähnt, daß Abt Johann Schattenbach einen Heiltumsaltar 1494 anfertigen ließ, wie auf demselben zu lesen war. Zwei dieser Flügel sind noch erhalten geblieben und lassen vermuten, daß es sich hiebei um einen der größten spätgotischen Altäre in Bayern gehandelt haben muß. Simultan dazu ließ Abt Johannes 1496 einen großen, zweiteiligen Holzschnitt herstellen, der das Aussehen des Andechser Heiltumaltars von 1494 überliefert und dazu bestimmt war, Bedeutung und Ruhm dieser Gnadenstätte weithin kundzutun (s. Abb. 3). Herzog Sigismund von Bayern tat ein übriges: Er gab die Blutenburger Heiltumstafel 1497 in Auftrag, die in enger Anlehnung an den Heiltumsaltar die Andechser Reliquien vor Augen führt. Der unterhalb der Predella aufgeklebte Schriftstreifen gibt über die Intention des Auftraggebers Aufschluß: *Zu wellichen zeytten yedlichen jars das heyltum gezeigt wirdet. Ich hertzog Sigmund hab abcontervayen lassen dieß heyltumb zur Gedechtnis.* Diese Tafel wurde in der durch Herzog Sigismund erbauten Hofkapelle zu Blutenburg vor München aufgehängt und war ein namhafter 'Werbeträger' für die Andechser Wallfahrt[32].

In welchem Ausmaß Werbemaßnahmen Erfolg beschieden war, be-

[31] Joseph Brauner, Zur Frühgeschichte der Wallfahrt nach Marienthal. In: Archiv für elsässische Kirchengeschichte 3 (1928) 172, 174, 176 f.

[32] Der Schatz vom Heiligen Berg Andechs 10 f.; Nr. 68 und 69, 70 und 71; Blutenburg, Beiträge zur Geschichte von Schloß und Hofmark Menzing (Veröffentlichungen zur Bayerischen Geschichte und Kultur, hg. von Claus Grimm) erw. Neuauflage. München 1985, 238, Abb. 161.

weisen einige Predigten aus der Mitte des 15. Jahrhunderts im Lande Salzburg, in denen den Gläubigen vorgeworfen wurde, " sie würden wohl nach St. Wolfgang (am Abersee) wallfahrten, von ihren eigenen Heiligen, Rupert und Virgil, wüßten sie aber nichts"[33]. Tatsächlich stammten die Wallfahrer nach St. Wolfgang zur Hälfte aus Oberösterreich und Salzburg, während nur 15,9 % den oberbayerischen Raum als ihre Herkunft bekanntgaben. Diesem Wallfahrtsort kann ein gewisses Maß an Überregionalität nicht abgesprochen werden, pilgerten doch Gläubige aus Böhmen, Mähren, Steiermark, Kärnten, Krain und Südtirol dorthin[34]. Das Geheimnis des Erfolges war eine großangelegte Propaganda, die vom Stift Mondsee betrieben wurde, galt es doch nach dem Brand der Kirche von St. Wolfgang 1429 durch den Erlaß verschiedener Privilegien sowohl für den Wiederaufbau wie für die Ausstattung der Kirche zu werben und eine bessere Betreuung der Pilger zu gewährleisten[35]. Nicht unwesentlich zur weitverbreiteten Kenntnis des Wallfahrtsortes trugen die Lebensbeschreibungen, Flugblätter und Mirakelbücher bei[36]. Zur Gewinnung des gebildeten Publikums wurde durch den Burgdorfer Druck des Jahres 1475 die lateinische Vita des hl. Wolfgang, verfaßt von Otloh von Regensburg, verbreitet. 1502 erschien zu Straßburg bei Marthis Hüpfuff ein Büchlein, das sowohl das Leben als auch die Mirakeln des hl. Wolfgang enthielt. Weite Verbreitung fanden die sogenannten "Landshuter Wolfgangdrucke", deren erste Auflage 1515 in deutscher Sprache veröffentlicht wurde, 1516 und 1522 folgten weitere Ausgaben. Diese Bücher veranschaulichen in 50 vorzüglichen Graphiken den Lebensweg und die Wunderzeichen des Heiligen, der dazugehörige Text wurde wie dem Impressum der Erstauflage zu entnehmen ist, im Kloster Mondsee kompiliert: *Hie endet sich das leben des heiligen nothelfers sand Wolfgang, zusamenn getragen auß vill puechlein unnd ains tails auß wolberümpten sag der eltern. Geschehen in dem kloster mensee Sand Benedicten orden Und nun getruckt in der fürstlichen stat Landßhut Durch Johann Weyssenburger. Anno Domini 1515 ...*[37]. Das Stift Mondsee war vordem schon kontinuierlich um Werbemaßnahmen für St. Wolfgang

---

[33] Karl Eder, Das Land ob der Enns vor der Glaubensspaltung. Linz 1932, 239, Anm. 643; Der heilige Wolfgang in Geschichte, Kunst und Kult. Katalog. Linz 1976, 64.

[34] Barbara Schuh, Jenseitigkeit in diesseitigen Formen. Sozial- und mentalitätsgeschichtliche Aspekte spätmittelalterlicher Mirakelberichte (Schriftenreihe des Instituts für Geschichte. Darstellungen 3) Graz 1989, 88 f. Siehe die Karte des Einzugsgebietes im Katalog Der heilige Wolfgang, vor S. 88.

[35] Schuh, Jenseitigkeit in diesseitigen Formen 73.

[36] Rudolf Zinnhobler, Der heilige Wolfgang. Leben–Legende–Kult. Linz 1975, 65 ff.

[37] Katalog Der heilige Wolfgang, Nr. 7 und 8; Zinnhobler, Der heilige Wolfgang 66.

bemüht. Abt Benedikt Eck hatte Michael Pacher mit der Errichtung eines Flügelaltars beauftragt, der dem heiligen Wolfgang geweiht worden ist[38]. Der Besuch Kaiser Maximilians I. im November 1506 wird gleichfalls eine propagandistische Wirkung für St. Wolfgang nicht verfehlt haben, umso mehr, als der Kaiser den Entschluß faßte, hier sein Grabmal errichten zu lassen, was allerdings Erzbischof Leonhard von Keutschach zu bekämpfen wußte.

Die Wallfahrt zur "Schönen Maria" in Regensburg ist ein Paradigma für die Bildpropaganda des Spätmittelalters, wenngleich das Wunder ursprünglich nicht von einem Bild ausgegangen ist, sondern der Kult "ohne irgendeine Vorgeschichte" durch jenes Wunder entstanden ist, demnach der Steinmetz Jakob Kern beim Abbruch der Synagoge sich lebensgefährlich verletzt hatte, tags darauf aber wieder gesund auf der Baustelle erschien. Die Hintergründe für die Entstehung dieser Wallfahrt sind reichlich diffus und haben ökonomische und gesellschaftliche Wurzeln. Die verarmte und verschuldete Reichsstadt Regensburg sah im Einvernehmen mit dem Domprediger Doktor Balthasar Hubmaier in einem Pogrom die einzige Möglichkeit, "mit der ... Aufteilung der Pfänder die eigene Situation entscheidend verbessern zu können" (Hartmut Krohm)[39]. Nachdem der Rat der Reichsstadt Regensburg am 21. Februar 1519 – einige Wochen nach dem Tode Maximilians I. – die Vakanz dazu benützt hatte, "die unter kaiserlichen Schutz stehenden Juden aus der Stadt zu vertreiben und ihr Wohnviertel zu zerstören, ließ er (der Rat) nach dem Vorbild früherer Pogrome zur Legitimierung dieses Gewaltaktes an der Stelle der abgebrochenen Synagoge eine Marienkapelle errichten" (H. Boockmann). Da man mit Sanktionen des Kaisers zu rechnen hatte, war das vermeintliche Wunder ein willkommener Anlaß, von den wahren Ursachen des gewaltsamen Vorgehens abzulenken[40], was umso leichter gelang, als auf die Kunde des Wunders Massen von Pilgern herbeiströmten. In die rasch errichtete hölzerne Kapelle hat man eilends die Ikone, die sogenannte "Lukas-Madonna" aus der Alten Kapelle auf kurze Zeit transferiert. An deren Stelle trat alsbald das von Albrecht Altdorfer geschaffene Gemälde der "Schönen Madonna", teils eine Replik, teils eine Neugestaltung, versehen mit einem aufwendigen Rahmen und dem offiziellen Stadtwappen. Gleichzeitig wurde der Name der "Schönen Madonna" erklärt und das Werk mit dem Wallfahrtskult verknüpft. Die Propaganda des neuen Kults lag in den Händen des Dompredigers, das

---

[38] Norbert Wibiral, Zur Entstehungsgeschichte und Forschungslage. In: Manfred Koller – Norbert Wibiral, Der Pacher-Altar in St. Wolfgang. Wien–Köln–Graz 1981, 13; Hans Huth, Künstler und Werkstatt der Spätgotik. Darmstadt 1967, 115 f.

[39] Der Mensch um 1500. Werke aus Kirchen und Kunstkammern. [3]Berlin 1977, 22.

[40] Martin Luther und die Reformation in Deutschland. Katalog Nürnberg 1983, 70.

"städtische Monopol für die Bildpropaganda" in denen Albrecht Altdorfers[41]. Dieser malte nicht allein die städtische Fahne für die Kapelle, er druckte auch zur Befriedigung der ausgeprägten Bildbedürfnisse der Pilger mindestens drei Holzschnitte der "Schönen Maria", von denen der Farbholzschnitt besonders populär gewesen sein muß; die Abnutzung der Holzstöcke läßt darauf schließen, daß viele tausend Exemplare verkauft worden sein dürften[42]. Nicht minder werbewirksam scheint der Holzschnitt von Michael Ostendorfer gewesen zu sein, der gleichfalls 1519 oder kurz danach entstand und den Pilgern zum Verkauf angeboten wurde. Das bekannte Blatt zeigt die Massen von Pilgern, die zur "Schönen Madonna" strömen, wobei viele von ihnen durch bäuerliche Arbeitsgeräte unschwer sozial zugeordnet werden können. Der Erfolg dieser massiven, graphischen Werbung blieb nicht aus, wurden doch 1520 bereits 109.189 Pilgerzeichen aus Blei und 9.763 aus Silber verkauft[43]. Dazu hat ohne Zweifel auch das bereits im Jahre 1519 von Kaplan Georg Harder in Versform veröffentlichte Mirakelbuch beigetragen. Eines der Wunder berichtet z. B. von dem Schlesier Wolfgang Perckhamer, "der wegen eines Fußleidens vergeblich die berühmten Ärzte von Nürnberg aufgesucht hatte und schließlich auf die neue Wallfahrt in Regensburg aufmerksam gemacht wurde ...". Ein 1520 datiertes Votivrelief zur Schönen Madonna in Regensburg aus dem Umkreis von Veit Stoß hält diesen Vorgang fest[44].

Die Exzeptionalität der Wunder der "Schönen Madonna" und die intensive Wallfahrtspropaganda hatten ein internationales Einzugsgebiet – vom Schwarzwald über Tirol, Salzburg, Steiermark, Ober- und Niederösterreich, Schlesien, Böhmen, Mähren, Slowakei, Ungarn und Italien – zur Folge und führte zu einem Interessenskonflikt mit den Marienwallfahrtsorten Mariazell und Altötting[45]. Die Reaktion auf diese neue kultische Herausforderung waren intensive Werbemaßnahmen der Konkurrenz – Wallfahrtsstätten, die ihrerseits versuchten, durch bildliche 'Werbeträger' die traditionellen Marien-Pilgerorte in den Mittelpunkt des Interesses zu rücken. Schon unter den Nachfolgern des Abtes Heinrich Moyker von St. Lambrecht hatte eine Werbetätigkeit für den

---

41 Belting, Bild und Kult 507.

42 Luther und die Folgen für die Kunst, hg. von Werner Hofmann. München 1983, 134, Nr. 7, Abb. 7; Hans Mielke, Albrecht Altdorfer. Zeichnungen – Deckfarbenmalerei – Druckgraphik. Katalog. Berlin 1988, Nr. 115.

43 Belting, Bild und Kult 507; Lenz Kriss-Rettenbeck, Bilder und Zeichen religiösen Volksglaubens. München 1965, 123, Abb. 321.

44 Wallfahrt kennt keine Grenzen, Kat. Nr. 26.

45 Gerlinde Stahl, Die Wallfahrt zur Schönen Maria in Regensburg (Beiträge zur Geschichte des Bistums Regensburg 2) Regensburg 1968, 174 ff., 226.

Wallfahrtsort Mariazell eingesetzt, die zunächst in der Schaffung eines nicht mehr vorhandenen Dreifaltigkeitsaltars mit 18 Wunderszenen gipfelte. Dieser Altar dürfte den ältesten bekannten 'mitteleuropäischen Mirakelbilderzyklus' enthalten haben, gab es doch seit der Mitte des 15. Jahrhunderts eine größere Zahl von neu hinzugekommenen Fällen von Gebetserhörungen. Die Heranziehung angesehener Künstler für die Kultpropaganda wurde auch für Mariazell praktiziert. Ein unbekannter Maler der Donauschule, der unter dem Einfluß Lukas Cranach stand, schuf 1512 den sogenannten "Kleinen Mariazeller Wunderaltar" mit sechs Mirakelszenen, wobei diese ursprünglich beschriftet gewesen sein sollen[46].

Abt Valentin Pierer von St. Lambrecht (1518–1541) konnte von O. Wonisch als Auftraggeber und Stifter des Großen Mariazeller Wunderaltars nachgewiesen werden; nach dem Augenzeugenbericht des Dr. Christoph Andreas Fischer vom Jahre 1604 soll der Altar 1519 gemalt worden sein und ursprünglich 50 Bilder umfaßt haben, von denen noch 47 erhalten geblieben sind. Mit dieser 'imponierenden Szenenfülle', dem quantitativen Argument, besaß Mariazell den an Umfang bedeutensten Mirakelaltar und hatte im süddeutsch-österreichischen Raum nicht nur keine Konkurrenz zu fürchten[47], sondern trat mit einem dynamischen Konzept der Wallfahrt zur 'Schönen Madonna' in Regensburg entgegen, was umso notwendiger war, als Pilger aus dem herkömmlichen Einzugsgebiet von Mariazell kurzfristig Regensburg als Wallfahrtsort den Vorzug gaben. Das Ziel einer effizienten Werbung wurde auch mit stilistischen Mitteln angestrebt, bediente sich doch der Künstler einer volkstümlichen Note bei Erfüllung dieses Auftrages und weniger einer straffen Formgebung, weil die einfachen Schichten des Volkes *ex omnibus mundi partibus* angesprochen werden sollten. "Auf bemerkenswerte Art und Weise sind Bild und Text, quasi für 'Litterati' und 'Illitterati' kombiniert"[48]. Man begnügte sich jedoch nicht allein mit dem Mirakelaltar, sondern nützte auch die Distributionsmöglichkeit des Buchdrucks, wurde doch in Augsburg eine Holzschnittfolge mit 26 bekannten Wundern gedruckt. Die auf den einzelnen Holzschnitten wiedergegebenen Wunder lassen gewisse Auswahlkriterien erkennen, wollte man doch deutlich machen, daß die häufigsten und alltäglichen Erkrankungen und Verletzungen geheilt werden, aber auch Geisteskrankheiten und Epilepsie[49] und selbstredend

---

[46] Harmening, Mirakelbildzyklen 53; Peter Krenn, Der Große Mariazeller Wunderaltar von 1519 und sein Meister. In: Jahrbuch des Kunsthistorischen Instituts der Universität Graz 6 (1966/67) 31; Gottfried Biedermann, Katalog der mittelalterlichen Kunst. Alte Galerie am Landesmuseum Joanneum. Graz 1982, 153 ff., Nr. 50.

[47] Krenn, Der Große Mariazeller Wunderaltar 32, 34.

[48] Krenn, Der Große Mariazeller Wunderaltar 38 f.; Biedermann, Katalog 162, Nr. 55.

[49] Kühnel, "... beraubt seiner synne und vernunfft" 129.

die erst seit drei Jahrzehnten auftretende Syphilis[50]. Harmening sieht in den Mariazeller Mirakelholzschnitten das "Mittel eines zielgerichteten Propagandafeldzuges gegen Regensburg"[51].

Der Mirakelbildzyklus von Altötting, der um 1520 begonnen wurde und einen einheitlichen Charakter in Bild und Schrift erkennen läßt, wurde offensichtlich von der Kapellenverwaltung in Auftrag gegeben. Es handelt sich um 'lose nebeneinander' im Umgang der Gnadenkapelle aufgehängte, zu Zweier- und Dreiergruppen verbundene Einzeltafeln, von denen einige erst zu einem späteren Zeitpunkt entstanden sind[52]. Die Intention bestand darin, dem Gnadenort wieder zu vermehrten Zustrom zu verhelfen, ist doch bedingt durch dem Landshuter Erbfolgekrieg ein jäher Rückgang der Wallfahrt zu beobachten gewesen, dies umso mehr, als kostbare Objekte aus dem Schatzgewölbe für die Kriegsführung veräußert worden sind[53]. Dieser notorische Geldmangel machte die Anfertigung eines Hochaltars wie in Mariazell am Lettner unmöglich, weshalb auch den im Kapellenumgang von Altötting angebrachten Mirakeltafeln weniger Dignität zugemessen wurde, gab es doch bei den kultischen Aktivitäten gleichsam konzentrische Kreise von außen nach innen, die einer Wertordnung gleichkamen: "der Sichthorizont der Wallfahrtskirche, der Umkreis der Kirche, die Vorhalle, das Kircheninnere, die Kultmitte"[54]. In den 57 großen Mirakeltafeln, die von den Sorgen und Nöten des Volkes berichten, offenbart sich "werbewirksam und kultfördernd die Wundermacht der Wallfahrtsstätte" von Altötting. *In diesem 1520. Jahr hat man dem andächtigen ankommenden Volk zu Gefallen ausser der Capellen unter dem Gang herumbe etliche auff Tafeln gemachte Wunderzeichen wie noch zu zusehen aufgehängt ...*[55]. Das Jahr der Montage der Mirakelbilder läßt den sicheren Schluß zu, daß die Kapellenverwaltung mit dieser demonstrativen Werbemaßnahme der so-

---

50 Elfriede Grabner, Kultstätte und Heilbrauch. Zur therapeutischen Bedeutung des Wallfahrtsortes am Beispiel von Mariazell in Österreich. In: Wallfahrt kennt keine Grenzen. München–Zürich 1984, Abb. 189, 193, 197; Klaus Beitl, Votivbilder. Salzburg 1973, 11, 17, 23, 27, 31; Karl Garzarolli-Thurnlackh, Die Holzschnitte der Mariazeller Wunder. In: Phaidros. Zeitschrift für die Freunde des Buches und der schönen Künste 3 (1947) 181–189.

51 Harmening, Mirakelbildzyklen 54.

52 Philipp Maria Halm, Die Mirakelbilder zu Altötting. In: Bayerischer Heimatschutz 21 (1925) 3 f. – Das älteste erhaltene Votivbild Bayerns stammt aus der Gnadenkapelle Altötting datiert 1501. Vgl. Bayern. Kunst und Kultur. Katalog. München 1972, 235, Nr. 251; Wallfahrt kennt keine Grenzen, Katalog Nr. 364.

53 Wiebel-Fanderl, Die Verehrung der Altöttinger Muttergottes 501.

54 Harmening, Mirakelbildzyklen 53.

55 Guth, Marianische Wallfahrtsbewegungen 765.

eben am Kulminationspunkt befindlichen Regensburger Wallfahrt entgegenwirken wollte, wobei man sich in der Auswahl der Beispiele auf handschriftliche Aufzeichnungen der Wunder seit 1489 stützte[56].

Selbst bei Nahwallfahrten konnte man ohne Werbung nicht mehr das Auslangen finden, wenngleich in diesen Fällen das ursprünglich religiöse Ideal der Peregrinatio nur mehr verkürzt entgegen tritt, erforderte doch die Fernwallfahrt im Gegensatz dazu eine hohe Bereitschaft der Askese und bedeutete Gefahren aller Art[57]. Das Schöffauer-Mirakel-Flugblatt von 1517 vertritt den Typus der Mehrorte-Wallfahrt, der Verfasser des umfangreichen Textes war vermutlich ein Pater der Benediktinerabtei Ettal. Die graphische Darstellung zeigt im Schnittpunkt eines Kreuzes Maria mit Kind in Ettal (Schöffau), wo sich das Wunder der Wiederauffindung eines Kindes zugetragen hat. Die Kreuzarme wurden gebildet durch die marianischen Wallfahrten von Loreto, Einsiedeln und Altötting. In Übereinstimmung mit den damals noch nicht genordeten Landkarten ist Loreto in der oberen, Aachen in der unteren Hälfte des Holzschnittes, und demgemäß seitenverkehrt auch Altötting und Einsiedeln wiedergegeben. Die Heranziehung der Kreuzform ermöglichte, Ettal (Schöffau) optisch in das Zentrum zu rücken und auf das Niveau von internationalen Wallfahrten anzuheben und dadurch im besonderen Maße zu werben, was noch durch den einprägsamen Text betont wird[58].

* * *

Die Entstehung zahlreicher Wallfahrtsstätten seit der zweiten Hälfte des 14. Jahrhunderts löste ein Konkurenzdenken aus, das notwendigerweise eine jeweils spezifische Werbung auf den Plan rief, wollte man die Institutionalisierung eines Wallfahrtsortes und dessen ökonomische Entwicklung sicherstellen[59]. Man bediente sich dazu verschiedener Werbeträger und versuchte gleichsam in Wort und Bild mit qualitativen und quantitativen Argumenten die Rezipienten zu überzeugen. Ein besonderes Anliegen bestand darin, möglichst alle sozialen Schichten anzusprechen und demgemäß bei allen Krankheiten, Unfällen, Sorgen und Nöten der Gläubigen Abhilfe oder wenigstens Linderung schaffen zu können. Außergewöhnliche Wunder bewirkten eine nicht unerhebliche Ausweitung des Einzugsgebietes. Am Wallfahrtsort selbst kann gewissermaßen

---

56 Halm, Die Mirakelbilder zu Altötting 4.

57 Guth, Marianische Wallfahrtsbewegungen 896.

58 Anton Bauer, Das Schöffauer Mirakel-Flugblatt von 1517. In: Bayerisches Jahrbuch für Volkskunde 1957, 51, 54; Jaritz, Zwischen Augenblick und Ewigkeit 121, Abb. 22.

59 Schuh, Jenseitigkeit in diesseitigen Formen 105.

ein Gesetz der Sakralkonzentration beobachtet werden[60], neigte doch die mentale Haltung der Gläubigen dazu, der Heiligenverehrung im Kircheninneren und in der Kultmitte mehr Effizienz zuzuschreiben als in den Randgebieten der Kirche. Kurz vor Ausbruch der Reformation erreichte die Wallfahrtswerbung einen Höhepunkt, ausgelöst durch die "Schöne Madonna" in Regensburg, die eine zielgruppengerichtete Bildwerbung in Mariazell und Altötting gleichsam provozierte. Die Reaktion war jedoch graduell unterschiedlich: Während das dem Stift Lambrecht inkorporierte Mariazell mit ansteigender Tendenz 'Werbeträger' einsetzte und ökonomisch leistungsfähig genug war, den Großen Mariazeller Wunderaltar in Auftrag geben zu können, mußte man sich in Altötting mit einer losen Aneinanderreihung der Mirakeltafeln im Kapellenumgang begnügen.

---

60 Harmening, Mirakelbildzyklen 53.

Abb. 1: Titelblatt des Mirakelbuches des Jacob Issickemer, Nürnberg 1497 (Aus: Wallfahrt kennt keine Grenzen. Katalog. München 1984, Nr. 363)

Abb. 2: Betende Maria von Einsiedeln in Halbfigur, bezeichnet E 1467 [Aus: Horst Appuhn, Das Monogramm des Meisters E. S. und die Pilgerfahrt nach Einsiedeln. In: Zeitschrift für schweizerische Architektur und Kunstgeschichte 45 (1988) Abb. 9]

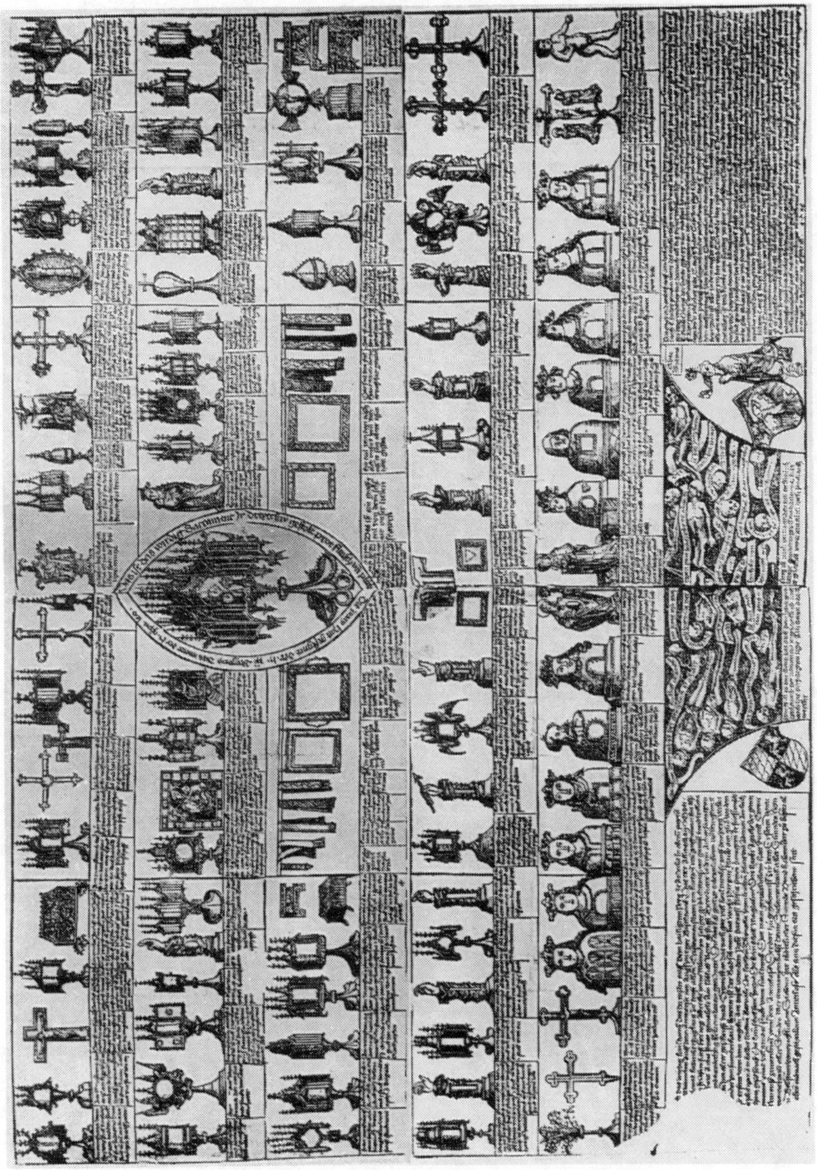

Abb. 3: Heiltumsbrief von 1496 mit Darstellung der Andechser Reliquien in fünf Reihen (Aus: Der Schatz vom Heiligen Berg Andechs. München – Kloster Andechs, Abb. 77).

Wallfahrt und Konkurrenz im Spiegel hochmittelalterlicher Mirakelberichte

CONSTANZE HOFMANN-RENDTEL

1. MIRAKELBERICHTE: QUELLEN ZUR GESCHICHTE DER WALLFAHRT

Die umfangreiche Quellengattung der Mirakelberichte, die Mittelalter und frühe Neuzeit hinterlassen haben, ist in ihrem Wert für die Erforschung von Pilgerwesen und Wallfahrt schon des öfteren gewürdigt und bereits mehrfach untersucht worden[1].

In diesem Aufsatz sollen diese Texte unter einem speziellen Gesichtspunkt betrachtet werden: der Konkurrenz der Kultorte[2].

2. DICHTE DES 'RELIGIÖSEN NETZES'

Die Zahl der Kirchen, die im Besitz bedeutender Reliquien waren oder zu sein behaupteten, nahm stetig zu, da es seit dem 11. und 12. Jahrhundert allerorten zu Auffindungen heiliger Gebeine und ihrer Erhebung zur Ehre der Altäre kam. Oft reichte die Verehrung kaum über die Mauern des Klosters oder der Stadt hinaus, wo sich die Reliquien befanden. Zwischen diesen Lokalkulten und den großen internationalen Wallfahrten, wie Rom, Jerusalem und Santiago de Compostela, gab es zahllose Kultstätten von regionaler Bedeutung. Dieses reiche religiöse Hilfs- und Heilsangebot gab den Menschen die Möglichkeit auszuwählen. Die vielen kleinen und größeren Wallfahrtsorte ihrerseits mußten sich bemühen, die Attraktivität ihres Heiligen zu steigern. Im Hintergrund dieser Werbung um die Pilger standen u. a. handfeste materielle Motive. Überall

---

[1] Vgl. Pierre-André Sigal, Maladie, pèlerinage et guérison au XIIe siècle, les miracles de saint Gibrien à Reims. In: Annales E. S. C. 24,3 (1969) 1522–39; Th. d'Angomont, Sur les miracles de saint Privat vénéré à Mende. In: Revue du Moyen Age latin 23 (1976) 13–26; Raymonde Foreville, Les "Miracula S. Thomae Cantuariensis". In: Assistence et assistés. Actes du 97e Congrès national des sociétés savantes, Nantes 1972. Section de philologie et d'histoire jusqu'à 1610. Paris 1979, 443–68; Henri Platelle, La religion populaire entre la Scarpe et la Lys d'après les Miracles de Sainte Rictrude de Marchiennes. In: Alaine de Lille, Gautier de Châtillon, Jakemart de Giélée et leur temps. Lille 1980, 365–402; Ronald C. Finucane, Miracles and Pilgrims, Popular Beliefs in Medieval England. London 1977.

[2] Die angeführten Quellenstellen gehören bis auf wenige Ausnahmen ins 11. und 12. Jahrhundert, der geographische Rahmen entspricht im wesentlichen dem Territorium des heutigen Frankreich.

entstanden Mirakelberichte, deren Niederschrift quasi als Danksagung an den Heiligen, als religiöse Pflicht galt, die den Geistlichen des Wallfahrtsortes oblag. Zugleich waren diese Texte, die in volkssprachlicher Version den Pilgern zur Kenntnis gekommen zu sein scheinen, ein Mittel zur Propagierung und Popularisierung des jeweiligen Kultes.

3. 'Ohnmacht' und 'Versagen' der grossen Heiligen

Es hat den Anschein, daß vor allem die kleinen und unbedeutenden Kultorte sich ihrer Konkurrenz mit den großen Wallfahrten deutlich bewußt waren: Man versuchte die Menschen der näheren Umgebung von weiten Pilgerreisen abzuhalten und die thaumaturgischen Fähigkeiten des eigenen Heiligen herauszustreichen. Zu diesem Zweck wurden häufig alle diejenigen *loca sanctorum* aufgezählt, die die Kranken aufgesucht hatten, bevor sie geheilt wurden: Warum die Mühsal und Gefahr einer weiten Reise auf sich nehmen, wenn das Ersehnte quasi vor der Haustür zu erlangen war – so der Tenor der Mirakelberichte. In den Miracula s. Eusitii wird folgendes geschildert: Ein Gelähmter sei in die Kirche des hl. Eusitius gebracht und dort von seinem Leiden soweit wiederhergestellt worden, daß er sich an Krücken fortbewegen konnte. In der Hoffnung auf vollständige Heilung habe sich der Mann dann nach Rom zum hl. Petrus begeben, anschließend zum Erzengel Michael auf den Mont-Saint-Michel und zuletzt an das Grab des hl. Martin nach Tours. Geheilt worden sei er jedoch erst bei seiner Heimkehr durch den hl. Eusitius[3].

Der Mönch Aimoin von Fleury, der Anfang des 11. Jahrhunderts die Miracula s. Benedicti niederschrieb, erzählt von einem Elternpaar, das seine kranke Tochter zu den loca sanctorum gebracht habe. Aber weder beim hl. Dionysius in Paris noch in Tours beim hl. Martin, sondern erst beim hl. Benedictus in Fleury seien ihre Bitten erhört worden[4].

Die Miracula ss. Sabiniani et Potentiani, ein Text, der im 11./12. Jahrhundert im Kloster St.-Pierre-le-Vif in Sens niedergeschrieben wurde, berichten von einem Mann, der mit seinem erblindeten Knecht nach

[3] Philip Labbe, Novae bibliothecae manuscriptorum librorum ... collectio II. Paris 1657, 463–66, dort 464 (c. 1). Kultort war das Kloster Saint-Eusice in Selles-sur-Cher (Ar. Romorantin). Zur Datierung vgl. Molinier, Les sources de l'histoire de France, I, 123. Die Popularität des Heiligen war im wesentlichen auf die Grafschaft Blois beschränkt, vgl. Philippe Roulliard, Bibliotheca sanctorum (im weiteren BSS zitiert), I (1964) 278.

[4] E. de Certain, Les miracles de saint Benoît. Paris 1858, 169 (III c. 20). Kultort war das Kloster Fleury, heute St. Benoît-sur-Loire (Ar. Orléans). Zur Datierung vgl. Léopold Delisle, Relation de six miracles par Aimoin. In: Notices et extraits des manuscrits de la Bibliothèque Nationale 39,1 (1909) 200–3. Zum Kult: Anselmo Lentini, BSS II (1962) 1154–61.

Rom pilgerte: Er sei nämlich fest überzeugt gewesen, beim hl. Petrus Hilfe zu finden. Jedoch ohne Heilung, aufs bitterste enttäuscht, hätten sie Rom wieder verlassen müssen. Nach Hause zurückgekehrt, sei ihnen von vielen Leuten über die Wunder des hl. Potentianus berichtet worden, in dessen Kirche der blinde Knecht das Augenlicht wiedererlangt habe[5].

Besonders Rom findet als Pilgerziel häufig Erwähnung, selten dagegen Jerusalem. Santiago de Compostela wird bis auf wenige Ausnahmen nicht genannt. Auch wenn die Pilgeritinerare, die in den Mirakelberichten angeführt werden, in den meisten Fällen fiktiven Charakter haben und vornehmlich der Propagierung des Kultes gedient haben dürften, spiegelt sich hier sozusagen aus lokaler Perspektive die große Attraktivität Roms als Wallfahrtsort des Hochmittelalters wieder[6].

Ein geradezu phantastisches Itinerar, das kaum einen der Anfang des 12. Jahrhunderts berühmten Wallfahrtsorte ausläßt, hat der Verfasser der Miracula s. Enimiae zusammengestellt und einem Bußwallfahrer angedichtet[7]. Folgende Stationen werden genannt: Jerusalem, Bethlehem, Indien (Grab des hl. Thomas), Patras (hl. Andreas), Ephesus (hl. Johannes Ev.), Konstantinopel (Sophienkirche), Rom (hll. Petrus, Paulus, Bartholomeus), Salerno (hl. Matthäus), Venedig (hl. Markus), Deutschland, Flandern, Bretagne, Normandie (Mont-Saint-Michel), Paris (hl. Dionysius), Reims (hl. Remigius), Tours (hl. Martin), Poitiers (hl. Hilarius), Limoges (hl. Martialis), Le Puy, Conques (hl. Fides), Saint-Gilles (hl. Aegidius), Saint-Antoine-de-Viennois, Saint-Sernin in Toulouse, Santiago. Schließlich sei der Weitgereiste zum Kloster Sainte-Enimie (Ar. Florac, Lozère) gelangt, wo ihn die hl. Enimia sogleich von den Eisenreifen, die er als Zeichen seiner Schuld trug, befreit habe. Die

---

[5] Catalogus codicum hagiographicorum latinorum antiquiorum saeculo XVI qui asservantur in Bibliotheca Nationali Parisiensi, 4 Bde. Brüssel 1889–93 (= Subsidia hagiographica 2), dort Bd. II, 347 (c. 23); im folgenden zitiert: Catal. Paris. Obwohl in diesem Text der Heimatort der Pilger nicht genannt wird, wie das ansonsten regelmäßig der Fall ist, läßt sich zum Ausstrahlungsbereich des Kultes sagen, daß er auf die Städte Sens und Auxerre beschränkt gewesen zu sein scheint, vgl. Catal. Paris. II, 347.

[6] Einen Überblick über die Entwicklung der Romwallfahrt im Früh- und Hochmittelalter gibt Pierre-André Sigal, Les marcheurs de dieu. Pèlerinages et pèlerins au Moyen Age. Paris 1974, 99–111 und Bibliographie 156. Zur frühmittelalterlichen Situation vgl. Joseph Zettinger, Die Berichte über Rompilger aus dem Frankenreich bis zum Jahre 800. In: RQ Supplementhefte 11 (1900).

[7] C. Brunel, Vita, inventio et miracula sanctae Enimiae. In: Analecta Bollandiana 57 (1939) 236–98, dort 286. Kultort war das Kloster Sainte-Enimie (Ar. Florac, Lozère). Zum Kult: Rombaut van Doren, BSS IV (1964) 1214–5. Die Verehrung der hl. Enimia war auf die direkte Umgebung des Klosters beschränkt, wie aus den Ortsangaben der Geheilten zu ersehen ist.

hl. Enimia bestreitet durch dieses Wunder quasi den gleichen Rang wie die 'Spitzenheiligen' des christlichen Abendlandes, ja, sie ist nicht nur gleich mächtig wie sie, sondern vermag sogar da zu helfen, wo jene versagen.

Oftmals werden die Wallfahrtsorte, die ein Pilger vor seiner Heilung angeblich besucht hatte, nicht einzeln benannt, sondern es wird nur pauschal auf sie hingewiesen, wie z. B. in den Miracula s. Agili: Der Kranke habe ganz Frankreich, Italien und Deutschland durchwandert und dort alle heiligen Stätten besucht. Als die bedeutsamsten nennt der Mirakelschreiber dann wieder nur Rom und den Mont-Saint-Michel[8]. Vermutlich waren die Namen der vielen regionalen Wallfahrtsorte, zumal wenn sie in anderen Ländern lagen, den Verfassern der Mirakelberichte nicht im einzelnen bekannt. Jene waren anscheinend auf ihren lokalen Gesichtskreis beschränkt. Nichtsdestotrotz hatten sie eine deutliche Vorstellung davon, daß ihre Kirche mit diesen vielen anderen Wallfahrtsorten um die Gunst der Pilger im Wettbewerb stand.

4. Konkurrenz mit 'Nachbarheiligen'

Doch lassen sich auch viele Berichte anführen, wo die Verfasser ihren Heiligen in Konkurrenz mit einem bestimmten Heiligen sahen. Dies kam vor, wenn die Kultorte dicht beieinander lagen. Die Miracula s. Gibriani berichten von einer Kranken, die nach Paris geht, um Hilfe vom hl. Dionysius zu erflehen. Aber nicht dort, sondern beim hl. Gibrianus in Reims sei sie schließlich geheilt worden[9].

In den Mirakeln des hl. Landoaldus, dessen Kult Anfang des 11. Jahrhunderts an der Kirche St. Peter (Blandinium) in Gent zu größerer Bedeutung gelangte, finden gleich vier Wallfahrtsorte der Region Erwähnung, die als konkurrierend angesehen wurden. Es heißt dort, eine kranke Frau aus Löwen sei von ihren Verwandten zu den Klöstern der Heiligen geführt worden, nämlich zum hl. Gervasius (St.-Gervais-en-Vallière), nach Lüttich zum hl. Lambertus, nach St.-Truiden zum hl.

[8] Acta Sanctorum, Aug. VI (1943) 590 (c. 16): *per loca Sanctorum quaquaversum posita discurrit: Galliam, Italiam, Germaniam circumit, quae, fama volante, nominatissima didicerat, loca Sanctorum adit, Sancti Petri, Sancti Michaelis.* Zur Datierung auf das 11./12. Jahrhundert siehe Analecta Bollandiana 23 (1904) 151, 3. Kultort ist Rebais (Ar. Meaux).

[9] Miracula s. Gibriani, Act Sanctorum, Mai VII (1688) 637 (II, c. 2, Nr. 19). Zu diesem Text, der 1145 von einem Kustoden von Saint-Rémi in Reims verfaßt wurde, vgl. Sigal, Maladie 1522–39.

Trudo und zur hl. Gertrudis nach Nivelles. Erst in Gent beim hl. Landoaldus habe sie Heilung erfahren[10].

5. Spezialfälle

Mitunter standen auch Kulte in direkter Konkurrenz, wo dies nicht durch räumliche Nähe provoziert war. In den Miracula s. Audoeni, die in der 2. Hälfte des 11. Jahrhunderts in Rouen niedergeschrieben wurden, findet mehrfach die Kirche des hl. Martin in Tours als diejenige Erwähnung, wo Pilger vergeblich um Heilung nachgesucht hätten[11]. Die Geistlichen der Kirche St.-Ouen in Rouen wiesen offenbar ihrem Audoenus den gleichen Rang zu wie dem hl. Martin, der vormals als *patronus specialis* des Frankenreiches galt.

Ein weiteres Pilgerzentrum von Bedeutung wurde in St.-Ouen als konkurrenzierend empfunden, und zwar das Heiligtum des Erzengels Michael auf dem Monte Gargano im Norden Apuliens[12]. Ein Gelähmter, der auf dem Monte Gargano vergeblich auf seine Heilung gewartet habe, sei durch eine Stimme im Traum aufgefordert worden, nach Rouen zu pilgern[13]. Erklärung findet diese Konkurrenzsituation durch die in Apulien lebenden Normannen. Sie scheinen den Monte Gargano und auch Rom den Kultorten ihrer normannischen Heimat vorgezogen zu haben. Die Miracula s. Audoeni berichten z. B. von einem Mann aus der apulischen Ortschaft Andria (Diöz. Trani). Seit langem krank und bettlägerig habe er durch dort lebende Normannen von den Wundern des hl. Audoenus gehört. Nachdem er diesen angerufen und prompt Heilung erlangt habe, sei er zu einer Dankwallfahrt nach Rouen aufgebrochen, nicht ohne zuvor den apulischen Normannen große Vorwürfe zu machen: Sie würden fern

[10] Acta Sanctorum, Mart. III (1688), 29 (c. 14). Zum Kult des hl. Landoaldus vgl. Albert d'Haenens, BSS VII (1966) 1095–6.

[11] Acta Sanctorum, Aug. IV (1739) 830 (c. 2, § 27): eine Adlige aus der Auvergne; 831 (c. 3, § 30): ein Priester aus der Diözese Tours; 830E: ein Kranker aus der Auvergne. Zur Verehrung des hl. Audoenus vgl. Henri Platelle, BSS II (1962) 586.

[12] Über den Michaeliskult auf dem Monte Gargano liegen zahlreiche Publikationen vor, u. a. C. Angelillis, Il Santuario de Gargano e il culto di S. Michele nel mondo, 2 Bde. Foggia 1956. Die neuere Literatur bei A. M. Triputti, Aspetti cultuali e culturali dei pellegrinaggi pugliesi. In: Wallfahrt kennt keine Grenzen, hg. L. Kriss-Rettenbeck - G. Möhler, München–Zürich 1984, 383–95. Zum byzantinischen Ursprung des Michaelkultes und seiner Verbreitung in Süditalien vgl. Wolfgang von Rintelen, Kultgeographische Studien in der Italia byzantina. Untersuchungen über die Kulte des Erzengels Michael und der Madonna di Constantinopoli in Süditalien (Archiv f. Vergl. Kultgeschichte 3) Meissenheim a. Glan 1968, 3–55.

[13] Miracula s. Andoeni, Acta Sanctorum, Aug. IV (1739) 829 (c. 2, § 20).

der Heimat zu wenig ihres besonderen Schutzpatrons Audoenus gedenken und ihn vernachlässigen[14].

In ähnlicher Konkurrenz mit dem Monte Gargano befand sich auch der Mont-Saint-Michel, dessen Kulttradition jedoch viel jünger war. Interessanterweise gab es sowohl italienische Pilger, auf dem Weg in die Normandie, als auch Pilger aus der Normandie, die zum Monte Gargano zogen[15].

6. Der grosse Heilige 'überweist' Pilger an einen unbekannten Heiligen

Neben der bloßen Erwähnung eines anderen Wallfahrtsortes und der Feststellung, dem Kranken sei dort keine Heilung zuteil geworden, gibt es in den Mirakelberichten die merkwürdige Form der Überweisung von hilfesuchenden Pilgern von einem Heiligen zum anderen. Die Miracula s. Bavonis berichten von einem Bußwallfahrer, der sich nach Rom begeben hatte. Die hll. Petrus und Paulus erscheinen ihm im Traum und schicken ihn nach Mendonck bei Gent, einer Einsiedelei des hl. Bavo. Dort wird er erhört: als Zeichen der Gnade fallen die Eisenketten von seinen Händen[16]. Ähnlich in den Miracula s. Austremonii: Ein Bußwallfahrer, dem sich in Rom auf Fürsprache des hl. Petrus eine seiner Ketten gelöst hatte, erscheint der Apostelfürst und kündigt an, die zweite Kette werde der hl. Austremonius öffnen[17]. In einem anderen Mirakel desselben Heiligen hören wir von einem Adligen, der am Grab des hl. Martin von einem Dämon befreit wird. Der ausgetriebene Dämon prophezeit, er werde gleich in die Schwester des Geheilten einfahren und könne nur vom hl. Austremonius endgültig vertrieben werden[18].

Typisch sind auch Berichte von teilweisen Heilungen, bei denen die Kranken ebenfalls an den 'richtigen' Heiligen weitergeschickt werden. So in den Miracula s. Audoeni: Ein kranker junger Mann, der in Rom lebt,

---

[14] Ebd. 838 (§ 6): *Enimvero saepius Normannos levitatis et insolentiae arguebat, cur scillicet proprium ac specialem patronum beatum Audoenum deserentes, alienam terram incolerent, et a tanti Patris gremio remoti longius evagarentur.*

[15] Vgl. E. de Beaurepaire, Introductio monachorum et miracula insigniora per beatum Michaelem archangelum patrata in ecclesia quae dicitur Tumba. In: Bull. Soc. Antiq. Normandie 29 (1877) 864–92, dort 883–4. Zum Kult des Erzengels Michael auf dem Mont-Saint-Michel vgl. Marcel Baudot (Hg.), Millénaire monastique du Mont-Saint-Michel 3: Culte de Saint Michel et pèlerinages au Mont. Paris 1971.

[16] Acta Sanctorum, Oct. I (1765) 301 (c. 3, §44). Kultort ist Gent. Weitere Mirakel wurden ediert von Maurice Coens, Translations et miracles de Saint Bavon au XIe siècle. In: Analecta Bollandiana 86 (1968) 39–65.

[17] Acta Sanctorum, Nov. I, 53–4.

[18] Ebd. 53E.

wird von Maria nach Rouen geschickt. Petrus und Paulus, die Patrone seiner Heimatstadt, begleiten ihn. In Rouen erfährt er durch sie und die Gottesmutter eine Besserung seines Gesundheitszustandes, vollständig geheilt wird er erst durch den hl. Audoenus[19].

Es hat den Anschein, daß es den Menschen des 11. und 12. Jahrhunderts durchaus nicht ohne weiteres eingeleuchtet hat, daß die großen Thaumaturgen in ihrer Fähigkeit, Wunder zu wirken, zuweilen von ganz zweitrangigen Heiligen übertroffen werden sollten. Ein Mann, dem der hl. Martin im Traum befohlen hatte, zum Grab des hl. Audoenus zu pilgern, fragte sich, weshalb der hl. Martin das Wunder nicht selbst vollbringen konnte: *... vir apostolicus signis praepotens et virtutibus, jam nunc familiarium virtutum impos, aliena patrocinia jubeat esse quaerenda*[20]. Der Mönch von St-Ouen in Rouen, der Verfasser dieses Textes, tadelt jedoch solches Erstaunen und erklärt, die Heiligen seien zwar nie ohne das Verdienst, Wunder zu wirken, aber nicht immer sei ihnen auch die Gnade dazu gegeben: durch einen verborgenen Ratschluß Gottes wechselten die Heiligen einander beim Heilen und Wundertun ab[21]. Diese Auffassung, die sich an der offiziellen Kirchenmeinung orientierte, zeigt eine gewisse 'Fortschrittlichkeit' des Denkens. Die Geistlichen vieler anderer Kultorte teilten durchweg die Überzeugung der meisten Gläubigen, daß nämlich ihr Heiliger ihnen immer helfen könne, wenn er nur wolle. Diese frappante Erwartungshaltung führte bekanntlich dazu, daß man in Situationen großer Not und Bedrohung die Heiligen quasi zum Helfen zwingen wollte, was in Form ritualisierter Beschwörungen stattfand, die bis zur Erniedrigung und Züchtigung der Reliquienschreine führte[22].

7. Beschwörung des Heimatgefühls als Mittel der Werbung

Die Werbung für einen speziellen Heiligen geht nicht selten zusammen mit einer Beschwörung des Heimatgefühls. Ein schönes Beispiel geben die Miracula s. Albini, ein anonymer Text aus der 2. Hälfte des 11. Jahrhunderts, in Angers entstanden. Es heißt dort[23]: Ein Mann aus Angers habe eine Wallfahrt zum hl. Martin nach Tours gemacht – devotionis causa. Auf der Rückreise sei er erkrankt – der hl. Martin hatte seinen

---

19 Acta Sanctorum, Aug. IV (1739) 826–9.

20 Ebd. 830E.

21 Ebd.: *hoc male intelligens, quia licet Sanctis non desint semper merita virtutum, non semper tamen inest gratia operationum; sed per occultam dispensationem Largitoris alternantur in Sanctis vices et tempora curationis.*

22 Vgl. hiezu Maurice Coens, A propos d'un miracle de S. Bavon: le clamor devant les corps saints. In: Analecta Bollandiana 87 (1969) 416 und Joseph Patrick Geary, L'Humiliation des saints. In: Annales E. S. C. 34,1 (1979) 27–42.

23 Acta Sanctorum, Mart. I (1668) 61 (c. 6–7). Kultort ist St-Aubin in Angers.

Pilger also schlecht beschützt. Nachdem er über ein Jahr bettlägerig gewesen sei, habe er sich zu den *loca sanctorum* aufgemacht und sei so bis nach Rom gelangt. Ohne Heilung habe er die Rückreise antreten müssen. In Lucca findet er Aufnahme bei einer Adligen, die ihn in ihren Dienst nehmen will. Nach anfänglicher Zusage gerät er in Zweifel und erwägt die Rückkehr in die Heimat. Wiederum schwankend geworden, ringt er sich schließlich zu dem Entschluß durch, in Lucca zu bleiben und sagt sich: Warum soll ich nach Hause gehen, dort wird mir niemand ähnliche Unterstützung in meiner Krankheit gewähren wie meine hiesige Gönnerin[24]. Hier nun bringt der Autor des Textes seine Botschaft an, und zwar in der für die Mirakelberichte typischen Form: Der hl. Albinus, der Stadtpatron von Angers, erscheint dem Mann in einer Vision und fordert ihn zur Rückkehr auf. In der Heimat werde sehr viel besser für sein körperliches und seelisches Wohl gesorgt sein. Um seinen Worten Nachdruck zu verleihen, fügt er drohend hinzu, wenn er nicht gehorche, werde ihm etwas Schlimmes passieren: *Recede hinc, recede, atque Andegavam repete: illic enim tibi multo melius quam hic procurabitur salus corporis et animae. Dein vero minitans et terrens subiunxit, nisi obediret, deterius aliquid fore passurum*[25].

8. Werbung mit den geographischen Vorzügen des Wallfahrtsortes

Andere Wallfahrtsorte, die anscheinend eher mit einer überregionalen Pilgerschaft rechneten, priesen nicht selten ihre Umgebung in einer fast an moderne Reiseprospekte erinnernde Art und Weise an: Z. B. legen die Miracula s. Audoeni einigen in Rom weilenden Normannen Worte in den Mund, die nicht nur ihren Heimatstolz bekunden, sondern auch die Normandie geradezu als angenehmes Reiseziel empfehlen: Mildes Klima, fruchtbare Böden, liebliche Wälder, Milch und Vieh im Überfluß, Ruhe und Frieden[26].

9. Subtilere Techniken der Werbung: der 'höfliche' Heilige

Nicht immer waren die propagandistischen Mittel so simpel und leicht durchschaubar wie in den vorgenannten Beispielen. Dem Verfasser der

---

[24] Ebd.: *Miser ego, inquiens, quis in patria sic ad votum meae serviet infirmitati? Non hinc migrabo, hic mei exitus diem expectabo.*

[25] Ebd.

[26] Acta Sanctorum, Aug. IV (1739) 829E: *Nos quod divinis beneficiis fovemur, quod aëris temperie utimur, quod arvorum foecundo germine, quod nemorum suavitate fruimur, quod lacte et pecore abundamus, et quod pace summa degentes alienos incursus non pertimemus.*

Miracula s. Hilarii gelang es sogar, das Prestige seines Heiligen auf Kosten anderer zu erhöhen, ohne jenen Wunderkraft abzusprechen, im Gegenteil. Man liest folgendes:[27] Nach alter Gewohnheit hätten die Domkanoniker von Poitiers den Schrein mit Reliquien ihres Patrons, des Apostels Petrus, in einer Prozession zur Kirche des hl. Hilarius gebracht. Kaum, daß sie dort eingetroffen seien, habe ein Kranker, schon lange am Grab des hl. Hilarius um Hilfe flehend, Heilung erfahren. Als die Kanoniker von Saint-Hilaire daraufhin die Glocken geläutet und das Tedeum angestimmt hätten, sei heftiger Protest bei den Gästen aus St. Peter lautgeworden: Dies sei nicht ein Wunder des hl. Hilarius, sondern ihres Patrons, denn schließlich sei der Kranke erst in Gegenwart von dessen Reliquien geheilt worden. Während die beiden Parteien noch wortreich um das Wunder gestritten hätten, sei die Krankheit unversehens in den Geheilten zurückgekehrt. In einer Traumvision, die er bald danach gehabt hätte, sei ihm der hl. Hilarius erschienen und habe erklärt, das Wunder sei tatsächlich nicht durch ihn, sondern den hl. Petrus geschehen. Damit dies auch allgemein bekannt werde, solle er in kurzem ein zweites Mal geheilt werden, diesmal aber in der Kathedrale, wohin man die Reliquien des hl. Petrus inzwischen zurückgebracht hatte. Noch in derselben Nacht habe sich der Kranke auf den Weg gemacht und an der Türe der Kathedrale im Namen des hl. Hilarius Einlaß gefordert: *Aperite, aperite mihi, quem beatus Hilarius magistro suo Petro apostolo curandum mittit*[28]. Bald darauf sei er geheilt worden. In die Mirakelsammlung des hl. Hilarius habe dieses Wunder dennoch Aufnahme gefunden, da es beim erstenmal ja in seiner Kirche stattgefunden habe, beim zweitenmal aufgrund seiner Entscheidung wiederholt worden sei[29].

In einem anderen Mirakel verweist Hilarius eine gelähmte Frau von vornherein an den hl. Petrus in die Kathedrale von Poitiers: Da er, Hilarius, sie zu ihm schicke, werde der Apostelfürst ihr die Heilung nicht versagen. Die Rechtfertigung von soviel Zuvorkommenheit: *Quod autem idem apostolus viventibus dicit "Honore invicem praevenientes" hoc Hylarius carne mortuus, spiritu vivens, primo apostolorum exhibet Petro*[30].

---

[27] Catal. Paris. II, 115–6 (c. 8).

[28] Ebd.

[29] Ebd.: *Hoc miraculum licet apostolorum principis claruit meritis, nihilominus tamen beati Hilarii est inserendum operibus, in cujus nimirum ecclesia primum patratum, postmodum ejus judicio est reiteratum.* Zum Kult des hl. Hiarius vgl. Antonio Quaquarelli, BSS VII (1966) 719–25 sowie Baudouin de Gaiffier, Saint Hilaire, patron du royaume des Francs, Analecta Bollandiana 95 (1977) 24.

[30] Catalogus codicum hagiographicorum bibliothecae regiae Bruxellensis. Pars I. Codices latini membranei, Bd. 2. Brüssel 1889 (= Subsidia hagiographica, 1) 420 (c. 2).

Doch auch zum Zusammenwirken mit anderen Heiligen findet sich der hl. Hilarius bereit, so schenkt er z. B. einem Taubstummen nur das Gehör. Das Sprachvermögen, erklärt er dem jungen Mann in einer nächtlichen Vision, werde ihm der hl. Martin restituieren. Sofort habe sich jener nach Tours begeben, wo ihm der hl. Martin erschienen sei und gefragt habe, was er wolle. Als er erfahren habe, daß der Mann ihm vom hl. Hilarius geschickt worden sei, habe er sofort ein Wunder bewirkt – so wie ein Schüler seinem Lehrer gehorchend (*tamquam oboediens magistro discipulus*)[31].

Die Methode wurde deutlich. In allen drei Fällen verzichtete der hl. Hilarius auf Mirakelruhm, jedoch nur, um die anderen Heiligen gleichsam zu seinen Befehlsempfängern zu machen. Während er im letzten Beispiel den hl. Martin in die Schülerrolle verwies, behauptete er, den hl. Petrus an Ehre und würdigem Verzicht zu übertreffen, ja im ersten Fall machte er sogar ein Wunder des Apostelfürsten rückgängig.

10. Zweifel und Kritik an Wundern des 'Konkurrenz-Heiligen'

Kritik, auch sachgerechte Kritik, entzündet sich am ehesten dort, wo eigene Interessen auf dem Spiel stehen. Dies gilt auch für die mittelalterliche Kritik an Wundern und Reliquien. Während das einfache Kirchenvolk den Berichten und Gerüchten über Wunder dieses oder jenes Heiligen im allgemeinen gerne Glauben schenkte, erregten solche Nachrichten in benachbarten Klöstern und Wallfahrtsstätten of heftigen Widerspruch[32]. Die Gründe sind allzu klar. In der Regel erfolgte schon bald nach solchen Nachrichten ein Ansturm von Heilungssuchenden, die den Schrein des wundertätigen Heiligen mit Oblationen und Votivgaben überschütteten. Doch auch die langfristigen Folgen solcher 'Mirakelschübe', die neben außergewöhnlichen Festakten wie Reliquienostensionen und seit Ende des 13. Jahrhunderts Ablässen in Verbindung mit Jubiläen für die Attraktivität der Wallfahrtsstätten sorgten, erweckten Neid und Mißgunst der Nachbarn. Die Geltung eines Heiligen als großer Thaumaturg rief in vielen Menschen den Wunsch wach, sich in seinen Schutz zu begeben. So bildete sich oft in kürzester Zeit eine ausgedehnte zinszahlende Schutzklientel[33].

---

[31] Catal. Paris. II, 113 (c. 6).

[32] Zur Prüfung von Wundern durch einen Kultrivalen vgl. Eberhard Demm, Zur Rolle des Wunders in der Heiligenkonzeption des Mittelalters. In: Archiv für Kulturgeschichte 57 (1975) 300–44, dort 327.

[33] Zur Ceroezensualität vgl. Knut Schulz, Zum Problem der Zensualität im Hochmittelalter. In: Beiträge zur Wirtschafts- und Sozialgeschichte des Mittelalters. FS Herbert Helbig zum 65. Geburtstag. Köln–Wien 1976, 86–127.

Da die Kritik nicht um der Sache willen geübt wurde, es nicht um wahr oder unwahr ging, sondern darum, die Attraktivität des benachbarten Heiligen zu vermindern oder sogar zu zerstören, mußte es irgendwie gelingen, diesem Heiligen ein 'Versagen' nachzuweisen, seine 'Unfähigkeit' zu demonstrieren. Dazu einige Beispiele aus den Miracula s. Viviani: Am Festtag des Heiligen, zu dem wie üblich die Bevölkerung der Umgebung zahlreich herbeigeströmt war, erschienen einige Mönche aus dem nur 22 km entfernten Kloster Saint-Marcillac[34]. Sie führten einen stummen Knaben mit sich, der seit frühester Jugend in ihrer Backstube arbeitete. An diesem, so forderten sie, solle der Heilige seine Wunderkraft beweisen. Das Experiment sei jedoch, wie der Autor der Miracula mit Genugtuung feststellt, nicht in ihrem Sinne verlaufen; denn schon nach kurzem Verweilen vor den Reliquien habe der Stumme zu sprechen begonnen. Völlig verwirrt (*stupore repleti et extasi*) seien die Mönche aus Saint-Marcillac mit dem Geheilten abgereist[35]. Wie immer man die Glaubwürdigkeit dieses Heilungswunders einschätzen mag, aus diesen Zeilen geht doch wohl hervor, daß die Mönche von Saint-Marcillac an der Wunderkraft des hl. Vivianus Zweifel hatten und mit ihrem 'Experiment' die Mönche von Figeac bloßstellen wollten.

Andere taten es ihnen gleich. Die Kleriker von Saint-Chamant (bei Aurillac) schickten einen Taubstummen, der längere Zeit vergeblich seine Heilung vom Patron ihrer Kirche, dem hl. Amantius, erfleht hatte, nach Figeac in der Gewißheit, der hl. Vivianus werde sich ebenfalls 'blamieren': *De quo ridiculosam sumentes illic clerici parabolam: "Mittamus, inquiunt, hunc hominem mutum sancto Bibiano ex parte sancti Amantii, ut ei perfectae conferat munera salutis"*[36].

Über die Mönche des Klosters Saint-Gérard (Aurillac) hören wir, daß sie die Wunder des hl. Vivianus sogar öffentlich bestritten: *Quas virtutes longe lateque divulgatas Sancti Geraldi monachi invidiose coeperunt detrahere atque more Judaeorum infestis odiis insectari atque alia convertere*[37].

Den Verfasser der Miracula s. Viviani scheinen die Zweifel an seinem Heiligen durchaus nicht irritiert zu haben, im Gegenteil: die Kritik der Konkurrenten wird in seinen Schilderungen zum willkommenen Anlaß, ja zum Mittel, die Macht des hl. Vivianus zu demonstrieren.

---

[34] Heute Marcillac-Vallon, südöstlich von Figeac.

[35] Analecta Bollandiana 8 (1889) 270 (c. 29).

[36] Ebd. 265 (c. 17).

[37] Ebd. 264–5 (c. 16).

11. Konkurrenz der Marienwallfahrtsorte

Ein Problem besonderer Art hinsichtlich ihrer Konkurrenz miteinander, stellte sich den Marienwallfahrtsorten. Während im allgemeinen ein Kultort mit einem bestimmten Heiligen und der Anwesenheit seiner Gebeine identifiziert wurde, traf dies für die vielen der Gottesmutter geweihten Kirchen nicht zu: Maria wurde überall angerufen und war irgendwie in allen ihren Kirchen gleichermaßen 'präsent'. Die Marienwallfahrtsorte mußtem demgegenüber die Besonderheit ihrer speziellen Kirche glaubhaft machen. Dazu diente nicht zuletzt der Besitz von Kontaktreliquien Mariens, wobei jene gleichsam um ihren Vorrang im Wettstreit standen. Während man z. B. in Soissons den Pilgern nur eine Sandale Mariens zur Verehrung darbieten konnte, war das Kultobjekt von Chartres bekanntlich das berühmte Hemd Mariens, das jene angeblich während Schwangerschaft und Geburt Christi getragen hatte[38]. Andere Wallfahrtsorte besaßen sogar nur Kultbilder der Maria, wie z. B. die Kathedrale von Coutances, wo in der 1. Hälfte des 12. Jahrhunderts eine Sammlung von Mirakelberichten entstand, die eine lebhafte Marienverehrung dokumentiert[39]. Auch in Rocamadour, das gegen Mitte des 12. Jahrhunderts zum Wallfahrtsort aufstieg, stand neben Reliquien des hl. Amator nur eine Kultfigur Mariens im Zentrum des Kultgeschehens. Der Mönch aus Rocamadour, der gegen 1172 die Mirakel der Gottesmutter niederschrieb, gab dem besonderen Verhältnis Mariens zu dieser speziellen Kirche mit einfachen Worten Ausdruck: *Elegit, immo preelegit ecclesiam Rupis Amatoris*[40]. Wortreicher begründete der Verfasser der Chartreser Marienmirakel die Vorrangstellung seiner Kirche, vor allem berief er sich auf die vielen Wunder, die dort geschähen. Sie seien Beweis dafür, daß Maria diesen Ort ganz besonders liebe[41].

Von den Pilgern wird Maria geradezu als in Rocamadour oder Chartres etc. beheimatet betrachtet: Ein Lyoneser Kaufmann, der in Bari beraubt worden war, bittet Maria von Rocamadour – *beatae Dei geni-*

---

[38] A. Thomas, Les miracles de Notre-Dame de Chartres. In: Bibliothèque de l'Ecole des Chartes 42 (1881) 509: *sacrosancta camisia, quam eadem virgo dum Dei filium suo gestaret in utero induit, et quam ipsa in puerperio ... circa renes beatissimos dicitur habuisse.*

[39] Miracula ecclesiae Constantiensis, ed. E. A. Pigeon, Histoire de la Cathédrale de Coutances. Coutances 1876, 366–83.

[40] Edmond Albe, Les miracles de Notre-Dame de Rocamadour. Paris 1908 (Extr.: Bull. Soc. Scientif. hist. et arch. de la Corrèze 28, 29) 34.

[41] Thomas, 509: *manifestis iterum rerum indiciis et multis miraculorum argumentis id ipsum declarare dignata est cunctis liquido et evidenter, ostendens quod locum illum quasi singulariter diligeret ac precipue et eandem ecclesiam tanquam speciale domicilium sibi elegerat in terris.*

tricis Rupis Amatoris – um Hilfe[42]. Entsprechend wird in Chartreser Mirakeln Maria als Herrin der Kirche von Chartres angerufen: *domina Carnotensis ecclesie*[43] – *Sancta Maria Carnoti succure*[44]. In den Mirakeln aus Rocamadour heißt es, eine Adlige aus der Diözese Cambrai habe die Gewohnheit gehabt, sich auf den Boden auszustrecken und ihre Gebete in der Himmelsrichtung zu sprechen, in der sie die Maria von Rocamadour vermutete: *ex consuetudine humi prostrata, orabat versus plagam ubi audiebat eam esse*[45].

Aus zahlreichen sogenannten Strafmirakeln ist jedoch ersichtlich, daß solche Bestrebungen, Maria gleichsam zu lokalisieren und für einen Ort zu vereinnahmen, auf Widerspruch selbst in der einfachen Bevölkerung stießen. In den Miracula ecclesiae Constantiensis (Coutances) wird von einem Priester berichtet, der mit seinen Pfarrkindern eine Prozession nach Bayeux zur Kirche der Gottesmutter macht. Auf dem Rückweg kommt man überein, einige Tage später eine weitere gemeinsame Pilgerfahrt zu unternehmen, diesmal zur Kirche Mariens in Coutances. Einer der Parochiane bleibt jedoch am vereinbarten Termin zuhause, denn er findet, die Maria von Bayeux und die Maria von Coutances seien schließlich ein und dieselbe Gottesmutter, die in Coutances sei nicht gültiger oder mächtiger als die in Bayeux[46]. Ein schwerer Unfall, den der Mann kurz darauf erleidet, wird vom Verfasser dieser Miracula als gerechte Strafe für seine Einstellung gedeutet.

Ein vergleichbares Mirakel ist aus Rocamadour überliefert: Ein italienischer Adliger pflegte diejenigen seiner Landsleute zu verspotten, die zur Kirche Mariens nach Rocamadour pilgerten. Schließlich gäbe es in Italien ja auch viele berühmte Kirchen Mariens[47]. Zur Strafe habe ihn eines Nachts ein Heer von Dämonen überfallen und nach dem Leben getrachtet. Sodann sei ihm die Gottesmutter erschienen, habe ihm einen

---

[42] G. Servois, Les miracles de Notre-Dame de Rocamadour. In: Bibliothèque de l'Ecole des Chartes 3 (1857) 231 (I, c. 42). Es handelt sich um eine ältere Teiledition der Mirakel aus Rocamadour.

[43] Thomas 513.

[44] Ebd. 538.

[45] Albe 77–8 (c. 20).

[46] Pigeon, 370–1 (c. 6): *Quidam tamen de parochianis, nomine Vitalis ... insipida cogitatione deceptus, in suo corde revolvens, quod Beata Maria Bajocensis et Beata Maria Constantiensis una eademque Dei Genitrix est, nec ipsam clementiorem vel majoris esse potestatis Constantiis quam Bajocis, votum processionis, quod fecerat, factis complere distulit, quiescensque in tecto suo, die et hora processionis domi remansit.*

[47] Albe 128 (I, c. 6): *derisui habebat eos qui de Italia Beate et perpetue de Rochamador querebant suffragia, cum siquidem Italia summe domine et venerabilis regine celebribus et altis excellat ecclesiis.*

hölzernen Ring um den Hals gelegt und ihn hinter sich hergezogen. Drohend habe sie zu ihm gesagt: "Du wirst mir zu meinem Haus in Rocamadour folgen, nur so wirst du den Dämonen entkommen"[48].

In einem Chartreser Mirakel verweigert Maria einem jungen Mann die Heilung, denn anstatt nach Chartres zu pilgern, hatte er sich damit begnügt, sie in seiner Dorfkirche anzurufen. Daß auch diese das Marienpatrozinium trug, war bedeutungslos. Maria und die hl. Agatha erschienen dem Kranken im Traum. Auf die Bitte der hl. Agatha, ihm doch endlich zu helfen, fragt Maria, weshalb er nicht zu ihrer Kirche nach Chartres komme. Dort nämlich müsse man um Vergebung bitten, dort erhöre sie die Bitten der Sünder. Und den jungen Mann fordert sie auf: *Vade, puer, vade Carnotum, ubi volo exorari*[49].

Daß die Marienwallfahrtsstätten direkt miteinander konkurrierten, läßt sich an vielen Wunderberichten ablesen. Ein Beispiel aus den ca. 1145 entstandenen Marienmirakeln aus Saint-Pierre-sur-Dives (Ar. Lisieux, Dep. Calvados): Im Haushalt Roberts de Curceyo, des Herrn von Courcy (Calvados), habe ein gelähmtes Mädchen gelebt. Auf Veranlassung von Roberts Frau sei eines Tages ein Wagen fertiggemacht worden, um die Gelähmte nach Chartres zu bringen. Der Hausherr jedoch habe dieses Vorhaben verspottet und angeordnet, statt nach Chartres nach Saint-Pierre-sur-Dives zu fahren: dort nämlich geschähen in letzter Zeit die Wunder Mariens[50].

In einem anderen Mirakel derselben Sammlung wird von einer gelähmten Frau aus Bayeux berichtet, die zunächst nach Chartres pilgerte, nach 15tägigem Aufenthalt nach Aufzehrung ihres Proviantes enttäuscht abreist und dann auf ihrem Rückweg Saint-Pierre-sur-Dives besucht, wo sie nach drei Tagen geheilt wird[51].

Schon im Prolog gibt Abt Haimon, der Verfasser des Textes seiner Überzeugung Ausdruck, daß die Kirche von Saint-Pierre-sur-Dives Chartres als Ort, an dem Maria ihre Wunder tue, abgelöst habe: *ipsa primum*

---

48 Ebd.: *ecce Virgo ... solito severior, ligneam retortam habens in manu, collo ejus circumposuit trahensque eum dixit: "Ad domum meam de Rochamador me sequeris alioquin ab impugnatione demonum non erueris"*.

49 Thomas 539 (c. 19).

50 Ed. Léopold Delisle, Lettre de l'abbé Haimon, sur la construction de l'église de Saint-Pierre-sur-Dives en 1145. In: Bibliothèque de l'Ecole des Chartres, 5 sér. 1 (1860) 113–39, dort 127 (c. 9): *Instabat igitur jam Roberti conjux ut vehiculum quo Carnotum eam dirigerent pararetur. "Nequaquam, ait subsannando ille, sed ad sanctum Petrum, ubi nova, ut dicitur, fiunt miracula dirigatur"*. Zur Marienverehrung in Saint-Pierre-sur-Dives vgl. G. Brunat, Une page d'épopée mariale. Récit de Haimon relatant les prodiges attribués à la Mère de Dieu. Lisieux 1974.

51 Delisle 129 (c. 11).

Carnotensem ecclesiam ac tum nostram, dicatam sibi, tot et tantis virtutibus ac miraculis illustravit ...[52]. Angesichts der überragenden Stellung von Chartres als Wallfahrtsort erscheint diese Selbsteinschätzung des Abts Haimon und seiner Kirche grotesk. Allerdings fand man auch in Chartres nichts dabei, sich mit fremdem Mirakelruhm zu schmücken. So trifft man in den Chartreser Wunderberichten auf eine Schilderung, die wörtlich aus dem *Libellus de miraculis b. Mariae virginis in urbe Suessionensi* (Soissons) übernommen wurde. Doch handelt es sich keineswegs um ein simples Plagiat, denn zum Schluß bekommt die Erzählung durch einen Zusatz noch eine polemische Note. Folgendes wird berichtet: Eine Frau aus einer Ortschaft in der Nähe von Soissons leidet an einem Geschwür, das ihr Gesicht verunstaltet. Sie pilgert zur Kathedrale von Soissons, wo sie von ihrem Leiden befreit wird. Da jedoch die Haut an Oberlippe und Nase stark zerstört ist, wird sie von ihrer Familie gezwungen, das entstellte Gesicht mit einem Tuch zu bedecken. In dieser traurigen Lage beschließt sie eine zweite Wallfahrt nach Soissons. Jedoch bereits in der Nacht vor ihrer Reise wird ihr ein weiteres Wunder zuteil: Nase und Oberlippe gewinnen ihr vormaliges Aussehen zurück. An dieser Stelle nun hat der Chartreser Mirakelbericht einen Einschub: Maria sei der Geheilten persönlich erschienen und habe auf deren Frage, wem sie für das Wunder danken solle, geantwortet: *Fidelibus annuntiabis quod Domina Carnotensis hoc fecit*[53].

12. Die Heiligen spezialisieren sich

Im Spätmittelalter pflegte man bekanntlich fast für jede Krankheit und jede spezielle Not einen besonderen Heiligen anzurufen, so den hl. Rochus gegen die Pest, den hl. Lazarus gegen die Lepra, die hl. Verena bei Kinderlosigkeit etc. Aber erst nach und nach kam es dazu, daß bestimmte Heilige den Ruf gewannen, zur Heilung einer speziellen Krankheit besonders befähigt zu sein. Viele Faktoren mögen diesen Spezialisierungsprozeß vorangetrieben haben. Vor allem scheint die zunehmende Konkurrenz der Wallfahrtsorte hierbei eine Rolle gespielt zu haben. Dabei ist aber davon auszugehen, daß die Geistlichkeit, die einen bestimmten Kult propagierte, bemüht war, den Pilgern gegenüber zu betonen, daß ihr Heiliger grundsätzlich zur Heilung jeder Krankheit in der Lage sei. Dort, wo in den Mirakelberichten spezielle Heilkräfte eines Heiligen hervorgehoben werden – was im 11. und 12. Jahrhundert noch selten der Fall

[52] Ebd. 121 (c. 1).

[53] Thomas 537–8 (c. 18). Zum Text in den Mirakeln aus Soissons siehe Hugo Farsitus, Libellus de miraculis b. Mariae virginis in urbe Suessionensi, ed. Migne PL 179, Sp. 1777–1809, dort Sp. 1781–2 (c. 7).

ist[54] –, geht dies nie auf Kosten des Anspruchs auf eine allumfassende Heilbefähigung[55]. Charakteristisch sind in diesem Zusammenhang die gegen Ende des 12. Jahrhunderts niedergeschriebenen Miracula s. Fiacrii[56]. Dort ist zunächst zu erfahren, daß sich schon damals Kranke, bevor sie sich auf Pilgerfahrt begaben, nach den zur Heilung ihrer speziellen Krankheit besonders begnadeten Heiligen erkundigten. So befragte z. B. eine an Blutfluß leidende Frau eine aus Saint-Fiacre zurückkehrende Pilgerin, welche Krankheiten der hl. Fiacrius denn heile: *Interrogavit igitur illam de sancto Fiacrio... quas infirmitates curaret*[57]. Die Antwort, die der Mirakelautor der Angesprochenen in den Mund legte, ist bezeichnend: Alle Krankheiten, beteuert sie, könne dieser Heilige kurieren: *experimento didici beatum Fiacrium magni meriti esse apud Deum, medicum omnium egritudinum a Deo terrigenis concessum*[58]. Aus zwei anderen Mirakeln dieses Heiligen geht jedoch deutlich hervor, daß er schon damals überwiegend von Menschen aufgesucht wurde, die an einem fei-

[54] Vgl. zum Spezialisierungsprozeß Sigal, Les marcheurs 35: "A ce sujet il faut noter que, contrairement à une idée repandue, c'est assez tard dans le Moyen Age, que les saints commencèrent à être spécialisés dans la guérison de certaines maladies". Später präzisierte Sigal sein Urteil, vgl. ders., Marcheurs vers la maison de Saint-Jacques. In: Les Dossiers de l'Archéologie 20 (1977) 8–18, dort 12: Die Spezialisierung sei für einige Wallfahrtsorte bereits für das 12. Jahrhundert festzustellen, jedoch auch dort keineswegs absolut. Dies bestätigt eine Untersuchung von Henri Tribout de Morembert, Les saints guérisseurs du mal des ardents. In: Assistance et assistés 430–42: Er wies nach, daß im 11. und 12. Jahrhundert gegen das erst später so bezeichnete Antoniusfeuer noch nicht der hl. Antonius, sondern ca. 20 andere Heilige in den verschiedenen Regionen des damaligen Frankreich und Deutschland angerufen wurden.

[55] Bemerkenswerterweise beanspruchen die Mirakelautoren des 11. und 12. Jahrhunderts für ihre Heiligen vor allem die Fähigkeit des Heilens von 'Besessenheit', vgl. z. B. Miracula s. Albini, Acta Sanctorum, Mart. I (1668) 60–1 (c. 1): *Parentes*//Eltern eines 'besessenen' Mädchens//*autem eius sancti Praesulis Albini famam audientes, et imperialem in fugandis daemonibus potentiam... daemoniacam*//die Kranke//*adduxerunt*; Miracula s. Amandi, Acta Sanctorum, Febr. I (1658) 902 (c. 8): *ad ecclesiam B. Amandi adducunt*//Verwandte eine 'besessene' Frau//, *cui hoc specialiter genus virtutum a Salvatore collatum creditur, ut ei nulla vis daemoniaca valeat resistere*; Miracula s. Adalberti diac. Egmondae, Acta Sanctorum, Ian. V (1709) 102 (c. 22): *Sed hoc certissimae fidei commendandum, quod cum locus hic sit foecundus incomparabili languentium medicatione; praecipue tamen gaudeat daemoniacorum liberatione.*

[56] Ed. Jacques Dubois, Un Sanctuaire monastique au moyen-âge: Saint-Fiacre-en-Brie (Hautes Etudes médiévales et modernes 27) Genf 1976, 92–131. Kultort ist St-Fiacre (Ort und Kloster, Ar. Meaux).

[57] Ebd. 100 (c. 6).

[58] Ebd.

genartigen Geschwür litten – später nach ihm *Mal Saint-Fiacre* benannt: Von sieben Pilgern, die sich auf dem Heimweg von einer Wallfahrt nach Saint-Denis bei Paris befanden, entschlossen sich vier, das nicht weit von ihrer Route entfernte Kloster des hl. Fiacrius in Meaux aufzusuchen. Die übrigen lehnten dies ab mit der Begründung, sie seien nicht *ficosi*, also am *Mal Saint-Fiacre* erkrankt, und brauchten deshalb auch nicht nach Saint-Fiacre zu pilgern; denn andere Pilger habe dieser Heilige ja nicht: *Nos ficosi non sumus, et non habent necesse ire ad eum. Ipse non habet peregrinos, nisi ficosos*[59]. Wie wenig die Mönche von Saint-Fiacre mit dieser Spezialisierung ihres Heiligen auf eine Krankheit einverstanden waren, zeigt das im Anschluß berichtete Strafwunder, womit die drei sich als Fiacrius-Pilger verweigernden Männer angeblich bestraft worden seien[60].

13. Schlussbemerkungen

Zusammenfassend sei folgendes festgehalten: Die große Zahl der Kultorte stellte ein reiches religiöses Hilfsangebot für die in Notgeratenen jener Tage dar. Diese Situation führte dazu, daß die Geistlichkeit vor allem der kleinen Wallfahrtsorte sich bemühte, ihren Heiligen für die Pilger attraktiv zu machen. Diesem Ziel dienten u. a. die Mirakelberichte. Dabei ging es darum, die Menschen der näheren Umgebung von weiten Pilgerreisen abzuhalten und auf den für sie gleichsam zuständigen Heiligen ihrer engeren Heimat zu verweisen. Desweiteren stellte man den eigenen, zumeist völlig unbekannten Heiligen auf gleiche Stufe mit den ganz großen Heiligengestalten der Christenheit, indem man behauptete, er habe Wunder vollbracht, wo jene nicht zu helfen im Stande gewesen seien.

Die Marienwallfahrtsorte hatten ein zusätzliches Problem: Zum einen gab es sie in besonders großer Zahl, zum anderen mußten sie ihre Kirche als einen speziell geheiligten Ort glaubhaft machen, da Maria in der Vorstellung der Gläubigen überall 'präsent' war und angerufen werden konnte.

Die Spezialisierung der Heiligen ist im Zusammenhang mit der Konkurrenz der Pilgerorte zu sehen. Im 11. und 12. Jahrhundert stieß jedoch dieser Prozeß an den Wallfahrtsorten auf Ablehnung: Man glaubte dadurch weniger Pilger für den Heiligen interessieren zu können und betonte stattdessen seine unbeschränkte thaumaturgische Kraft.

---

59 Ebd. 110 (c. 11); ähnlich ebd. 129 (c. 21).

60 Ebd. 111 (c. 11). Die Spezialisierung des hl. Fiacrius auf diese Krankheit läßt sich vielleicht auf den Namen des Heiligen zurückführen: Fiacrius – *ficus* (Feige), vgl. die Anmerkung des Herausgebers, ebd. 167.

'Peregrinatio laudabilis' und 'peregrinatio vituperabilis'. Zur religiösen Ambivalenz des Wallens und Laufens in der Frömmigkeitstheologie des späten Mittelalters

KLAUS SCHREINER

Die theologische Legitimität christlicher Wallfahrt verstand sich im späteren Mittelalter nicht mehr von selbst. Aus dem alltäglichen Pflichtenkreis auszubrechen, um an einem heiligen Ort geistliche und materielle Hilfe zu finden, weckte Skepsis, stieß auf Kritik und rief kirchliche und weltliche Ordnungsmächte auf den Plan.

Um die Verwerflichkeit unbedachten Wallfahrens anzuprangern, erzählt Johannes von Paltz (gest. 1511), Augustinermönch und Theologieprofessor in Erfurt, folgenden Vorfall: Ein Bauer aus einem thüringischen Dorf stand unlängst mitten in der Nacht auf und erschien nackt (*nudus*) auf dem Hof. Hätten ihn seine Frau und sein Gesinde nicht zurückgehalten, er wäre "gänzlich nackt" (*nudus omnino*) zu einer Wallfahrt aufgebrochen – ob nach Grimmental im ehemaligen Herzogtum Sachsen-Meiningen oder nach Wilsnack in der Mark Brandenburg ist ungewiß. Beide Wallfahrtsorte werden vom Autor unmittelbar zuvor genannt; mit beiden verknüpft er eine Form des Wallfahrens, die nicht in geistlichen Antrieben wurzelt, sondern von psychischer Not und existentieller Bedrängnis bestimmt wird (*peregrinatio compulsoria sive impetuosa*)[1].

Der zur Nacktwallfahrt entschlossene Bauer aus Thüringen ist kein Einzelfall. Nicht nur ihn erfaßte grassierendes Wallfahrtsfieber. Paltz berichtet von unruhigen, ihrer Vernunft nicht mächtigen Menschen (*homines agitati*), die, um möglichst schnell an einen Wallfahrtsort zu gelangen, von ihren Wiesen und Äckern weglaufen – und das, ohne Geld in der Tasche zu haben, ohne richtig angezogen zu sein und ohne auf die Tageszeit Rücksicht zu nehmen[2].

Das "Motiv der spontan verlassenen Arbeitsstätte"[3] zählt zu den gängigen Stereotypen, mit denen die Unrast spätmittelalterlichen Laufens und Wallens wahrgenommen, beschrieben und kritisiert wurde. Ein

---

[1] Johannes von Paltz, Werke 2, Supplementum Coelifodinae, hg. und bearb. von Berndt Hamm. Berlin–New York 1983, 391.

[2] Ebd.

[3] Klaus Arnold, Niklashausen 1476. Quellen und Untersuchungen zur sozialreligiösen Bewegung des Hans Behem und zur Agrarstruktur eines spätmittelalterlichen Dorfes (Saecula Spiritualia 3) Baden-Baden 1980, 61.

fränkischer Anonymus berichtet von der Wallfahrt nach Niklashausen im Sommer 1476: *do liff daß volck von der arbat auff dem velt do hin*[4]. Der Haller Chronist Georg Widmann berichtet von vielen Leuten, die in Niklashausen *ihre kleider nackendt biß an das hembt auszogen, in die kirch warffen und davon zogen*, bald aber, nachdem sie eine Meile weit von Niklashausen entfernt waren, von Reuegefühlen geplagt wurden und *wolten, daß sie ihre kleider widerumb hetten*[5].

An bayerischen Wallfahrtsorten des späten Mittelalters, wie in St. Wolfgang in der Schwindau, in Aufkirchen und Inchenhofen, haben sich bußfertige und enthusiastisch gestimmte Pilger nicht erst am Gnadenort die Kleider vom Leib gerissen; sie hatten sich *nackat plos, parfues vnd parhawb* auf den Weg gemacht[6]. Körperlich entblößt zu sein, gehörte zum Wallfahrtsritual und symbolisierte ein hohes Maß an Außeralltäglichkeit. Ob die sog. 'Nacktwallfahrt' in der Theologie oder im Recht ihren Ursprung hat, ob Pilger, die in spätmittelalterlichen Quellen als *nacket vnd blos* gekennzeichnet werden, überhaupt keine Kleider trugen oder ihren Oberkörper entblößt hatten, das mag hier auf sich beruhen. Im Blick auf das Rahmenthema stellt sich die Frage, ob innerlich erfahrene und äußerlich artikulierte Andersheit mit 'Alltäglichkeit' etwas zu tun hat oder nicht. Müßten unbedachtes Laufen und körperliche Entblößung nicht als Indikatoren für 'Außeralltäglichkeit' gesehen und gedeutet werden?

Als liberale Bildungs- und Wirtschaftsbürger die Wallfahrt zum ungenähten Gewand Christi nach Trier im Jahre 1844 nicht nur als Rückfall ins finstere, abergläubische Mittelalter verhöhnten, sondern auch als wirtschaftlich nachteilige Arbeitsunterbrechung kritisierten, wurde von katholischer Seite zurückgefragt, "ob nur der Reiche das Recht" habe, "den Staub des Alltagslebens abzuschütteln, das arme Volk aber verdammt sei, jahraus wie ein Lasttier unter dem Joch zu seufzen"[7]. Wenn bürgerliche Unternehmer Bäderreisen unternehmen, Industrieausstellungen aufsuchen, Zweckessen und Gelage veranstalten, warum sollte nicht auch der Bauer, "dem Kindergeschrei, dem Weibergebell, den Gläubigern

---

[4] Ebd.

[5] Ebd. 101.

[6] Vgl. dazu Joseph Staber, Volksfrömmigkeit und Wallfahrtswesen des Spätmittelalters im Bistum Freising. München 1955, 74. – Zum Problem der Nacktwallfahrten im allgemeinen vgl. Friedrich Zoepfl, Nacktwallfahrten. In: Wallfahrt und Volkstum, hg. von Georg Schreiber (Forschungen zur Volkskunde 16/17) Düsseldorf 1943, 266–272.

[7] Franz Schnabel, Deutsche Geschichte im neunzehnten Jahrhundert 4: Die religiösen Kräfte. Freiburg [2]1951, 273.

und übelwollenden Nachbarn" einmal entgehen dürfen, um Gott näher zu sein und das müde Herz ausruhen zu lassen![8]

Josef Amberger, Pastoraltheologe in Regensburg, schrieb in seiner in den fünfziger Jahren des 19. Jahrhunderts erschienenen Pastoraltheologie: "So sind Wallfahrten ein mächtiges Mittel, geistiges Leben zu fördern, nicht selten das einzige Mittel, es anzuregen. Dem gemeinen Volke sind Wallfahrten eine Erneuerung des Geistes. Der Mensch reißt sich los von der Erdscholle, an der er klebt, verläßt seine Verhältnisse, die ihn stets in den Staub ziehen, versetzt sich in eine geistige Umgebung; kräftige Mittel erschüttern sein Inneres, er kehrt inwendig gestärkt und erneuert zu seinen Geschäften zurück"[9]. Angesprochen werden hier Möglichkeiten seelisch anrührender Wallfahrtsdramaturgie; beschrieben werden außerdem soziale Mechanismen der Außeralltäglichkeit, nicht Erfahrungen von Leuten, die das Gefühl haben müssen, auch auf Wallfahrten in Tretmühlen des Alltäglichen eingespannt zu sein.

Soll Alltag im Zusammenhang mit Wallfahrt eine plausible Kategorie historischer Erkenntnisse und historischer Deutung sein, kann sie das m. E. nur im Kontext stets wiederholbarer Nahwallfahrten sein, bei denen ohne Aufschub und beliebig oft der himmlische Patron eines Gnaden- und Wallfahrtsortes angerufen werden konnte, um mit seiner Hilfe Probleme des Alltags lösen zu können. Nur unter dieser Voraussetzung gilt, was unlängst Francis Rapp über bäuerliche Nahwallfahrten im Elsaß während des späten Mittelalters und zu Beginn des 16. Jahrhunderts schrieb: "Nicht nur die Reisen ins Heilige Land, nach San Jago sowie nach Rom erfreuten sich einer steten Beliebtheit. Heiligtümer, die zum Ziel von Wallfahrten wurden, schossen sozusagen in großer Zahl aus dem Boden. Dieser Vermehrungsprozeß hatte eine qualitative Veränderung des Wallfahrtswesens zur Folge. Man suchte keine heiligen Gräber auf, sondern man fühlte sich angezogen durch Orte, die der Himmel zum Schauplatz seines wunderbaren Eingreifens in den gewohnten Gang der Dinge gewählt hatte"[10]. Das außeralltägliche Wunderbare, das wallfahrtsgeneigte Christen anzog, machte kirchliche Behörden hellhörig.

---

[8] Ebd.

[9] Josef Amberger, Pastoraltheologie 3, 2. Regensburg 1857, 230. Vgl. dazu Michael N. Ebertz, Die Organisierung von Massenreligiosität im 19. Jahrhundert. Soziologische Aspekte zur Frömmigkeitsforschung. In: Jahrbuch für Volkskunde 2 (1979) 66: "Die zitierten Passagen weisen auf die gezielte Kalkulation mit den sozialen Mechanismen der Außeralltäglichkeit und Dramatisierung hin". Ebd. 67 zu den politisch-sozialen Implikationen kirchlich organisierter Wallfahrten: Wallfahrt dient der "Internalisierung, sprich Verinnerlichung, von Respekt-Verhalten und der Imposanz von Autorität".

[10] Francis Rapp, Zwischen Spätmittelalter und Neuzeit. Wallfahrten der ländlichen Bevölkerung im Elsass. In: Laienfrömmigkeit in sozialen und politischen Zusam-

Aus theologischen und seelsorgerlichen Gründen fühlten sie sich berufen, die Authentizität von Visionen, von wundertätigen Bildern und blutenden Hostien überprüfen zu sollen. "Diese Kontrolle erwies sich als besonders notwendig, weil sich das Netz der Wallfahrtsorte zusammenzog und es für jeden Christen möglich war, in kurzer Zeit – manchmal war nicht einmal der ganze Tag notwendig – mit einem Heiligtum solcher Art in Kontakt zu kommen. Der Wallfahrtsbrauch konnte gewissermaßen auf diese Weise in das Alltägliche eingefügt werden"[11].

I. Konstanten in der Wahrnehmung, Rechtfertigung und Kritik des spätantiken und mittelalterlichen Wallfahrtswesens

Mittelalterliche Theologen sparten nicht mit theologischer Anstrengung und sprachlicher Phantasie, um die Wallfahrt zu geheiligten Stätten als Form christlicher Devotion erscheinen zu lassen, die für zeitliches Wohlergehen und ewiges Heil gleichermaßen von Belang war. Wer auf Wallfahrt ging, tat dies als *homo viator*, der auf dieser Welt keine bleibende Stätte hatte, sondern unterwegs war zu seiner eigentlichen himmlischen Heimat[12]. Wallfahrt sollte zum Ausdruck bringen, daß sich Christen in dieser Welt als Pilger und Fremdlinge fühlen. Die Gemeinschaft von Wallfahrern versinnbildlichte das wandernde Gottesvolk auf seinem Weg zum himmlischen Jerusalem. Abraham, der Patriarch, der seine Heimat verließ, um in das Land der Verheißung zu ziehen, wurde als alttestamentlicher Prototyp christlicher Wallfahrt beschworen und beschrieben. In den Evangelien waren es die nach Emmaus pilgernden Jünger Jesu, die als neutestamentliche Vorbilder in Anspruch genommen werden konnten, wenn es darauf ankam, Wallfahrt als Heils- und Verhaltensmöglichkeit der Christen biblisch zu verankern. Der Gang nach Emmaus bot Stoff für geistliche Spiele, die als 'pilgrim-plays' oder 'Peregrinispiele' geschrieben und auch aufgeführt wurden[13]. Der dem Apostel Paulus zugeschriebene

---

menhängen des späten Mittelalters, hg. von Klaus Schreiner. München 1991 (im Druck).

[11] Ebd.

[12] Gerhart B. Ladner, Homo viator. Medieval Ideas on Alienation and Order. In: Speculum 42 (1967) 233–259; Lenz und Ruth Kriss-Rettenbeck – Ivan Illich, Homo viator – Ideen und Wirklichkeiten. In: Wallfahrt kennt keine Grenzen, hg. von Lenz Kriss-Rettenbeck – Gerda Möhler. Zürich 1984, 10–22.

[13] F. C. Gardiner, The Pilgrimage of Desire. A Study of Theme and Genre in Medieval Literature. Leiden 1971, 21–52 (die nach Emmaus pilgernden Jünger als Prototypen mittelalterlicher Wallfahrer); 86–128 (Latin Plays); 129–156. Vgl. auch Otto Schüttpelz, Der Wettlauf der Apostel und die Erscheinungen des Peregrinispiels im geistlichen Spiel des Mittelalters (Germanistische Abhandlungen 63) Breslau 1930.

Hebräerbrief hatte die Christen gelehrt, sich als *peregrini et hospites* zu begreifen, die zu ihrer himmlischen Heimat unterwegs sind (Hebr. 11, 13).

Maria selber war es, die, als sie jene *loca sancta* aufsuchte, an denen ihr Sohn gebetet, geweint und gelitten hatte, die Wallfahrt als segenbringendes Verhalten begründete. Ein 'Speculum humane Salvationis' beschreibt und stellt das jedenfalls so dar, indem es Lesern und Betrachtern sieben Stationen des Erlösungsgeschehens präsentiert, welche die pilgernde Maria zu Stätten ihrer Andacht gemacht hatte[14]. Spätmittelalterliche Wallfahrtsmystik machte aus Jesus einen vorbildhaften Pilger, der *alle weiß einß pilgrams hat gehabt*[15]. Dem holsteinischen Bauern Gottschalk wurde in einer Vision im Winter des Jahres 1189/90 die Gewißheit zuteil, daß derjenige, der dreimal die Gräber der römischen Apostelfürsten besucht hatte, damit rechnen konnte, in der jenseitigen Welt mit einer goldenen Krone geschmückt zu werden[16].

Vorbildhaft und rechtfertigend wirkten außerdem prominente Pilger aus der kaiserlichen Familie, insbesondere Helena, die Mutter Kaiser Konstantins, die 327 eine Pilgerfahrt ins Heilige Land unternahm. Mit der Heiligen Schrift in der Hand, die sie als Reiseführer benutzte, soll sie alle Plätze aufgesucht haben, an denen Christus gepredigt, Wunder gewirkt und gelitten hatte, auferstanden und in den Himmel aufgefahren war. Sie wollte, wie berichtet wird, alle Plätze besuchen, "die Spuren des Herren tragen", also "ausgezeichnet sind durch Denkmale göttlicher Taten gegen uns"[17]. Sie tat das, um späteren Pilgern sagen zu können:

---

[14] Kriss-Rettenbeck – Illich, Homo viator 11.

[15] Das 'Marienleben' des Heinrich von St. Gallen. Text und Untersuchung von Hardo Hilg. München 1981, 291. Heinrich von St. Gallen entdeckt an dem *lieben herren Ihesu Christi, dem getreu pilgram*, nicht weniger als fünf Merkmale eines Pilgers. Vgl. dazu Hilg, ebd. 361: "Die allegorische Darstellung Jesu als Pilger ist wohl Eigengut des 'Marienleben'-Autors in Anlehnung an eine bisher nicht bekannte Vorlage". Dazu ist anzumerken: Im späteren Mittelalter zählte "le pèlerinage du Christ" zu den gängigen Predigtthemen. Vgl. Louis-Jacques Bataillon, Les images dans les sermons du XIIIe siècle. In: Freiburger Zeitschrift für Philosophie und Theologie 37 (1990) 349. Die dabei gebrauchten Predigtinitien lauten: *Tu solus peregrinus* oder *Homo quidam peregre proficiscens* (ebd. Anm. 66).

[16] Vgl. Peter Dinzelbacher, 'verba hec tam mistica ex ore tam ydiote glebonis'. Selbstaussagen des Volkes über seinen Glauben – unter besonderer Berücksichtigung der Offenbarungsliteratur und der Vision Gottschalks. In: Volksreligion im hohen und späten Mittelalter, hg. von Peter Dinzelbacher – Dieter R. Bauer. Paderborn 1990, 97.

[17] Stefan Heid, Der Ursprung der Helenalegende im Pilgerbetrieb Jerusalems. In: Jahrbuch für Antike und Christentum 32 (1989) 45.

"Wir haben dort gebetet, wo seine Füße standen"[18]. Unvergessen blieb Helenas Wallfahrt deshalb, weil sie auf wunderbare Weise auf dem Berg Golgatha das Kreuz Jesu fand. An der Stelle, an der sie es gefunden hatte, ließ sie eine Kirche bauen. Konstantin, ihr Sohn, hatte über dem Grab Jesu die Grabeskirche errichten lassen. In beiden Kirchen fand das Bewußtsein von den Ursprüngen und Unterpfändern der christlichen Heilsbotschaft monumentalen Ausdruck.

Beide Kirchen bildeten Ziel- und Fluchtpunkt der spätantiken Wallfahrtsbewegung. Die Stätten des Todes und der Auferstehung Christi zu sehen und die an diesen Plätzen errichteten Kirchen zu besuchen, war sehnsüchtiges Verlangen zahlloser Pilger aus aller Herren Länder. Die 335 eingeweihte Grabeskirche trat an die Stelle des jüdischen Tempels. An Stelle Israels, des verstockten und verworfenen Gottesvolkes, pilgerten nunmehr die christlichen Völker nach Jerusalem, um dort das Grab Christi aufzusuchen[19]. Pilgernde Christen folgten dem Beispiel der Juden, die seit alters aus der Diaspora nach Jerusalem gekommen waren, um in den Tempel zu gehen und die Gräber der von ihnen verehrten Patriarchen und Märtyrer zu sehen.

Wallfahrten, ließe sich zusammenfassend sagen, sind ein Lern- und Erfahrungsort, an dem sich Christen in sinnlich-erfahrbarer Weise ihrer Vergänglichkeit bewußt werden; Wallfahrt weckt Andacht, stärkt den Glauben, vermittelt Ablässe und gibt Anteil am wundertätigen Wirken von Heiligen, deren Reliquien und Bilder Hilfe in seelischer und materieller Not erwarten lassen.

Religiöse Metaphern und biblische Vorbilder sollten die Einwände übelwollender Kritiker entkräften; sie schützten aber nicht gegen eine Denkweise, welche die Symbolisierung christlichen Glaubens so weit vorantrieb, daß die biblisch gebotene Anbetung Gottes im Geist und in der Wahrheit den Wert sinnlich vermittelter Heilserfahrungen aushöhlte und Wallfahrt entbehrlich machte. Bilder- und gedankenreiche Wallfahrtstheologie machte auch nicht blind gegen eine Wallfahrtspraxis, die sensible Geister als anstößig empfanden, weil sie hinter den hochgesteckten Zielen weit zurückblieb.

Das christliche Wallfahrtswesen war seit seinen spätantiken Anfängen eine umstrittene, kontrovers beurteilte Angelegenheit. Lob und Kritik vermischen sich in den Äußerungen der Kirchenväter. Der hl. Hieronymus (gest. 420) nahm eine zwiespältige Haltung ein. In einem Brief an Marcella (386/87) rühmte er in überschwenglichen Worten die Bedeutung Jerusalems für "das persönliche Fortkommen in Glaube und

[18] Ebd. – Bei dieser Aussage handelt es sich um Vers 7 aus Psalm 132. Zur Bedeutung dieses Psalmverses in der spätantiken Pilgermentalität vgl. ebd. 45 f., Anm. 30.
[19] Ebd. 47–49.

Frömmigkeit"[20]. Hieronymus schrieb: "Es wäre zu weitläufig, wollte ich, angefangen von der Himmelfahrt des Herrn bis auf den heutigen Tag, die einzelnen Zeiten durchgehen und aufzählen, welche Bischöfe, welche Märtyrer, welche berühmten Vertreter der kirchlichen Wissenschaft nach Jerusalem gekommen sind, weil die meinten, es möchte ihnen an ihrer Frömmigkeit und an ihrem Wissen etwas abgehen, sie hätten noch nicht das Letzte zu ihrer Vervollkommnung getan, wenn sie Christus nicht an den Stätten angebetet hätten, an welchen der erste Lichtstrahl des Evangeliums vom Kreuze aufleuchtete"[21].

In einem Brief an den Presbyter Paulinus, der glaubte, nur in Jerusalem als vollkommener Christ leben zu können, äußerte er sich erheblich skeptischer. "Die einzelnen Gläubiger werden nicht nach den verschiedenen Örtlichkeiten gewogen, an denen sie weilen, sondern nach dem Verdienst ihres Glaubens. Die wahren Anbeter beten den Vater weder in Jerusalem noch auf dem Berge Garizim an; denn Gott ist ein Geist. Die ihn anbeten, müssen ihn im Geiste und in der Wahrheit anbeten, weht ja der Geist, wo er will. Dem Herrn gehört die Erde und ihre Fülle"[22]. Gottes Geist lasse sich nicht in "einen engen Winkel" einschließen oder auf "ein kleines Stück Erde" beschränken[23]. Deshalb würden die "Stätten der Auferstehung und der Kreuzigung ... nur denen nützen, die ihr Kreuz tragen, täglich mit Christus auferstehen und sich einer solch erhabenen Wohnstätte würdig machen". Und nicht zuletzt: "Der himmlische Hof steht sowohl von Jerusalem wie von Britannien aus in gleicher Weise offen; denn das Reich Gottes ist bei uns. Antonius und die große Menge all der Mönche aus Ägypten und Mesopotamien, aus Pontus, Kappadokien und Armenien haben nie Jerusalem gesehen, und trotzdem tut sich ihnen, die diese Stadt nicht besuchten, des Himmels Pforte auf"[24].

Symptomatisch für die ambivalente Einstellung der alten Kirche zur Wallfahrt sind die Äußerungen Gregors von Nyssa (gest. 394), eines Mannes von überragender Gelehrsamkeit und großer spekulativer Begabung, der sich um die philosophische Durchdringung der christlichen Glaubenslehre große Verdienste erworben hat. Unter seinen dreißig erhaltenen Briefen, meist Gelegenheitsschreiben rein persönlichen Inhalts, ist insbesondere seine epistola 2 viel gelesen und zitiert worden. Das deshalb,

---

20 Ebd. 48.

21 Des heiligen Kirchenvaters Eusebius Hieronymus ausgewählte Briefe 1, übers. von Ludwig Schade (Bibliothek der Kirchenväter 2. Reihe 18) München 1936, 305.

22 Ebd. 174.

23 Ebd.

24 Ebd. 175.

weil sie die bei Wallfahrten nach Jerusalem vorkommenden Mißbräuche beim Namen nennt und vor Überschätzung des Wallfahrens warnt[25].

Für Asketen und besonders für Asketinnen, gibt der Kirchenvater Gregor von Nyssa zu denken, bringe die Reise nach Jerusalem erhebliche moralische Gefährdungen mit sich. "Wer durch den Rauch schreitet, dem werden die Augen gereizt; so wird auch hier das Herz befleckt werden durch das Unziemliche, das durch Augen und Ohr aufgenommen wird"[26]. Sich solchen sittlichen Gefahren auszusetzen, bestehe nicht der geringste Anlaß. Die hl. Stätten in Jerusalem gesehen zu haben, sei nämlich kein von der Heiligen Schrift gebotener Akt christlicher Frömmigkeit. Um der Gaben und der Gnaden des Heiligen Geistes teilhaftig zu werden, bedürfe es keiner körperlichen Anwesenheit in Jerusalem. Der Geist wehe, wo er will, und der Herr sei überall gegenwärtig. An Gottes Gnadengaben gewinne man Anteil kraft des Glaubens, nicht wegen einer Pilgerfahrt nach Jerusalem. Jerusalem und Bethlehem würden nur dann zu Recht die Bezeichnung 'Gnadenstätten' verdienen, wenn an jenen Orten der Herr selber noch leiblich zugegen wäre, nicht aber in Kappadokien, oder wenn der Heilige Geist die Bewohner von Jerusalem mit seinen Gnadengaben reichlich beschenken würde, nicht aber die Kraft hätte, nach Kappadokien zu kommen und dort dasselbe zu bewirken[27].

Die streng theologische Argumentation des Gregor von Nyssa kommt einem Rückzug aus der leiblich-sinnlichen Welt gleich, der, konsequent zu Ende beschritten, aller Wallfahrt ihre religiöse Sinnhaftigkeit nehmen würde. Die Art und Weise, wie Gregor von Nyssa von Theologen der abendländischen Kirche rezipiert wurde, beweist deren kritische Grundeinstellung zum Wallfahrtswesen ihrer Zeit. Den durchaus anrührenden Erlebnis- und Erfahrungsbericht, den der große Kappadozier nach seinem Besuch in Jerusalem niedergeschrieben hatte, nahmen sie nicht zur Kenntnis oder übersahen ihn geflissentlich. Aufgegriffen und zur Geltung gebracht haben sie nur die kritischen Vorbehalte des großen Theologen aus Nyssa.

Kritik im Sinne Gregors übten nicht nur Bernhard von Clairvaux, Thomas von Aquin und Bonaventura. Inneres Reifen und Wachsen, das als Pilgern zu Gott erfahren wurde, zählte in ihren Augen mehr

---

[25] Vgl. dazu Bernhard Kötting, Gregor von Nyssas Wallfahrtskritik. In: Ecclesia peregrinans. Das Gottesvolk unterwegs. Gesammelte Aufsätze 2, Münster 1988, 245–251 [ursprünglich abgedruckt in: Untersuchungen zur Geschichte der altchristlichen Literatur 80 (1962) 360–367]; Pierre Maraval, Une querelle sur les pèlerinages autour d'un texte patristique (Grégoire de Nysse lettre 2). In: Revue d'histoire philos. et relig. 66 (1986) 131–146.

[26] Kötting, Wallfahrtskritik 248.

[27] Ebd.

als fromm gemeinte und sittlich gefährliche Wanderschaft zu heiligen Stätten. Die epochenübergreifende Aktualität der von Gregor formulierten Wallfahrskritik beweist auch Dr. Fridolin Huber, Pfarrer zu Waldmössingen, der im Kreis des Konstanzer Generalvikars Wessenberg tätig war und auf einer Konferenz des Kapitels Lindau im Jahre 1802 seinen Mitbrüdern einen Vortrag gehalten hatte, der sich mit der "Belehrung des Volkes über die Wallfahrt" befaßte. Der in der Geschichte und Theologie des Wallfahrtswesens beschlagene Pfarrer zitiert Gregor als Autorität, um nach "vernünftigen und christlichen Grundsätzen" darzutun[28], daß das "Auslaufen in Wallfahrtskirchen" der "Lehre des Evangeliums, der Kirche und der hl. Väter" widerspreche[29].

Gleichwohl: Mittelalterliche Wallfahrtskritik ist nicht allein eine Sache hartnäckig gepflegter Topik, der nichts Neues einfiel. Veränderte Erfahrungen und Herausforderungen zeitigten neue Argumente. Mönche

---

[28] Fridolin Huber, Belehrung des Volkes über die Wallfahrten. In: Archiv für die Pastoralkonferenzen in den Landkapiteln des Bisthums Konstanz 1804, 2, 198–210; 269–287, hier 199.

[29] Ebd. 286 f. – Die kritischen Äußerungen Gregors von Nyssa baut er in folgender Weise in sein en Argumentationsgang ein: "Was ich bisher aus der Vernunft und dem menschlichen Herzen bewiesen habe, will ich auch noch aus dem Zeugnissen der heiligen Våter belegen. Der hl. Gregor von Nissa in seinem Briefe an seinen Freund ůber die Wallfahrten der Kappadozier nach Jerusalem, spricht auf folgende Weise: Was hat wohl jener bevor, welcher diese Orte besucht? Ist etwa der Herr noch leiblicherweise an jenen Ståtten, wo er ehemals gewesen ist? Oder ist der heilige Geist ausschließungsweise bay den Jerusalemitanern und kann er nicht zu uns herůberkommen? Allein nach dem zu urtheilen, worauf man auf die Gegenwart Gottes einen Schluß machen kann, so můßte man eher behaupten, Gott verweile mehr bey dem Volke der Kappadozier als anderwårtig. Denn wie zahlreich sind bey uns die Altåre, wo der Nahme Gottes geheiligt wird? – Hernach wåren zu Jerusalem die gőttlichen Gnaden reichlicher, so sage man warum jene, die dort leben, so tief in Sůnden stecken? – Wenn an einem Orte derley Laster (Rånke, Todschlåge) vorfallen. Wie kann man sagen, die Gnade Gottes sey da reichlicher? Darum um Gott anzubethen und zu loben gehe keiner aus dem Orte, wo er ist. Denn die Verånderung des Ortes macht keines Wegs, daß Gott uns nåher komme; sondern Gott wird zu dir kommen, wo du immer bist, so ferne deine Seele so eine Wohnung darbietet, daß der Herr darin verbleiben kőnne. Ist aber dein innerer Mensch mit verkehrten Gesinnungen besudelt, dann magst du auf Golgatha, auf dem Oelberg, oder im Innersten des Grabes stehen; so bist du von Christo so fern als einer, der dessen Tod, Auferstehung und Himmelfahrt nicht glaubt. Gieb also, theurer Freund! deinen Brůdern den Rath, daß sie lieber zum Herrn mit ihrem Gemůthe wallfahrten, als aus Kappadozien nach Palåstina. Dies ist die allgemeine Sprache der heiligen Våter, wie wir schon oben den hl. Hieronimus und Chrysostomus gehőrt haben. Dieses war die Denkungsart der tugendhaftesten und vernůnftigsten Månner zu allen Zeiten. Nur schade, daß diese fast jederzeit die kleinste Anzahl ausmachen" (ebd. 176 f.).

des hohen Mittelalters diskutierten über die Unvereinbarkeit zwischen *stabilitas loci* und *peregrinatio.* Ziel monastischen Strebens (*affectus*) sei nicht das irdische, sondern das himmlische Jerusalem. Mönche sollten nicht das Land, in dem sie leben, verlassen, sondern sich selbst. Mönchstheologen entdeckten die *peregrinatio in stabilitate*, die Verbindung zwischen körperlicher Ortsgebundenheit und geistlichem Exulantentum[30].

Bewußt wahrgenommene Armut ließ Wallfahrt als unbarmherzige Vergeudung von Mitteln erscheinen, mit denen man in Not befindlichen Mitmenschen hätte wirksam helfen können. Honorius Augustodunensis (1. Hälfte des 12. Jahrhunderts) kritisierte die Neugierde und Prestigesucht von Wallfahrern, welche die bei ihren Unternehmungen anfallenden Unkosten mit Geld begleichen, das sie durch unrechte Handelsgeschäfte, durch Betrug, Raub und Unterdrückung erworben haben. Nur solche Wallfahrten billigte er, die aus Liebe zu Gott und in der Gesinnung der Reue unternommen und mit ehrlich erworbenem Geld bezahlt werden. Dem fügte er jedoch einschränkend und unzweideutig hinzu: Das für die Wallfahrt ausgegebene Geld wäre besser bei Armen angelegt[31]. Der der Ketzerei verdächtigte Lambert le Bégue aus Lüttich machte in seiner 1175/77 an den Gegenpapst Calixt III. gerichteten Apologie geltend, das Geld, das gemeinhin für Wallfahrten aufgewendet werde, solle man besser für Werke der Barmherzigkeit ausgeben. Geld erfülle eher seine christliche Zweckbestimmung, wenn man mit ihm Gefangene loskaufe, Fremde unterstütze, Hungrige ernähre, Durstigen zu trinken gebe, Nackte bekleide, Witwen tröste und Waisen beschütze[32].

Spätmittelalterliche Waldenser machten sich lustig über die *peregrinaciones ad limina sanctorum* und behaupten: Wallfahrten bringe Menschen nichts ein; sie seien geistlich wertlos; Wallfahrer würden auch keine Ablässe empfangen. Das hätten sich alles Priester *propter questum* ausgedacht[33].

Der wortgewaltige Franziskanerprediger Berthold von Regensburg wetterte in der Mitte des 13. Jahrhunderts gegen wallfahrende Frauen, die mehr Sünden als Buße und Ablaß nach Hause brächten[34]. Das war

---

30 Giles Constable, Opposition to Pilgrimage in the Middle Ages. In: Studia Gratiana 19 (1976) 125–146, hier 142.

31 Ebd. 144.

32 Ebd.

33 Vgl. Franz Machilek, Ein Eichstätter Inquisitionsverfahren aus dem Jahre 1460. In: Jahrbuch für fränkische Landesforschung 34/35 (1974/75) 428.

34 Berthold von Regensburg. Vollständige Ausgabe seiner Predigten mit Anmerkungen von Franz Pfeiffer. Mit einem Vorwort von Kurt Ruh 1. Berlin 1965, 356: *Daz [kirchverte unde zu Rôme] sol aber nieman tuon wan die man: deheiner frouwen ist*

schon dem hl. Bonifatius aufgefallen, weswegen er Bischof Cuthbert von Canterbury bedrängte, doch gegen die überhandnehmenden Romfahrten englischer Frauen und Nonnen einzuschreiten, von denen viele in der Fremde sittlichen Schiffbruch erleiden, als Dirnen in langobardischen, fränkischen und gallischen Städten ihren Lebensunterhalt verdienen und so Schande über ihre Heimatkirche bringen[35].

Wallfahrten führten zu berühmten Stätten der Heilsgeschichte und zu nicht weniger berühmten Grabeskirchen von Märtyrern, Aposteln und Asketen. Um der Segenswirkungen von Reliquien teilhaftig zu werden, bedurfte es jedoch nicht jahrelangen Reisens. Wundertätige Reliquienschätze füllten die Schatzkammern aller Bischofs-, Kloster- und größeren Stadtpfarrkirchen in der heimischen Umwelt. Eigens angefertigte Reliquienverzeichnisse geben darüber Auskunft. Gebeine von Heiligen und reliquienähnliche Gegenstände, die sich mit Personen und Vorgängen der biblischen Heilsgeschichte in Beziehung bringen lassen, werden da in überwältigender Fülle als "ornamenta ecclesiae", als Zierden der Kirche aufgelistet. Fromme Phantasie erhob viele Dinge in den Rang einer Reliquie – selbst die Feder, welche der Engel bei der Verkündigung der Botschaft an Maria verloren hatte, selbst das Gewand, das Maria während ihrer Schwangerschaft trug, selbst Vorhaut und Milchzahn des Jesuskindes, selbst der Stein, auf dem Jesus saß, als er über Jerusalem weinte.

---

niht gesetzet niendert ze varne durch got, wan dâ sie ze naht wider hein mac komen, oder swâ sie benahtet, daz sie dâ alse sicher ist als in ir hûse oder in ir kamern. Swâ sie des nahtes niht ist dâ heime, dâ sol sie niemer hin komen. Frouwen die suln dâ heime büezen, man die suln ûz varn: frouwen die suln dă heime sitzen spinnen. 'Wie, bruoder Berhtolt? wer tæte einer alten frouwen iht? Obe got wil ich var durch alliu lant wol sicher mit gewarheit mîner sêle.' Weh! sô dû müede wirdest und einen trunk getuost, sô weiz einer in der naht, ob dû alt bist oder junc. Dû maht vil mêr sünde hein bringen danne dû ûz fuortest. Wir lesen von einer, diu fuor ze Rôme, unde daz sie dar fuorte daz liez sie dâ, unde daz sie niht dar fuorte daz brâhte sie heim. Nû waz brâhte sie dar unde waz fuorte sie von dannen? Ir magettuom fuorte sie dar kiusche unde reine unde liez den dort bî sant Pêters münster, unde brâhte ein kint her wider von dannen. Einer frouwen rômvart und einer hennen flug über einen zûn ist allez glîch nütze. Man suln ûz varn, frouwen die suln dâ heime sitzen spinnen, sie suln mit erbarmherzikeit dâ heime büezen.

[35] Vgl. Theodor Schieffer, Winfrid-Bonifatius und die christliche Grundlegung Europas. Darmstadt 1980, 244.

II. Das spätmittelalterliche Wallfahrtswesen im Widerstreit zwischen mystischer Verinnerlichung und traditionsorientierter Reform

Mystik und neue, auf Innerlichkeit bedachte Frömmigkeit setzten im späteren Mittelalter kritische Impulse frei. Der Verfasser einer aus dem 15. Jahrhundert stammenden Dekalogerklärung verurteilte den Geist der Rechenhaftigkeit, der sich des Wallfahrtswesens zusehends bemächtigte. Er hielt es für verwerflichen *aufsacz* (*superstitio*), wenn kirchliche Fromme des Glaubens sind, dann am ehesten von fiebrigen Krankheiten geheilt werden, wenn sie eine bestimmte Anzahl von Wallfahrten unternehmen[36]. Der Thomas von Kempen zugeschriebene Ausspruch, daß diejenigen, die viel auf Wallfahrt gehen, nur selten heilig werden, ist im späten Mittelalter häufig zitiert worden, um Vorbehalte gegen Wallfahrten zum Ausdruck zu bringen. Erheblich eingehender hat sich Heinrich von St. Gallen in seinem 'Marienleben' (um 1410) mit dem Wallfahrtswesen und der Wallfahrtsauffassung seiner Zeit auseinandergesetzt[37].

Seine kritischen Einwände beginnt Heinrich von St. Gallen mit einem biblischen Negativbeispiel: Hätte sich Maria nicht der Pflichtwallfahrt nach Jerusalem unterzogen, hätte sie sich nicht der Gefahr ausgesetzt, in der Menge der dort versammelten Menschen ihren Sohn zu verlieren (*wan wer die allerweist himelkunigin do heim bliben, so het sie nit verlorn iren sun*). Im Anschluß an die biblische Episode zitiert Heinrich von St. Gallen den hl. Bernhard, der nicht Rom und Jerusalem, sondern den *tempel vnsers herczen* zum Ziel menschlicher Wallfahrt gemacht habe[38]. Unter Berufung auf den hl. Hieronymus und den hl. Augustinus sucht Heinrich von St. Gallen glaubhaft zu machen, daß Menschen, die sich auf Wallfahrt begeben, um *daz heilig grab vnd die heiligen stet zu besuchen*, dabei *all ir gnad* verlieren können. Aus dieser Erfahrungstatsache zieht er den Schluß, daß *wallen nit allen menschen nucz* sei; nur für diejenigen sei die Wallfahrt eine nützliche Sache, *die nit pessers wissen vnd sunst noch andacht nit kunden stellen.* Zumindest erwerben solche Pilger Ablaß, *der do ab lescht die pein, die sie musten leiden im fegfewr; aber sunst wirt yn wenig oder kein lon, der in mer ir ewige freude*[39].

Ungleich reicher belohnt werden jedoch diejenigen, welche das Leiden unseres Herrn betrachten: *die menschn, die sich geben zu betrachten*

---

36 Karin Baumann, Aberglaube für Laien. Zur Programmatik und Überlieferung spätmittelalterlicher Superstitionenkritik 1. Würzburg 1987, 463.

37 'Marienleben' des Heinrich von St. Gallen, Kapitel XI: 'Verlust und Wiederfindung Jesu im Tempel. Wallfahrt und Kontemplation', 217 f.

38 Ebd. 222.

39 Ebd. 222 f.

daz leiden vnsers herren vnd ander seiner gutet vnd gnaden vnd die himelischen freud, die selben menschenn mugen vil mer verdinen da mit dan mit vil wallens oder ander vbung. Wan einer yetlichen solichen betrachtung gehort zu ain sunderlicher lon yn dem ewigen leben, der dem menschen vil pesser vnd vnausprechenlichen nuczer ist wan ein zergencklicher ablas yn dem fegfeur: wan als vil ein mensch gott hie klerlicher lernt erkennen mit solcher betrachtung, alß vil erkent er got leuterlicher vnd klerlicher yn dem ewigen leben[40].

Heinrich von St. Gallen stellte in Frage, was für viele Pilger seiner Zeit ein leitendes Motiv ihrer Reise zu heiligen Stätten war: den Zusammenhang zwischen Wallfahrt und Ablaß. Ablaßversprechungen - und wahrlich keine geringen - enthielt selbst die Predigt des Hans Behem, des Pfeifers von Niklashausen. Er predigte: *sonst were kein gnad und ablas in der gantzen welte dan zu Niclashausen. Were dahin keme, und die jungfrawen Maria da ehret, der hette vergebung aller sünd*[41]. In der Tat: "In manchen Regionen ist 'Ablaß' nachgerade ein Synonym für Wallfahrt – man denke nur an die bretonischen pardons –, und nicht nur die Reformatoren rechneten die Ablaßkonkurse zu den Wallfahrten, sondern auch den Aufklärern ging der Name 'Ablaßörther' sehr rasch von den Lippen, wenn sie von Wallfahrtsorten sprachen; sie vertraten schlankweg die Auffassung, die Gewinnung von Ablässen sei das einzige Motiv der Wallfahrer"[42].

Verstärktes Verlangen nach spirituellen Formen christlichen Frommseins ließ an der Verdienstlichkeit der zeitüblichen Wallfahrtspraxis Zweifel aufkommen. Skeptisch wurde nachgefragt, ob denn die zur Verehrung einladenden Reliquien echt, die propagierten Wunder und Visionen wahr seien. Theologen und kirchliche Amtsträger warnten vor traditionswidrigen Neuerungen. Was sie beunruhigte, war zum einen das sprung-

40 Ebd. 223.

41 So Lorenz Fries in seiner 'Histori der Bischofe zu Wirtzburg' (1546). Vgl. Arnold, Niklashausen 1476, 284. Vgl. auch Klaus Arnold, Neues zu Niklashausen 1476. In: Reformation und Revolution. Beiträge zum politischen Wandel und den sozialen Kräften am Beginn der Neuzeit. Festschrift für Rainer Wohlfeil zum 60. Geburtstag, hg. von Rainer Postel – Franklin Kopitzsch. Stuttgart 1989, 76.

42 Hans Dünninger, Ablaßbilder. Zur Klärung der Begriffe 'Gnadenbild' und 'Gnadenstätte'. In: Jahrbuch für Volkskunde 8 (1985) 54. – Dünninger, ebd. 54 f., setzt sich kritisch mit der Auffassung auseinander, derzufolge Wallfahrt und Ablaß enger zusammenhängen, als man gemeinhin wahrhaben möchte. Die "oft erhobene Behauptung, ein Ablaß habe die Wallfahrt ausgelöst oder zumindest den Zustrom erheblich gesteigert", sei "nirgendwo stichhaltig" erwiesen. Das schließt nicht aus, daß sich spätmittelalterliche Theologen (wie z. B. Heinrich von St. Gallen oder Frederik von Heilo) deshalb gegen die Wallfahrt aussprachen, weil sie den auf Wallfahrten erworbenen Ablaß für eine theologisch unzulängliche Form christlicher Heilssuche erachteten.

hafte Entstehen neuer Wallfahrtsorte, zum anderen die psychische Verfassung der Waller. Die neuen, geschichtslos aus dem Boden sprießenden Wallfahrtsstätten zeichneten sich nicht durch Gräber oder Reliquien allseits bekannter Heiliger aus. Ihr Zustandekommen und ihre Anziehungskraft verdankten sie Visionen begnadeter Seher, blutenden Hostien oder wundertätigen Gnadenbildern. Mirakulöse Außeralltäglichkeit, die wallfahrtsbildend wirkte, nährte Vorbehalte und weckte Skepsis. Die blutenden Hostien von Wilsnack belegen das in eindringlicher Anschaulichkeit[43]. Theologen und kirchliche Prälaten – Heinrich Tocke, Nikolaus von Kues, Johannes Hagen, Jakob der Kartäuser, Johannes Dorsten, die Erfurter Theologenfakultät, auch Johannes Hus – erhoben Einspruch. Sie taten das im Namen der Rechtgläubigkeit, der geschichtlichen Wahrheit und vor allem im Auftrag einer Kirche, die sich berufen fühlte, die Frömmigkeitspraxis der Laien zu kontrollieren und gegen abergläubische Verirrungen zu schützen. Auf seiner Legationsreise durch Deutschland (1450/51) verbot Nikolaus von Kues die Verehrung der Wilsnacker Bluthostien. Der brandenburgische Kurfürst begab sich aber 1453 nach Rom und konnte dort erreichen, daß der Papst das Verbot seines Legaten kassierte. Wilsnack blieb neben Aachen der bedeutsamste Wallfahrtsort im Reich – bis zum Jahre 1552, als der lutherische Pastor die Bluthostien ins Feuer warf.

Die 'klassischen' Wallfahrten waren eingebettet in kirchliche Rituale. Die spätmittelalterlichen Massenwallfahrten sind ein religiöses Krisenphänomen, das auf die innere Unruhe und seelische Unsicherheit zeitgenössischer Laienchristen schließen läßt. Christen von damals brachen spontan auf, wenn sie von wunderbaren Ereignissen hörten, die eine Befreiung von ihren Ängsten, Leiden und Gebrechen erhoffen ließen. In der Wallfahrt Heil und Heilung zu suchen, war nicht allein Sache der Einfältigen (*simplices*), der geistig und sozial Niedrigen, wie theologische Kritiker vorgaben und behaupteten. Alle Schichten der Bevölkerung – *mede, monnike, papen, studenten, scholer, leien, eddel, uneddel, kopvlde, borgerkinder, handwerkeslude, mester und knechte, buwer, ackersknechte und allerleie volk* – zogen los, liefen und wallten, wie die 'Magdeburger Schöppenchronik' berichtet[44]. In den 'Jahrbüchern des Zisterzien-

[43] Vgl. dazu Hartmut Boockmann, Der Streit um das Wilsnacker Blut. Zur Situation des deutschen Klerus in der Mitte des 15. Jahrhunderts. In: Zeitschrift für Historische Forschung 9 (1982) 385–408. – Charles Zika, Hosts, Processions and Pilgrimages. Controlling the Sacred in Fifteenth-Century Germany. In: Past and Present 118 (1988) 25–64, hier 48–59 (mit ausführlichen bibliographischen Angaben ebd. 49, Anm. 76).

[44] Die Magdeburger Schöppenchronik. Die Chroniken der deutschen Städte vom 14. bis ins 16. Jahrhundert. Die Chroniken der niedersächsischen Städte. Magde-

serklosters Alderbach' heißt es über die Wallfahrer zur 'Schönen Madonna von Regensburg': Die Wallfahrer liefen, "gleich als ob sie besessen wären"[45]. In der Form weniger schroff, in der Sache aber nicht weniger eindringlich drückte sich der Erfurter Augustinertheologe Johannes Dorsten (gest. 1481) aus, als er die *mobilitas seu mutabilitas animorum et inconstantia mentis nunc in hominibus* beklagte[46].

Die Unvereinbarkeit zwischen kirchlich anerkannten und kirchlich unbeglaubigten Wallfahrten machte es erforderlich, Unterscheidungskriterien anzugeben, welche unter den neu sich bildenden Wallfahrten die Spreu vom Weizen trennten. Der umfassend gelehrte und humanistisch gebildete Benediktinerabt Johannes Trithemius tat dies in seiner 1511 erschienenen Schrift über die Wunder, welche die allerseligste Jungfrau Maria in der Kirche von Dettelbach gewirkt hatte[47]. Alt war die Wallfahrt nach Dettelbach nicht. Im Jahre 1505 hatte nachweislich der Zustrom der Frommen in die nahe bei Würzburg gelegene Kleinstadt eingesetzt. Trithemius berichtet von 60 Wundern, die sich in der Zwischenzeit im Zusammenhang mit der Verehrung des Dettelbacher Bildstocks von Maria ereignet hatten.

Der Legitimationsgrund für die junge Wallfahrt nach Dettelbach lag nach Auffassung des Trithemius in der Echtheit der *nova miracula*. Der Gedanke, daß mancher wunderbare Vorgang in der Leichtgläubigkeit des ungebildeten Volkes wurzelt oder als nützliche Fiktion aus klerikaler Ruhm- und Besitzgier hervorgeht, war Trithemius nicht fremd. Dennoch, machte er geltend, schließe Gottes Güte und Allmacht die Möglichkeit "neuer Wunder" nicht aus. Weil Gott allmächtig sei, könne er auch immer und überall Wunder tun. Durch glaubwürdige Zeugen, deren sittliche Integrität über alle Zweifel erhaben sei, lasse sich überdies die Tatsächlichkeit von Wundern erhärten. Namentlich benennbare Zeugen würden die Authentizität der erzählten Wundergeschichten verbürgen. Was überdies Wunder dagegen schütze, als *falsa aut conficta* verächtlich gemacht zu werden, sei deren spiritueller Nutzen (*utilitas*)[48]. "Denn

---

burg 1. Göttingen 1962 (Leipzig 1869) 408. Vgl. Martin Bauer, Die 'gemain sag' im späten Mittelalter. Studien zu einem Faktor mittelalterlicher Öffentlichkeit und seinem historischen Auskunftswert. Erlangen–Nürnberg 1981, 89.

[45] Ebd. 88. Vgl. Bernd Moeller, Frömmigkeit in Deutschland um 1500. In: Archiv für Kulturgeschichte 56 (1956) 22.

[46] Paltz, Werke 2, Supplementum Coelifodinae, 397.

[47] Johannes Trithemius, De miraculis Beatissimae Mariae semper Virginis in ecclesia nova prope D[ettelbacensem], 1511. – Zur Geschichte der Wallfahrt nach Dettelbach vgl. Günther Reither, Heiligenverehrung und Wallfahrtswesen im Schrifttum von Reformation und katholischer Restuaration. Phil. Diss. Würzburg 1970, 124; 129–142.

[48] Vgl. dazu Nikolaus Staubach, Auf der Suche nach der verlorenen Zeit: Die hi-

die von den Wunderereignissen ausgelösten neuen Wallfahrtsbewegungen bieten ein durchaus heiliges und gottgefälliges Erscheinungsbild und sind gänzlich frei von den üblichen, durch sittenloses Treiben, Gewinnsucht und Ausschreitungen gegen den Klerus gekennzeichneten verderblichen Folgen der pseudoreligiösen Zusammenrottung seiner Zeit. Wenn aber die Wirkungen der fraglichen Ereignisse so heilsam und fromm sind, dann kann nur Gott ihr Urheber sein"[49].

Als der Würzburger Weihbischof Eucharius Sang hundert Jahre später von neuem über die 'Beneficia vetera et nova Divae Virginis Dettelbacensis' (1607) berichtete, wollte er nicht nur ungebrochene Segensströme in Erinnerung rufen, die in Dettelbach immer noch fließen. Seine Mirakelberichte erfüllten eine ausgesprochen gegenreformatorische Funktion im Dienste katholischer Rechtgläubigkeit. Wunder bildeten seiner Ansicht nach ein Argument für dogmatische Richtigkeit. Die aufgeschriebenen und zum Druck gebrachten Wunder sollten bewirken, *daß deiner* [Maria] *Ehr vnnd Namen daß jenig zum Theil widerum erstattet werde / was demselben die in Teutschlanden spältige Religion entzogen hat. Dann auch / darmit die jenigen welche in diesem Stifft Würtzburg vor dessen zu der reinen Catholischen Lehr widerumb gebracht worden / in derselben desto besser gesterckt / die aber welche noch blintzlendt derselbigen verfehlen / vnnd jrren / wann sie diese vbernatürliche Wunderwerck sehen / jhre verschlossene Augen auffthun: vvnd durch ein besseres Liecht erleuchtet / sich zu dem Schoß der Christlichen Kirchen wiederumb einstellen*[50].

III. Spätmittelalterliche Wallfahrten als Gefahrenherde für die politisch-soziale Ordnung

Wallfahrt als öffentlich und kollektiv ausgeübte Frömmigkeit wurde im späten Mittelalter zu einem Gefahrenherd für die politisch-soziale Ordnung, wenn sich hinter Wallfahrtsströmen religiös und sozial motivierte Volksbewegungen verbargen. Das war beim 'Laufen' nach Niklashausen im Sommer 1476 der Fall. Ausgangs- und Angelpunkt der Wallfahrt war die Person des Hans Behem, eines aus kleinbäuerlichen Verhältnissen stammenden Leibeigenen, der sich als ungelernter, charismatisch inspirierter Laienprediger betätigte und das, was er an religiösen Wahrheiten

---

storiographischen Fiktionen des Johannes Trithemius im Lichte seines wissenschaftlichen Selbstverständnisses. In: Fälschungen im Mittelalter I: Kongreßdaten und Festvorträge, Literatur und Fälschung (MGH Schriften 33, I) Hannover 1988, 273 f.

49 Ebd. 274 f. – Zu den "pseudoreligiösen Zusammenrottungen seiner Zeit" rechnete Trithemius insbesondere den *concursus ad Niclaßhusen*. Vgl. Arnold, Niklashausen 268–273.

50 Zitiert nach Reiter, Heiligenverehrung 134.

und sozialen Botschaften unter die Leute brachte, als Offenbarung der Jungfrau Maria ausgab.

Der Laienprediger vom Taubertal mahnte nicht nur zur Einkehr und Buße; er wollte aus der Masse seiner Zuhörer nicht nur glühende Verehrer der Gottesmutter Maria machen; er war überdies bestrebt, den sozialen Gehalt des von Maria gebeteten "Magnificat" freizulegen und zu aktualisieren. Hatte doch die Gottesmutter selber prophetisch eine Zeit in Aussicht gestellt, in der Gott die Mächtigen vom Throne stoßen, die Kleinen, Demütigen und Verachteten aber erheben werde (Luk. 1,51). Deshalb brandmarkte Johannes Behem die weltliche Macht der kirchlichen Prälaten; deshalb nannte er Kaiser Friedrich III. einen *bößwicht*, weil er sich mit Fürsten, Grafen und Rittern gegen das gemeine Volk, die "armen tübel", verbündet habe[51]. Der Gang der weiteren Dinge ist bekannt. Klaus Arnold hat ihn minutiös wiederhergestellt.

Die Wallfahrt währte nur einen kurzen Sommer. Das grassierende Wallfahrtsfieber, das Stadt und Land des deutschen Südwestens erfaßt hatte, weckte bei den Trägern der politischen Gewalt Ängste. Hans Behem wurde von bewaffneten Reitern des Bischofs von Würzburg gefangengenommen und in der bischöflichen Festung auf dem Marienberg eingekerkert. Der gegen den Pauker geführte Gewaltstreich "wurde nachträglich mit einem unmittelbar bevorstehenden Aufstandsversuch begründet – wenig glaubhaft: Denn als am darauffolgenden Morgen die Anhänger des Paukers vor der Würzburger Festung erschienen, waren sie – abgesehen von mitgeführten Votivkerzen und Wallfahrtsfahnen – unbewaffnet. Der Versuch zur Befreiung ihres Propheten scheiterte zwangsläufig und forderte beim Rückzug vor den nachsetzenden würzburgischen Reitern beim befestigten Kirchhof des benachbarten Dorfes Waldbüttelbronn schließlich zwölf Todesopfer"[52]. Da sich Hans Behem weigerte, den ihm zur Last gelegten Irrtümern abzuschwören, wurde er – wohl ohne ordentliches Gerichtsverfahren – der Ketzerei überführt und am 19. Juli 1476 verbrannt. "Mit heller Stimme sang er seine deutschen Marienlieder, bis der Rauch die Stimme erstickte. Die Asche wurde, um sie nicht zur Reliquie und die Richtstätte nicht zu einem neuen Wallfahrtsort werden zu lassen, *... in den Main gestreut*[53]. So zu verfahren hatte Tradition. Auch die Überbleibsel des in Konstanz verbrannten böhmischen Ketzers Johannes Hus sind in alle Winde zerstreut worden, um seinen Anhängern die Möglichkeit der Verehrung zu nehmen.

Daß Wallfahrten als Gefahr für den innerstädtischen Frieden wahrgenommen wurden, beweisen die Reaktionen des Nürnberger Rats. Fern-

---

[51] Arnold, Niklashausen 107.

[52] Arnold, Neues zu Niklashausen 71.

[53] Arnold, Niklashausen 123.

wallfahrten, die zahlreiche Nürnberger Patrizier im Laufe des 15. Jahrhunderts unternahmen, waren rechtens, löblich und verdienstlich. Als in der Reichsstadt eine starke, vom gemeinen Mann getragene Wallfahrtsbewegung nach Niklashausen einsetzte, wurde sie vom Rat verboten[54]. Papst Sixtus IV. sprach deshalb den Nürnberger Ratsherren Dank und Anerkennung aus. Er rühmte ihre Sorge um die Erhaltung des wahren christlichen Glaubens[55]. Auf den Gedanken, daß es vornehmlich politische und soziale Interessen waren, die den Rat zum Einschreiben veranlaßt hatten, kam der Papst nicht. Als sich 1489 in Nürnberg herumsprach, daß unter einem Stein beim Jakobusaltar in der Jakobuskirche ein heiliger Mann liege, der ab und an seine Hand herausstrecke, löste das in der Nürnberger Bevölkerung einen großen Zulauf aus. Der Bischof von Bamberg legte sich ins Zeug und verbot, besagten "St. Oeker" durch Gebet, Opfer und Kerzen zu verehren. Der Rat verbot gleichfalls den zweifelhaften Kult. Als im Jahre 1506 bei Bayreuth eine neue Wallfahrt entstand, die auf die Nürnberger Stadtbewohner eine große Anziehungskraft ausübte, fühlte sich der Nürnberger Rat von neuem herausgefordert, das massenhafte Auslaufen städtischer Bürger zu verhindern. Er beauftragte die beiden Ratsherren Hieronymus Holzschuher und Sigmund Groß, daß sie sich auf der Kanzel energisch gegen diese neue Wallfahrtsbewegung wenden. Als wenig später in einem bei Hartmannshof neu erworbenen Landgebiet ein Fuhrmann eine Martersäule und einen Bildstock aufrichtete, die insbesondere das einfache Landvolk anzogen, machte der Nürnberger Rat kurzen Prozeß. Er beauftragte den Pfleger von Hersbruck, durch eine Nacht- und Nebelaktion Säule und Stück zu beseitigen[56].

IV. Das spätmittelalterliche Wallfahrtswesen als Herausforderung an die zeitgenössische Theologie

Das spätmittelalterliche Wallfahrtswesen, das sich qualitativ veränderte und quantitativ zunahm, verlangte Predigern und Theologen differenziertere Argumentationen ab. Berthold von Regensburg (gest. 1272), der wortgewaltige Franziskanerprediger, formulierte, um seine Abneigung gegen kostspielige und sittengefährdende Fernwallfahrten zum Ausdruck zu bringen, kritische, eingängige, gemeinverständliche Sätze. Christenleute, meinte er, würden durch den Besuch der heiligen Messe *mêr gnâden unde lones* erwerben als durch eine mehrere Wochen dauernde Wallfahrt nach

54 Ebd. 197; 220.

55 Ebd. 257.

56 Schlemmer, Gottesdienst und Frömmigkeit in der Reichsstadt Nürnberg am Vorabend der Reformation. Würzburg 1980, 334 f.

Santiago de Compostela. Begründet hat das Berthold so: *Wir haben ûf ertrîche noch in himelrîche bezzers niht danne gotes lîchnamen unde daz gotes wort, unde dar umbe sol man messe predige haben unde sol diu bêdiu gerne hœren. Maniger loufet hinnen gein Compustellâ ze sant Jâcobe unde loufet dar unde dannen daz er niemer messe gehœret, unde gênt danne mit gamel unde mit gelehter unde sprechent halt etelîche selten iemer dehein pater noster. Daz rede ich dar umbe niht daz ich sante Jâcobe sîne bilgerîne enpfüeren welle: dâ wær ich ze kranc zuo. Iedoch möhtest dû in einiger messe mêr gnâden erwerben, danne daz dû ze Compustelle loufest unde her wider. Nû waz vindest dû ze Compustelle? daz tuost dû sant Jâcobus houbet. Daz ist vil guot: ez ist ein tôter schedel, daz bezzer teil ist dâ ze himele. Nû waz vindest dû hie heimen an dînem hoveziune? Swenne dû des morgens in die kirchen gêst, sô vindest dû wâren got unde wâren menschen mit lîbe unde mit sêle als wærlîche als des tages dâ er geborn wart von mîner frouwen sante Marîen, der êwigen megede, des heilikeit grœzer ist danne aller heiligen.* [...] *Unde dâ von sô sult ir gerne ze messe gên. Dû maht bî einer messe mêr lônes verdienen, danne jener in sehs wochen hinnen ze sant Jâcobe unde danne inne sehs wochen her wider: daz sint zwelf wochen.* In anderem Zusammenhang beteuerte er: *So si* [die Wallfahrer] *her wider koment* [von ihrer Fahrt nach Rom, Avignon oder Jerusalem], *so sint sie ze male unsinnig.* [...] *Gingest du aber in dich selber, do das rich gottes in der warheit ist, do fundest du Aviun und Rom und ablas aller schulde und das Jubil jar frolicher denn es alliu diu heilig kristenheit* [...] *iemer vinden muge in uzwendigen werken*[57].

Theologen des 15. Jahrhunderts schrieben Abhandlungen und verfaßten Predigten 'De peregrinatione'. Um darzutun, was sie im Hinblick auf das zeitübliche Wallfahrtswesen bewegt und beunruhigt, bedienten sie sich weitläufiger und subtiler Argumentationsgänge. Ihre Traktate 'Über die Wallfahrt' beschränkten sich nicht darauf, eh und je bekannte Einwände zu wiederholen; sie enthielten auch Neues. In seinen Erwägungen 'De peregrinatione', die der an der Pariser Universität lehrende Augustinereremit Jacobus Magni (Jaque Legrand) (gest. 1425) in sein als Handbuch wahren christlichen Lebens konzipiertes 'Sophologium' aufnahm, greift dieser auch auf antike Autoren (wie Seneca und Platon) zurück, um mit deren Hilfe den Nachweis zu erbringen, daß dem Reisen keine Kraft zum Guten innewohne[58].

Wie spätmittelalterliche Autoren *peregrinatio* und *concursus* beurteilten und im Interesse der Kirche zu normieren suchten, möchte

[57] Berthold von Regensburg, Predigten 1, 493; Heinrich Rinn, Kulturgeschichtliches aus deutschen Predigten des Mittelalters. Hamburg 1883, 31.

[58] Jacobus Magnus, Sophilogium, liber X, cap. 5, Paris 1516, f. XCI^{v}–XCII^{v}.

ich exemplarisch an drei Texten 'De peregrinatione' verdeutlichen. Sie stammen von dem Windesheimer Regularkanoniker Frederik van Heilo aus Haarlem (gest. 1455), von Gottschalk Hollen (gest. 1481), der in Osnabrück als Lektor und Prediger tätig war, sowie von Johannes von Paltz (gest. 1511), der in Erfurt studiert hatte und als theologischer Magister ins dortige Augustinerkloster eingetreten war.

1. Sich über Wallfahrt Gedanken zu machen, hatte für Frederik von Heilo einen konkreten Anlaß. 1450 wurde ein Jubiläumsablaß ausgerufen. Diesen durch eine Wallfahrt nach Rom zu erwerben, hatten die Windesheimer ihren Kapitelsmitgliedern verboten. Frederik van Heilos Schrift liest sich als Apologie dieses Verbots[59].

Wallfahrt ist für Frederik van Heilo vornehmlich eine Frage des Ablasses. Indem er zu zeigen versucht, daß die *pie vite exercitia* höher einzustufen sind als der Erwerb von Ablaß mittels Wallfahrt, fällt es ihm nicht schwer, auch für die Entbehrlichkeit des Wallfahrtswesens theologische Argumente zu finden. Ablässe zu erwerben, schreibt er, zieme sich für Weltleute, nicht für Devote. Weltleuten (*seculares*) könne man zubilligen, in Gestalt des Ablasses ein *exterius salutis suffragium* zu erwerben[60], das dazu anleite, Hoffnung auf Heil zu schöpfen und Gott als den Geber alles Guten zu lieben. Für Devote dagegen sei der größte und verlässlichste Ablaß das *devotionis et religionis exercitium.* Der Ablaß möge Schuld tilgen und Vergebung der Sünden versprechen, "neue Gnade, die vom Menschen nicht kommen kann, vermittelt er nicht" (*novam gratiam, quam ab homine venire non potest, non confert*)[61]. Wer wahren Ablaß erwerben wolle, solle nicht einem Ort vertrauen, sondern seinem eigenen Vorsatz; er solle auch nicht hoffen, durch Ortswechsel und Reisen Ablaß erwerben zu können, wahren Ablaß bewirke die Umkehr seines Denkens (*conversio animi*) und die Festigkeit seines frommen Besserungswillens (*pii stabilitas propositi*)[62].

Wenn Mitglieder urchristlicher Gemeinden Wallfahrten zu Märtyrergräbern unternahmen, war das nach Ansicht Frederiks van Heilo eine lobenswerte Sache. Die Grabstätten christlicher Märtyer hätten Geist und Gefühl bewegt; von der in den Gräbern zurückgelassenen Kraft (*virtus*) der Heiligen seien oftmals Kranke geheilt worden. Ohne Ablaßversprechungen (*sine promissis indulgentiis*), sondern nur zur Vermehrung ihrer Frömmigkeit (*pro incitamento pie affectionis*) hätten in urchristlicher Zeit Fromme die Gräber von Heiligen aufgesucht, um von ihren

---

[59] Frederik van Heilo, Zijn Schriften, hg. von Jan Carel Pool. Amsterdam 1866, 116–129.

[60] Ebd. 118.

[61] Ebd. 119.

[62] Ebd. 119 f.

äußeren und inneren Gebrechen geheilt zu werden. In dieser Gesinnung zu wallfahren, trage zur Vergebung der Sünden mehr bei als eine Wallfahrt *ob certarum taxam indulgentiarum*[63]. Gottes Gnade und eigene Anstrengung würden ewiges Heil verbürgen; vom Ablaß, der ohne eigenes sittliches Bemühen verliehen werde, sei keine Vergebung der Sünden zu erhoffen. Deshalb sein Grundsatz: *Itaque de nobis et de Christo speranda est regni celestis beatitudo potius quam ex aliena largitione, que nobis sine nobis nihil confert*[64]. Frederik van Heilo appellierte an die religiöse Selbstverantwortung des einzelnen und die Gnadenhaftigkeit der von Christus erhofften Erlösung.

Christen, die sich auf Wallfahrt begeben, sollen nicht die *taxata annorum vel dierum indulgentia* vor Augen haben, sondern darauf bedacht sein, sich durch den Anblick der Heiligengräber zu einem *sanctitatis et pietatis affectus* bewegen zu lassen[65]. Frederiks van Heilo diesbezüglicher Grundsatz lautet: *Maxima igitur causa peregrinandi est, ut quis apud reliquios sanctorum et loca passionum suarum aut vite sue in novum affectum et pium propositum commonitione quadam et reverentia suscitetur*[66].

Maßgebend für seinen Argumentationsgang ist der Gegensatz zwischen innerem und äußerem Gut, zwischen eigener Anstrengung und kirchlich-institutionalisierter Freigebigkeit, für welche das Verhalten des religiösen Subjekts ohne Belang ist, zwischen persönlicher Spiritualität und objektivem Heil, welches die Kirche als universale Heilsanstalt zu vermitteln vermag. Diejenigen, die Christus wirklich liebhaben, sollen ihr ganzes Streben nach innen richten: *ad immutationem cordis et ad affectum purgandum*[67]. Es widerspreche christlicher Glaubenslehre, einzig und allein auf die erlösende Kraft objektiver Heilsgnaden zu vertrauen, zu denen Frederik van Heilo auch den durch Wallfahrten erwerbbaren Ablaß rechnet. Was wirklich fromm mache, den Geist erhebe und die Welt verachten lasse, liege in unserer Seele, nicht in Rom; es beruhe auf eigenem Bemühen, nicht auf dem, was der Papst, ein Bischof oder ein Kleriker zu verschenken und zu verteilen vermag. Von Wallfahrten sei deshalb abzuraten, weil sie den Geist von sich wegführen, zerstreuen und korrumpieren. Maria, die zu Hause blieb, sich mit sich selber beschäftigte und sich ganz auf die Süße des göttlichen Wortes konzentrierte, sei von Jesus selig gepriesen worden, nicht die geschäftige Martha[68].

---

[63] Ebd. 121 f.

[64] Ebd. 123.

[65] Ebd. 126.

[66] Ebd. 128.

[67] Ebd. 117.

[68] Ebd. 118.

2. Der Osnabrücker Augustinereremit Gottschalk Hollen argumentierte nicht als Anwalt einer 'neuen Frömmigkeit', deren Spiritualität es ausschloß, dem durch eine Wallfahrt erworbenen Ablaß besondere Heilswirkungen zuzuschreiben. Gottschalk Hollen suchte das traditionelle Wallfahrtswesen gegen seine Verächter, insbesondere gegen die Hussiten, zu verteidigen; außerdem war er bestrebt, die zeitübliche Wallfahrtspraxis an bewährte Normen zu binden, die bedrohlichem Mißbrauch und beängstigender Deformation Einhalt gebieten sollten[69].

Ausgangspunkt seiner für den 20. Sonntag nach Pfingsten konzipierten Wallfahrtspredigt ist das Paulus-Wort: "Sehet zu, wie ihr vorsichtig wandelt" (*Videte quomodo caute ambuletis*) (Eph. 5, 15). Unter Wallfahrt versteht Hollen eine längere Entfernung des Pilgers von seiner Wohnung im Interesse einer Anbetung Gottes, die mit größerer Innigkeit vollzogen wird (*Est enim peregrinatio de mansione sua longior recessus ut acutiori deuotione deus adoretur*). Um den Nachweis zu erbringen, daß Wallfahrten nicht von Menschen erfunden wurden, sondern im Gesetz Gottes ihr Fundament haben, mustert er die Bibel und die Väterliteratur nach beweiskräftigen Belegen durch. Hollen erinnert an den alttestamentlichen Brauch, demzufolge jeder männliche Israelit dreimal jährlich nach Jerusalem wallfahrte, um dort im Tempel seinen Glauben an Jahwe zu bekennen. Auch Jesus selber habe sich dieser religiösen Ordnung gebeugt, als er im Alter von zwölf Jahren mit seinen Eltern nach Jerusalem gepilgert sei. Gleichfalls als Pilger eingestuft wurden von Hollen die Hirten, die zur Krippe geeilt waren, ebenso die drei Magier, die sich aus dem Orient auf den Weg gemacht hatten, um den König der Juden anzubeten. Zur Gruppe der in der Bibel bezeugten Pilger rechnete er auch die *peregrine mulieres*, die sich am Abend des Sabbats zum Grab des auferstandenen Christus begeben hatten. Auch den menschgewordenen Gottessohn, der sich als *peregrinus* den nach Emmaus pilgernden Jüngern angeschlossen hatte, betrachtete er als prominenten Pilger, desgleichen Maria, die Mutter Jesu, die nach der Himmelfahrt ihres Sohnes jeden Tag alle Stätten besuchte, an denen dieser gelitten hatte.

Das Zeugnis der Schrift stützte Hollen durch das Zeugnis der Väter, die, wie Hieronymus und Augustinus z. B. dazu gemahnt hatten, die Stätten der Passion Jesu und die Gräber der Märtyrer *affectu piissimo et devotione fidelissima* zu besuchen.

Im einzelnen nennt Hollen folgende Legitimationsgründe, die christliche Wallfahrt zu einer theologisch sinnvollen Handlungsform machen:

---

69 Gottschalcus Holen, Sermonum opus exquisitissimum secunda pars. Sermones dominicales super epistolas Pauli partis estiualis, Dominica XX post Pentecostes, Sermo C 'De peregrinatione'. Hagenaw 1520, f. Dd 3r–Dd 4v.

Wallfahrt inspiriert zur Nachahmung der Heiligen; sie entfacht größere Frömmigkeit, sie gibt Anteil an den Verdiensten der Heiligen; durch die Fürsprache der Heiligen erlangt der Wallfahrer Hilfe; in Gegenwart von Reliquien wird Gott andächtiger angebetet. Durch einen solchen Gehorsamsakt leistet der Wallfahrer Genugtuung für seine Sünden.

Nach Ansicht Hollens gibt es deshalb keine Wallfahrten, die an sich verwerflich sind, sofern sie nur *cum debitis circumstantijs* vollzogen werden. Zu verwerfen sei nur der *abusus*, die *mala voluntas*, mit der eine Wallfahrt begonnen und durchgeführt werde. Insgesamt nennt Hollen acht Regeln, die eine Wallfahrt verdienstvoll (*meritorie*) machen:

a. Wer als Christ eine Wallfahrt unternimmt, braucht die Einwilligung und Erlaubnis seines Pfarrherrn (*consensus et licentia sui pastoris*). Von ihm muß sich der Pilger Stab, Hut und Tasche aushändigen lassen und den Pilgersegen empfangen. Er bedarf außerdem einer vom Pfarrer ausgestellten *littera testimonialis*, aus der hervorgeht, daß er ein kirchentreuer Katholik ist, nicht von der Kirche ausgeschlossen wurde und überall, wohin er auch kommen mag, die *ecclesiastica sacra* empfangen kann. Gegen diese Regel verstoßen viele Männer und Frauen, die *non petita licentia nec habita littera aut benedictione sacerdotali* zu heiligen Stätten laufen.

b. Grundbedingung für eine gute Wallfahrt ist die richtige Absicht (*recta intentio*). Als richtig kann eine Wallfahrt dann gelten, wenn sie auf den Erwerb von Ablässen oder auf die Sühne und Vergebung von Sünden ausgerichtet ist (*pro indulgentijs adipiscendis aut peccatis emendandis*). Mißbrauch liegt dann vor, wenn man, nur um Gesellschaft (*societas*) zu haben, ziel- und richtungslos durch die Lande zieht oder sich aus bloßer Habgier (*ex avaricia*), wie das Kaufleute, Diebe und Räuber zu tun pflegen, aus Unkeuschheit (*propter luxuriam*) oder aus Trunk- und Freßsucht (*propter gulam et ebrietatem*) auf Wallfahrt begibt.

c. Pilger sollen, ehe sie aufbrechen, ihre Sünden beichten und sich mit ihren Feinden versöhnen; andernfalls trägt die Wallfahrt nichts zum Erwerb des ewigen Lebens bei. Unrecht erworbenes Gut muß vor Beginn einer Wallfahrt zurückgegeben werden. Diebe, Räuber, Wucherer und unehrliche Kaufleute dürfen keine Wallfahrt unternehmen, wenn sie nicht zuvor zurückgegeben haben, was sie anderen unrechtmäßig wegnahmen.

d. Wer auf Wallfahrt geht, soll sich eine gute Gesellschaft (*bona societas*) wählen. Ein guter Genosse (*bonus socius*) soll kein Ärgernis geben, auf den Nutzen der anderen bedacht sein, die Schwächen anderer geduldig ertragen, sich den Verhaltensweisen anderer anpassen, nichts durch Gewalt und Härte (*per potentiam aut duriciam*), sondern durch Vernunft und Güte (*per rationem et benignitatem*) entscheiden.

e. Pilger sollen nicht zu schnell und nicht zu langsam gehen, sondern ein mittleres Tempo einhalten (*tenere medium*). Manche haben es so eilig, daß sie keine Zeit finden, am Sonntag eine Messe zu besuchen. Andere gehen mit trauriger Miene einher, grüßen niemanden, lehnen es ab, daß sich ihnen jemand anschließt, sind nicht in der Lage, durch ein tröstliches und gutes Wort ihre Weggenossen aufzurichten, sondern ziehen sich den ganzen Tag mit bitterer Verschwiegenheit auf sich selber zurück. Andere richten Schaden an, indem sie neue Wege bahnen, Zäune niederreißen, zum Schaden der Armen und zum Ärgernis der Vielen die Saat niederstampfen.

f. Wallfahrer bedürfen der Geduld (*patientia*). Das insbesondere dann, wenn sie erschöpft sind, Durst und Hunger haben, von Räubern bedrängt und vom Teufel versucht werden, mit ihren Fahrtgenossen in Streit geraten.

g. Wallfahrer müssen fromm (*devoti*) sein, indem sie beten, die Messe hören und über Gott sprechen. Die Heilige Schrift mahne dazu. Als nämlich die nach Emmaus pilgernden Jünger über die Taten und Handlungen Christi sprachen, habe sich ihnen Christus in der Gestalt eines Pilgers (*in specie peregrini*) zugesellt und ihnen die Heilige Schrift erklärt.

h. Zu jedem Pilger gehört ein angemessener äußerer Habitus (*habitus congruus*). Pilger sollen wollene Gewänder tragen und mit nackten Füßen (*nudis pedibus*) gehen. Die Nacktheit der Füße (*nuditas pedum*) bedeutet Absage an alle weltlichen Dinge, die auf dem Weg zu Gott hinderlich sind. Der Pilgerhut bedeutet Scham (*verecundia*), die der Pilger angesichts seiner Sünden haben muß. Der Sack auf dem Rücken verweist auf die *gravitas peccatorum*. Der Stab symbolisiert Hoffnung auf Barmherzigkeit[70].

---

[70] Die Zahl der für eine gute Wallfahrt aufgestellten Merkregeln variierte. Der Erfurter Kartäuser Johannes Hagen (um 1415–1475) erteilte in verschiedenen Zusammenhängen Regeln für Pilger. Einmal waren es 25 (Joseph Klapper, Der Erfurter Kartäuser Johannes Hagen. Ein Reformtheologe des 15. Jahrhunderts 2. Leipzig 1961, 49–51), ein anderes Mal 15 (ebd. 113–115). Johannes Geiler von Kaysersberg (1445–1510) hat in seiner 1494 in Augsburg gedruckten Schrift *Der bilger mit seinen eygenschaften* insgesamt 18 Eigenschaften *aines verninftigen bilgers* zusammengestellt (Johannes Geiler von Kaysersberg, Sämtliche Werke hg. von Gerhard Bauer, Erster Teil: Die deutschen Schriften, Erste Abteilung: Die zu Geilers Lebzeiten erschienenen Schriften 1. Berlin–New York 1989, 30–95). "Über das Thema des christlichen Lebens als Pilgerfahrt ... hat Geiler mehrfach gepredigt: zunächst wohl in Augsburg während seines Aufenthalts bei Friedrich von Zollern vom 28. September 1488 bis zum 17. Januar 1489" (ebd. 494).

Hollen sieht keinen Grund, die Heilsbedeutsamkeit christlicher Wallfahrt in Frage zu stellen. In einer Zeit religiöser Unrast sucht er eine altehrwürdige Institution vor zunehmender Destabilisierung zu retten. Pilger, die sich an die kirchliche Norm halten, erwerben sich Verdienste mit Ewigkeitswert.

3. Johannes von Paltz unterscheidet zwischen *peregrinatio laudabilis* und *peregrinatio vituperabilis*. Tadelnswerte Wallfahrt ist für ihn gleichbedeutend mit nichtiger, sinnloser Wallfahrt (*vana peregrinatio*), die er als Täuschung des Teufels entlarvt und brandmarkt[71].

Lob verdient nach Auffassung des Augustinertheologen eine Wallfahrt grundsätzlich dann, wenn sie von der Kirche gebilligt ist. Zu den von der Kirche gebilligten Wallfahrtsstätten rechnet Paltz das Hl. Land, Rom, Santiago di Compostella, Köln, Trier, Aachen und Einsiedeln[72]. Um einsichtig zu machen, daß Wallfahrten Gottes Wohlgefallen finden, beruft sich Johannes von Paltz auf die Autorität der Heiligen Schrift (*auctoritas sacrae scripturae*), das normative Beispiel der beiden Testamente (*exemplificatio utriusque testamenti*) sowie auf die theologische und sittliche Vernunft (*ratio*). Um biblische Beweisgründe dingfest zu machen, die das christliche Wallfahrtswesen rechtfertigen, bedient sich Johannes von Paltz eines philologischen Kunstgriffes. Aus dem lateinischen Übersetzungswort *peregrinus*, das im griechischen und hebräischen Urtext "Fremder" bedeutet, macht er einen *terminus technicus* für Pilger und Wallfahrer. In diesem Sinne zitiert er den *legislator Moyses*, demzufolge Gott den Wallfahrer liebt und ihm Nahrung und Speise gibt (Deut. 10, 18 f.). Aus dem Buche Genesis gehe unzweideutig hervor, daß die Patriarchen Abraham, Isaak und Jakob gewandert seien (*patriarchae Abraham, Isaac et Iacob peregrinati sunt*). Nach der Auferstehung sei Christus *in specie peregrini* erschienen, um anzuzeigen, daß er auf Erden ein *peregrinus* war und deshalb auch seine Jünger *peregrini* sein müßten. Aus dem Herrnwort "Ich war Gast (*peregrinus*) und ihr habt mich beherbergt" lasse sich der Schluß ziehen, daß herbergsuchende Pilger mit ewiger Glückseligkeit belohnt werden. Schließlich mahne auch der Apostel Paulus im Hebräerbrief, die Gastfreundschaft (*hospitalitas*) nicht zu vergessen (Hebr. 11, 37 f.). Für die Lobenswürdigkeit von Wallfahrten spreche aber noch ein weiterer Grund (*alia ratio*): Jedwedes Handeln, durch das für das Heil der Menschen Vorsorge getroffen werde, sei Gott angenehm. Gerade das aber geschehe durch Wallfahrten[73].

---

71 Johannes von Paltz, Werke 2, Supplementum Coelifodinae 385–387 (*De peregrinatione laudabili*); 387–403 (*De peregrinatione vituperabili*); 403–408 (*Tres quaestiones utiles de cursibus*).

72 Ebd. 385.

73 Ebd. 386.

Johannes von Paltz unterscheidet zwei Formen von Wallfahrt, die Tadel und Kritik verdienen: *Una est deceptoria, altera compulsoria sive impetuosa.* Ihrem Wesen und ihrer Gestalt nach hängen beide eng miteinander zusammen. Beide, so Johannes von Paltz, sind Werke des Teufels. Beide beruhen auf dem unbedachten Zusammenlaufen von Menschen. Die vom Teufel *sub specie boni, sub specie honoris beatae virginis sub specie alterius sancti* inszenierten Wallfahrten würden den Menschen nur seelischen und körperlichen Schaden zufügen. Johannes von Paltz nennt nicht weniger als zehn Gründe, die den Teufel veranlassen, derartige Wallfahrten in der Nähe von Städten einzurichten. Mit Hilfe stadtnaher Wallfahrten gelinge es dem Teufel nämlich, die christlichen Frommen vom Besuch des Gottesdienstes in ihren ordentlichen Pfarrkirchen abzuhalten; Nahwallfahrten seien dem Vermögen und den Einkünften regulärer Kirchen, der sog. "Kirchenfabrik" (*structura approbatarum ecclesiarum*) abträglich. Ehebruch könne in einem Wäldchen oder in einem Dorf, die in der Nähe des neuen Wallfahrtsortes liegen (*in nemore vel villa prope novum cursum*), bequemer und unverfänglicher begangen werden als in der Stadt. Als zehnten Grund nennt Johannes von Paltz die Absicht des Teufels, vermögenden Frauen ihren kostbaren Schmuck (*clenodia aurea, argentea et corallia*) abzulotsen. In ihrer eigenen Kirche würden sich dieselben Frauen weder durch äußere Not noch durch bauliche Veränderungen oder durch Ehrfurcht vor der Gottesmutter Maria und den Heiligen bewegen lassen, solche kostbaren Stiftungen zu machen. Der Verführungskraft eines Wallfahrtsortes würden sie ohnmächtig erliegen[74].

Als Beispiel des vom Teufel angezettelten Laufens nennt Johannes von Paltz die Wallfahrt nach Niklashausen. Der Pfeifer und Laienprediger Hans Behem, deren Urheber, habe der Bischof von Würzburg verbrennen lassen. Die Wunder, die sich in Niklashausen angeblich ereignet hätten, seien erfunden[75].

Auf die Frage, wie man sich gegen teuflische Täuschung und Verführung schützen könne, gibt Johannes von Paltz folgende Ratschläge: Von seinen geistlichen *superiores* solle der Wallfahrer in Erfahrung bringen, ob das angestrebte Wallfahrtsziel ein *locus approbatus* sei. Wenn sich Kranke einem von der Kirche gebilligten Wallfahrtsort weihen, sollen sie sich zuerst durch das Sakrament der Buße mit Gott versöhnen. Überdies sei Rücksicht auf den Nächsten geboten. Sei der zur Wallfahrt Entschlossene verheiratet, solle er seine Frau fragen und sich überlegen, ob längere Abwesenheit seinen Kindern und den wirtschaftlichen Belangen seiner Familie zuträglich sei. Schließlich müsse er sich auch selber

---

[74] Ebd. 387.

[75] Ebd. 388 f. Vgl. ebd. 389: *miracula in Nickelshusen fuerunt ficta.*

die Fragen stellen, ob er den Anstrengungen und den Kosten einer Wallfahrt gewachsen sei – physisch und finanziell. Seien alle Hindernisse und Bedenken aus dem Weg geräumt, bedürfe es noch einer *licentia* des zuständigen Pfarrers, welcher eine ordentliche Beichte vorausgehen müsse. Alles in allem: Die kirchliche Norm schützt gegen teuflische List[76].

An dieser Einsicht orientiert sich Johannes von Paltz auch in seiner Auseinandersetzung mit der *peregrinatio compulsoria vel impetuosa*. Als Beispiel für *cursus compulsorius* oder *peregrinatio compulsoria sive impetuosa* nennt er Grimmental, im ehemaligen Herzogtum Sachsen-Meiningen gelegen, und Wilsnack in der Mark Brandenburg. Grimmental hatte durch ein wundertätiges Marienbild, Wilsnack durch blutende Hostien Berühmtheit erlangt und Tausende von Wallfahrern angezogen[77].

Für das Laufen zu einem heiligen Ort, das in einem zwanghaften und unbedachten Antrieb des Herzens wurzelt, gibt es nach Ansicht des Johannes von Paltz keine theologische Rechtfertigung. Sein diesbezüglicher Grundsatz lautet: *impulsivus cursus non est a spiritu sancto*[78]. Der Hinweis auf Maria, die *cum festinatione* über die Berge eilte, um ihre Base Elisabeth zu besuchen, zähle da nicht. Mit dem "Mund der Kinder und Säuglinge" (Ps. 8, 3), aus dem sich Gott Lob bereitet, oder der Aufforderung Jesu, man möge die Kleinen zu ihm kommen lassen (Mark. 10, 14), lasse sich auch nicht die Kinderwallfahrt zum St. Michael (1457) rechtfertigen[79].

Dennoch will Johannes von Paltz nicht alle Waller über einen Leisten schlagen: Mögen die *currentes* gemeinhin vernunftlos handeln, so sei dennoch zwischen guten und schlechten Antrieben (*bona causa; mala causa*) zu unterscheiden. In einem differenzierten Schaubild (*figura*) veranschaulicht der Augustinertheologe mögliche und denkbare, annehmbare und verwerfliche Motive, welche die ungebildete Masse (*multitudo rudis et simplex*), insbesondere Jugendliche (*pueri*) und unwissende Leute aus dem Volk (*plebei indocti*) zum Wallen veranlassen (siehe Anlage).

Johannes von Paltz empfiehlt sechs Hilfsmittel, die vor der Gefahr unbedachten Laufens bewahren: die eigenen Sünden bereuen und Buße tun (1); sich an die Gebote Gottes und die Weisungen der Kirche halten, insbesondere an Sonn- und Feiertagen die Messe hören und bis zu deren Ende in der Kirche bleiben (2); jeden Tag "zur allerseligsten Jungfrau

[76] Ebd. 389 f.
[77] Ebd. 390.
[78] Ebd. 391.
[79] Ebd. 395 f. – Zur Kinderwallfahrt zum Mont St. Michel im Jahre 1457 vgl. ebd. 390 und Anm. 19; 400 und Anm. 2.

Maria laufen" (*omni die ad beatissimam virginem Mariam concurrere*), um ihrer ewigen Erwählung, ihrer allerheiligsten Empfängnis und ihrem bitteren Schmerz unter dem Kreuz Ehre erweisen (3); jeden Tag einen oder einige Heilige verehren (4); sich morgens und abends mit dem Zeichen des Kreuzes bezeichnen (5); sich mit Weihwasser besprengen, geweihtes Salz essen, geweihte Kerzen, Palmen und Kräuter verwenden (6)[80].

Auf die Frage, wie man von der "Krankheit" (*morbus*) des Laufens und Wallens geheilt werden könne, gibt Johannes von Paltz insgesamt fünf Ratschläge; der Versuchung zum Wallen tapfer und vernünftig widerstehen (*fortiter et rationabiliter resistere*), auf die Kraft des freien Willens bauen und sich mit dessen Hilfe von Gedanken an solches Laufen abwenden (1); in der Beichte wahre Buße tun (2); den Rat guter Menschen beherzigen (3); ein Kruzifix anschauen, das teuflische Versuchungen vertreibt (4); Ruhe bewahren und schlafen gehen (5)[81].

Kirchlich anerkannte Fernwallfahrten sind für Johannes von Paltz kein Problem. Im Laufen zu nahegelegenen *loca sancta* hingegen erblickt er eine Gefahr für die kirchliche Rechtgläubigkeit. Die neu aus dem Boden schießenden Wallfahrtsstätten können sich seiner Auffassung nach weder auf eine *approbata antiquitas* stützen noch sich durch die *reliquiarum veritas* von historischen Echtheitszweifeln freihalten. Das Laufen selbst, so ließe sich mit Johannes von Paltz sagen, entzieht sich kirchlicher Ritualisierung; in seiner unreflektierten Plötzlichkeit bleibt es kirchlicher Kontrolle entzogen.

V. Ausblick

Es wäre nicht uninteressant, Wallfahrtskritik und Wallfahrtsapologetik in den neueren, nachmittelalterlichen Jahrhunderten zu Indikatoren für den religiösen und politischen Funktionswandel christlicher Wallfahrt zu machen[82], die angeblich keine Grenzen kannte. Im Widerstreit zwischen

---

[80] Ebd. 401 f.

[81] Ebd. 402 f.

[82] Vgl. Rudolf Reinhardt, Die Kritik der Aufklärung am Wallfahrtswesen. In: Bausteine zur geschichtlichen Landeskunde von Baden-Württemberg, hg. von der Kommission für geschichtliche Landeskunde in Baden-Württemberg. Stuttgart 1979, 319–345. Zur Kritik der katholischen Aufklärung am Wallfahrtswesen vgl. auch Werner Freitag, Volks- und Elitenfrömmigkeit in der Frühen Neuzeit. Marienwallfahrten im Fürstbistum Münster. Paderborn 1991, 327 ff. Zum politisch-sozialen Kontext des katholischen Wallfahrtswesens im 19. und 20. Jahrhundert vgl. auch Wolfgang Schieder, Kirche und Revolution. In: Sozialgeschichte 14 (1974) 419–454; Gottfried Korff, Formierung der Frömmigkeit. Zur sozialpolitischen Intention der Trierer Rockwallfahrten 1891. In: Geschichte und Gesellschaft 3 (1977) 352–383. Kritisch setzt

ihren Liebhabern und Verächtern hat sich die traditionsgesättigte Institution Wallfahrt bis heute erhalten. Das braucht nicht zu überraschen. *Peregrinare humanum est.* "Bei allen zeitbedingten Wandlungen und bei einer spektakulären Skala von unterschiedlichen Erscheinungsformen der Wallfahrtsziele ist die Not des wallfahrenden Menschen die gleiche geblieben[83]. "Wallfahrt zu bestimmten Heiligthümern und Gnadenorten", meint der Tübinger Moraltheologe Franz Xaver Linsenmann, sind "nicht specifisch christlich, aber darum auch noch nicht wesentlich heidnisch, sondern sie gehören dem Bedürfnisse der natürlichen Religion an und haben im christlichen Gottesdienst ihre reale Unterlage erhalten, vor Mißbrauch und Aberglauben können sie durch religiöse Aufklärung geschützt werden; aber verwehren soll man sie dem bedrückten und doch vertrauenden Menschenherzen nicht"[84].

Auf die Frage "Wie muß Volksreligion beschaffen sein", gab Hegel folgende Antwort: "Phantasie, Herz und Sinnlichkeit müssen dabei nicht leer ausgehen"[85]. Deshalb warnte er vor der Überheblichkeit einer Vernunftreligion, welche an schönen Bildern und heiligen Empfindungen keinen Gefallen findet. "Ein Pilger, den die Last seiner Sünden drückt, der Bequemlichkeit, Weib und Kind, seinen vaterländischen Boden verläßt, um barfuß und im härenen Kleid die Welt zu durchwandern, der unwegsame Gegenden sucht, um seinen Füßen Schmerzen zu machen, und mit seinen Tränen die heiligen Orte benetzt, für seinen kämpfenden, zerrissenen Geist Ruhe sucht, in jeder vergossenen Träne, in jeder Büßung, in jeder Aufopferung Linderung findet und bei den Gedanken, hier hat Christus gewandelt, hier ist er für mich gekreuzigt worden, ermuntert wird, wieder etwas Stärke, wieder etwas Zutrauen zu sich selbst empfängt, – sollte ein solcher Pilger mit der Einfalt seines Herzens für den, dem eine solche Stimmung wegen anderer Begriffe seiner

---

sich mit beiden Aufsätzen auseinander Rudolf Lill, Kirche und Revolution. Zu den Anfängen der katholischen Bewegung im Jahrzehnt vor 1848. In: Archiv für Sozialgeschichte 18 (1978) 565–575. Zur Heilig-Rock-Wallfahrt nach Trier am 23. Juli 1933 vgl. Konrad Bohr, Kirchenpolitische Aspekte der Heilig-Rock-Wallfahrt von 1933. In: Kurtrierisches Jahrbuch 1983, 105–126.

[83] Rudolf Schenda, Wallfahrten. In: Volksfrömmigkeit. Bildzeugnisse aus Vergangenheit und Gegenwart, hg. von Martin Scharfe, Rudolf Schenda und Herbert Schwedt. Stuttgart 1967, 80.

[84] Franz Xaver Linsenmann, Lehrbuch der Moraltheologie. Freiburg i. Br. 1878, 311. Vgl. Reinhardt, Kritik 345.

[85] Georg Wilhelm Friedrich Hegel, Fragmente über Volksreligion und Christentum (1793–1794). In: Werke 1, Frühe Schriften. Frankfurt/M. 1983, 33.

Zeit nicht mehr möglich ist, sollte er dann bei uns das Pharisäergefühl: ich bin gescheiter als solche Menschen, in uns erwecken?"[86].

Bis zur Gegenwart blieb Wallfahrt eine religiöse Gemeinschaftshandlung, die im Zeichen affektiv geprägter Katholizität fromme Empfindungen weckt, verletzte Seelen erbaut und Zugehörigkeit zu einer Gruppe Gleichgesinnter sinnlich erfahrbar macht. Wallfahrt als Sinnbild des Lebens verwandelte sich in eine konfessionsübergreifende, kosmopolitische Metapher. "Rom, Du bist eine Welt / Wir sind Pilger und Fremdlinge", lautet die Inschrift eines Grabsteines, die auf dem Friedhof für nichtkatholische Ausländer am Monte Testaccio in Rom Lesern und Betrachtern einzuschärfen sucht, was die Endlichkeit menschlichen Daseins ausmacht.

[86] Ebd. 39.

Anhang: *Figura de variis intentionibus currentium*[87]

- Quidam currentium habent
  - causam deliberativam
    - bonam, ut ex
      - voto, non scientes aliud, nisi quod peregrinatio sit approbata.
      - devotione, peregrinando pro auxilio. / gratia.
      - pietate, peregrinando pro scrutatione veritatis et avisatione suorum[3].
    - malam, ut ex
      - avaritia, ut isti, qui currunt pro quaestu, ut multi mendici faciunt.
      - curiositate videndi nova loca. / experiendi nova.
      - paupertate[4].
      - impatientia, quia offensi a suis, ut servi a dominis, filii a parentibus, uxores a maritis.
      - vindicta.
      - amore malo. Sic amatores sequuntur suas amasias; vel ex pacto simul currunt, sicut compertum est.[5] | A/ee5v B/F1v
  - causam non deliberativam, sed, ut dicunt, impulsum quendam subitum et coactum. Et hic impulsus in quibusdam reperitur:
    - Ficte praetenditur: Qui fallaciter assignant sui cursus non causam pro causa. Et haec fallacia his diebus plurimos depravat, quibus iam multi ambulant sub fuco; quod declarat pictura, per quam ubique domus innovantur antiquae et ruinosa casa lutea simulatur esse domus nova[6].
    - Vere sentitur et provenit ex
      - naturae interna proprietate; quia visis aliis currere et eorum attentis calamitatibus naturaliter compatiuntur, et hoc operatur naturae virtus[7].
      - coelorum[8] influentia aut elementorum alteratione[9], quae fluctuationem quandam efficit in quorundam infirmorum cerebro.
      - corruptione cerebri et laesione in virtute aestimativa, cui oboedit motiva spirituum malorum agitania[10].

[3] Ab 'pietate': fehlt bei Dorsten, ebenso u. S. 399, 8f [4] paupertate fehlt bei Dorsten [5] Ab 'amore': fehlt bei Dorsten [6] Ab 'quibus iam': fehlt bei Dorsten [7] Ab 'et hoc': fehlt bei Dorsten [8] Der folgende Text bis 'agitantia' ist nur sehr frei aus Dorsten übernommen. [9] alteratio: Veränderung (vgl. Mittellat. Wörterbuch) [10] agitantia (so auch Dorsten) = agitatio.

10 paupertate] paupertas A 26 attentis] *Dorsten:* attendentis ABC

[87] Johannes von Paltz, Werke 2: Supplementum Coelifodinae, hg. von Berndt Hamm. Berlin–New York 1983, 394. – Vgl. ebd. 393, Anm. 2: "Das folgende Schema hat Paltz in wörtl. Anlehnung an einen zusammenhängenden Text bei Dorsten ebd. [*De cursu simplicium*] gebildet; die Erweiterungen von Paltz werden gesondert notiert."

Pilgrimage in Daily Life.

Aspects of medieval communication reflected in the newly-established cult of Thomas Cantilupe (d. 1282), its dissemination and effects upon outlying Herefordshire villagers.

RONALD C. FINUCANE

INTRODUCTION

Vatican MS Lat. 4015 is a notarial record of an inquisition of AD 1307, upon the life and miracles of Thomas Cantilupe, bishop of Hereford.[1] Cantilupe's successor Richard Swinfield strove throughout his career (1282–1317) to promote Thomas's canonization. At Easter, 1287, he translated Cantilupe's bones to a new tomb (or shrine), where miracles were immediately reported. A thaumaturgic cult, attracting pilgrims from many parts of England, Wales and Ireland, quickly developed. Swinfield's efforts were eventually rewarded: a committee of three men was established by papal mandate, and witnesses were summoned to the canonization inquisition which sat first in London and then Hereford from July to November, 1307. In addition to facts about Thomas's *vita*, more than one hundred witnesses provided testimony about his posthumous *miracula* involving nearly three dozen individuals; the commissioners were also given lists of many more miraculous events, and miracles continued to be listed even after the commission had concluded the hearing. Based upon these sources, some 455 persons can be identified as subjects of miracles attributed to Cantilupe, including the three dozen or so cases that underwent viva voce investigation. Part I of this paper will examine these fully-investigated events in order to gain a detailed view of how pilgrimage to the shrine affected village life. In Part II the summary reports for all of the 455 pilgrims will be analyzed to see what can be learned about overall trends, and general patterns of village involvement over the period for which miracles were recorded

[1] The MS contractions are extended, but no further amendments are made to orthography, etc.

(1287–1312).[2] These complementary approaches, intensive and extensive, reveal various aspects of pilgrimage, medieval communication, and local socio-geographical interaction.

Part I: Pilgrimage in a local setting, Phase 1. The beginnings of the cult and origins of pilgrimage; communication from the center to nearby sites

On April 3, 1287, Swinfield translated Cantilupe's bones from an ordinary grave in the chapel of the Virgin in the east end of Hereford cathedral, to a newly-built tomb in the north transept. The bishop was well aware that, since it was Easter Week, the cathedral would be attracting more than the usual numbers of worshipers and the translation would gain maximum publicity. His decision to shift the bones on Holy Thursday, just three days before the most important feastday in the Christian year, was a planned aspect of his campaign to canonize Cantilupe. Not surprisingly, on the appointed day miraculous cures were reported at the shrine and recorded by *custodes tumuli*, forming the earliest entries in a list that would stretch to AD 1312. Even before 1287, however, there had been rumors of the miraculous: minor wonders, on the whole. Aside from these, the first clear intimation of thaumaturgy attributed to Thomas actually preceded the translation, occurring the Friday before, on March 28, 1287. It involved Edith, *furiosa*, whose experiences became widely-known in the city of Hereford during the week leading up to Swinfield's transfer of the remains. Because others were later cured at the shrine after hearing about Edith's miraculous experience in the cathedral, her cure is worth examining (f. 211r–219v).[3]

In 1307 Robert the Ironmonger of Hereford told the papal representatives that after about two years of marriage, one night during the last week of February 1287, possibly (he suggested) as a result of her drinking, Edith began to act in a wild manner, physically attacking him and forcing him from bed, while loudly reviling their neighbors. She continued her screaming until the next day, and even assaulted her mother with her teeth, so Robert tied her up with linen bands and had two neighbors, Alice le Longe and Emma de Ravensworth, watch over her. It was said that she was mentally disturbed, though not possessed (*nec areptica sed frenetica*, f. 216v). They fed her and gave her water or weak

[2] MS Exeter College (Oxford) 158 contains the entire list and extends the contents to include miracles from 1307–1312, with one from 1404 at the very end of the volume. The precise relationship between this volume and MS 4015 is yet to be elucidated.

[3] Unless otherwise specified, all folio numbers in this paper refer to MS Vat. Lat. 4015.

beer, keeping her home for about three weeks. Eventually some neighbors suggested that Robert measure her to the Holy Cross of Hereford, and to the Holy Cross of Wisteston (a hamlet some five miles north of Hereford) which he did.[4] Then, in the usual manner, he embedded the measuring-thread in wax, making two candles of one-quarter pound each to offer to the Holy Cross at both places. On March 22 or 23 he had Edith placed in a basket or litter and taken to the altar of the Holy Cross in the cathedral, along with one of the two candles. The two women carried her there and cared for her in the church, untying her only when she ate.

The altar of the Holy Cross was located up above the floor of the cathedral, in the *pulpitum* or rood-loft, entered by a flight of stairs. Unfortunately, even after offering the candle made by her husband, for five days Edith continued to scream, sometimes shouting polluting blasphemies (*funestis vocibus*, f. 212v). As a result, on Thursday, March 27, she was removed from the loft and taken into the chapel of the Virgin at the east end of the cathedral, where her screams might be less disturbing to the canons or vicars celebrating divine office in the choir. There is a possibility that she was moved there on the advice, her husband said, of "some cleric" (f. 215v). Since the translation of Thomas's bones would not occur until April 3, his remains still rested in the Virgin's chapel. It was claimed (in 1307) that Edith's friends, or perhaps her parents, measured Thomas's grave with a thread and made a special, three-wick candle to offer on behalf of the *furiosa* (f. 211v, 216v). That evening about Vespers, Edith was put back into the Holy Cross chapel by Robert Kok and other cathedral functionaries. She lay bound on the floor, screaming; her "Thomas" candle was placed by her head; her two female guardians tried to sleep.

Very early the next morning, Friday March 28, Edith's husband Robert set out from Hereford carrying the second of his quarter-pound candles. He went to the chapel at Wisteston and offered it there to the Holy Cross. As he was returning to Hereford – some time before Prime, as he recalled – he heard the bells of the cathedral. His first reaction, as he said in 1307, was to hope that the bells were being rung in celebration of his wife's cure. As he continued on his way toward the city, a certain John Slaybrond of Marden, the village next to Wisteston, ran up to tell him that his wife had been miraculously cured in the cathedral by

[4] Throughout this paper, all miles are expressed in the artificial terms of the least possible distance, measured in a hypothetical straight line between Hereford and outlying villages, i. e., as the crow flies.

bishop Thomas. When Robert arrived back in Hereford around Prime, he discovered that this was indeed what the bells had signified.[5]

Earlier that morning, about the time that Robert was en route to or from Wisteston, between sunrise and Prime as chaplain John Godhyne prepared to say – or perhaps during – his Mass at the altar of the Holy Cross in the cathedral, all the candles in the church were mysteriously extinguished, as some claimed, for the space of two Paters with an Ave. Then Edith's "Thomas" candle miraculously re-lit itself and at the same moment she ceased screaming and calmly stated that she was cured of her malady thanks to bishop Thomas. One of the Hereford canons, Gilbert de Cheveninge, witnessed this, along with the subsacrist Robert Kok, Edith's two guardians, *domina* Margery Lytfot (described as a *famosa matrona* of the city), Thomas de Gynes, Robert *pargamenarius* and his wife, along with Emma de Suclee,[6] Lucia de Lude and many more, representing several levels of lay and clerical Hereford society, packed into the small space around the altar of the Holy Cross and Edith (f. 216v).

Being unbound, Edith calmly presented her "Thomas" candle at the altar, went down the stairs and to the east end of the church to pray at Thomas's grave in the Virgin's chapel, then returned to the loft, where Gilbert de Cheveninge said – or continued – a Mass. Edith followed the service rationally, placing a penny in, and kissing, Gilbert's hand at the Offertory. After the Mass, Gilbert summoned the other cathedral canons and told them of the miracle, about Prime. This was followed by the ringing of the bells (which Robert her husband heard out in the fields), a formal procession, publication of the miracle to the assembled clergy and people, and a *Te Deum* strenuously led (*alta voce*) by Gilbert de Cheveninge. A Franciscan claimed in 1307 that as a thirteen-year-old he heard all the bells of the city ringing that morning (*fuerunt pulsati campane per totam civitatem*) because of Edith's miracle, which "they said" was Thomas's first. He ran with the others to the cathedral where he found the people congregated; the miracle was then announced (f. 85v).[7] Edith's candle was placed among the cathedral treasures, being given to the subtreasurer John Throne. Until her death some four months later, Edith was seen by many Hereford citizens several

---

[5] If Robert, at the time presumably expecting the cure to be credited to the Holy Cross in the cathedral, was surprised at this attribution to Thomas Cantilupe, he said nothing about it in 1307 or, apparently, in 1287.

[6] Emma became so frightened at seeing the *sane* Edith that she threw herself down the steps from the altar-loft in her panic to escape; from that moment forward, she refused to go near Edith, as she claimed in 1307 (f. 218v)

[7] For all the city bells ringing for another miracle, see f. 83v.

times after her cure, visiting the site of Thomas's burial in the Virgin's chapel, even though his bones had been moved into the new shrine.

It is obvious that Cheveninge played a crucial role in Edith's miracle, acting as a propaganda agent, helping to put the bishop's plans into effect. Gilbert was Swinfield's almoner, and would have been aware of the forthcoming translation of Thomas's bones some time prior even to the construction of the new tomb/shrine. When an opportunity in the form of furious Edith presented itself, he may have seen this as a chance to stage a "pre-translation" event publicizing Cantilupe. His efforts were successful but not universally approved: the very day after Gilbert publicized Edith's cure, he was bitterly condemned and suspended from office by Thomas de St. Omer, a Hereford canon who was also a representative of John Pecham, Canterbury's archbishop and enemy of Cantilupe even after his death.[8] As far as St. Omer was concerned Edith's "miracle" was merely an excuse to trump up the sanctity of the dead bishop. When one examines the statements provided in MS 4015, one is inclined to agree. Gilbert not only took the leading role in publicizing Edith's cure, but within a week of the event he was established as one of the two guardians of Cantilupe's new shrine; as late as 1307 he acted as one of Hereford's proctors in the process which the bishop hoped would result in Thomas's sainthood. Rightly or wrongly Gilbert's efforts did have the desired effect: Edith's miraculous cure, communicated to the countryside, would cause others to become pilgrims to the new, as yet uncanonized, saint.

The highest frequency of miraculous events attributed to Thomas occurred in the first month following the translation of April 3, involving, on the whole, local people cured at the shrine itself. On the very first day, two Hereford citizens were recorded as cured there, and one each from Ledbury, thirteen miles (measured on a straight line) away, Erdesleya (fourteen miles), and Weston (five). Next day, Good Friday, two more Hereford citizens were cured, and one each from Eton near Sugwas (four to five miles), Maddeley (six), Hompton (four), Brugge Solers (seven), and Welinton (five miles). Of these the cures of one of the Hereford people (Philip the harpist) and a woman from Eton are of particular interest (f. 169v–182v, 265r).

Philip, having been crippled for sixteen years, was brought to the shrine in a wicker basket or stretcher. About Prime on Friday, the day following the translation, he found himself able to move his legs and, with help, walk about the shrine.[9] As medieval miracles go, this was hardly

[8] R. Finucane, 'The Pecham-Cantilupe Controversy,' in: M. Jancey (ed.), St. Thomas of Hereford: Essays in his Honour, Hereford 1982, 103–123.

[9] Apparently, at this time the shrine's shorter east side was flush against the east

first-rate. The effects of his cure, however, are interesting: Juliana of Eton near Sugwas, also crippled and lying on the floor near the shrine in her basket or litter, seeing Philip cured, without any help was able to get up from the floor. She walked to the shrine unaided, where she offered a penny and told her story to one of the tomb custodians, none other than Gilbert de Cheveninge. Since Philip lived in the city, one may assume that he, along with countless other Hereford citizens, knew of Thomas's translation and the miracles that had already occurred. The ringing of the cathedral bells, announcements of miracles in the nave, and processions with *Te Deum* would already have become familiar from the day before. But what had encouraged Juliana to leave her village and be carried in a litter the nearly five miles to the shrine?

Giving evidence in 1307, her son claimed that about a year before her cure, she had six visions or dreams instructing her to go to the grave of bishop Thomas at the altar of the Blessed Virgin in the cathedral, where she would be cured. She sent her husband to inquire at the cathedral; he returned with confirmation that Thomas was buried at Mary's altar, though no miracles were reported of him. Juliana put off her journey until nearly a year later, when on Holy Thursday she heard (*audito*) that a certain *mulier furiosa* had been *miraculose curata* thanks to Thomas. As no other *furiosa* besides Edith had yet been publicized, this rumor must refer to Robert's wife in the loft of the cathedral. On that same Thursday, therefore, Juliana arranged to borrow a litter from a neighbor and promised two other neighbors a penny each if they would carry her from the village to the cathedral. She left her home early Friday morning (April 4), was taken to the shrine, and there dozed in the hopeful expectation of a miracle; then, seeing Philip get up and walk, she too was cured. Here we have an instance of a cathedral event (Edith's cure) which occurred on the last Friday in April, becoming known in the immediate countryside sufficiently well to inspire a villager to leave her home, go to the shrine and, exactly one week after the cure of furious Edith, experience her own miracle. However, the statements about her visions, experienced several months before Edith's miracle and Thomas's translation, invite further examination of Juliana's case, and what it reveals about how villagers were drawn into the pilgrimage network.

Gilbert de Cheveninge, testifying in 1307, inadvertently provides a possible explanation for, or background to, Juliana's visions. Attempting to convince the papal commissioners that the woman had truly been crippled before her miracle, he claimed that during the two years prior to her cure he himself had seen her confined to a litter. As almoner of

wall of the north transept, so that it would not have been possible for pilgrims to walk "around" it in the literal sense.

the present bishop he had, he stated, ministered to her on four different occasions when she had been carried to the bishop's manor of Sugwas to receive alms as episcopal largesse. Gilbert claimed that he remembered throwing the alms into Juliana's litter (f. 170v). This episcopal manor was part of Juliana's parish of Eton (or Eaton).[10] Sugwas, favored by the bishops, was often visited by Cantilupe and Swinfield: the very morning on which he planned to translate Thomas's bones, Swinfield was awakened in an upper chamber at the manor by a mysterious tapping on the window – which he later attributed to the miraculous intervention of Cantilupe (f. 119r). Having carried out the ceremony, Swinfield returned to Eton/Sugwas and remained there the rest of April.[11]

While residing at episcopal manors, and visiting other churches and outlying villages with his master, Gilbert (and others?) was probably not backward about extolling the glories of Thomas to a captive audience, especially episcopal tenants and the recipients of alms. This is not to suggest that, since Cheveninge administered alms to Juliana in the period 1285–87, and her visions began about 1286, there must be a causal relationship; but it is likely that an augmented sense of awareness of the dead bishop trailed in the wake of the living bishop as he went about his diocese. What occurred at Eton/Sugwas may have happened on other episcopal manors. It could be coincidental that Juliana, who lived at one of the bishops' manors, was among the earliest recorded pilgrims. However, it is interesting that the *very first* miracle listed in the canonization record (for April 3) was the cure of one John de Masintona of "Ledebury sub Malvernia" (f. 265r); that Ledbury was an episcopal manor; and that in the list of bishops' estates, a certain "Johannes de Masyntone" was an episcopal tenant at Ledbury during the 1280s, holding two virgates of land.[12] The suggestion is that villagers already subject to the bishop were "predisposed" to believing in Cantilupe's thaumaturgy and

[10] Sugwas lay in the parish of Eton but on the other side of the river Wye, forming for all practical purposes a single unit of two parts linked by a ferry. G. Marshall, 'Notes on the manor of Sugwas,' trans. of the Woolhope Naturalists' Field Club, 1921–23 (Hereford 1925), 115–119. The "Red Book" – a thirteenth-century survey of the Hereford bishops' estates – actually lists this manor as *Eton de la Wye juxta Sugwas*, A. T. Bannister (ed.), Camden Miscellany, vol. XV (1929), 1–36.

[11] Registrum Ricardi de Swinfield, Canterbury & York Soc. vol. VI (1909) passim. Cantilupe himself had often followed the same route; its close association with Thomas was commemorated in one of its windows, of fifteenth-century workmanship, depicting "Scs Thomas Herefordensis", G. Marshall, 'Some Remarks on the ancient stained glass in Eaton Bishop Church,' trans. Woolhope, 1921–23, 109, 111–112; the window was moved to Ross when Sugwas was pulled down in 1792. The manor remained one of the more important episcopal possessions until that time.

[12] "Red Book," Camden Misc. (see note 10, above), 18.

the efficacy of pilgrimage to his new shrine. The level of encouragement for such villagers would have been high. During the first three days of the cult's existence, three of the recorded eleven pilgrims living outside Hereford whose villages have been identified, were tenants of episcopal manors. Participation by such tenants declined over the next month, but by the end of that period the cult was firmly established. Put another way, during April, at least eight of the approximately thirty episcopal manors provided a pilgrim who experienced a cure at Thomas's shrine; afterwards, this association becomes less evident – because, perhaps, it soon became less necessary to the success of the cult.

Such assumptions are based on an underlying contemporary awareness of social propriety as well as property; of personality as well as "place"; one would expect some of these villagers to identify themselves primarily or automatically in terms of lordships and tenures, only secondarily in relation to the physical locations of their villages. This relationship between a dead bishop and a living tenant, in which lordship and tenure was the nexus, is illustrated in a miracle from the Wulfstan collection: a sick man rested at the tomb for three weeks without improvement in his condition, until in his exasperation he berated the saint, saying[13]

> *Domine mi sancte Wlstane, nonne ego servus tuus nativus sum; natus et nutritus in terra ecclesie tue? Quid est quod sic me contempnis? Extraneos et ignotos cotidie me vidente curas, et me peculiarem servum tuum respicere non dignaris? Utique si tantum dilexisses tuos, quantum te diligunt tui; non sic me dimisisses.*

A further instance, from the late eleventh-century "Liber Miraculorum" of St. Dunstan, involved three poor, blind women who, hearing about the miracles attributed to the dead archbishop, went to his tomb and prayed that he would now relieve them of their burden of blindness just as, during his life, he had relieved their poverty by his almsgiving.[14] It is likely that similar effects were produced in the villages that were not of Swinfield's own lordship but whose churches were subject to the normal processes of visitation, as he travelled in Cantilupe's footsteps from one of his manors to another, distributing alms *per vias*.[15] The register and

---

[13] Vita Wulfstani, ed. R. Darlington, Camden Soc. 3rd Ser., LX (1928), 135, trans. in: R. Finucane, 'Cantilupe as Thaumaturge,' in: Jancey (ed.), St. Thomas (see note 8, above), 137–44, at 139–40.

[14] Memorials of Saint Dunstan Archbishop of Canterbury, ed. Wm. Stubbs (RS), London 1874, 131.

[15] A Roll of the Household Expenses of Richard de Swinfield, ed. J. Webb, Camden Soc., vols. 59, 62 (1854, 1855), e.g. in vol. 59 at 76, 80, 89.

the household roll mention many villages along Swinfield's route which supplied pilgrims to the shrine, at one time or another.

If villages subject not to the bishop but to the dean and chapter of Hereford cathedral were also considered, one suspects that many such places would also have supplied pilgrims, at least during the crucial start-up phase of the cult.[16] In his examination of French cults, Sigal noted a correlation between the territorial possessions of abbeys which housed a saint's shrine, and pilgrims coming from those territories: "Il est ... probable que les relations de l'abbaye se faisaient surtout avec ces regions, d'où une venue plus prècoce des pèlerins."[17] Such a correlation, *mutatis mutandis*, may also have helped to stimulate local pilgrimage to Cantilupe's shrine.

It is possible, then, that Juliana of Eton/Sugwas had been predisposed to react, through her association with an episcopal manor; but the immediate stimulus was the cure of Edith *furiosa*, which drew Juliana to the shrine. On her return home, she herself acted as a propagator of the cult. Her miracle was announced in her own village on Easter Sunday, the one day in the year when the greatest numbers of villagers could be expected to attend Mass (f. 170r, 174r).[18] In full view of her neighbors, she walked unaided within her parish church of St. Michael at the "representation of the Lord's resurrection" before Matins (f. 172v). Since at least one villager blamed her original malady on her absence from Sunday services in the past, even though she had *domum suam propinquam ecclesie* (f. 175r), her presence in church on this Easter day must have been even more significant for her neighbors.

Thus Juliana's cure of Friday morning was fully known to her neighbors by Sunday, who could then see with their own eyes that God indeed worked miracles through Thomas Cantilupe. She maintained local awareness by going on pilgrimage to the shrine each week for at least two years after her cure, thus linking her village (and intervening places) with the Hereford saint. She died about 1299. Shortly after that, however, her involvement in Cantilupe's cult had the expected results, when

---

16 Whereas episcopal manors provided three pilgrims in the first three days, two prebends (Wellington and Bullinghope) each contributed a name to the list of eleven visitors from outside Hereford in that period. A total of sixteen miraculous events were recorded for the three days; one person's origin was untraced; four came from the city itself.

17 P. A. Sigal, L'Homme et le Miracle (Paris 1985), 202–205; Sigal also cites Dom J. Dubois who finds similar relationships in the cult of S. Fiacre-en-Brie, 210.

18 One might also assume that parish clergy holding livings on episcopal manors would be well aware of their diocesan's interests, and perhaps eager to accommodate these.

a fellow-villager, Margery de Honimer of Eton, was cured of her crippling ailments after pilgrimage to the shrine about 1300.

It is clear that the witnesses to Margery's cure were very familiar with the details of her co-villager Juliana's miraculous experiences. Relatives of both women provided details about the cures in each other's families, emphasizing how little went unnoticed in their close-knit village. There are similarities between the cases, suggesting that, after Juliana's death, Margery accepted the role of local *miraculée*. Like Juliana she had visions of an old man, whom she recognized as Cantilupe, having seen him at Sugwas. He advised measurement and pilgrimage to Hereford, a visionary suggestion Margery conveyed to her children. However, her two children John and Joanna put off the journey for two months and more. Joanna explained that they tried to discourage her because they feared that she would not survive the journey; but John said that they needed to raise money for the trip and also to wait until it was a better time to go. Finally, after measuring her to Thomas they placed her on a horse, cushioned her with feathers, and went off to Hereford, Joanna sitting behind and holding her mother, who was screaming with pain (f. 173v–175v). Joanna and her crippled mother remained at the shrine from Prime until after Vespers; by then Margery had begun to improve, and walked with assistance to the house of John de Bordesley in Hereford, where she was *hospitata*. Next morning she was back at the cathedral even before the church doors were opened; by Prime she was wholly cured, an event marked by bells, announcement, and procession amidst public thanksgiving. On Saturday following she returned to Eton, assisted by her two children and another relative, Alice; she rode and walked the distance, and when nearing the village her neighbors ran out to meet her. Soon after this, the miracle was announced in the parish church just as, her son testified in a revealing statement, *audivit referre de miraculo Juliane* (f. 176v).

The circumstances emphasize the power of example within the village. And, with the death of Juliana, Margery her neighbor may have been drawn or encouraged to imitate her success, consciously or not. In dealing with the case of a girl at Marden, below, we shall encounter evidence of the enhanced social position of a miracle-touched villager; it is tempting to see a similar situation at Eton. The testimony also reveals a, perhaps, unexpected facet of local pilgrimage. Even though the distance was less than five miles, it was claimed that two months passed until *esset accomodius et melius tempus* (f. 175v), which may refer to awaiting better weather or to a more appropriate time in the cycle of rural labors. But in addition the son claimed that the delay was necessitated *ut possent sibi de pecunia providere* (f. 175v). It is understandable that money, good weather, and opportunity would be needed for any pilgrimage from this village to Canterbury for instance; but that such preparations were required for a journey of less than five miles seems on the surface to be rather excessive. However, the family had to provide a horse both going and returning, and pay for Margery's lodgings at the hospice of John de Bordesley. As for the reference to *tempus*, this is more likely to refer to the need to await an opportunity when mother, daughter, son (and another relative) could all temporarily disengage themselves from village – that is agricultural – life, even for two or three days. As it was, John, who held his lands under the temporal dominion of the bishop of Hereford, having seen his mother settled at the shrine, returned to his village the same day. Even Margery herself, after the cure and return home, went out *ad agros suos* where *laboravit plene* (f. 176r). Finally, it would seem that the short journey, even on a pillow and within the supportive arms of her daughter, was at the limit of Margery's endurance. The daughter's stated reason for the two-month delay probably reflects her more sensitive appreciation of how difficult it would be for her weakened mother. These details underscore the fact that for many, especially infirm, pilgrims even the shortest distances might require extensive preparations and sacrifices. For most of the 455 participants recorded for this cult, pilgrimage was local pilgrimage, and beyond the range of about twenty miles, fewer and fewer were willing to risk so much for – perhaps – nothing. As Part II will demonstrate, most of the long-distance pilgrims, in fact, had already experienced their cure (or other miracle) before setting out for Thomas's shrine.

In the foregoing cases the example of others being cured was very important, emphasizing the significance of such linked events in originating or expanding a thaumaturgic cult and pilgrimage. There are other indications of direct communication in operation at Cantilupe's shrine. Sometimes cured pilgrims, some of whom (for publicity purposes) were encouraged to remain at the shrine at least in the earliest days of the cult, were directly responsible for further cures. For instance, on Holy Saturday (April 5) in the midst of the crowds visiting the new "saint," Matilda of "Coldhale," demented for seven years, was cured at the tomb. Next day she saw a Hereford woman, while ridiculing Thomas's miracles, fall to the ground as if dead. Matilda took her to the shrine where she revived (f. 265r). This was not uncommon: a woman cured at the shrine of St. William of York (d. 1154) *plurimisque diebus cum aliis similiter sanatis in obsequio infirmorum ad tumulum Sancti Willelmi recumbentium sanissima ministravit.*[19]

[19] The Historians of the Church of York and its Archbishops, ed. J. Raine, vol. II (RS), 1886, 537.

On Monday, April 7, 1287, three days after Juliana's cure, a certain John of Holhamton from the village of Holme Lacy, about four miles from Hereford in the opposite direction from Juliana's village, was cured of a tumor on his neck which had afflicted him for several years (f. 182v–186r). He too had heard about the cure of Edith, *furiosa*, which had encouraged him to go to the shrine and pray for a remedy. After receiving it at the shrine, more than a hundred people in the church ran up to examine his neck; the canons, verifying his claims, had the bells rung, the miracle described to the crowd, and a procession with *Te Deum* organized. John was accustomed to going to Hereford market every week to sell grain, and the record suggests that he had heard about furious Edith while on one of his regular visits to market. After the miracle one of the witnesses, John Alkyn, apparitor of the cathedral, saw John nearly every week for the next eight years or so when he came to market; his tumor never returned. Even more than Juliana of Eton – who went on weekly pilgrimages for two years following her cure – John would have reminded others of Thomas's powers as he moved regularly between his village on the Wye and the city center.

John, though perhaps a familiar figure, was not of a "respected" status in contemporary Herefordshire society, nor indeed had any among the first sixteen or seventeen recorded pilgrims been socially noteworthy. However, on Easter Sunday (April 6) a member of the upper ranks of the laity is noted at the shrine. For some six years, *dominus* Milo Pichard (or Pychard), knight, suffered pain in his legs as a result of injuries received during a tournament (f. 241r–v). In the period immediately prior to the translation, bishop Swinfield, seeking maximum publicity, invited lord Milo (and presumably others of his class) to attend the Easter services when, as Swinfield promised, great ceremonies associated not only with Easter, but also with the translation of Thomas's bones, would take place. The knight complied. Having arrived in Hereford on Saturday, he learned that many miracles had occurred on Thursday, the day of the translation, and on Good Friday, just the day before his arrival. He therefore confessed his sins and had himself taken to the shrine. He remained there until, during the "representation of the resurrection" at Easter Sunday Mass, he was healed.[20] The papal commissioners were told by other witnesses to the event that Milo was *famosus et notus* in the region, and that his miracle was *valde vulgatum*; precisely the kind of situation which helped to legitimize Cantilupe's thaumaturgy and his shrine as a center of pilgrimage.

[20] Juliana of Eton also presented herself at the "representation of the resurrection" in her village church on the same day; evidently this scene evoked significant emotion in those present.

Milo's case was unusual in that he had received a personal invitation to come to the translation. A more typical example of how news of the miraculous innovation at Hereford was communicated to the outlying countryside is provided by the experience of Margery (f. 234r–238r). She lived in Strangeford, nine miles south of Hereford, with her two sons who both suffered eye problems. One had been blind about three years, the other, born only a few days after Easter 1287, was accidentally blinded in the left eye by his nurse. In late April or (probably) in May, Margery's sister returned from Hereford, where she had gone, a *peregrina*, to Cantilupe's shrine. She told Margery that God worked many miracles there, suggesting that they measure the two boys to "Saint" Thomas. This was done, and five wax candles were made from the threads. Margery's maid Eva was sent to the shrine with the candles and with Margery's older son. There, on a Sunday in late May, according to shrine-keeper Gilbert de Cheveninge, after sleeping at the tomb in *quodam lecto per ipsum dominum Gilbertum commodato* the boy was cured (f. 237v). At the same moment in the village Margery's two daughters, playing with their baby brother, noticed that his eye was normal; he too was cured. Not among the first cures credited to Thomas, this miracle represents a transitional phase. Though she may have already heard about the shrine, only the personal encouragement of her sister (impressed by the miracles she witnessed on pilgrimage) moved Margery to call upon the dead bishop.

A final example from the earlier events illustrates another form of publicizing miracles at the "center." On the second Sunday after Easter in 1287 Agnes de la Brok of Hereford was cured of blindness at the shrine. One of the witnesses claimed that he and many others were drawn to the cathedral by the sound of the bells ringing *sicut pro miraculis pulsari consueverant* (f. 228v). This suggests that contemporaries could recognize by some aspect of the ringing, that the cathedral bells signalled a miracle.[21] In French cults, Sigal notes the same procedures on the discovery of a miracle: the guardians of the tombs had the bells rung and the *Te deum* chanted by clergy and people. He then poses the question: "La sonnerie des cloches était donc un signal annonçant le miracle. S'agissait-il d'une sonnerie particulière? Aucun texte ne le dit ..."[22] It would seem that the examples from Cantilupe's miracles strongly suggest that at Hereford "une sonnerie particulière" did announce miracles, specifically. When the husband of Edith *furiosa* heard the cathedral bells

[21] In another case recorded for May 1288, a witness said that he and many others went to the cathedral *ad pulsationem campanarum pro miraculo*, where they saw a pilgrim who had just been cured, f. 205r–v.

[22] Sigal, L'Homme et le miracle, 186.

as he crossed the fields outside Hereford, his first reaction was to hope that they were broadcasting news of his wife's cure. Nonroutine ringing would by definition signal, e. g., funerals and other planned services outside the daily liturgical round. "Unplanned" events were also communicated: after the cure of a child at the tomb of Dunstan in Canterbury, "Saint Dunstan's" bell (the one he himself used to ring) was sounded, with the result that *concurrit universa civitas volens oculis videre quod fama reserante audierat.*[23] Signals for miracles, heard in the countryside, were passed on by parish churches which took up the ringing, as in a Cantilupe miracle to be examined below. In a thirteenth-century French cult of an English saint (Edmund archbishop of Canterbury, at Pontigny), following his miraculous revival from death a boy was taken to his parish church: *pulsatis interim campanis, ad ecclesiam defertur. Clamor ingens per tres villas propriis adiacentes attolitur.*[24]

Such details have obvious implications for the rate at which a thaumaturgic cult might become a shared aspect of life in neighboring villages. Furthermore, reduced to one among many other liturgical or quasiliturgical expressions, the "miraculous" almost ended, paradoxically, as a routine of daily life. There is an example of this in the *Ordinale* (c. 1400) of the nuns of Barking Abbey which sets out procedures when a miracle happens to occur:

> *Nota quod quando fit celebritas et graciarum accio pro aliquo miraculo ad crucem sive ad feretrum sancte virginis ethelburge divinitus*

---

23 Mem. St. Dunstan, (note 14, above), 138. The implication here is that a miracle at Dunstan's tomb was signalled by ringing Dunstan's "own" bell; yet the principle is the same as the Hereford *pulsationes.* At the great abbey of Bury St. Edmunds in East Anglia, "Even the ringing, like everything else in an orderly house, was subject to rule, and the inhabitants of Bury [the town] knew perfectly well from the character of the peals the quality of the feast." Fr. Mackinlay, Suppl. to the Tablet, London Dec. 26, 1891, 1035. If so, they would have known when anything outside the usual order was indicated. Certainly Bury had a complex arrangement which would have been found, less articulated perhaps, in other abbeys and cathedrals: *Pulsata quidem primo campana duodecim lectionum simplicium sola, pulsabitur secundo nova campana et tercio Gabriel, id est campana fulminis, et quarto omnes simul. Quando vero primo pulsatur Londoniensis major, tunc pulsabitur secundo Gabriel vel eius socia Galiena nuncupata et tertio Media, id est maxima campana chori, et quarto omnes, qui vocantur le glas* [ed. note: *le glas* is the French for *classicum,* a peal of all the bells together]. Consuetudines Burienses, ed. A. Gransden, Henry Bradshaw Soc. vol. 99 (1973), 53; see also 46–47, 93–94. Concurrent bell-ringing and miracle-celebrations are also found in Vita Wulfstani, 157, 176, in exactly the same terms, *signis interim pulsantibus.*

24 Bodley MS Fell 2, f. "29"–"30".

patrato, ... convento adunato sacerdos ympnum incipiat, scilicet Te Deum laudamus, cum pulsacione signorum.[25]

Part I: Pilgrimage in a local setting, Phase 2. Effects of the established cult upon local village life; pilgrimages and other reactions

By late May 1287, one can assume that most of the villagers immediately surrounding Hereford had heard about the new cult: some 24 % of all the miracles to be recorded had already occurred, and the average distances between Hereford and most pilgrims' villages had risen to around twenty miles. As information about the innovation spread into the countryside, enthusiasm at the center declined; this could be an explanation for the observed drop in the recorded Hereford citizens reporting cures (see Part II). Even though, henceforth, virtually all the beneficiaries of Cantilupe's powers were visitors from outside the city, pilgrims in the more usual sense, this is but one criterion by which one could affirm that the cult had become "established." Another, perhaps more significant criterion, arises from a different issue: how long the pilgrim had been ill. During the first month of the cult's existence, most of those claiming a cure had lived with their infirmities for years; in every case their condition pre-existed the translation date. From the end of May, however, a few, and at the end of the first year (mid-April, 1288), *most* pilgrims undergoing or reporting a cure at the shrine sought Cantilupe's aid because of an illness or other calamity they experienced in the period following the translation. This suggests that, by April, 1288, most pilgrims came to the shrine or called on Thomas not as an unthinking, immediate response to a therapeutic innovation, but as the result of a considered decision to appeal to the "saint." By April, 1288, the short term "shock wave" had passed; now, recognition of Thomas's powers, no longer a novelty, had diffused throughout ambient villages where, as needed, this latent recognition would from time to time rise to the surface of villagers' consciousness. This development is probably a more effective criterion in determining when any cult becomes "established," since it represents the point at which information has become influence, and recognition leads to decision. The villagers stammering their stories in a local English dialect before the papal commissioners in 1307 provide several examples of latent awareness of "Saint" Thomas rising to hopeful, anxious consciousness in response to danger, disease and even death.

[25] The Ordinale and Customary of the Benedictine Nuns of Barking Abbey, 2 vols., ed. J. Tolhurst, Henry Bradshaw Soc. (1927–28), II, 348.

One of the most carefully examined miracles involved a five-year-old child, Joanna, resuscitated after she "drowned" in a fishpond at Wisteston, near the village of Marden about five miles outside Hereford (f. 123r–140r). This event, reviewed again some years after 1307 by a committee of cardinals, was the first miracle listed in the papal bull of canonization (1320).

On a Sunday afternoon in April, 1288, the people of the small settlement (*villula*) of Wisteston were, as was their custom, enjoying each other's company at a beer tavern (*taberna servicie*). Their revelry was disrupted when the body of Joanna was discovered in the nearby pond belonging to the tavern's owner.[26] On learning of the drowning, her mother and others rushed to the pondside; Joanna's father Adam, summoned from the pub, wept and greatly mourned (*nimium planxit et flevit*) on seeing his daughter's body. He fell to his knees, and since he knew of the miracles of Thomas Cantilupe, tearfully begged the dead bishop to ask God to revive his child. In 1307 he claimed that he, his wife and children had gone on pilgrimage to Thomas's tomb prior to the incident at the pond. This, he said, stimulated him to call immediately on Thomas. At the pondside about forty neighbors joined Adam in prayer, removing their shoes and stockings or rolling down their hose to place their bare knees directly on the earth, as they said the Pater and Ave, raising their hands toward heaven (f. 138r–139v). By next morning Joanna had revived, claiming that a playmate had bumped her, sending her down the slippery bank into the water.

As must have been the case in other settlements when such revivals occurred, many villagers first learned about Joanna's resuscitation after hearing the bells pealing at sunrise in the chapel of the Holy Cross at Wisteston and in the nearby parish church of Marden. Many congregated at Joanna's house, including Margery Wafre, styled noble, *magna domina* of the place. It seems that others from nearby villages also arrived to celebrate the miraculous event (f. 133v). The crowd, including the *domina*, took the girl to Marden church and placed her on the altar of St. Ethelbert; they then sang a *Te Deum*. (The placing of revived children physically upon altars or shrines was not uncommon in such circumstances.)

Both Wisteston and Marden have been mentioned in this paper, in connection with the cure of Edith *furiosa*, whose husband offered a candle to the Holy Cross at Wisteston, and had been informed of his wife's recovery by a man from Marden. It may be coincidence that Joanna's

[26] Actually, a group of men leading a dance through the fields had seen the body earlier, but had not raised the hue and cry for fear of penalties imposed by the county coroners; they planned to dispose of the corpse by night.

miracle, occurring a year later, happened to involve these same two places. Coincidental or not, it is likely that the villagers of Marden and Wisteston were among the first people outside of Hereford to have been drawn into the new cult when it started up in 1287. There are further resonances: Marden village church was dedicated to St. Ethelbert, who was at the same time titular or patron of Hereford cathedral. This came about because, according to tradition, Ethelbert, king of East Anglia (d. 794), had been executed by Offa of Mercia and buried on the site where Marden church was erected. After visionary directives, his bones were transferred to Hereford; hence the association of both churches with the same so-called saint.[27] In addition, at the time of the miracle the Hereford dean and chapter held properties in Marden, and one of the witnesses to Joanna's resuscitation was their tenant (f. 131v). Very little, on the other hand, is known about Wisteston chapel and its altar to the Holy Cross; but evidently the repute of the place in the 1280s was sufficient to draw a Hereford citizen out into the countryside to offer a candle there. This chapel was within sight of the pond were Joanna "died"; yet her father first turned not to its Holy Cross, but to Cantilupe, whose bones lay some five miles away.[28]

How did the wonderful events of April, 1288, affect the lives of these villagers? For one thing, a stronger link was forged with the cathedral. The very day of her resuscitation, in spite of villagers' fears that she was as yet too weak for the journey, Joanna was taken from Marden church to Hereford. En route, as her father cradled her on horseback, the ride made smoother by the use of a pillow, their group was joined by others from settlements nearby, such as Framington and The Vauld; some of the crowd had removed their shoes. As they approached Hereford the party of about thirty was met by people coming out of the city who, having already heard about the miracle, gathered round to look upon the girl wonderfully revived by Thomas. Within the cathedral Joanna was placed on the shrine and onlookers who knew her commented on her healthy appearance. Then, after investigation by the canons the bells of the cathedral, and the entire city, were rung and, in the usual fashion, the miracle was announced to the assembled crowd, a procession formed

[27] St. Ethelbert's well lies under a wooden cover in the floor of the vestry at Marden village church.

[28] Though Marden church is a well-kept, comfortable medieval building serving the needs of its local parishioners and Marden village a pleasant place of modern homes, there is nothing left of Wisteston but rich fields and riverside meadows. Wisteston Court (or House), which incorporated fifteenth-century work, was demolished recently; its present owner will not permit inspection of the site of Wisteston chapel, pulled down earlier this century.

and a *Te Deum* intoned; at the center of all this attention was Joanna, who had been removed from the tomb and was now sitting with her rather overwhelmed mother.

The following Sunday her father brought a wax image representing Joanna to the shrine-keepers. Placed with the other votives, it remained hanging by the tomb for many years, until consumed by age (f. 126r). Throughout those years Joanna's parents took her and the rest of their children (in 1307 they had five sons and three daughters) on pilgrimage to Thomas's shrine once (especially on St. Ethelbert's feastday, May 20), twice and even more often, every year and – as Joanna told the commissioners in 1307 – they intended to continue this practice for as long as they lived. Joanna's mother claimed that when not actually on pilgrimage she had dreams about visiting the shrine. Most of the other witnesses to this event, testifying in 1307, said that they too went on pilgrimage to the shrine more often because of the miracle.[29] Though one might question some of the protestations of faith, at least some of the villagers probably were, indeed, prompted to visit the shrine because of Joanna's experience. The wife of the man who owned the tavern and the pond, for instance, said that she and her neighbors went "frequently" as pilgrims to the tomb. Apart from an obvious connection with the miracle, she was also one of Joanna's godmothers (and had the same name, as was common in such relationships, f. 136v–137r).

Even though some of the villagers may have exaggerated the extent of their own involvement in pilgrimage when testifying before the papal commissioners, one can probably accept that the wonderful event left a lasting overall impression. It is certain that the miracle had a very significant effect on the life of one villager and her family: when she appeared before the commission in 1307, Joanna, now a young woman in her mid-twenties, affirmed that she still refused to marry, in spite of her parents' objections to her celibacy. She would not settle for any merely human husband for she was, as her neighbors called her, St. Thomas's virgin (f. 123v). High-ranking people still – her father claimed in 1307 – travelled great distances to see this woman called Joanna the Maiden (*ancilla*) of Saint Thomas of Hereford (f. 126r, 130v; the visitors were termed *nobiles*). It is of interest to note that about a year later another girl, resuscitated after drowning at a place only some eight miles from Marden, claimed when recovering that *se esse filiam dicti Sancti Thome* (f. 243 v). As for the noble individuals visiting the celebrated Joanna, it is possible that they had first learned about the girl from the lists of miracles kept at the shrine. Display of such lists was normal practice. Visiting Cantilupe's shrine in the first half of the fourteenth century

29 E.g., Schonk, f. 133v, and his wife Joanna Wase f. 135r; Ralph de la Brok, f. 131r.

John of Tynemouth reported *miracula ... in diversis voluminibus in loco requietionis eius quasi infinita vidi.*[30]

Through such means, by both external stimuli and domestic customs among some of its inhabitants, pilgrimage continued to affect Marden/Wisteston villagers. That they openly acknowledged their special link with Cantilupe was also suggested by their priest. In 1307 he stated that he had settled in Marden only in 1299; but even then, eleven years after it had occurred, he noted that "commonly everyone of the parish" knew and affirmed Joanna's miracle (f. 139r). Such an event could easily pass into village tradition, to be proudly related to transients and newcomers. This was the case in France, where little Ernulf miraculously revived after drowning in a spring or fountain. The villagers pointed out the place to strangers: *Hoc autem memoriale ab eventu fonti remansit, ut adhuc a tota vicinia dicatur: "Hic est fons ubi Ernulphus submersus fuit."*[31]

Although the Marden miracle provides a wealth of detail, testimony in several other cases closely examined by the papal commission also illuminates aspects of contemporary interaction between villagers, miracles and pilgrimage. Joanna of Marden's recovery from drowning occurred

---

[30] Nova Legenda Anglie, ed. C. Horstman, 2 vols. (1901), II, 371–73, I, lii, note 1; cf. also II, 109 for illegible old writings Tynemouth found at another shrine, in Wales. Among the records at Cantilupe's shrine he discovered miracles involving 41 blind, 52 crippled, and 60 "dead" individuals, along with other categories. He continues, *vidi etiam in uno volumino ... quadringenta viginti quinque* diverse miracles. John's comments reflect the fact that – as emerged in the 1307 hearings – lists of miracles arranged by type, as well as lists arranged by chronology, were prepared by the cathedral canons. His figure of 450 is virtually the same as that taken as the basis for the present study (455), derived from examining all miracles in MS Vat. Lat. 4015, MS Exon Coll (Oxford) 158, and the editions confusedly printed in AASS. The miracles of the 12th-cent. archbishop of York, St. William were, even in the fourteenth century, being enrolled in a "table or tryptich" kept in the cathedral, J. Raine, Historians of ... York (note 19, above), II, xxxi. Of this custom perhaps Henry of Huntington is the best contemporary witness: among other twelfth-century places, he mentions Dunstan's shrine at Canterbury, and at the tomb of St. Edith (Wilton), *ibidem splendida virginis leguntur miracula.* T. Arnold (ed.), Henrici Arcidiaconi Huntendunensis Historia Anglorum (RS), 1879, xxvi–xxviii. Similar customs were followed on the continent, e. g. south of Gdansk at Merienwerder where in 1404 a woman testified that *vidit plurima talia miracula conscribi in ecclesia Pomenzanienzi ex viridica relatione proborum virorum ad ecclesiam ... advenientium.* The bishop, Johannes Mönch, stated *talia signa vidit conscripta per notarios publicos ...* R. Stachnik (ed.), Die Akten des Kanonisationsprozesses Dorotheas von Montau von 1394 bis 1521 (Vienna 1978), 181, 416.

[31] 'Vie et miracles de S. Laurent archevêque de Dublin,' Analecta Bollandiana 33 (1914), 171.

in April, 1288. In May Thomas's powers were manifested in the cure of John, a mute boy from the Welsh border country near Ludlow. He used to beg in Hereford and Ludlow, showing passers-by the stump of flesh where his tongue should have been, and uttering unintelligible sounds.[32]

While begging in Ludlow, John was persuaded to visit Thomas's shrine. He did so, but returned to Ludlow with only minor improvement. Several people – mainly women (f. 207r) – gathered outside St. Lawrence's church one Sunday inspected his mouth and advised him to return to the Hereford shrine *pro receptione melioris lingue* (f. 186v). About the same time two Franciscans staying in Ludlow as guests of Margery, *famose matrone dicte ville*, heard about this boy *ex communi et vulgari locutione populi villa de Lodelawe*; their hostess also discussed the case, after which John was examined by the two friars. One of them was Hugh of Brompton, warden of the Hereford Franciscans. Though Hugh was said to have expressed a certain initial incredulity about Thomas's miracles, he took John to the Franciscan house at Hereford, where he was given alms and then sent to the shrine.[33] The involvement of brother Hugh, who was described in the jingling line *valde famosus et a baronibus ortus et pluribus notus* (f. 208v), would have been welcomed by bishop Swinfield and others, who well knew that participation by the elite was an effective mode of legitimation, as in the case of Milo the knight, above.

Gilbert de Cheveninge, *custos*, saw the boy sleeping with his head on the shrine; he did not awaken him since he knew that many were cured there during sleep. When he finally awoke the boy began talking, at which the surprised Gilbert said, "John, you can speak!" (f. 209r) Gilbert had convinced himself that John was truly mute during the boy's earlier visit to Hereford, when Gilbert and other canons tested him by beating him, often, only to elicit the bellowing which was (as a witness put it) common to mute beggars being thrashed (f. 208v–209r).[34] After hearing the boy speak, Gilbert ran (*cucurrit*) to the Franciscan house and fetched brother Hugh, who hurried (*festinanter*) to the cathedral. After further inspection of the boy, the bells were rung *pro miraculo* and the crowd gathered, to whom, *populo et clero*, Hugh delivered a sermon on the boy's miraculous cure. That same day young John took the cross from Hugh, saying *volebat peregrinari ad terram sanctam* because Thomas had restored his tongue; a collection was taken up *pro ipsius Johannis*

---

32 The case is found on folios 186r–209v, interrupted at 188r–203v by the investigation of Roger of Conway's miracle.

33 For a perceptive analysis of the order's opinion of Cantilupe, see Patrick Daly, 'The Attitude of the English Franciscans to St. Thomas Cantilupe,' Franziskanische Studien 66 (1984), 251–64.

34 City officials also beat him, f. 205r–v, 206v.

passagio, while the chapter's almoner cared for him, presumably in the cathedral precincts (f. 208v–209v). Three days later he was seen leaving the city with his scrip and crusader's cross on his shoulder (f. 204r–206v). He seems to have gone back to Ludlow *propter publicationem dicti miraculi*, then returned to Hereford (f. 208v); from there, presumably, John went to the Holy Land – at least none of the witnesses of 1307 saw or heard of him again.

John's vow of pilgrimage to the Holy Land, even if unfulfilled, presents an interesting pattern, the extension from local pilgrimage to the armed pilgrimage of the crusade (Acre, the last Christian outpost, was to fall to the Moslems a few years later). Another pilgrim who took a further vow to go to the Holy Land will be considered below. Returning to pilgrimage at the local level, one of the witnesses claimed that because of John's miracle she and many others from Ludlow *venerunt nudis pedibus ... peregrini* to Cantilupe's tomb.[35]

Another group of witnesses appearing before the papal representatives in 1307 told of a miraculous resuscitation which had much in common with Joanna of Marden's experience. On a Tuesday in May, 1304, while his mother was cleaning house, John of Little Marcle, less than two years old, wandered off and fell into the ditch or pond where the villagers watered their livestock (f. 140r–146r). The mother and two neighbors struggled to revive him, as "the usual sort of clamor" was raised to attract more villagers. Two horsemen, *equites* – perhaps actually "knights" in the feudal sense – stopped to help. They had been riding by on the *via publica*; a Roman road runs through the village, which is about ten miles to the east of Hereford. One of them measured the boy to Thomas and suggested that they all pray. The crowd of about twenty men, women and children knelt and tearfully recited the Pater, Ave and Credo. Eventually, according to his mother, John opened one eye. After about the time it takes to say the Pater, he opened the other eye; then his mouth. The flow of time (*fluxo ... tempore*) before he opened his mouth was, she estimated, as long as a person usually remained at table having a meal (f. 141r). (When the father was asked about these temporal details he said *quod nescivit designare*, which might suggest that he did not know how to express this particular lapse of time, f. 142r.) Next morning the bells of the local chapel of St. Gregory drew the neighbors together and, learning of the resuscitation of little John, they all praised God and St. Thomas.[36] By the following

---

35 Which she described as "sixteen miles" from Ludlow, f. 187r.

36 This chapel is now marked by a few walls at Little Marcle Court, 650 yards SW of the Victorian church at Little Marcle. The Royal Commission for Historical Monuments, Herefordshire, vol. II (1932), 127, has little else to say about it except

Saturday the child could move and walk on his own; he was taken by his father to Hereford and placed upon the shrine. The bells rang out in the cathedral and in Little Marcle as well as in nearby parish churches when the resuscitation was announced. People crowded the cathedral to offer thanks for the miracle. Next day bishop Swinfield confirmed the child (infant confirmation continued until at least the Council of Trent) in the parish cemetery of Ledbury, an episcopal manor of which Little Marcle was a dependent chapel (f. 141v).

This event illustrates the importance of fortuitous "external" suggestion, here introduced by the travellers. The two horsemen recalled Thomas's cult to the minds of the villagers, with what seemed to be miraculous effects. The pilgrimage to the city and ringing of cathedral and country bells, coupled with the public ceremony of the child's confirmation the very next day, would have provided maximum publicity and encouraged even more local pilgrimage. It may be recalled that the very first registered pilgrim was a man from Ledbury; on this episcopal manor, traditions associated with Cantilupe, both live and dead, may have been quite strong. Through such means and the indulgences he importuned his episcopal colleagues to offer, Swinfield continued to the end of his days to invite pilgrimage to his predecessor's shrine.

These crises in the Herefordshire countryside tell us a great deal about the village people, their ghostly patrons, and *peregrinatio*. Nicholas slipped into the river Wye near his hillside village of How Caple; he was about nine years old (f. 158r–165r). Taken from the water "dead," he revived after being measured to Cantilupe. The accident happened in 1299 or 1300 on the vigil of Pentecost, therefore on either May 28 or June 6. The date in this case is of more than usual importance: when in 1307 the boy was asked about his miraculous experience, he stated that the event occurred when *gentes communiter* went on pilgrimage to St. Milburga in the priory of Wenlock (Much Wenlock, some forty-five miles north of Hereford). Nicholas added that it was the time of year when people roasted the ears of grain in the fields, rubbed them in their hands, and ate them. The terms of temporal reference used by this teenage villager will be discussed below.

As Nicholas regained consciousness his first words were "Help, sweet Lady; help, St. Thomas." The commissioners asked his mother about this invocation: she explained that it was usual in the region to invoke the Virgin in such words. As for Cantilupe, though her son had not been taken on pilgrimage to his tomb prior to the drowning, his invoking of the

---

that it had a nave dating to at least the fifteenth century, and covered about 59′ by 18′. The Vatican MS supplies the information that it was extant in 1304, had at least one bell, and was dedicated to St. Gregory.

dead bishop was not unusual, since he had frequently named and called on him. In those parts, she added, Cantilupe *communiter ab omnibus ... nominatur et invocatur*, and they commonly swore (*iurant*) by St. Thomas (f. 162v).

On the following Tuesday he was taken to Hereford, described as "six long miles" distant (*vj grossa miliaria*, f. 164v; How Caple is some eight miles in a direct line SE of Hereford). Since, as one witness said, Nicholas was barely nine years old, he alternated between walking and riding. They left for Hereford before sunrise; after a leisurely pace they arrived before Terce. Following an examination by the canons the usual sequence took place: bells, procession, etc. The boy was *monstratus et exhibitus* to the people, who gave thanks to God and Saint Thomas with upraised hands (f. 160r, 164v).

Nicholas's reference to the Milburga pilgrimage creates certain chronological problems. Her feastday was February 23, with another feastday (her translation) on June 25. But if Nicholas had in mind a pilgrimage for the June 25 feast, and if his own miracle fell in late May or early June, it is apparent that he had confused events by anticipating the forthcoming pilgrimage; or that he was conflating this feastday with some other pilgrimage the villagers usually undertook; or that he was correct and the villagers had established their own annual pilgrimage to Milburga in early June, even though it might not fall on the feast of her translation. Since her shrine still inspired devotion in the late fifteenth century, there is nothing inherently implausible about Nicholas's statement.[37] The episode suggests that many village pilgrimages existed about which nothing can now be known, unless revealed by accident (literally, in the present case). The testimony indicates that How Caple villagers had been used to an annual pilgrimage, whatever its goal: the mother said that on the Tuesday after her child's recovery they went *aliis multis ... et processio clericorum et populi dicte ville de Hue Capel ... quia consueverat* [i.e. the mother?] *venire quolibet anno tali die* (f. 162r). Another villager said that on that Tuesday she and *communiter totus populus dicte parochie venerunt processionaliter sicut venire consueverant aliis annis* (f. 163v). From such references to the event occurring annually, including clergy, and going *processionaliter*, it seems that a tradition of annual pilgrimage to Hereford, and perhaps farther afield to the shrine of Milburga, was established in the village. In any case, in 1307 Nicholas's

---

[37] A. Edwards, 'An Early Twelfth-Century Account of the Translation of St. Milburga,' trans. Shropshire Achaeol. Soc. vol. LVII (1961–64) 142. See M.R. James, A Descriptive Catalogue of the Manuscripts in the Library of CCCC (Camb. 1911), II, 342 for the fifteenth- to sixteenth-century list by Roland Brugge of Milburga's miracles, in MS 433, f. 64–67v.

mother claimed that ever since the miracle she, her husband and son had come to Thomas's shrine every year and they intended to continue coming for as long as they should live, fulfilling their desire to be *peregrini ad tumulum dicti domini thome* (f. 162v).[38]

The decade which witnessed the rise of Thomas's cult also saw another outbreak of war between England's Edward I and the Welsh. Hereford, crossing place for armies from pre-Conquest days, was one of the king's "buffer zones" against the Welsh, of obvious strategic importance. Consequently it is not surprising to find echoes of military confrontations, which continued even after war's end in 1283, in the record of Thomas's miracles. For instance, some of the king's knights visited the shrine and then rode into Wales where they besieged Dryslwyn (Dyfed) castle in August and September, 1287. At this time the cult was less than six months old and vigorous. During the military action at least two knights called upon Thomas while in grave danger and were saved from death. Eventually Edward overcame the most serious Welsh resistance movements by building magnificent castles round the country's perimeter, and by introducing English administrative controls within Wales itself. Two miracles investigated in 1307 (the year Edward died) show Cantilupe's cult affecting daily life even in these rather unusual circumstances – far from the peaceful settlements of the Herefordshire countryside, in the quite different atmosphere of the towns adjoining Swansea castle on the south coast of Wales, and Conway castle on the north coast. Even here Thomas's spirit manifested itself, generating pilgrimage.

During the autumn of 1290 or 1291 William ap Rees was captured by the men of William de Braose, Lord of Gower (south Wales) and incarcerated in Swansea castle with about a dozen others (f. 8r–14v, 219v–227v). He was considered a rebel against King Edward and one of the greatest of the Welsh malefactors and leader of criminals who killed, robbed and burned in the region. About two weeks later he was taken to the gallows one-quarter mile away and hanged within sight of town and castle. The wooden beam snapped and William was again suspended and left until the evening, when the body was taken into the home of a Swansea citizen. Lord William's son – also William – decided to investigate; as he expressed it in 1307, he descended from the castle and went down to the *villam coherentem ipsi castro*, to view the body. He found that the malefactor, with grotesque injuries, was quite dead. Returning to the castle he explained his findings in the hearing of his stepmother Marie; learning that the man had been twice hanged, she felt pity for him. She had "frequently" heard about miracles credited to

38 The boy's aunt Felicia made the same claim about having gone annually, and proposing to continue to her death, f. 164v.

Cantilupe and was especially devoted to him.[39] In her anxiety for the criminal she prayed aloud that God and Saint Thomas would revive him, "et si il luy donne vie, nous le amenerouns a lavant dit seint Thomas." She had William's body measured, and a coin bent over him (f. 10v–11r). Within four days the executed man had recovered; and about four weeks later he was taken *peditantem* (f. 225r) by lord William and lady de Braose on pilgrimage to Hereford where, at Cantilupe's shrine, he offered the rope he had worn round his neck while travelling to Hereford, the candle made from the thread that had measured him, and a little wax gallows with a wax figure dangling from it. Lord William had this made in Hereford as a special votive (f. 9v,11r–v). At the conclusion of their thanksgiving pilgrimage, the revived William vowed to go to the Holy Land, though a 1307 witness claimed that he did not go, *sed remansit in terra sua* (f. 14r).

When William the resuscitated criminal was giving evidence at Hereford in 1307 he claimed that before his hanging *fuerat peregrinus* to the Hereford shrine; that on the morning of his execution he bent a coin to Thomas's honor and prayed both silently and aloud, up to the last moment, that the saint would preserve him from such an ignominious death. He also claimed that people were made more devout because of his miraculous revival – he mentioned that he discussed his miracle to anyone willing to listen, *pluries et frequenter* – since they went more frequently on pilgrimage *ad dictum tumulum quam fecerunt prius* (f. 221v). Lord William (the younger) made the same claim. Evidently the event, at least according to these two witnesses who were interviewed by the papal board at different times and places, left an impression upon the people of the region which stimulated pilgrimages. Lady de Braose affirmed that even in 1307 the miracle was *vox communis, et communis oppinio gentium et fama publica in dictis locis de Gouer et de Hereford* (f. 10r). On several occasions the papal commissioners, following their list of articles of inquiry (f. 4r–v), asked witnesses to define their terms. When William de Braose was instructed to explain what public *fama* and common opinion were, he said *quando aliqua res est ita vera, quod gens communiter asserunt publice ita esse, et nullus dicit contrarium, nec apparet contrarium* (f. 12v). This definition was rather more helpful than the tautology offered by his chaplain, who believed that *fama publica* was that which is publicly stated in public places, and *publicatur* by everyone (f. 14v).[40]

---

[39] A Cantilupe-Braose marriage had occurred earlier in the thirteenth century, see DNB for William, 3d baron Cantelupe; and David Walker, Medieval Wales, CUP (1990), 53.

[40] Bishop Swinfield himself defined *fama publica* in these terms: *quod clerus et pop-*

Sited on the north coast of Wales, Conway was a settlement wholly dominated by a fortress. King Edward built his famous castle between 1283 and 1292 to keep the Welsh under control. It commanded a purpose-built English town in which English administration reigned. In early October, 1303, a very distinguished group of pilgrims set out from Conway, including the Constable of the castle, the Justice for north Wales, the Chamberlain for north Wales, several chaplains of the Prince of Wales, and the castle cook, his wife, and their two-year-old son Roger (f. 188v–203v). Arriving at Hereford they presented a letter with several pendant seals, which told how Roger had fallen into the dry castle ditch and died, and was revived thanks to Thomas Cantilupe.

According to the letter, and the testimony of 1307, while the town coroners were discussing the child's "death" a Conway citizen, who had often gone on pilgrimage to Hereford, went down into the ditch where the victim lay, bent a penny and vowed a pilgrimage on the boy's behalf. When the child revived, his mother took him into Conway church, where amidst some two hundred people a *Te Deum* was sung. As it happened, some nobles and prelates were in the church attending a service for a colleague; obviously impressed, they decided to record this miracle in a letter. Some three weeks later some of this elevated company took their letter, and the boy and his family, on pilgrimage to Hereford to give thanks for, and to publicize, the miracle; the boy and his parents remained a week. Even before this miracle, there were some in Conway who were aware of Thomas's thaumaturgy. One of the elite pilgrims of 1303, John de Haveringe, had experienced it as early as July, 1287, when a member of his *familia* was cured of deafness at the shrine (f. 270r).[41] And the child's own parents, who described themselves as *pauperes* (f. 203v), had already – as they claimed – established links with Thomas. The child's mother said (in 1307) that when pregnant with him she went barefoot, with her husband, on pilgrimage to Thomas's shrine over a hundred miles away because of the special devotion they felt for him. At Hereford she had asked Thomas to be the *adiutor* of her unborn

---

ulus vulgariter clamant; he considered common opinion to be *oppinionem quod communiter creditur, a clero et populo*, f. 120r. Requests to define terms were pro forma in canonization hearings: see Stachnik, Kanonisationsprozesses Dorotheas (note 30, above), 405, etc. Witnesses in a 1363 French process asserted, about the marriage of the subject: *Item, quod commune dictum, communis opinio, communis assercio et reputacio, publica vox et fama in dictis partibus Provincie et alibi, ac eciam verum fuit et est quod ...* J. Cambell (ed), Enquête pour le procès de canonisation de dauphine de Puimichel, comtesse d'Ariano (d. 1360), Turin 1978, 37.

41 The subject was a certain John, *de domo et familia* of Haveringe, then Justice of the king in Snowdonia, f. 270r.

child. Her husband stated that they had greater devotion to Thomas than to other saints and, before the miracle, because of that great devotion he and his wife had gone as pilgrims to the tomb "ninety-three leagues" from Conway; and afterwards they repeated their pilgrimage three times.[42]

Although the papal commission was in possession of the letter, *viva voce* data, it seems, was desired as well. For that reason once again some of those involved in the miracle appeared at Hereford, in 1307. On this occasion, unlike the group that arrived voluntarily in 1303, only the seneschal of the castle represented the upper social levels; he was accompanied by a few Conway clerics and citizens as well as the parents and child, now about six years old. This second group pilgrimage, apparently, was not undertaken in the same joyous mood as the first. In fact, the papal examiners were in the midst of investigating a quite different miracle when they were interrupted by the Hereford proctor. On October 22 he told the commissioners that some witnesses to another miracle had arrived *de partis remotis*, distant by *quatuor magnas dietas.* They had come *magnis sumptibus* to give testimony, and could not possibly (*nullo modo possent*) delay longer in Hereford. The papal representatives, accordingly, temporarily set aside the business at hand and took testimony from the Conway pilgrims (f. 188r). Afterwards the party began the return trek toward the mountains of north Wales.

The examples provided up to this point have illustrated the relatively limited catchment area around Cantilupe's shrine. On the other hand, as will be evident in Part II, not all of the recorded pilgrims were drawn from the local environs. London, for instance, sent more than one of its denizens to the dead bishop's shrine more than 115 miles away. One of those pilgrims, Alice, had actually started out, when age five, with her father on a pilgrimage from Lonsdale in Yorkshire to Santiago of Spain (f. 64r–71v). While still in England, however, en route she tripped up on the road and injured her foot. The wound became infected and she remained crippled; father and daughter had to end their pilgrimage to Spain, and now were forced to sleep rough, and beg at the doors of London churches such as St. Clement Danes, in whose *fons* Alice bathed her infected foot. For ten years they endured this miserable existence until 1303, when her father heard about Thomas's miracles; he measured his daughter to Cantilupe and bent a penny in honor of the saint, vowing a pilgrimage. Having begged enough money for a wheelbarrow (described

[42] 203r–v. The MS does not indicate where these two individuals were born, or what might have made Thomas their special saint; the husband, who spoke French said that he was originally from Wales; his wife said nothing about her origins and used English since, as she said, she knew neither Latin nor French, f. 200r, 201v.

as a *parvum currum unius rote quem pater ante se manibus pellebat*, f. 66v), in the spring of 1304 he pushed her to Hereford, where after a visionary experience at the shrine, she was healed well enough to stand and walk, though lamely, with a stick. She said that she prayed at the shrine for three days and then had a vivid dream of an old man anointing her with milk, starting between her breasts and ending with her feet, causing her to wake up with a shout. This brought a *clericus custos* to her, carrying a light. He heard her story then led her to a "certain altar" where she remained the rest of the night. In the morning the bells rang out, and amidst the promulgation and procession Alice was taken to the high altar of the church. This last detail was, presumably, a normal part of the ceremonial announcement of miracles in the cathedral. After the cure, *voluerunt aliqui quod remaneret* in the cathedral *ad ostensionem* the miracle; and so Alice did, for a week (f. 65v). These *aliqui* may well have included Gilbert de Cheveninge and other canons. Leaving the wheelbarrow as a votive they finally returned to London.[43] In August of 1307 Alice's father (and presumably Alice) were living in the parish of St. Giles, Cripplegate.

In 1307 the commission, while in London, interviewed various witnesses who knew the girl, and it is clear that at least a half-dozen other people from her *vicinia* were also visiting the shrine when she was cured. While waiting by the tomb, Alice sometimes slept in the lap of *Leticia noverca sua* who was herself blind. Other neighbors who had come to Hereford included Gervase Moulers and his wife Margery, Thomas de Gisors and his wife *domina* Margery, William Prior a priest and William of Oxford a laborer/dockworker. The natural assumption is that they went to Hereford as a group; the priest, in describing how Alice was able to walk for thirteen leagues on the first day of the journey back to London, may have returned with father and daughter, along with others (f. 71r).

One of Alice's acquaintances, an East Anglian woman who had lived in London for twenty years, claimed that – even before Alice's cure – she had gone *nudis pedibus peregrina* to the shrine *propter miracula* she had heard attributed to Cantilupe; and after Alice's cure, *iverat iterum, et adhuc redire intendit, adiciens quod multi de vicinia sua ex causa devotionis peregrinantur ad ipsum quia reputant eum sanctum, si sanctus aliquis sit in paradiso* (f. 69r–v). Alice's father, in 1307 visited in his home by the commissioners because he was on his sickbed, used a very similar phrase: *si aliquis sanctus erat in celo, dominus Thomas de Can-*

[43] In Miracles and Pilgrims, London (1977), 98, I assumed that the three "carts" among the votives were models. It may well be that they were, like this offering, actual wheelbarrows; cf. f. 74r–v, 312r–313r.

tilupo erat sanctus (f. 65v). This suggests that Thomas had become a topic of conversation about whom certain expressions were commonly used; these would naturally be repeated by witnesses when describing the events of 1304. Such commonplaces about saints, current neighborhood lore, would have reinforced awareness of the potential effects of vows and pilgrimages. The London priest who had seen Alice before her miracle and witnessed her cure at Hereford claimed that his neighbors treated Cantilupe as a saint just as they treated Thomas Becket, *vel plus*. He added that he knew this from observing the *concursum populi confluentis ad dictum locum* (f. 71r–v).

The testimony also reveals something of the "begging circuit" followed by father and daughter: it included the churches of St. Clement Danes, St. Martin in the Fields, All Saints and possibly St. Giles at Cripplegate. At each of these places (and probably others) the couple would have been known – indeed, at St. Martin's some of the women lifted up Alice's clothing to examine her. Her father had begged alms specifically to go to Hereford; on their return he told his various London patrons about the cure at the shrine, which in any case they could see in Alice's improved condition; and he thanked them for the alms that had made the cure possible. In this way news about Thomas's miracles could have become known not only in the neighborhood of a single London parish but, multiplied, could have been carried to at least three other ecclesiastical and social "cells" within the city. Cured pilgrims, as Sigal notes in French cults, were very effective public relations agents.[44] Their efficacy would be even greater within the urban milieu.

Even apart from such publicity, one might expect Londoners to have been aware of Cantilupe's powers. The bishop of Hereford, as other English prelates, had a house in the city; it is likely that news of the scandalous "excommunication" of the bishop by the archbishop of Canterbury only a few months before Cantilupe's death in 1282 (the excommunication took place at Lambeth just across the Thames from the city) would have raised awareness of the aristocratic bishop. Richard Gravesend, bishop of London (1280–1303), was among the first English prelates to issue an indulgence (in 1285) in Thomas's favor; and one of the three papal commissioners sitting at London in 1307 was none other than the bishop of London himself, Ralph Baldock (1304–1313). His sympathetic attitude suggests itself in his seeking financial support, in 1311, for the education of Roger the child who fell into Conway castle ditch, whom Baldock had first seen at this investigation of 1307.[45]

The final example of influences at a distance takes place outside the

---

[44] Sigal, L'homme et le miracle, 183–84.

[45] Registrum Radulphi Baldock, ed. R. Fowler, Canterbury & York Soc., vol. 7 (1911),

confines of the kingdom altogether. Of the 385 pilgrims whose origins can be located on the map, 46 % lived within twenty miles of Hereford. Though this emphasized the "local" character of the cult, it is no less true that 15 % of the located pilgrims came from more than 100 miles to render thanks (or less often be cured) at the shrine. This rather unusual configuration will be examined in general in Part II. A specific case of Cantilupe's repute expanding beyond diocesan confines is provided by a group of pilgrims who arrived at Hereford on a thanksgiving visit only to be unexpectedly summoned before the papal commission and asked to describe their encounter with Thomas's powers (f. 209v–219v). It had occurred just a month earlier, and the nature of their experience is immediately apparent in their votive, a silver ship.

On November 2, 1307, a group of twelve sailors from Ireland told the commissioners that they had been saved by Thomas; because of this they had come, *peregrini*, to the tomb. Being asked to choose one or two of their colleagues to explain, they selected Alexander as their spokesman. He said that everyone there, along with six others including the Master and the owner of the ship, left a Cornish port (St. Ives) on October 2 loaded with hides and wool, bound for Gascony, where they would exchange their cargo for wine. But, Alexander continued, that night and the next day and night a storm so endangered them that, not having a priest aboard, they confessed to each other. With their mast down, and the water rising to their knees, they all called upon God and St. Thomas for aid; the Master vowed a silver ship; all promised to go as pilgrims to Cantilupe's shrine if rescued, and said the Pater and Ave – many times. Next day after the storm passed they found a safe port somewhere along the Bristol channel. Now, in fulfillment of their vows, most of the crew had come as barefoot pilgrims to present the votive. Unfortunately Alexander did not clarify how Thomas's name came to be invoked in their distress. However, it can be assumed that Irish ships would in the nature of things be a familiar sight in Bristol, the premier western port.[46] Bristol provided Cantilupe with several pilgrims, and may well have been the principal conduit through which news of the Hereford saint was taken to Ireland by returning seamen, another example of the association between trade routes and pilgrimage. In the present instance all the sailors agreed that in Ireland Thomas was considered a saint and that God worked miracles for him there just as he did for Irish saints. They expanded on this last aspect, claiming that

148. For the "excommunication," cf. Finucane, 'Pecham-Cantilupe Controversy,' St. Thomas of Hereford (note 8, above).

[46] E. M. Carus-Wilson, Medieval Merchant Venturers (London 1967) deals with Bristol trade to Ireland and Gascony, 13–49.

Cantilupe's powers were felt at sea and on land, *in omnibus generibus infirmitatii et periculorum, et multi venerunt de illis partibus peregrini omni anno* to the Hereford shrine (f. 210v).

* * *

"Many pilgrims came from those parts ..." This group of Irish sailors was among the last to be interrogated by the papal representatives in 1307; and, fittingly, they had originated far outside the modest circles within which the cult began in 1287. In order to advance the analysis, it will be useful now to consider Cantilupe's recorded pilgrims as a whole, and then to see how individual examples illuminate general trends, and what both examples and trends signify.

Part II: Overall characteristics of the pilgrims

The chronicler of Wulfstan of Worcester's miracles claimed that there was *in ecclesia multitudo magna languentium expectantium misericordiam dei et sancti wlstani preter alios qui causa orationis confluebant.*[47] In an ideal world the historian would be provided with data about all of these "others" who streamed into churches to pray at shrines; as it is, however, he is deprived even of the information about the multitudes of sick awaiting cures by the relics of their saints. What the records provide, in fact, is a small selection from among those fortunates who (a) experienced what they believed to be a miracle, (b) managed to communicate this to a shrine-registrar who (c) decided to commit their story to writing which (d) has survived, somehow, to the present. In such circumstances it would be overly optimistic to claim that lists of recorded, miracle-touched pilgrims, therefore, represent "accurately" the generality of pilgrims who visited medieval shrines merely – as in the Wulfstan crowds – *causa orationis.* One is placed in the same position as a citizen of Hereford interviewed in 1307, who said *impossibile erat sibi ... scire numerum concurrentium et peregrinantium ad dictum dominum thomam* (f. 89v).

At best, the data constitute a basis for cautious generalization; here the assumption is that the totality of recorded pilgrims, and their overall characteristics, reflect in broad terms the traits of most pilgrims who visited Cantilupe's shrine. Although the records are taken to list 455 individuals and their reasons for becoming pilgrims, only 385 of them can be traced to a geographical origin, and many of these only by county; errors in identifying specific places have no doubt occurred. Finally,

[47] Darlington, Vita Wulfstani, 135.

in the course of the generation which passed while the miracles were recorded, changes in pilgrims' traits may reflect altered social conditions or cultural assumptions quite apart from the saintly milieu, assumptions not yet current in the pilgrims' world of 1287, when God first worked miracles for "Saint" Thomas Cantilupe.

In spite of its imperfections, however, the Cantilupe collection is valuable because of the dates attached to the long series of miracles. This is not often found for such a large number of cases among the various medieval *libri miraculorum.* In general the Vatican MS provides date, name and sex of pilgrim, origin, type of miraculous intervention, how long ill (if appropriate), method of requesting saintly aid, place of cure, and offering or vow. The detailed cases examined personally by the papal board of inquisition provide abundant additional information.

Beginning with the first characteristic, the dating of events, more pilgrims (15 % of the total) were recorded during the first month of the cult's existence (April 3–April 30 1287), than for any other month in its history; more in that single month, in fact, than in any subsequent **year** until the end of the record in 1312.[48] To emphasize this effect another way, as many pilgrims (thirty names) were listed in the first **week** (April 3–9) as in all of the next year, 1288; by the end of 1288, in fact, 42 % of all pilgrims had been registered. These trends are illustrated in Graph I. Apparently a decline in numbers began even by the second week, as the inset graph suggests. The overall pattern for the next year, 1287–88 indicates a very steep decline in numbers, a dip in recorded pilgrims over the winter, and a small peak a year after the translation, which was followed by another decline toward the winter of 1288–89. An extrapolation from these data suggests that the level of pilgrimage (in general) to the shrine, by well and sick pilgrims, declined rapidly after the spring of 1287. This assumption, however, will be reviewed in the Conclusion to this paper. The graph also indicates that some of the fluctuations may be due to seasonal trends. Excluding 1287, with its distortion because of the translation itself, an examination of these trends over the succeeding twelve years shows that approximately 72 % of the recorded pilgrims (N = 225 for 1288–99) travelled to the shrine during the "temperate" season (April–September), the rest from October to March. Though the cooler and wetter weather curtailed pilgrimage, it did not stop it; this accords with Hindle's observation that some historians have tended to exaggerate seasonal hindrances to travel in medieval England.[49]

[48] Sigal observed a similar phenomenon in certain French cults, L'homme et le miracle, 190.

[49] B. Hindle, 'Seasonal Variations in Travel in Medieval England,' Journ. of Transport History, n.s. IV, no. 3 (Feb. 1978), 170–77.

When average distances for each year of the cult's existence are plotted, the results are as in Graph Ia, which includes "pilgrims" from Hereford itself. Apparently, with the passing years the "average" pilgrim of record – and hypothetically "average" pilgrim not recorded – came from increasingly greater distances to visit the shrine. The sharp increase in distances for 1290 may reflect the outburst of zeal which Swinfield exercised that year in his publicity campaign for Thomas. In London in January for a church council and a parliament, Swinfield used the opportunity to urge his episcopal colleagues to support Cantilupe's canonization. If they did by, e. g., preaching about the Hereford wonder-worker, this may have resulted in more distant pilgrims arriving in Hereford that year. Swinfield continued his activities in 1290, sending a letter to the pope on Thomas's behalf (as would other bishops, and kings Edward I and II) in April, 1290, referring to Cantilupe's notoriety: *fama refert per totum regnum Anglorum, et per multas alias partes mundi.*[50] Whatever its cause, even if the unusual peak in pilgrims for 1290 is discounted (as possibly a data aberration, for instance), still the figures suggest an annual increase in distance between pilgrim-origins and shrine. Graph Ib provides a refinement to the material of Graph Ia, in showing that even within the first month of activity the average mileages increased, doubling between the first and last weeks of April.

Sigal's figures offer an instructive comparison. He shows that the distance for St. Gibrien's ninety-two pilgrims increased from April to August, 1145, as follows: 71 % at less than 18 miles, to 50 % between 18 and 36 miles, and finally to 51 % at more than 36 miles; his overall figure suggests that 70 % of all the pilgrims travelled less than 36 miles.[51] Cantilupe's cult provides the following pattern:

Distances, miles	% of total (N=385)
0–10	23
11–20	23
21–30	9
31–40	5
41–50	9
51–60	5
61–70	3
71–80	3
81–90	2
91–100	3
101+	15

50 Reg. Swinfield (note 11, above), 234–35; cf. 281–82 for other bishops' appeals to the pope.
51 Sigal, 202.

One reaches the 70 % mark among Cantilupe's pilgrims at the 51–60 mile range. This suggests, perhaps, that a larger area was affected by the awareness of the Hereford healer than that associated with Gibrien at Reims. This is also suggested by the observation that as many pilgrims were recorded beyond 100 miles in Cantilupe's cult as for the 21–40 (or 41–50), and 51–100 mile, ranges. The endeavors of Swinfield had borne fruit.

In Graph II, distances to the shrine are summarized by averaging mileages in each of the sequential groups (i. e., as presented sequentially in the MS) of twenty pilgrims of both sexes. The figure twenty is chosen with some arbitrariness; it provides easily-managed cadres of pilgrims. In this graph, only individuals from outside Hereford are considered, so the groups are necessarily curtailed to 18 to account for this greater selectivity. Some sense of the geographical spread over time can be grasped rather more satisfactorily than in Graph Ia. Because frequency of events was nonuniform, being very high at first and then low from c. 1288, to have plotted data against a uniform-time base would have obscured resultant trends. But since the Hereford canons put the miracles in chronological order at the request of the papal commission, their sequence, or succession, is inherent and can be assumed. Consequently, in a kind of logarithmic time-scale, the progression is shown not by absolute dates but by sequential groups. Any of these individual groups can, of course, be dated as well. In any case the graph may provide a more realistic sense of the distances reported by pilgrims from start to finish of the cult.

Graph III sets out yet another trait furnished by the data, the sex of the pilgrims. Here the percentage of male pilgrims is shown for successive groups of twenty pilgrims (including Hereford citizens). It suggests that at first women were more active than men, at least as *miraculées*. Perhaps women were more willing than men to take a chance with a new "healer" especially since a shrine visit was one of the few accepted "excuses" for women to (temporarily) break out of gender-linked routines.[52] Whatever the reasons, they dominated the first four groups, which covered April to the middle of May, 1287. But after that there appears to be extreme fluctuation, women pre-eminent in one group, men in the next, until group 10 is reached. Here men dominate at 60 % and in every one of the following groups, to number 22 (i. e., to 1312), they constituted at least 70 % of all recorded pilgrims. What began as a woman's recourse ended as a male preserve. Group 10 can be dated to the first half of 1289, about two years after the start of pilgrimage.

[52] Judith Bennet, Women in the Medieval English Countryside (Oxford 1987), ch. II passim.

Building upon the two preceding graphs, Graph IV suggests how distances travelled by, and sex of, the pilgrims were interrelated. It plots 19 successive groups of twenty pilgrims of known mileage against the percentage of men within each of those groups. The resultant pattern, not surprisingly, shows similarities to that in Graph III; early female dominance, giving way to male. This graph, however, adds the further information that men were in the majority in all groups of pilgrims whose average for distances travelled exceeded 25 miles. The peculiar pattern evident at the 60–65 mile range, when the five groups involved were made up of from 70 % to 75 % men, suggests a high correlation between men and this particular distance. By adjusting the scales this is brought out in Graph V. The configuration indicates that there were two regions which tended to send more pilgrims, one in the 26–34 mile range, and a second in the 61–66 mile range; in both these clusters, males dominated.

This introduces the need to determine how many miles the pilgrims usually traversed in one day, for which the most accurate, least helpful answer is, it depends. The Warden of Merton College, Oxford (or his deputies) travelled a great deal on college business. In June 1355 his party rode from Oxford to London in one day, some sixty miles (as usual, by shortest-distance measurement). In a rainy October of 1461, the same journey required three days. The average for most Mertonian journeys, however, seems to have been around twenty-five miles daily.[53] These trips were on horseback, so that in addition to extreme variations they are not especially applicable to most pilgrims who travelled not only on foot, but sometimes barefoot – to say nothing of those pushed along in wheelbarrows or carried in baskets. Presumably Merton's wardens may have used the most convenient as well as the speediest routes; a rather more leisurely pace, twenty miles, is suggested as an average for King Edward I's entourage.[54] Information from Hereford is hardly more illuminating. Within the region covered by the bishop's diocese the terrain varied from flat or gently rolling country to the rough, hilly regions in the west and northwest along the Welsh border. When Swinfield went on visitation in May 1290, moving between Wigmore and Sugwas with eleven intermediate stops, for instance, his party averaged a deliberately slow four miles per day in variable terrain. The contrast between plain and near-mountain is brought out in the notation that he had to hire a guide to help his group cross about eight miles of rough country in

[53] G. H. Martin, 'Road Travel in the Middle Ages,' Journ. of Transport History, n. s. III, no. 3 (1976), 159–78.

[54] Hindle, 'Seasonal Variation' (note 49, above), 173. The party, though using horses, was less interested in speed than in carrying capacity; and in any case the royal retinue would have been slowed down by those accompanying it on foot.

the north of the diocese during an earlier segment of this visitation.[55] The miracles also reflect great topographical variability in the shire. Villagers from How Caple, eight miles SE of Hereford as the crow flies, left before sunrise and arrived at the cathedral before Terce in early June. There was no bridge across the Wye for six miles. The boy miraculously resuscitated rode and walked alternately along the way. The river takes several twists in this area, which varies from the flat riverine plain to heights of 400–550 feet, certainly not insurmountable, but sufficient to dictate the route that this group of pilgrims would take.

The fact that a pilgrim who was one of this party said that Hereford was six *grossa miliaria* (f. 164v) distant, is of little help. In general, contemporary estimates of distances do not assist: one witness claimed that Conway was 85 miles from Hereford, while her husband (who had walked there with her) judged it to be 93 leagues distant, and the very least possible distance is ca. 95 miles on the modern map. Given the terrain, the actual distance would have been noticeably greater than 95 miles. Another example of the problem concerns Eton near Sugwas: one witness said it was three leagues, another that it was three miles from Hereford, while the map shows it to be about four and one-half miles distant (f. 170r, 172v). The assumption that the "mile" often mentioned in 1307 was the English mile of 1500 paces (recalculated under Elizabeth I) is unhelpful, "the pace varying in size from one region to another" in England at that time.[56]

Tantalizingly, it seems that contemporaries were sensitive to spatial measurement in ways that reflect their habitual journeyings on foot to fields, markets, fairs – even shrines. This awareness is suggested in the very common method of measuring time in spatial terms. The expression "the child lay dead for as long as a person could walk one mile" (or two miles, etc.) is found in many places in the record. Further refinements were possible, e. g., specifying the timed walk as "on a flat road" (f. 226v); or as short as the time taken to walk *octavam partem unius miliaris* (f. 224v).[57] Terms were altered to suit an urban milieu: a child in London lay dead for as long as it normally took to walk from the victim's front door to the door of the Franciscan church, 120 paces away (f. 52r). Such specificity is of little help in establishing the *per diem* rate, however. The MS provides only two clear examples which will have to be relied upon for this purpose. After William was hanged and revived at Swansea and then

[55] Webb, Roll of Household Expenses (note 15, above), 80.

[56] R. E. Zupko, A Dictionary of Weights and Measures for the British Isles (Philadelphia 1985), 248–51; on contemporary usage of the word "league" see 227–28.

[57] Cf. Bracton's note of c. 1260, *Stadium vero dicitur octava pars milliarii*, in: Zupko, 249.

taken to Hereford, it was stated in 1307 that he had gone *peditantem*, and that the journey took *tres dietas* (f. 225r). When, from the other end of Wales, the Conway group arrived to discuss Roger's miracle, it was noted that they came from "remote" parts requiring *quatuor magnas dietas* (f. 188r). Considering terrain, possible routes and members of the groups, a reasonable average from both cases is twenty-seven miles per day. The Conway journey occurred in October, the Swansea pilgrimage in December; presumably the average would increase in the spring and summer (when 72 % of the recorded pilgrims arrived) to perhaps thirty miles or more per day.

Returning to Graph V, having established twenty-seven miles as a low average for pilgrim travel, it can be seen that the two groups (26–34 and 61–66) can be interpreted as reflecting the choice of pilgrims of the first group to invest at least two days in their pilgrimage (one going, one returning, though once in Hereford their stay could be for any period) and, although less convincingly, those from the second group taking two days to go to the shrine. In the latter group this assumes an average of between thirty-one and thirty-three miles daily, which would have been reasonable at certain times of year. These hypotheses are intended to suggest that pilgrims did not come from a uniformly expanding area in diminishing numbers as time passed, a smooth, even decline in participation with increased distances. There seem to have been specific thresholds which helped to determine whether a decision to go on pilgrimage would be taken.

The records also note where the pilgrims' miraculous interventions occurred, at the shrine or elsewhere (usually in the pilgrim's own village). These data are shown for successive groups of 100 pilgrims in Graph VI. Ninety-eight of the first 100 miracles occurred at the side of Cantilupe's tomb, some witnessed by the shrine-keepers as they happened; but this percentage declined with the next 100 recorded pilgrims and with the third group, who experienced their spiritual boons between mid-April, 1289 and mid-December, 1292, only twelve in 100 took place at the shrine. The same low rates are recorded for all remaining examples.[58] There is a noticeable break in the stream of shrineside events which can be clearly identified: from April to September, 1287, the vast majority of pilgrims experienced their miracles at Hereford; this declined in October–December, 1287, when only about 42 % occurred at Thomas's remains; and from the start of 1288 until the close of the list in 1312, most miracles did not occur at the shrine. From 1288 most recorded pilgrims arrived in

---

[58] Group 1: April 3 to May 27, 1287; group 2: May 28, 1287 to April 3, 1289; group 3: April 16, 1289 to December 15, 1292; group 4: December 21, 1292 to 1301; and the half-group 5, from later 1301 to 1312.

Hereford not to await miracles, but to report them. One explanation for this would be the reluctance of individuals living at greater distances to undergo often painful pilgrimages merely in the hope of a cure, whereas local people would naturally be more willing. Since the average distance between shrine and villages increased over time, shrine-side participation correspondingly decreased. When the data are examined closely and not in batches of 100, however, it seems that this does not explain all, though it must account for some, of the miraculous events' locations. The decrease in shrine-miracles from 98 % in April and May, 1287, to 10 % in 1289 is too steep to be linked solely to increasing pilgrim-distances. Besides this, in later years, people living four, five, seven and eight miles from Hereford did not bother to go the shrine, but preferred to await their cures (having called on Thomas) in their homes; here, evidently, distances alone did not deter their initial pilgrimage. The effects of changes in the characteristics of the pilgrims and their miracles over time, discussed below, probably played an equally important part. Changing perceptions of, and attitudes toward, Cantilupe as healer were important factors which will be considered in the Conclusion.

Finally, the lists provide data on the miracles themselves, and often on the social positions of the pilgrims. Both are contentious areas: how to classify ailments is an issue that is invariably raised and debated, as it should be, in studies of this kind. A minimalist approach is taken here, by concentrating only on miracles classified as "nonhealing" events and cures of the "blind, lame and crippled." In this simplification even the debatable area of "accidents" and "woundings" – since they involved physical recovery – are separated from nonhealing events and disregarded. Nonhealing miracles included safety at sea, finding lost objects, the curing of livestock or pets, etc.[59] In the same way, it is expected that definitions of medieval social groupings be presented and defended in these investigations. Again, in order to simplify for the specific purposes of this paper, the distinction is made between all those to whom the registrars attached an attribute such as "priest," "merchant," "leather-worker," "sailor," "*domina*"; and all those specifically described as poor and beggars or to whom **no function or position at all** is attributed. It will be objected that the "specified classes" contains a jumble of social types; this is true, but the scheme will suffice for the points to be made below. Members of the "unspecified classes" had little or no power, authority or position in contemporary society; whenever possible, shrine-keepers emphasized the social significance of their clients, for obvious reasons.

Graph VII (left-hand side) suggests that the early phase of the cult

[59] Cf. Finucane, Miracles and Pilgrims ch. 6, esp. 111–12.

(first 100 pilgrims) was dominated by the "unspecified" social group, whose participation level began to fall by the second group of 100 pilgrims, reaching its lowest recorded level among the third group, in the period April 1289–December 1292 (when, as Graph VI shows, fewest miracles occurred at the shrine itself). After that, their participation level began to rise, though slowly. Concurrently, the graph shows a similar shift in participation-levels for women of all classes, who dominate, decline, and then rise again slightly in the early fourteenth century. Cures of "blind, lame and crippled" pilgrims follow these trends. Both female participation and the cures declined at considerable rates between groups 1 and 3, to about one-half and one-quarter of their original magnitude, respectively. The right-hand graph indicates that the correlation between specified groups and "nonhealing events" was quite high. This tendency is well illustrated in the Cantilupe records, though it can be observed in other English cults as well.[60]

Conclusion

The data suggest certain diachronic transformations: at the start of the cult largely female, local groups of pilgrims suffering physical ailments alleviated at the shrine; by the end of the record, pilgrim groups in which men were predominant, coming to Hereford from something like sixty miles away, to report miracles (that included non-cures) which had already occurred. In addition, there was at the same time a diminution in recorded cases. There are two aspects to these transformations, the dissemination of information concerning the cult, and as a response to this information, the decision to undertake a pilgrimage.

Cantilupe's remains had lain undisturbed, attracting no pilgrims and working no miracles, for some four years. The cult was created *ex nihilo* by his successor Swinfield who advertised then carried out the 1287 translation, following this up with a propaganda campaign that operated across a broad spectrum. His position enabled him to aim this campaign at his peers – which Rogers would term homophily – as well as at his subjects (heterophily).[61] The bishop, personally and through his *familia* and others used the pre-existing network at his disposal to manipulate attitudes and expectations. Hence, invitations to nobles to attend the translation, even the written miracle lists themselves were aspects of his centralized, literate advertising effort; the creation of quasi-liturgical legitimacy at the shrine, stimulated by the bells, sermons and processions

[60] Finucane, Miracles and Pilgrims ch. 8, with graphs at 144–45.

[61] Everett M. Rogers, Diffusion of Innovations, 3rd ed. (New York 1983) contains several useful models appropriate to the present study; the hetero/homophilous distinctions at 273–75.

saturated the immediate neighborhood. Swinfield did not institute any of these devices, to be sure; but he let them be used to the greatest possible effect. He also employed to advantage the tenurial associations linking him and his canons to the many settlements he visited throughout the diocese. The bishop sporadically re-invoked the publicity, extending it even to the pope; this constant effort, when joined with the publicity attending royal visits to Hereford (and the shrine) in 1291 and 1301, would have rekindled interest throughout diverse social groups, in various parts of the country (and beyond).[62] This continued centralized activity may explain why the cult only partly fits the "local" paradigm seen, e. g., with the cult of Godric of Finchale (d. 1170).[63]

Dissemination of information also occurred among the outlying villagers, in a horizontal (homophilous) exchange between interlocking networks. An example is the interplay (noted above), evoked by a single miraculous event of 1288, between the villagers of Wisteston, Marden, the Vauld, and Framington. In this shift from vertical to horizontal linkages, the most important element was not the exchange of information – which occurred relatively quickly – but the force of example, which verified the information; episcopal propaganda was less effective than the sight of a neighbor's miraculous cure; example was of its very nature slower to spread than information.[64]

However, by the time villagers from thirty or forty miles from Hereford were fully cognizant of the miraculous possibilities, enthusiasm at the center had declined. Even locals, in diminishing numbers, were experiencing their miracles at home, no longer clinging to the sides of Thomas's tomb. But why should enthusiasm, the will to gather in the aura around the shrine, have declined? Given the constant, recurring need for physical cures, why was there a depression at the center even with nearby "patients"? As long as it seemed that cures were being performed, the crowds would presumably have been constant in their applications to saintly therapy in the north transept of the cathedral. Therefore the cumulative realization that most suppliants were **not** cured must have had something to do with the decline in local participation; and that some who were "cured" fell ill again shortly afterwards. Such failures would be apparent only to those living at or near the center; "outsiders" would be less aware, usually only hearing about the successes. Therapeutic cults often fail to cure "locals"; Lourdes, for instance, continues

[62] H. Gough, Itinerary of King Edward the First, 2 vols. (London 1900), II, 86–87, 200.

[63] This cult is analyzed in Finucane, Miracles and Pilgrims.

[64] Rogers, Diffusion, discusses the transfer of information and of influence in dealing with the "two-step flow model" of information diffusion, 269.

to attract so many because they have not witnessed throngs of pilgrims returning home as ill as before, whereas they seize upon any indication of success.

Margery of Honimer at Eton, for example, knew of Cantilupe's thaumaturgy through the whole seven years of her crippling ailment; yet she did not avail herself of the shrine a few miles away until she had a vision – even then, a further two months was necessary before her pilgrimage occurred. Simply learning about the cult was not enough to stimulate pilgrimage; and mere physical or geographical proximity was not as essential as it might seem. Of the thirty recorded pilgrims of 1288, twenty-five can be traced to a specific origin. Of these, twelve lived thirteen miles or less from Hereford, but only one of the twelve was cured at the shrine. The other eleven (including a Hereford citizen) waited for their miraculous experiences at home, and only afterwards undertook their pilgrimages. A year earlier, in 1287, all of them would have been waiting at the shrine itself. An alteration in attitude, not distance, had caused a change.

A result of that change – a disillusionment, perhaps – was that the local people who had reported physical cures at the shrine dropped out of the record, to be replaced by "outsiders" with different stories, of miracles already accomplished in distant villages, two or three days away.

As for these more distant pilgrims – those on the periphery, as it were, they had to decide whether to invest two or more days in a journey to Hereford. Just as ideas or information about the cult did not smoothly disseminate from the center outward, in the same way there was irregularity about the inward journeys to the shrine in response to decisions taken about that information. Most of these pilgrims, the record indicates, had already been cured, and therefore had no need to stay in the vicinity of the shrine. They merely carried out their vows, reported their miracles, and returned home. Obviously pilgrims could decide to go to Hereford whatever their distance from the shrine, but practicalities must have played a part. A person living forty-five miles away, whose cure had already occurred, would require one day and part of the next to get to the shrine, and part of a day and another in returning – or three days requiring two stops en route. Such a person would probably be less willing, therefore, to invest the time and expense than someone at thirty miles or less who could go and return in two days. By about sixty miles, it would be clear that four days in total would be required; but fewer could invest four days, unless they had means or were not tied to the agrarian routine. Consequently, these pilgrims tended to represent different social categories when compared with the first groups. Since fewer were able to take the time, fewer arrived from longer distances, though they were of a higher social level. Because of the need for greater commitment in pilgrims setting out over long distances, their numbers would in the nature of things decline. Sigal envisages the limits to the expansion of a cult as linked to this two- or three-day communication boundary.[65] Although illness itself limited mobility, and most of the later pilgrims had already been cured, a higher proportion of them reported non-healing miracles than among the first groups. This may be related to their higher social standing and attempted dissociation from the obvious physical infirmities that contemporaries linked with poverty.[66] For such people the shrine was a source of spiritual strength as often as (merely) physical relief.

There may be a longer-term influence at work in determining whether one experienced his miracle at the shrine or elsewhere. André Vauchez has observed that, from c. 1200 to c. 1400, the proportion of miraculous interventions happening at relics or shrines tended to decline, shifting to other locales for their effects. He attributes this to the increased use of images as replicated "saints" and the idea that the relationship between suppliant and saint had changed from one of fearful, reverential distance to a confidential sense almost of equality, expressed in the contract or conditional vow.[67] In Cantilupe's cult there is a reference to an early "image" of Thomas in a chapel at Hambleden (his birthplace), to which a witness in 1307 claimed that people went on pilgrimage, where they also venerated a knife the bishop had used; the witness added that many miracles were reported there (f. 18r–v). In 1296 Bishop Sutton of Lincoln felt the need to restrain unauthorized pilgrimage to this place which had been stimulated, he notes, by purported healing miracles (*causa peregrinationis plurimi confluebant, pretendentes ibidem fieri miracula sanitatum*).[68] Other items of Thomas's clothing and secondary (and some primary) relics were similarly dispersed at an early period.[69] In addition to this, conditional vows certainly were important in the cult, accounting for many who came to report miracles which they had already experi-

65 Sigal, L'homme et le miracle, 191.

66 Finucane, Miracles and Pilgrims, 149–151.

67 André Vauchez, La sainteté en occident aux derniers siècles du moyen âge (Rome 1981), 519–98, esp. 522–38.

68 The Rolls and Register of Bishop Oliver Sutton, ed. Rosalind Hill, Lincoln Record Society vol. 60, no. V (1965) 143. Four months later the bishop removed the ban on pilgrimage to Hambleden, ibid., 176. He noted that the pilgrimage centered on a chapel recently constructed by the Earl of Cornwall – a partisan of the dead saint.

69 Finucane, 'Cantilupe as Thaumaturge,' St. Thomas of Hereford (note 13, above) 142.

enced. The outward shift, away from Thomas's tomb, exemplifies and recapitulates in one generation what Vauchez notes occurring over two centuries.

If miracles took place away from the shrine, as the foregoing study suggests, then it is possible that the cult might have continued, even expanded, outside or beyond the knowledge of the Hereford registrars. Perhaps in some distant place quite unknown to the shrine-guardians masses of pilgrims streamed to Thomas's subsidiary shrines, for example Hambleden. Such pilgrims and their reports would probably never be known at Hereford; there is no remedy for this defect in our "coverage" of the data. It is well known that many secondary centers evolved in Becket's cult, for instance, greatly complicating any overview of this famous example of thaumaturgy and pilgrimage.

Another situation which obscures our view of Cantilupe's cult is the fact that there is no way to know how many"others" there were, who came to Hereford merely to pray at the dead bishop's tomb – not because they escaped the registrars' notice, but because such common behavior was simply not recorded. Most of these "non-miraculous" pilgrims prayed at the tomb, then quietly returned to their villages leaving no trace whatsoever in the record of curative wonders. These "invisible" pilgrims do occasionally take on flesh and blood, however. In 1307 a Franciscan said that people believed Thomas to be a saint since, as he claimed, there "i s [emphasis added] a great concourse of people to the tomb, and there they lead horses and cattle and other diverse animals that they say had been cured through the merits of the said lord Thomas, and sometimes *approtant candelas ratione dictarum curationum*" (f. 83r). In this single statement the friar illustrates two aspects of the later cult: in place of earlier cures of human blindness and paralysis, now it is the non-human sector that is affected; and secondly, such events had become so common, apparently, that the shrine-registrars do not bother to note them, for no such "concourse" is found in the manuscripts for 1306 or 1307. Finally, even as the commissioners were taking evidence at Hereford, they saw pilgrims offering their votives of metal and wax (f. 312v); in 1307 a Hereford citizen claimed that the cure of Edith *furiosa* of 1287 was, even then, publicly reputed a miracle in the city (f. 89r).

There are some indications, then, suggesting that a decline in the cult's notoriety or drawing-power was more apparent than real; that though miracles declined, pilgrims continued to visit the tomb. But against this, one must set the declining pilgrims' offerings, which fell from about £ 178 in 1290/91 to about £ 2 less than a century later

(1383/84), and finally to zero in 1446/47.[70] On this basis alone, pilgrimage to Hereford was no longer an important part of daily life in the region. Ultimately, the miracle-lists are the "best" available evidence, and they certainly suggest a decline in pilgrimage. Miracles were recorded in Exeter College (Oxford) MS 158 even after the papal commission left Hereford in 1307; in case of necessity, more up-to-date miracles could be supplied to papal or other official bodies. It was probably also used as propaganda to advertise the powers of the dead bishop. The last miracle for 1312 is entered on f. 47v. This is followed by blank leaves until f. 60r, where someone entered a miracle of 1404, at the very end of the book, on its own – as if in recognition of the likelihood that there would be no others.[71]

[70] P. Morgan, 'The Effects of the Pilgrim Cult of St. Thomas Cantilupe on Hereford Cathedral,' St. Thomas of Hereford, 147, 151–52.

[71] My thanks to Gerhard Jaritz for his encouragement in gathering these thoughts, and to Christian Krötzl and Barbara Schuh for their interesting ideas and useful criticisms at the Krems roundtable.

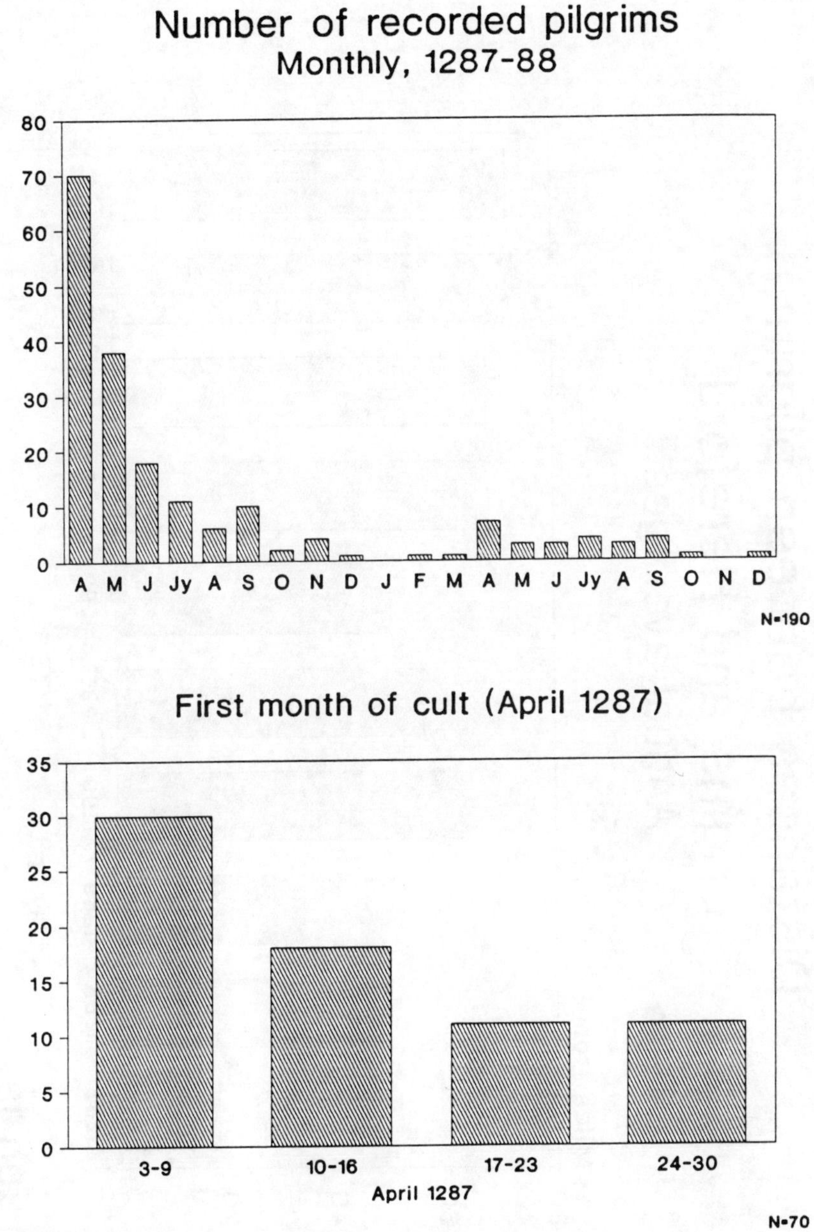
Number of recorded pilgrims
Monthly, 1287-88
80
70
60
50
40
30
20
10
0
A M J Jy A S O N D J F M A M J Jy A S O N D
N=190
First month of cult (April 1287)
35
30
25
20
15
10
5
0
3-9
10-16
17-23
24-30
April 1287
N=70

Graph I

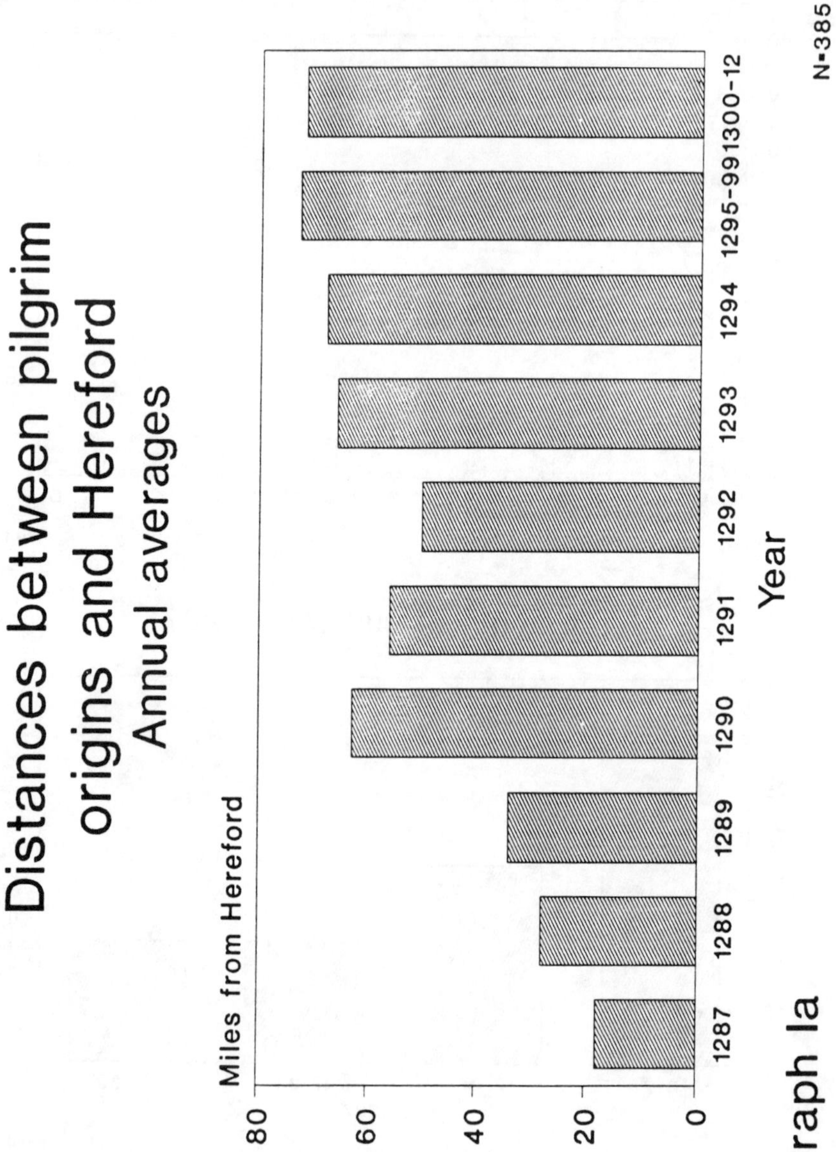
Distances between pilgrim origins and Hereford
Annual averages
Miles from Hereford
80
60
40
20
0
1287
1288
1289
1290
1291
1292
1293
1294
1295-99
1300-12
Year
N-385

Graph Ia

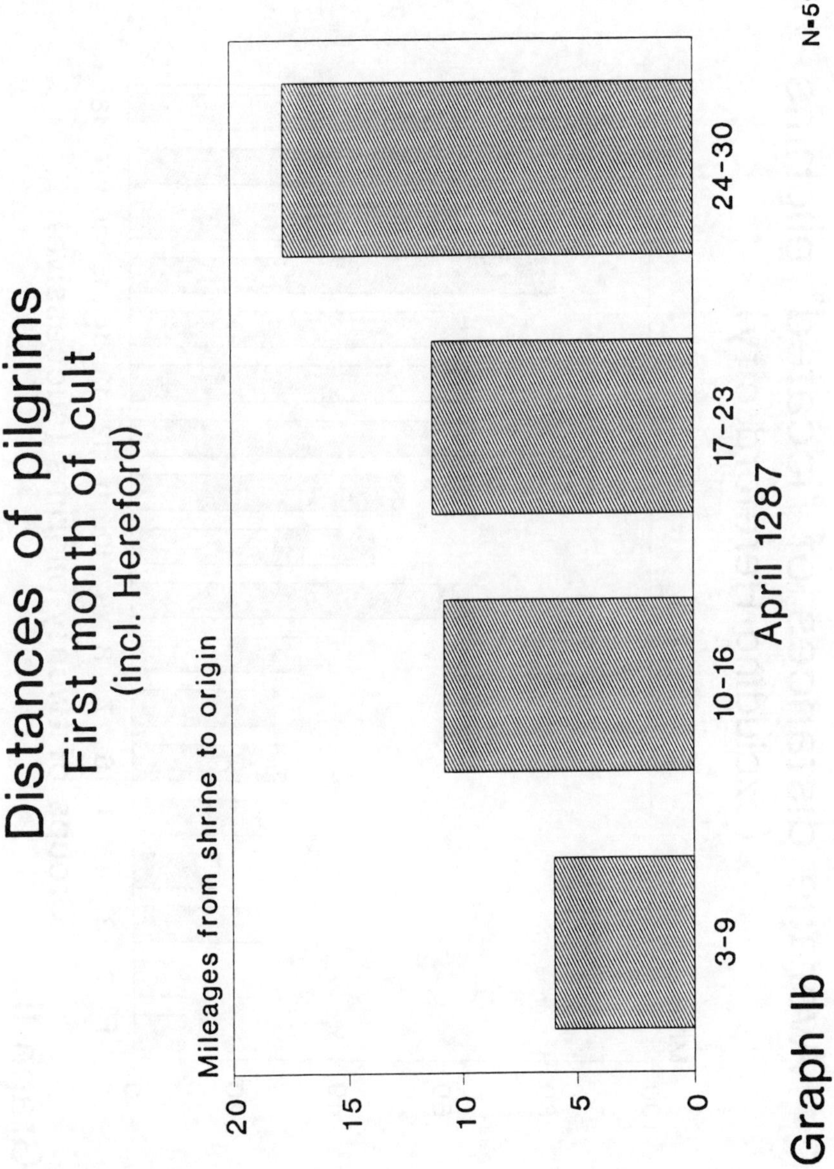
Distances of pilgrims
First month of cult
(incl. Hereford)
Mileages from shrine to origin
20
15
10
5
0
3-9
10-16
17-23
24-30
April 1287
N=59

Graph Ib

Average distances of "located" pilgrims
(excluding Hereford city)

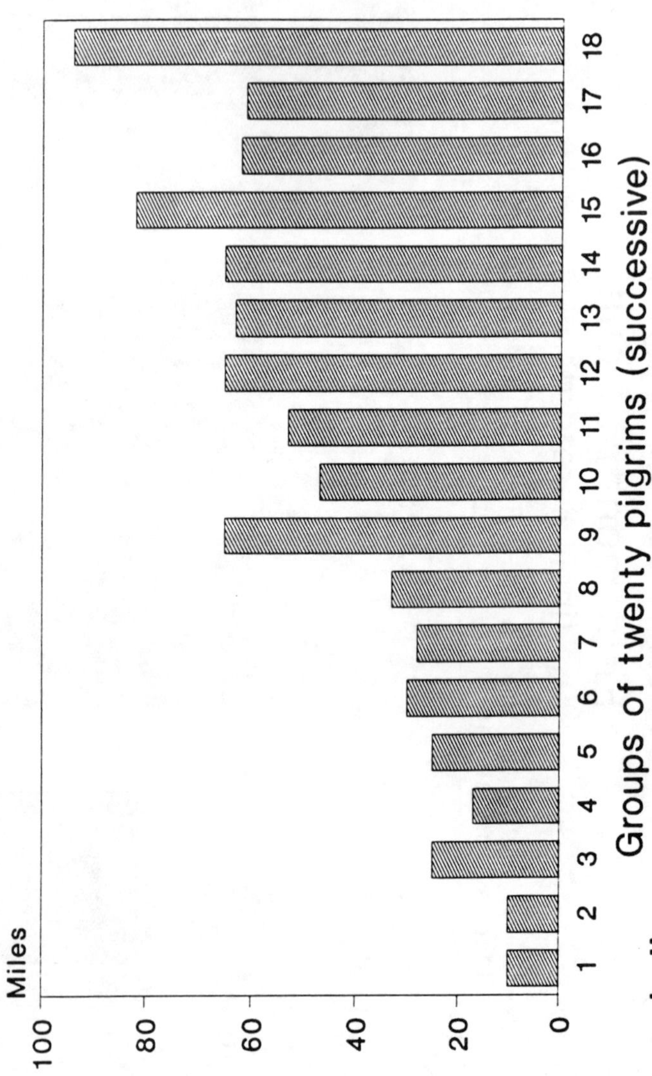

Graph II

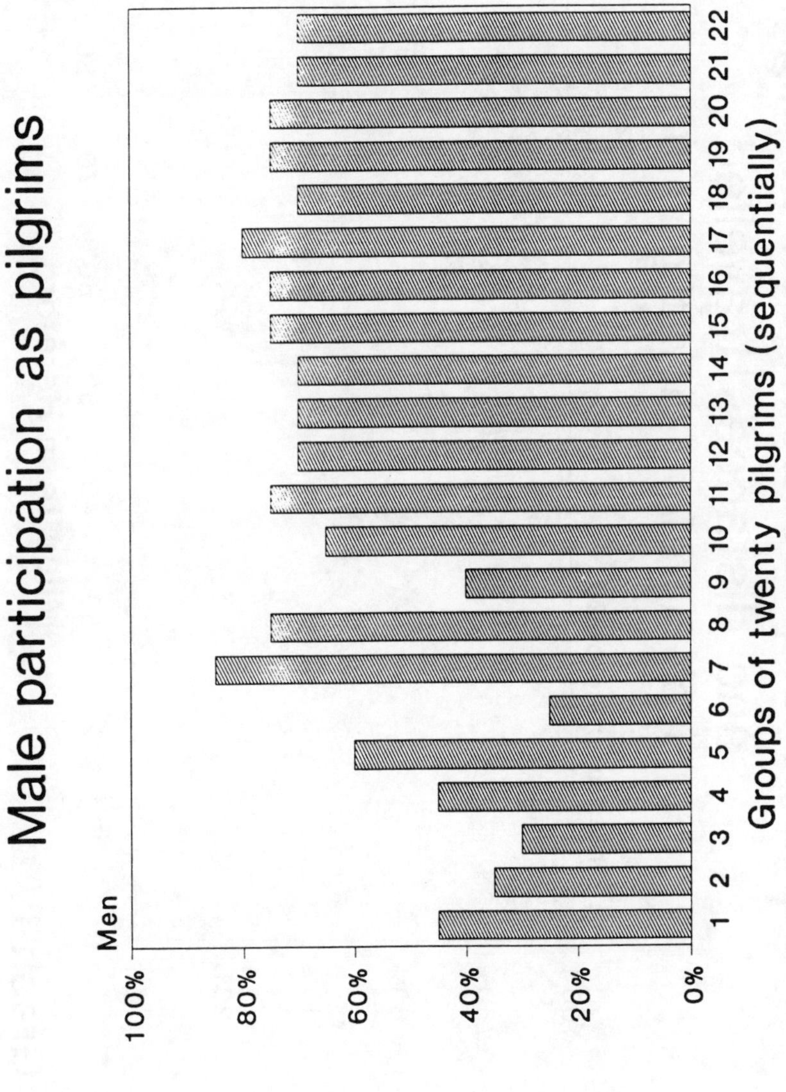
Male participation as pilgrims
Men
100%
80%
60%
40%
20%
0%
1 2 3 4 5 6 7 8 9 10 11 12 13 14 15 16 17 18 19 20 21 22
Groups of twenty pilgrims (sequentially)

Graph III

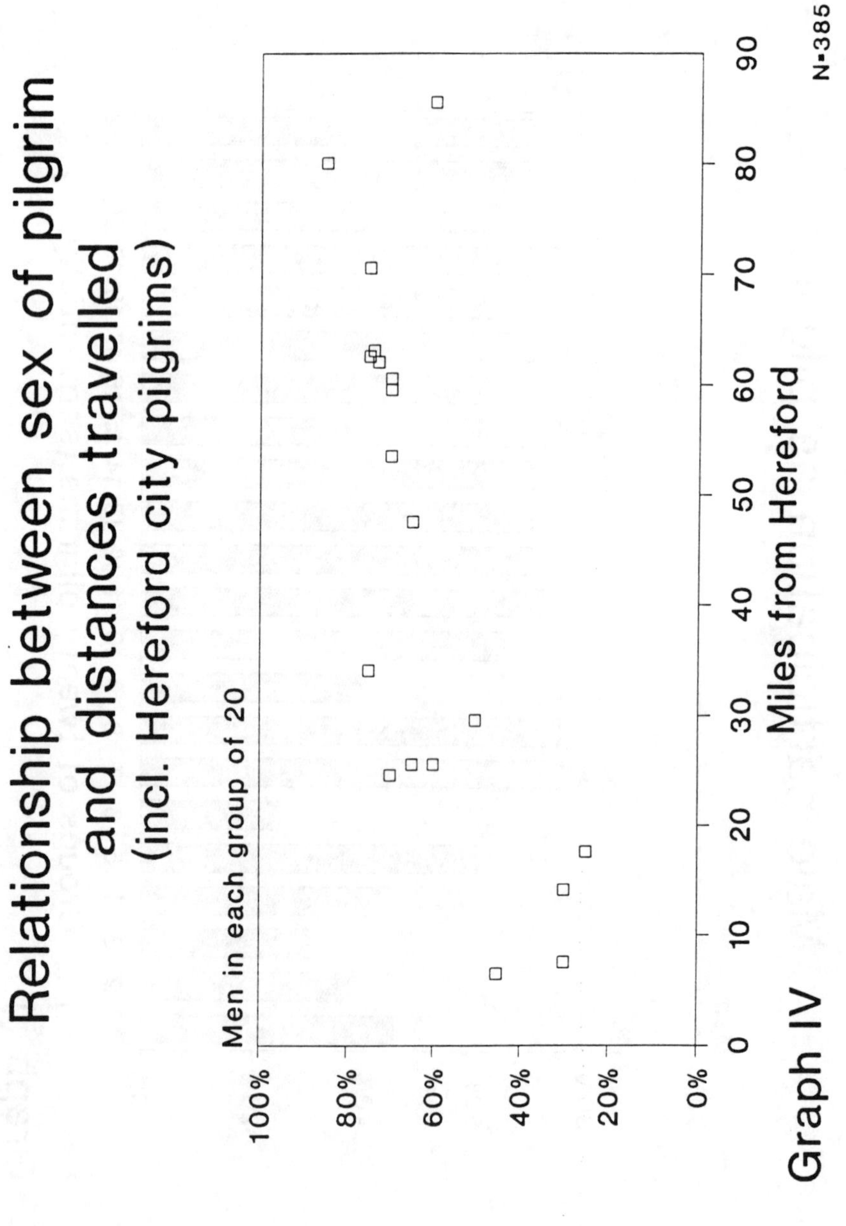
Relationship between sex of pilgrim
and distances travelled
(incl. Hereford city pilgrims)
Men in each group of 20
100%
80%
60%
40%
20%
0%
0
10
20
30
40
50
60
70
80
90
Miles from Hereford
N-385

Graph IV

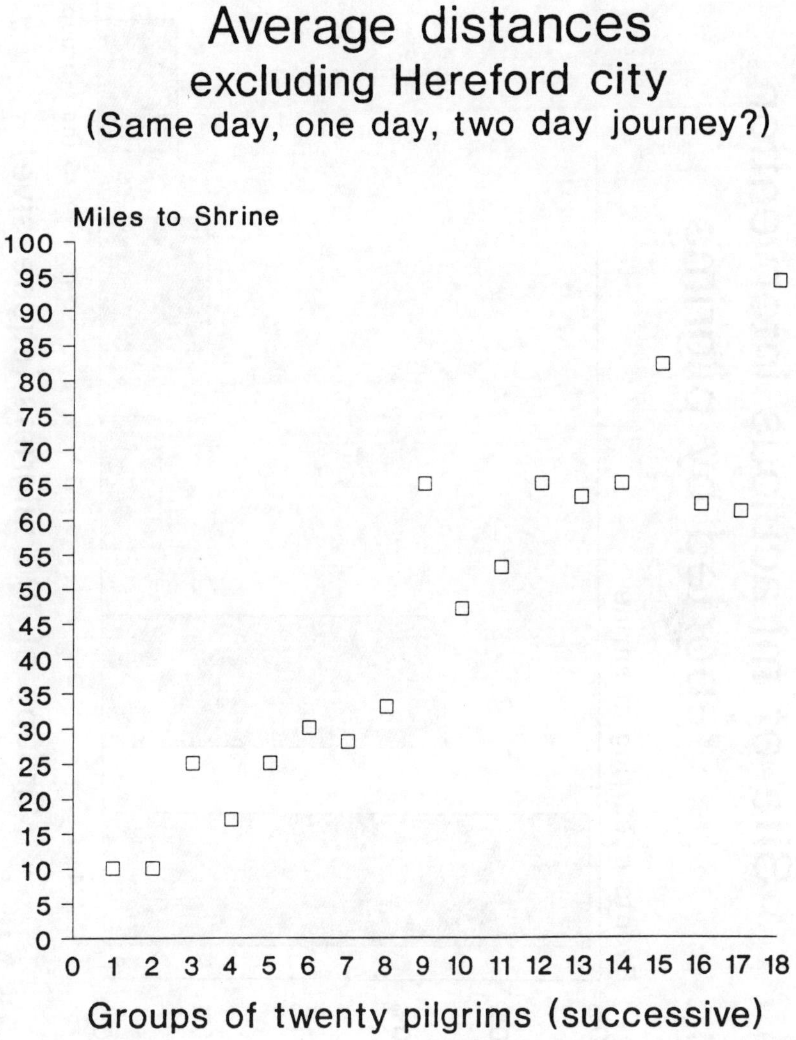
Average distances
excluding Hereford city
(Same day, one day, two day journey?)
Miles to Shrine
100
95
90
85
80
75
70
65
60
55
50
45
40
35
30
25
20
15
10
5
0
0 1 2 3 4 5 6 7 8 9 10 11 12 13 14 15 16 17 18
Groups of twenty pilgrims (successive)

Graph V

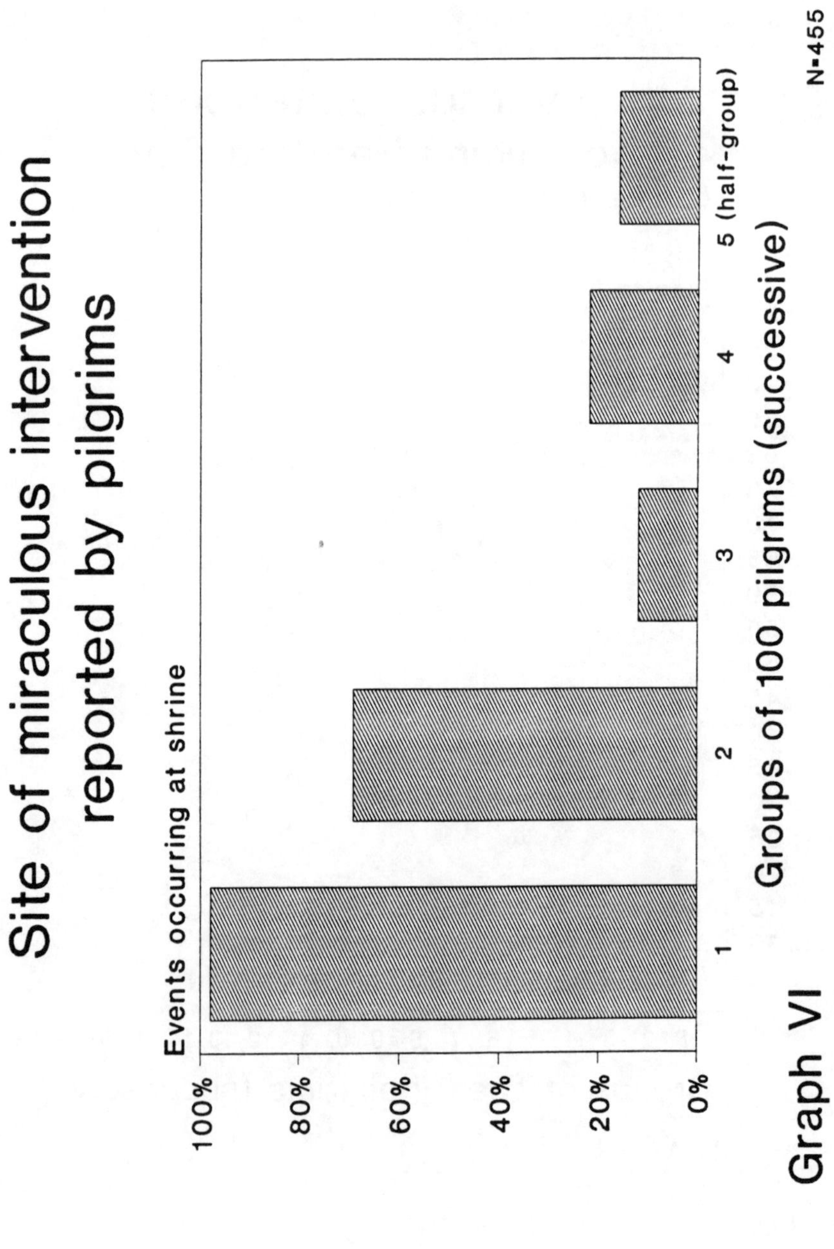
Site of miraculous intervention
reported by pilgrims
Events occurring at shrine
100%
80%
60%
40%
20%
0%
1
2
3
4
5 (half-group)
Groups of 100 pilgrims (successive)
N=455

Graph VI

Relations between social class, sex and reported miracle
(Groups of 100 pilgrims)

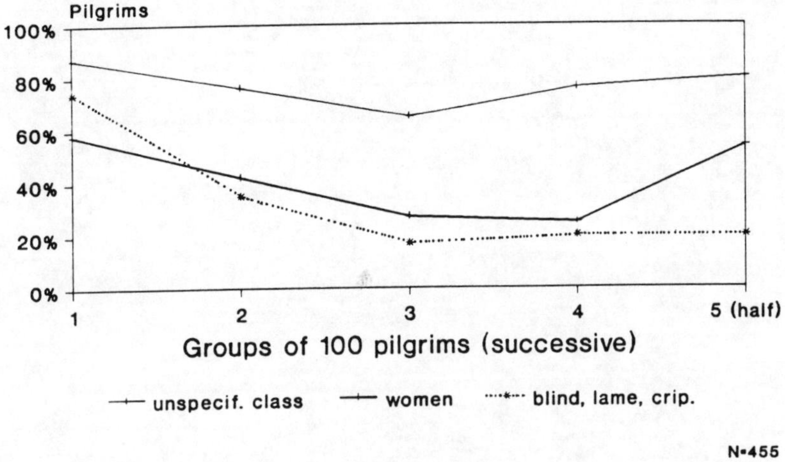

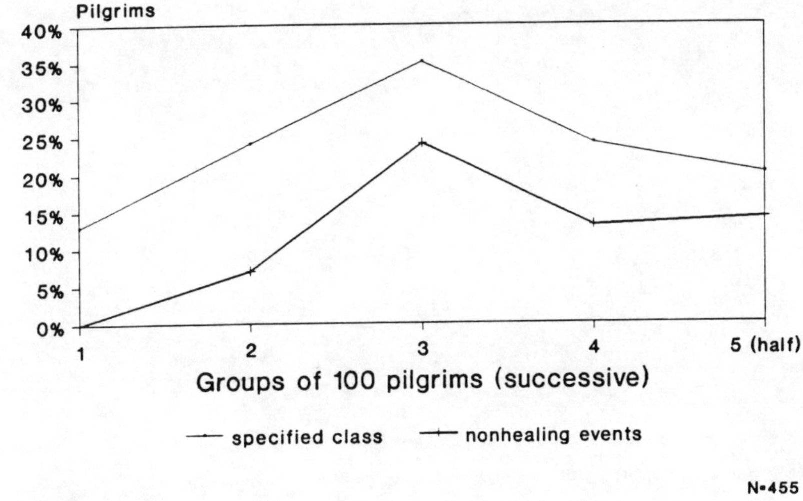

Graph VII

Wallfahrt und 'Ferne'

CHRISTIAN KRÖTZL

Welche Gebiete wurden vom mittelalterlichen Pilger als fern empfunden, d. h. wo begann die 'Ferne' im Denken des mittelalterlichen Menschen? Wie wurde die 'Ferne' vor Antritt und während der Pilgerfahrt empfunden? Wann bedeutete 'fern' auch 'fremd'? Wie normal und alltäglich war der Aspekt der Ferne? Lassen sich soziale, kulturelle und zeitliche Unterschiede feststellen?[1] Eine eigenständige Untersuchung von Begriff und Inhalt der 'Ferne' bzw. 'Nähe' im Wallfahrtswesen und im Denken des Mittelalters hat bisher nicht in nennenswertem Maße stattgefunden[2]. Zumeist sind die heutigen Begriffsinhalte unverändert auf das Mittelalter übertragen worden. Selbst umfassende Darstellungen zum Reisen im Mittelalter bleiben meist der Deskription verhaftet und der Aspekt der 'Ferne' wird, wenn überhaupt angesprochen, weder inhaltlich noch begrifflich problematisiert. Zudem beschränkt sich die Darstellung vorwiegend auf die Reisetätigkeit der quellenmäßig am leichtesten erfaßbaren Oberschichten[3].

---

[1] Zum Pilgerwesen sowie zur Einteilung in 1) Fernpilgerfahrten (Jerusalem, Rom, Santiago), 2) überregionale Pilgerfahrten sowie 3) lokale Pilger- und Wallfahrten vgl. L. Schmugge, "Pilgerfahrt macht frei". Eine These zur Bedeutung des mittelalterlichen Pilgerwesens. In: Römische Quartalsschrift 74 (1979) 16–31; ders., Die Anfänge des organisierten Pilgerverkehrs im Mittelalter. In: Quellen und Forschungen aus italienischen Archiven und Bibliotheken 64 (1984) 1–83; ders., Kollektive und individuelle Motivstrukturen im mittelalterlichen Pilgerwesen. In: G. Jaritz – A. Müller (Hg.), Migration in der Feudalgesellschaft. Frankfurt/M.–New York 1988, 264.

[2] Zur Wünschbarkeit von gesonderten Untersuchungen vgl. G. Jaritz, Zwischen Augenblick und Ewigkeit. Einführung in die Alltagsgeschichte des Mittelalters, Wien–Köln 1989, 106, Anm. 220, sowie auch B. Schuh, "Von vilen und mancherlay seltzamen Wunderzaichen": die Analyse von Mirakelbüchern und Wallfahrtsquellen. Göttingen 1989, 7. Die Untersuchung von Ch. K. Zacher, Curiosity and Pilgrimage. The Literature of Discovery in Fourteenth-Century England. Baltimore 1976 behandelt den Aspekt der subjektiven Fernerfahrung bei der mittelalterlichen Pilgerfahrt nur am Rande. Als bewußte Einschränkung sei hinzugefügt, daß ich in der vorliegenden Untersuchung nicht beabsichtige, 'den Alltag' der Fernwallfahrt zu behandeln.

[3] Vgl. M. N. Boyer, Travel in Medieval France (1300–1450). Phil. Diss. Columbia University 1958; M. W. Labarge, Medieval Travellers. The Rich and the Restless. London 1982; N. Ohler, Reisen im Mittelalter. München–Zürich 1986. Im Unterschied dazu

Die archäologisch-historische Wege- und Verkehrsforschung hat sich vor allem mit der Aufarbeitung und Rekonstruktion der materiellen Überreste von alten Verkehrsverbindungen und -mittel sowie mit der Darstellung von Aspekten der Verkehrs- und Handelspolitik befaßt. Humanökologische, auf menschliche Raumbezüge gerichtete Fragestellungen sind erst vereinzelt als Postulate formuliert worden[4].

Im Rahmen der neueren Migrationsforschung ist das Postulat aufgestellt worden, Nähe und Ferne nicht räumlich, sondern nach sozialen Strukturen bzw. nach Migrations- und Mobilitätsbeziehungen zu qualifizieren. Räume seien hauptsächlich als Kommunikationsräume anzusehen und geographische Distanz werde durch soziale Beziehungen verringert[5]. Auch Pilgerstraßen zu bedeutenden Pilgerorten können als sozial konstituierte Räume[6] und in Anlehnung dazu Einzugsbereiche von Pilgerorten als Kommunikationsräume angesehen werden[7].

Im Folgenden wird versucht, einige der Faktoren, die das subjektive Fernempfinden des mittelalterlichen Pilgers beeinflußt haben könnten,

---

behandelt der höchst informative Tagungsband "Unterwegssein im Spätmittelalter" auch andere Gruppen und soziale Schichten (Pilger, Studenten, Handwerksgesellen, Randständige), ohne dabei jedoch die Problematik der 'Ferne' gesondert anzusprechen, (Zeitschrift für historische Forschung, Beiheft 1) Berlin 1985.

4 D. Dennecke, Straße und Weg im Mittelalter als Lebensraum und Vermittler zwischen entfernten Orten. In: B. Herrmann (Hg.), Mensch und Umwelt im Mittelalter. Stuttgart 1986, 207–223, mit expliziter Formulierung von "Beziehung und Einstellung des Menschen zur Nähe und Ferne (Einschätzung und Erleben von Distanzen)" als Forschungsdesideratum, 208.

5 R. S. Elkar, Migration und Mobilität. Ein Diskussionsbericht. In: Jaritz – Müller, Migration in der Feudalgesellschaft 374–75.

6 Eine der wenigen Untersuchungen, in der die soziale Funktion des Raumes bei der Pilgerfahrt – in diesem Falle anhand einer typischen 'Peregrinatio maior' – in den Vordergrund gestellt wird, ist F. Hassauer, Eine Straße durch die Zeit. Die mittelalterlichen Pilgerwege nach Santiago de Compostela. In: H.-U. Gumbrecht – U. Link-Heer (Hg.), Epochenschwellen und Epochenstrukturen im Diskurs der Literatur- und Sprachhistorie. Frankfurt 1985, 409–423. Vgl. auch dies., Volkssprachliche Reiseliteratur: Faszination des Reisens und räumlicher ordo. In: Grundriß der Romanischen Literaturen des Mittelalters XI:1. Heidelberg 1987, 215–239, wo die Autorin die mittelalterliche Reiseliteratur als eine Form der Alteritätserfahrung darstellt. M. Harbsmeier, Reisebeschreibungen als mentalitätsgeschichtliche Quellen: Überlegungen zu einer historisch-anthropologischen Untersuchung frühneuzeitlicher deutscher Reisebeschreibungen. In: A. Maczak – H. J. Teuteberg (Hg.), Reiseberichte als Quellen europäischer Kulturgeschichte (Wolfenbütteler Forschungen 21) Wolfenbüttel 1982, 1–31, untersucht die Reiseliteratur vor allem als Selbstdarstellung der Ausgangskultur.

7 Dazu H. Kühnel, Integrative Aspekte der Pilgerfahrten. In: F. Seibt – W. Eberhardt, Europa 1500. Integrationsprozesse im Widerstreit. Stuttgart 1986, 496–509, insbes. 498–500.

darzustellen. Bei Berücksichtigung weitgehend fehlender Forschungsgrundlagen kann es sich dabei nur um eine andeutungsweise Skizzierung des Problemfeldes ohne Anspruch auf Lösung der offenen Fragen handeln.

Die Einstellung der Kirche zur 'Ferne' war stets widersprüchlich. Das als Nachfolge Christi verstandene Lebensideal der ziellosen, asketischen Peregrinatio fern von der Heimat und in unbekannten Gegenden war bis zur Jahrtausendwende ein bestimmender Zug. Besonders gut ersichtlich wird dies bei der meist ohne ein konkretes Ziel erfolgenden Peregrinatio der irischen Mönche[8]. Das Ferne und Fremde wurde gesucht und angestrebt als spiritueller Wert an sich, je schwieriger, ferner und fremder desto verdienstvoller. Der Begriff 'Peregrinus' war bis zum 11. Jahrhundert synonym für Fremdling, Heimatloser, Fern der Heimat Weilender[9]. Anderseits wurde das ganze Mittelalter von den Kirchenvätern bis zur Reformationszeit von einem Kontinuum der Kritik an der Wallfahrt durchzogen, die sich besonders an den als negativ angesehenen Auswirkungen der 'Ferne' artikulierte. Bereits Hieronymus betonte den Vorrang der spirituellen vor der physischen Ferne, und Wallfahrten von Angehörigen des Welt- und Ordensklerus bleiben aus diesem Grunde stets starken Einschränkungen unterworfen[10]. Die ideale Einstellung, falls man sich doch zu einer Reise oder Pilgerfahrt aufzumachen hatte, wurde in dieser Sicht wohl von Bernhard von Clairvaux verkörpert, der laut seinem Biographen Alanus der schönen Gestade und Weinberge des Genfersees gar nicht gewahr wurde: *Juxta lacum etiam Lausanensem totius diei itinere pergens, penitus non attendit, aut se videre non vidit. Cum enim vespere facto de eodem lacu socii colloquerentur, interrogabat eos, ubi lacus ille esset, et mirati sunt universi*[11].

Welche Einstellungen zur Ferne lassen sich bei den Skandinaviern erkennen, die vom 10. Jahrhundert an zum Christentum übertraten und sowohl bei Wallfahrten innerhalb wie auch außerhalb Skandinaviens weit-

[8] A. Angenendt, Die irische Peregrinatio und ihre Auswirkungen auf dem Kontinent vor dem Jahre 800. In: H. Löwe (Hg.), Die Iren und Europa im früheren Mittelalter, Teilband 1. Stuttgart 1982, 52–79.

[9] G. B. Ladner, Homo Viator. Mediaeval Ideas on Alienation and Order. In: Speculum 42 (1967) 223–259; R. Plötz, Peregrini–Palmieri–Romei. Untersuchungen zum Pilgerbegriff der Zeit Dantes. In: Jahrbuch für Volkskunde NF 2 (1979), bes. 104–117.

[10] G. Constable, Opposition to Pilgrimage in the Middle Ages. In: Studia Gratiana XIX (1976) 125–146.

[11] Patrologia Latina (PL), ed. J.-P. Migne, t. 185, Sp. 496. In einem Brief an den Abt von Saint-Michel gab Bernhard diesem den Ratschlag: *Neque enim terrenam, sed coelestem requirire Jerusalem, monachorum propositum est; et hoc non pedibus proficiscendo, sed affectibus proficiendo.* PL, t. 182, Sp. 612.

aus längere Distanzen zurückzulegen hatten als die übrigen Europäer? Bedeutete dies auch ein anderes Empfinden von Ferne – Nähe?

Auf einem um die Jahrtausendwende angefertigten Runenstein aus dem schwedischen Uppland (nördl. von Stockholm) heißt es: *Ingirun, Tochter des Hardar hat diese Runen für sich selbst gravieren lassen. Sie wird sich nach Osten begeben und Jerusalem besuchen*[12]. Diese lakonische Meldung einer selbstbewußten Wikingerfrau ist einer der frühesten skandinavischen Quellenbelege zur Jerusalemwallfahrt. Mehrere weitere Runensteine verzeichnen Jerusalem-Fahrten, so z. B. im schwedischen Broby, wo Astrid mit ihren drei Söhnen eine Inschrift in Erinnerung an ihren Mann Eysteinn, "der nach Jerusalem zog und in Griechenland starb", anfertigen ließ[13]. Runensteine aus dem 10. und 11. Jahrhundert haben sich in Norwegen ca. 50, in Dänemark ca. 200 und in Schweden ca. 1750 erhalten, davon die meisten in Uppland, der Zentralregion Schwedens vor und nach der Einführung des Christentums, sowie auf der Insel Gotland. Ungefähr 10 % der Runensteine weisen Inschriften für ins Ausland reisende oder dort verstorbene Wikinger auf[14]. Unter den nicht-skandinavischen geographischen Namen wird Griechenland am häufigsten erwähnt, wobei mit Griechenland das Byzantinische Reich gemeint ist. Die frühen Belege für skandinavische Pilger verzeichnen auch viele Frauen. Gudrid, die mit ihrem Mann Karlsefni eine der ersten Wikingersiedlungen in Nordamerika gegründet hatte, unternahm gemäß der Graenlendinga saga nach dem Tode ihres Mannes eine Pilgerreise nach Rom, kehrte wieder auf ihren Hof auf Island zurück, ließ eine Kirche errichten und trat in ein Kloster ein[15]. Die bekannte Liste von ca. 700 Skandinaviern (Pilger nach Rom und Jerusalem?) im Verbrüderungsbuch der Abtei Reichenau aus dem 11. und 12. Jahrhundert weist einen bemerkenswert hohen Anteil weiblicher Namen auf[16].

---

[12] Runenstein U 605 in Stäket, zit. nach S. B. F. Jansson, Runinskrifter i Sverige. Stockholm 1963, 73–74, dazu auch R. Boyer, Jórsalaborg, Romaborg, Miklagardr. In: Jerusalem, Rome, Constantinople. Cultures et civilisations médiévales. Paris 1986, 179. "Nach Osten" heißt in diesem Falle, daß sie den gewohnten Weg der schwedischen Wikinger oder Waräger über die russischen Flüsse einzuschlagen gedachte.

[13] Zit. nach S. Blöndal, The Varangians of Byzantium. Cambridge 1978, 224.

[14] B. Sawyer, Property and inheritance in Viking Scandinavia. The runic evidence. Alingsås 1988, 5; Jansson, Runinskrifter 41–92.

[15] The Vinland Sagas. The Norse Discovery of America. Graenlendinga saga and Eiriks saga. Übers. von M. Magnusson – H. Pálsson. Harmondsworth 1965, 71.

[16] F. Jónsson – E. Jorgensen, Nordiske Pilegrimsnavne i Broderskapsbogen fra Reichenau. In: Aarboger for Nordisk Oldkyndighed og Historie III:12 (1923) 1–36. Dazu auch H.-P. Naumann, Nordische Kreuzzugsdichtung. In: Festschrift für Oskar Bandle, hg. von H.-P. Naumann (Beiträge zur Nordischen Philologie 15) Basel 1986, 180.

Die meist im 13. und 14. Jahrhundert aufgezeichneten, jedoch früher anzusetzenden nordischen Sagatexte führen viele Fahrten in den Mittelmeerraum an, in den meisten Fällen nur kurz und routinemäßig, als etwas Selbstverständliches, Alltägliches und ohne das Verwunderliche, Fremde, Gefährliche oder Unsichere der 'Ferne' in irgendeiner Weise hervorzuheben oder anzutönen, und diese Nüchternheit bei der Beschreibung des Fernen bleibt auch für die späteren skandinavischen Texte charakteristisch und unterscheidet sie von Quellen aus anderen Teilen Europas[17]. Die Pilgerfahrten wurden in den Sagatexten mit eigenen Termini und z. T. sogar als Verbalformen angeführt: *sudrferd, sudrgong, Romferd, Jorsalferd, Jorsalaland* (Palästina), *Jorsalfari* (Jerusalemfahrer) als Beiname, z. B. Sigurd Jorsalfari, *Jaksland* (Galicien)[18]. Zumindest für Island kann von einer intensiven, sowohl mündlichen als auch schriftlichen Verbreitung der Sagatexte und ihrer Fernkenntnisse ausgegangen werden: der Alphabetismus auch nicht-klerikaler Teile der Bevölkerung war vom 12. Jahrhundert an vergleichsweise hoch[19].

Ein charakteristischer Zug der frühen skandinavischen Quellen zu Pilgerfahrten ist neben dieser Nüchternheit der Beschreibung die eigenständige Namengebung, der Verweis auf die heidnisch-germanische,

---

[17] Vgl. die Mythologisierung und überschwengliche Beschreibung des Pilgerweges als wunder-voll oft schon wenige Kilometer nach dem Aufbruchsort in den westeuropäischen Jerusalem- und Santiagopilgerberichten, die von U. Ganz-Blättler untersucht wurden, Andacht und Abenteuer. Berichte europäischer Jerusalem- und Santiago-Pilger (1320–1520). Tübingen 1990, 152–178. Dazu auch J. Richard, Les récits de voyages et de pèlerinages (Typologie des Sources du Moyen Age Occidental 38) Turnhout 1981, 65–67. Zu den spätmittelalterlichen Pilgerberichten vgl. auch G. Tellenbach, Zur Frühgeschichte abendländischer Reisebeschreibungen. In: Historia Integra. Festschrift für Erich Hassinger. Berlin 1977, 51–80; D.R. Howard, Writers and Pilgrims. Medieval Pilgrimage Narratives and their Posterity. Berkeley 1980, bes. 43–44 sowie A. Esch, Gemeinsames Erlebnis – Individueller Bericht. Vier Parallelberichte aus einer Reisegruppe von Jerusalempilgern 1480. In: Zeitschrift für Historische Forschung 11 (1984) 385–416.

[18] Eine typische Stelle findet sich in der Njalssaga, wo die Bußwallfahrt des Flosi nach Rom, seine Absolution durch den Papst und seine Rückreise in drei nüchternen Sätzen abgehandelt wird; die Erwähnung der anschließenden Romreise seines Kontrahenten Kari beschränkt sich gar auf einen halben Satz. In beiden Fällen wird die Kenntnis der benutzten Pilgerrouten vom Zuhörer bzw. Leser vorausgesetzt und lediglich kurz mit "Ost-Weg" bzw. "West-Weg" angegeben, Brennu-Njálssaga, hg. F. Jónsson (Altnordische Sagabibliothek 13) Halle 1908, 420–421. Spuren der Wallfahrten finden sich heute noch im skandinavischen Ortsnamenbestand, in bezug auf die Santiagowallfahrt vgl. V. Almazán, Gallaecia Scandinavica. Introducción ó estudio das relacións galaico-escandinavas durante a Idade Media. Vigo 1986, 149–152.

[19] J. Glauser, Isländische Märchensagas. Studien zur Prosaliteratur im spätmittelalterlichen Island (Beiträge zur nordischen Philologie 12) Basel 1983, 64–66.

d. h. vorchristliche Mythologie sowie auf die Taten der Wikinger und Waräger. In dem um 1140 verfaßten Wallfahrtsitinerar des isländischen Benediktinerabtes Nikolaus von Munkathvera finden sich dazu einige interessante Stellen[20]. Bereits in den Deutschland und die Schweiz betreffenden Teilen der Beschreibung wird auf die Erschlagung Fafnirs durch den Sagahelden Sigurd an einem nicht mit Sicherheit zu identifizierenden Ort *Kiliandr* südlich von Mainz oder die mit kaum verhehltem Stolz vermerkte angebliche Zerstörung von Avenches/Aventicum durch die Wikinger hingewiesen[21]. Bei Luni in der Nähe von La Spezia sei der Sagaheld Gunnar in die Schlangengrube geworfen worden, und nach der Beschreibung der Stadt Rom und Süditaliens heißt es zu Sizilien, daß es dort unterirdische Feuer und kochendes Wasser gebe "wie auf Island". Auf der Insel Zypern "gibt es eine Bucht, die von den Nordmännern Atalsfjord, von den Griechen jedoch Gulfus Satalie genannt wird", und in Paphos, das als Todesort König Erik Ejegods angegeben wird, sei ein Warägerregiment stationiert[22]. Zu Jaffa wird vermerkt, daß es von König Baldwin zusammen mit dem norwegischen König Sigurd 'christlich gemacht', d. h. von den Arabern erobert worden sei[23]. Die Namensformen des gesamten Itinerars sind stark nordisch geprägt; bereits in der geographischen Einleitung, die möglicherweise von einem anderen Autor stammt, finden sich die Bezeichnungen *Serkland* (Sarazenenland), *Blåland* (Äthiopien), *Gardarige* (Kiewer Reich), *Kaenugard* (Kiew), *Holmgård* (Nowgorod) sowie zu Italien die Ausführungen: "Im

---

[20] Dieser zu bedeutendsten Wallfahrtsitinerarien gehörende altisländische Text ist vielfach übersetzt und – meist von nordisch-philologischer Seite – kommentiert worden, vgl. Kr. Kålund, En islandsk Vejviser for Pilgrimme fra 12. Århundrede. In: Aarboger for Nordisk Oldkyndighed III:2 (1912) 51–105; F. P. Magoun, The Pilgrim-Diary of Nikulas of Munkathvera: The Road to Rome. In: Mediaeval Studies VI (1944) 314–354; O. Springer, Mediaeval Pilgrim Routes from Scandinavia to Rome. In: Mediaeval Studies XII (1950) 92–122 sowie zuletzt auszugsweise im Zusammenhang mit anderen Pilgerberichten und Itinerarien zu Jerusalem in J. Wilkinson, J. Hill, W.F. Ryan (Hg.), Jerusalem Pilgrimage 1099–1185. London 1988, 17–18, 215–219.

[21] "Vivilsborg (d. h. Avenches), das groß war, bevor die Nordmänner es niederbrannten, das jetzt aber klein ist", Kålund, En islandsk vejviser 55; Magoun, The Pilgrim-Diary 323–24, 332.

[22] "Auf Zypern liegt liegt eine Stadt namens Baffa, wo die Garnison der Waräger liegt und wo Erik, König der Dänen, der Sohn Sveinns und Bruder Knut des Heiligen, gestorben ist", Kålund, En islandsk vejvisar 59. Weitere Stützpunkte der Waräger, die in nicht-skandinavischen Quellen kaum verzeichnet sind: Imboli, Raudakástala, Mirreaborg, Jalandarnaes, vgl. P. Riant, Expéditions et pèlerinages des Scandinaves en Terre Sainte. Paris 1869, 65–80.

[23] Kålund, En islandsk vejvisar 60.

unteren Teil Italiens gegen Osten liegt Apulien, das die Nordmänner Pulsland nennen. [...] Im nördlichen Teil Italiens liegt Langbardia, das wir Langbarda-land nennen."[24] Im Itinerartext sodann u. a. *Sax-elfr* (Elbe), *Poddu-brunnar* (Paderborn), *Kolnis-borg* (Köln), *Boslara-borg* (Basel), *Mundja* (die Alpen), *Jofor-ey* (Ivrea), *Mélans-borg* (Mailand), *Iljans vegr* (die Pilgerroute über die Ostalpen), *Langa-syn* (Siena), *Thithreks bath* (d. h. nach dem gotischen König Theoderich, bei Viterbo)[25]. Ein isländisches Itinerar aus dem 14. Jahrhundert verzeichnet schlicht: "Romaborg heißt Rom, Miklagard Konstantinopel und Iorsalaborg Hierusalem."[26]

Die skandinavischen Pilger in den Mittelmeerraum fanden das Gebiet bereits von einem Raster von Stütz- und Orientierungspunkten mit eigenen, nordischen Namen und Reminiszenzen an Sagaepisoden und Wikingerzüge überzogen, sie bewegten sich in der geographischen Ferne nicht auf fremdem, unbekanntem Boden. Bis zum Beginn des 13. Jahrhunderts fanden sie zudem im östlichen Mittelmeer die Garnisonen und Stützpunkte der Waräger vor. Da die skandinavischen Quellen auch die genre-üblichen Verweise auf christliche Traditionen anführen, waren die nordischen Pilger in ein doppeltes Orientierungs- und Koordinatensystem eingebettet.

In Pilgerberichten und Itineraren aus dem übrigen Europa fällt es schwer, vor dem 15. Jahrhundert eine vergleichbare Häufung von Eigenbenennungen oder gar Verweisen auf vorchristliche Mythen und Traditionen festzustellen. Die nicht-skandinavischen Berichte und Itinerare verweisen in erster Linie auf die Bibel, auf hagiographische Literatur oder auf die Antike, vom 12. Jahrhundert an zudem auf die Taten der Kreuzfahrer[27].

Worauf beruhte diese offenbare Vertrautheit der skandinavischen

---

24 Ebd. 53.

25 Magoun, The Pilgrim-Diary 320–346. Auch entlang der zumindest noch im 11. Jahrhundert von skandinavischen Jerusalempilgern benutzten Route über die russischen Flüsse finden sich skandinavische Ortsnamen, so z. B. bei den Stromschnellen des Dnjepr (Blöndal, The Varangians 9–12)

26 Zit. nach R. Boyer, Jorsalaborg 169.

27 So verweist Saewulf auf den Tod Robert Guiskards oder der russische Abt Daniel auf den Aufenthalt eines russischen Prinzen auf der Insel Rhodos. Daniel schrieb zudem die Namen russischer Prinzen in den Stein der Grabeskirche, Wilkinson, Hill, Ryan (Hg.), Jerusalem Pilgrimage 95, 125, 171. Auf Eigen- und Umbenennungen in einem auf 1495 zu datierenden deutschen Pilgerführer verweist K. Herbers, Der erste deutsche Pilgerführer. Hermann Künig von Vach. In: K. Herbers (Hg.), Deutsche Jakobspilger und ihre Berichte (Jakobus-Studien 1) Tübingen 1988, 41–42. Zum Kontaktbereich Kreuzzug sowie zu den offenbar geringen Kulturkontakten dabei vgl. F. Hassauer, Volkssprachliche Reiseliteratur 229–236 sowie A. Grabois, Medieval

Pilger mit der geographisch fernen Mittelmeerwelt? Ein Schlüssel dazu liegt m. E. in der über mehrere Jahrhunderte andauernden Aktivität der Wikinger und Waräger im Mittel- sowie im Schwarzen Meer. Vom 9. bis zum 12. Jahrhundert bestanden regelmäßige Verbindungen sowohl über Nordsee–Atlantik–Gibraltar wie auch über die russischen Flüsse. Die Skandinavier betrieben neben ihren bekannten und das Geschichtsbild über Jahrhunderte einseitig prägenden Raubzügen auch eine intensive Handels- und Siedlungstätigkeit, die ein enges Kommunikationsnetz und eine vielfältige Vermittlung von Kenntnissen zur Folge hatte. Im Westen erstreckten sich die Stützpunkte und von ihnen beherrschten Gebiete von Schottland, York, Irland, der Normandie, der französischen Atlantikküste über Galicien bis nach Südfrankreich. Im Osten hatten die Waräger (d. h. die Wikinger im Osten) einen wesentlichen Anteil an der Bildung der Nowgoroder und Kiewer Reiche. Bereits vor der Mitte des 9. Jahrhunderts traten skandinavische Söldner in den Dienst des Kaisers von Byzanz und bildeten bis zum 13. Jahrhundert (zumindest bis 1204) einen militärisch bedeutsamen und schlagkräftigen Teil seines Heeres. Die ständige Präsenz von skandinavischen Söldnern in Konstantinopel bedingte regelmäßige Verbindungen, und die zurückkehrenden Skandinavier konnten vielfältige Kenntnisse des Mittelmeerraumes vermitteln. Es ist anzunehmen, daß viele der Warägersoldaten noch vor der Christianisierung Skandinaviens das Heilige Land besuchten: die pragmatischen Skandinavier nahmen bereits früh die Prima signatio an und und Fahrten nach Jerusalem finden sich schon auf Runensteinen der Jahrtausendwende verzeichnet. Der spätere norwegische König Harald Sigurdarson, der jüngere Bruder Olavs des Heiligen, leitete von 1034–43 das Warägerregiment, das unter seinem Kommando seine militärische Glanzzeit erlebte und bei den Feldzügen des byzantinischen Heeres in Sizilien, Bulgarien und Asien eingesetzt wurde. Laut der Haraldar Saga besuchte er auch das Heilige Land, opferte am Heiligen Grab, spendete reichlich und badete im Jordan, "wie es der Sitte der Pilger entspricht"[28].

Mit der zahlenmäßigen Zunahme der Wallfahrten nach der Jahrtausendwende wurden die eigentlichen Pilgerherbergen zur Bewältigung der Ferne immer wichtiger[29]. Die skandinavischen Könige gehörten zu den Ersten, die nach der Jahrtausendwende Herbergen gründeten und sich für Pilger aus ihren Ländern einsetzten. Knut der Große handelte 1027 in Rom mit Kaiser Konrad II. und Papst Johannes XIX. Zollfrei-

---

pilgrims, the Holy Land and its image in European civilisation. In: M. Sharon (Ed.), The Holy Land in History and Thought. Leiden 1988, 68–70.

[28] Blöndal, The Varangians 54–102.

[29] Dazu L. Schmugge, Die Anfänge des organisierten Pilgerverkehrs 8–54.

heit und Schutz für Rompilger aus Dänemark und England aus[30]. Sein Bruder, König Erik, soll in Lucca eine Stiftung eingerichtet haben, "so daß jeder des Dänischen Mächtige Wein in genügender Menge erhalte", zudem wird ihm die Gründung einer Pilgerherberge acht Meilen südlich von Piacenza zugeschrieben[31].

Ein wichtiger Faktor für die Empfindung von Ferne bzw. Nähe durch eine bestimmte Bevölkerungsgruppe, Schicht oder Kultur sind die ihr zur Verfügung stehenden Verkehrsmittel. Die Wikinger waren in dieser Hinsicht mit ihren leichten und schnellen Schiffen, ihren Navigationskenntnissen und ihrer langen Erfahrung auf offenen Seestrecken allen anderen Seefahrern des Mittelalters weit überlegen[32]. In dem als Scholion bei Adam von Bremen angeführten Itinerarium vom westdänischen Hafen Ribe ins Heilige Land werden für die Überfahrt nach El Ferrol bei Santiago de Compostela acht Tage und für die gesamte Strecke von Dänemark nach Akkon 37 Tage, d. h. wenig mehr als fünf Wochen veranschlagt[33]. Selbst bei Annahme einiger Ruhetage in den angegebenen Etappenhäfen ist diese Reisezeit doch wesentlich kürzer als aus nichtskandinavischen Häfen: 1518 wird allein für die Passage von Stralsund nach La Coruna neun Wochen angegeben[34]. Die Wikingerschiffe konnten jedoch keine größeren Warenmengen transportieren und wurden aus diesem Grunde bereits früh aus dem Fernhandel verdrängt, im Nord- und Ostseeraum vor allem durch die Hansekoggen. Für Personentransporte und damit auch für die Beförderung von skandinavischen Pilgern dürften sie jedoch noch länger eingesetzt worden sein.

Die skandinavische Einstellung zu Distanz und Ferne war eng an die Bewegung der Menschen in Zeit und Raum gebunden, oder in der Formulierung von A. Gurjewitsch: "There was no idea of the distance between points irrespective of the wayfarer going along this road. [...] So a way in the mind of an ancient Scandinavian meant the movement of people over some particular tangible space. Speaking of distance they thought of their own movement in the course of time." So machte beispielsweise auf Island mit seinen weiten, unwegsamen Gletschergebieten die An-

---

30 [...] *ut homines mei, tam mercatores quam alii orandi causa viatores, absque omni angaria clausurarum et theleonarium firma pace et iusta lege securi Romam eant et redeant*, Diplomatarium Norvegicum XIX, 23.

31 Kålund, En islandsk vejviser 59–60.

32 Nachbauten von Wikingerschiffen erreichten auf dem Atlantik dieselben Geschwindigkeiten wie moderne Hochseedampfer und waren sehr gut zu manövrieren, F. D. Logan, The Vikings in History. London 1983, 28–34.

33 Scriptores Rerum Danicarum V, 622. Über die genaue Datierung des Scholions herrscht Unklarheit.

34 H. J. Hüffer, Sant'Jago. München 1957, 53.

gabe der direkten Distanz in Luftlinie wenig Sinn[35]. Karten aus der Wikingerzeit haben sich nicht erhalten, falls solche überhaupt existierten. Die Einteilung des Raumes ist aufgrund der schriftlichen Quellen zu erschließen. Die kartographisch falsche Plazierung Islands in unmittelbarer Nähe der norwegischen Küste auf einer angelsächsischen Karte des 11. Jahrhunderts dürfte der skandinavischen Raum- und Fernerfahrung nahegekommen sein[36].

Die auf heidnischen oder christlichen Erzählungen sowie auf weltlichen Quellen beruhenden Vorkenntnisse waren m. E. im wesentlichen für das Empfinden der Ferne verantwortlich[37]. Während somit der Mittelmeerraum für die skandinavischen Pilger viel weniger fern und fremd war, als dies aufgrund der geographischen Distanz vermutet werden könnte, läßt sich in umgekehrter Betrachtungsrichtung eher das Gegenteil feststellen. Skandinavien lag für Mittel- und vor allem für Südeuropäer stets am äußersten Rand der ihnen bekannten Welt und wurde in Anlehnung an antike Autoren als abgelegen, fern, fremd, unwirtlich, bedrohlich, und von den absonderlichsten Monstren bewohnt angesehen. Zumindest die päpstliche Kurie sowie süd- und mitteleuropäische Fernhändler verfügten über genauere und realistischere Kenntnisse, die jedoch keine weitere Verbreitung fanden[38]. Die skandinavischen Heiligenkulte waren nur in den benachbarten Grenzgebieten bzw. im Einflußbereich der Hanse populär und Wallfahrten nach Skandinavien wurden selten unternommen. Das für Skandinavier im Spätmittelalter zu den beliebtesten Wallfahrtsorten gehörende schwedische Vadstena scheint von Nicht-Skandinaviern kaum je aufgesucht worden zu sein, obschon die dort verehrte Heilige Birgitta durch ihre vielgelesenen Revelationes und die bis nach England,

---

35 A. Ya. Gurevich, Space and Time in the Weltmodell of the Old Scandinavian Peoples. In: Mediaeval Scandinavia 2 (1969) 52–53; sowie ders., Das Weltbild des mittelalterlichen Menschen. München 1980, 28–97.

36 Vgl. K. Hastrup, Culture and History in medieval Iceland. An anthropological analysis of structure and change. Oxford 1985, insbes. den Abschnitt "Spatial categories", 50–69.

37 Wobei sich diese Vorkenntnisse bei einer genaueren Analyse in 'Toposwissen' und 'Beobachtungswissen' strukturieren lassen, vgl. F. Hassauer, Volkssprachliche Reiseliteratur 225–227.

38 F. Cardini, Mito del Nord e conoscenza del Settentrione europeo in alcune fonti fiorentine del Trecento. In: ders., Minima mediaevalia. Firenze 1987, 211–234 sowie die eingehende Untersuchung von L. De Anna, Conoscenza e immagine della Finlandia e del Settentrione nella cultura classico-medievale (Annales Universitatis Turkuensis B 180) Turku 1988. Zur Entwicklung der kartographischen Darstellung vgl. A.-D. v. den Brincken, Die kartographische Darstellung Nordeuropas durch italienische und mallorquinische Portolanzeichner im 14. und in der ersten Hälfte des 15. Jahrhunderts. In: Hansische Geschichtsblätter 92 (1974) 45–58.

Spanien und Italien verbreiteten Klöster ihres Ordens in ganz Europa bekannt war. Selbst für Pilgerfahrten nach Nidaros-Trondheim zum Heiligen Olav, dessen Kult im gesamten Ost- und Nordseeraum bis nach England verbreitet war, beschränken sich die nicht sehr zahlreichen Belege fast ausschließlich auf die Hansestädte[39]. Die fragmentarische Quellenüberlieferung ist zwar in Rechnung zu stellen, in diesem Falle scheint jedoch ein gut verankerter Heiligenkult nicht mit häufigen Wallfahrten zum Grab des Heiligen einhergegangen zu sein. Der Kultraum deckte sich nicht mit dem Einzugsgebiet für Pilgerfahrten. Von 704 Pilgerfahrten in Lübecker Bürgertestamenten des Spätmittelalters wurden lediglich deren vier nach Skandinavien, zum Heiligen Olav nach Trondheim angeordnet[40]. Besonders im Falle der Einwohner Lübecks kann dies nicht auf fehlenden Kenntnissen Skandinaviens beruhen, da die Handels- und Verwandtschaftsbeziehungen bis hinauf nach Finnland über Jahrhunderte sehr eng und für Lübeck von großer Bedeutung waren. Der Hansa-Großhandel und die Ansiedlung in den skandinavischen Städten schufen jedoch für die Norddeutschen offenbar nur in geringem Maße kulturell-religiösen Beziehungen, die sich in Pilgerfahrten ausgedrückt hätten. Bezeichnend ist auch die Überbringung von Votivgaben als Dank für erfolgte Heilungen durch (Handels)schiffe anstelle von persönlichen Pilgerfahrten, wie in der Stockholmer Defixio Domini–Mirakelsammlung: ein Schiffer überbrachte im Auftrag eines Bürgers und einer Bürgerin von Danzig Wachs und Silber als Dank für zwei Heilungen[41].

Aus den Mittelmeerländern dürften sich nur sehr selten Pilger nach Skandinavien begeben haben. Die Anführung von Bußpilgern aus Frankreich und dem spanischen Galicien in den Mirakeln des Hlg. Olav ist als Kultpropaganda und kaum als Beleg für regelmäßige und zahlreiche Pilgerfahrten aus diesen Ländern anzusehen[42].

Läßt sich diese Vertrautheit mit der Ferne auch in späteren skandinavischen Quellen beobachten? Die skandinavischen Adligen und Angehörigen des hohen Klerus scheinen sich im Spätmittelalter mühelos unter ihren Standesgenossen im übrigen Europa bewegt zu haben und weilten außer zu Wallfahrten auch zu Studienzwecken längere Zeiten in

---

39 Vgl. M. Zender, Heiligenverehrung im Hanseraum. In: Hansische Geschichtsblätter 92 (1974) 1–15 sowie den Sammelband St. Olav. Seine Zeit und sein Kult (Acta Visbyensia VI) 1981.

40 N. Ohler, Zur Seligkeit und zum Trost meiner Seele. Lübecker unterwegs zu mittelalterlichen Wallfahrtsstätten. In: Zeitschrift des Vereins für Lübeckische Geschichte und Altertumskunde 63 (1983) 97–98.

41 T. Lundén (Hg.), Miracula Defixionis Domini. In: Göteborgs Högskolas Årsskrift 1949:4 (1950) 20.

42 Passio et miracula Beati Olavi, ed. E. Metcalfe. Oxford 1881, 96, 102.

Mitteleuropa[43]. Das Urkundenmaterial des 14. und 15. Jahrhunderts läßt im allgemeinen jedoch mehr und mehr die innerskandinavischen Wallfahrten gegenüber den Rom- und Jerusalemfahrten hervortreten, während Santiago bis zum Beginn des 16. Jahrhunderts populär blieb[44]. In päpstlichen Antwortschreiben auf Suppliken werden mehrfach die *locorum distantia et viarum pericula* als Gründe für die Erlaubnis zur Commutatio voti oder andere Erleichterungen angeführt; Alexander III. verfügte bereits am 26.7.1181, daß die skandinavischen Bischöfe nicht wie im Normalfall jährlich, oder wie die englischen Bischöfe alle zwei, sondern *quia remotissimi sunt*, nur alle drei Jahre in Rom zu erscheinen hätten[45].

Interessant sind auch die Ergebnisse einer archäologischen Untersuchung der bisher insgesamt 266 skandinavischen Funde von mittelalterlichen Pilgerzeichen; es ergibt sich dabei eine klare zeitliche Verschiebung bei den Wallfahrtszielen von Süd- (13. Jahrhundert) über Mitteleuropa (14. Jahrhundert) nach Skandinavien (15. Jahrhundert)[46].

In den spätmittelalterlichen, im Hinblick auf Kanonisationsprozesse angefertigen Mirakelsammlungen Skandinaviens finden sich vereinzelte direkte Bemerkungen zur Ferne. Ein Priester aus Oslo erschien im Jahre 1407 allein im schwedischen Linköping, um dem heiligen Nikolaus seinen Dank für die Heilung und ein Votivopfer zu überbringen: *Hic aliquos testes adducere non potuit propter maximam locorum distanciam votum*

---

43 Zu den Verbindungen der Finnen sowie zu den regelmäßigen Auslandsstudien des finnischen Klerus vgl. Ch. Krötzl, Migrations- und Kommunikationsstrukturen im finnischen Mittelalter. In: Medium Aevum Quotidianum 19 (1989) 13–28, mit Angabe weiterer Literatur.

44 Zu Santiago vgl. V. Almazán, Gallaecia Scandinavica, sowie Ch. Krötzl, Om nordbornas vallfärder till Santiago de Compostela. In: Historisk Tidskrift för Finland 72 (1987) 189–200.

45 Diplomatarium Svecanum (DS), Appendix, Acta Pontificum Svecica I, Nr. 7; Honorius III. erteilte am 4. 2. 1227 dem Erzbischof von Lund die Erlaubnis, in einigen, dem päpstlichen Absolutionsrecht unterstehenden Fällen selbst Recht zu sprechen, da die betroffenen Personen *propter viarum discrimina venire ad apostolicam Sedem sine nimia difficultate non possint*, DS I, Nr. 243; Papst Johannes XXII. befreite am 7. 5. 1319 Bischof Israel v. Vesterås von der Pflicht des alle drei Jahre zu erfolgenden Besuches ad limina apostolorum *propter nimiam loci distantiam*, DS II, Nr. 2191; Papst Klemens VI. befreite am 28. 11. 1345 die Witwe eines dänischen Ritters von der Pflicht zur Ausführung der gelobten Santiagowallfahrt *propter viarum pericula et sexus fragilitatem*, DS V, Nr. 4014, ebenso am 4. 8. 1351 an den Bischof v. Bergen, DN VII, Nr. 233.

46 L. Andersson, Pilgrimsmärken och vallfart. Medeltida pilgrimskultur i Skandinavien (Lund Studies in Medieval Archeology 7) Kumla 1989, 161–165.

suum complens[47]. Bei der Distanz von ca. 450 km scheint dies zwar noch verständlich, die gleiche Begründung findet sich jedoch auch bei kürzeren Distanzen, wie z. B. aus dem südschwedischen Växjö nach Linköping (ca. 200 km): [...] *propter locorum distancias in persona propria ad deponendum super ipso articulo ad presens venire non potuit* [...]. Beim letzteren Fall wird allerdings auch angefügt, daß der als Zeuge aufgebotene Kanoniker wegen "angestrengten Verhandlungen" verhindert gewesen sei zu erscheinen[48]. In einigen Katharinamirakeln aus den 1470er Jahren wird die 'zu große' Distanz zahlenmäßig genauer dargelegt: Ein Bauer aus der Gegend von Jönköping (ca. 100 km Dist.) brachte lediglich eine Zeugin für seine Heilung nach einem Armbruch: *Plures testes secum producere non potuit propter distanciam domus sue de Vasteno in tribus dietis legalibus*[49]. Eine Distanz von ca. 180 km über häufig benutzte Straßen von Slätthög (nördl. von Växjö) nach Vadstena wurde von der Ende Mai/Anfang Juni tagenden Untersuchungskommission als hinreichende Erklärung für das Nichterscheinen der offenbar bäuerlichen Zeugen angeführt[50]. Bei zwei Katharinamirakeln, die sich in Visby auf der Insel Gotland sowie auf der zwischen Schweden und Finnland gelegenen Insel Åland ereignet hatten, wird ebenfalls die zu große Distanz als Begründung für das Nichterscheinen von Zeugen erwähnt[51]. Eine Di-

---

47 Sankt Nikolaus av Linköping kanonisationsprocess, hg. von T. Lundén (Acta Academiae Catholicae Suecanae 4) Stockholm 1963, 76. Zur Entwicklung der Kanonisationsprozesse im allgemeinen vgl. A. Vauchez, La sainteté en Occident aux derniers siècles du Moyen Age (Bibliothèque des Ècoles Françaises d'Athènes et de Rome 241) Rom 1988.

48 Sankt Nikolaus 322. Bei diesem und bei den nächsten Zitaten handelt es sich nicht um eigentliche Pilgerfahrten, sondern um Zeugenaussagen zu Mirakeln, denen Dankpilgerfahrten gefolgt waren. Die Zeugen legten jedoch oft dieselben Strecken zurück. Zu den gegen Ende des Mittelalters immer strengeren Anforderungen bei Kanonisationsprozessen, auch in bezug auf das Einzugsgebiet des Kultes, vgl. Vauchez, La sainteté 25–98.

49 Processus seu negocium canonizacionis B. Katerine de Vadstenis, ed. I. Collijn (Samlingar utg. av Svenska Fornskriftsällskapet, andra serien, latinska skrifter, Bd. III) Uppsala 1942–46, 117.

50 [...] *testes in fine miraculi descripti non comparuerunt et hoc credimus evenisse propter magnam distanciam, que est inter domus, in quibus resident, et opidum Vastenensem.* Ebd. 167.

51 [...] *testes in fine miraculi non comparuerunt et hoc credimus esse propter magnam distanciam, videlicet quinquaginta miliarium, que est inter jnsulam Gothlandensem et opidum Vastenense, in quo factum est miraculum* [...], ebd. 168; *Testem super miraculo suprascripto vnum tantum secum propter distanciam domus sue ultra centumquinquaginta miliaria alamanica ab opido Waztztenensi distancia et non plures producere potuit*, ebd. 195.

stanzangabe von "mehr als hundert deutschen Meilen" findet sich auch bei schwedischen Kaufleuten, die offenbar im Ostseegebiet geschäftlich und "zum Nutzen des Vaterlandes" unterwegs waren und aus diesem Grunde nicht als Zeugen erscheinen konnten[52].

Bestand bei den in den Mirakelsammlungen erwähnten Bitt- oder Dankwallfahrten ein Zusammenhang zwischen sozialer Schicht und zurückgelegter Distanz, d. h. kamen Menschen unterer Schichten vorwiegend aus nähergelegenen Regionen? Der aus den Mirakelsammlungen aus verschiedenen Teilen Europas erkennbare Einzugsbereich der Wallfahrtsorte beschränkte sich meist auf die nähere Umgebung, d. h. die Menschen legten für Bitt- oder Dankwallfahrten eine bis mehrere Tagesreisen zurück und ein bedeutender Teil stammte sogar aus der nächsten Umgebung, d. h. konnte noch am gleichen oder am folgenden Tag die Rückreise antreten. Laut P.-A. Sigal legten 68 % der 1145 zum Hlg. Gibrien nach Reims pilgernden Leute Distanzen von weniger als 60 km zurück (48 % weniger als 30 km) und ähnliche Distanzen konnten vom gleichen Autor auch in einer ca. 5000 Einzelberichte umfassenden Untersuchung südfranzösischer Mirakelsammlungen belegt werden: bis zu 90 % stammten aus dem Umkreis einer Tagesreise (30 km) und nur wenige Pilger legten mehr als 100–200 km zurück. Ausnahmen bildeten lediglich die an den großen Pilgerstraßen nach Santiago de Compostela gelegenen Wallfahrtsorte Saint Gilles und Rocamadour, die auch Pilger aus anderen Regionen Frankreichs und aus den Nachbarländern anzogen. Aufschlußreich sind die von P.-A. Sigal untersuchten Herkunftsorte nach sozialen Gruppen: bei den Adligen unternahmen 44,5 % Pilgerfahrten von mehr als 60 km, bei den Händlern und Kaufleuten waren es 50 %, während bei den Bürgern zwei Drittel und beim Klerus fast 90 % über eine Strecke von weniger als 60 km pilgerten. Bei den unteren Schichten (classes populaires) legten 79 % der Männer und 87 % der Frauen Distanzen von weniger als 60 km zurück[53]. Laut R. Finucane stammte der größte Teil der in englischen Mirakelberichten erwähnten Pilger aus

---

52 [...] *ad comparendum coram nobis fuerunt vocati, minime comparuerunt, quia erant extra regnum Swecie ultra centum miliaria alamanica pro exercendis et expediendis eorum negocijs et utilitate patrie constitutj*, Processus seu negocium 162.

53 P.-A. Sigal, Les miracles de saint Gibrien à Reims. Maladie, pèlerinage et guérison au XIIe siècle. In: Annales E. S. C. 24 (1969) 1531–1533; ders., L'homme et le miracle dans la France médiévale (XIe – XIIe siècle). Paris 1985, 196–210, 295, 298, 304. Zum stark lokal geprägten Einzugsgebiet französischer Kulte vgl. auch C. Rendtel, Hochmittelalterliche Mirakelberichte als Quelle zur Sozial- und Mentalitätsgeschichte und zur Geschichte der Heiligenverehrung. Phil. Diss. FU Berlin 1982, 18, Anm. 4. Zur Ausweitung des Einzugsbereiches während der Initiationsphase eines Kultes vgl. den Beitrag von R. Finucane im vorliegenden Band sowie G. Signori, Hagiographie, Architektur und Pilgerwesen im Spannungsfeld städtischen Legitimations- und Integrati-

einem Abstand von weniger als vierzig Meilen (ca. 64 km), mit Ausnahme des Kultes von Thomas H. Becket, bei dem ein Drittel der Pilger von Orten außerhalb Englands kam. Von den englischen Pilgern zum Grabe Thomas Beckets stammte jedoch ein großer Teil aus der näheren Umgebung. Die ausländischen Pilger stammten meist aus den mit England politisch verbundenen nordfranzösischen Gebieten und wiesen laut R. Finucane einen höheren sozialen Status auf als die nach Canterbury pilgernden Engländer[54]. Laut der von B. Schuh durchgeführten Untersuchung oberbayrischer Mirakelsammlungen aus Spätmittelalter und früher Neuzeit kam der überwiegende Teil der Wallfahrer aus der allernächsten Umgebung und benötigte für die Reise nur wenige Tage[55].

Bei den vorwiegend aus dem 14. und 15. Jahrhundert stammenden schwedischen Mirakelsammlungen wurde auf die Herkunft der meisten Pilger aus der selben Provinz verwiesen[56]. Die Wallfahrten erfolgten vorwiegend innerhalb der Bistumsgrenzen, welche in wesentlichen Teilen mit den vorchristlichen Provinzgrenzen übereinstimmten. Während bei den aus dem 12. und 13. Jahrhundert stammenden dänischen Mirakelsammlungen häufiger Pilger aus anderen Bistümern und aus dem Ausland verzeichnet sind – beim stark politisch bedingten Kult des dänischen Königs Erik zu fast 50 %[57] –, verringert sich dieser Anteil

---

onswesens. Gottfried von Ensmingens Strassburger Wunderbuch der "heiligen Maria" (1290). In: Zeitschrift für Historische Forschung 17 (1990) 257–279, insbes. 273–274.

54 R. Finucane, Miracles and Pilgrims. Popular Beliefs in Medieval England. London 1977, 152–172. Vgl. auch R. Foreville, La diffusion du culte de Thomas Becket dans la France de l'Ouest avant la fin du XIIe siècle. In: Cahiers de civilisation médiévale XIX (1976) 352.

55 Von Interesse ist dabei auch der unterschiedliche Einzugsbereich von nur wenige Kilometer auseinanderliegenden Wallfahrtsorten: 75,4 % der Pilger nach St. Wolfgang stammten aus dem oberbayrischen Raum, während dies beim benachbarten Altötting nur zu einem Drittel der Fall war, B. Schuh, "Jenseitigkeit in diesseitigen Formen". Sozial- und mentalitätsgeschichtliche Aspekte spätmittelalterlicher Mirakelberichte (Schriftenreihe des Instituts für Geschichte. Darstellungen 3) Graz 1989, 84–88.

56 T. Lundén, Om de medeltida svenska mirakelsamlingarna. In: Kyrkohistorisk Årsskrift 50 (1950) 46. Dieser Befund ließ sich auch in einer vergleichenden Untersuchung skandinavischer Mirakelberichte weitgehend bestätigen, vgl. Ch. Krötzl, Mittelalterliche Mirakelberichte aus Skandinavien als Quelle zur Sozial- und Mentalitätsgeschichte sowie zur Geschichte des Pilgerwesens. Lizentiatsarbeit Universität Zürich 1983, 69–70. Zu den skandinavischen Mirakelberichten auch ders., Parent-Child Relations in Medieval Scandinavia according to Miracle Collections. In: Scandinavian Journal of History 14 (1989) 21–37.

57 Ericus Rex: Vitae Sanctorum Danorum, ed. Cl. Gertz. Kopenhagen 1908–12, 437–444. Bei den dän. Hlg. Kjeld (Mirakelsammlung ca. 1150) und Wilhelm (1218–24) sind es ca. 25 %, Vitae Sanctorum Danorum 271–275, 345–369.

in den späteren schwedischen Sammlungen kontinuierlich. In den Mirakelsammlungen Nikolaus' von Linköping (1401–17) und Katharinas von Vadstena (1469–73) kamen die Pilger zu über 90 % aus dem gleichen Bistum[58] und bei Brynolph von Skara (1404–17), dessen Kanonisationsakten dem Konstanzer Konzil zur Beurteilung zugestellt wurden, stammten gar sämtliche Pilger aus dem gleichen Bistum[59]. Im Gegensatz dazu reichte der Kult der hlg. Birgitta, der Mutter Katharinas, über die Grenzen des Bistums Linköping hinaus: viele der Herkunftsorte lagen auch in den übrigen schwedischen Bistümern Skara, Strängnäs, Västerås und Uppsala, sowie in dem ebenfalls zum Erzbistum Uppsala gehörenden finnischen Bistum Åbo. Einige Pilger kamen auch aus dem zu Dänemark gehörenden (heute schwedischen) Bistum Lund sowie aus Estland[60]. Von Interesse ist bei den Birgittamirakeln der Vergleich mit der sozialen Schicht der Pilger: die wenigen erwähnten Adligen stammten fast ausnahmslos aus dem Heimatbistum Linköping, während die Pilger aus den weiter entfernten Gebieten (Bistümer Åbo, Uppsala, Västerås, Oslo, Lund) zum überwiegenden Teil den unteren Schichten angehörten, darunter zahlreiche Frauen[61]. Auch bei den Wallfahrten zum wunderwirkenden Gemälde der Abnahme Christi vom Kreuz in der Dominikanerkirche zu Stockholm in der ersten Hälfte des 15. Jahrhunderts unternahmen die Adligen meist Pilgerfahrten von weniger als 100 km Distanz. Die Angehörigen der unteren Schichten stellten sowohl bei den kurzen wie auch bei den längeren Wallfahrten (200–700 km) den größten Anteil[62]. Auch bei den Brynolphsmirakeln stammten die Angehörigen der oberen Schichten aus nahegelegenen Orten[63].

---

[58] Zu den Mirakelsammlungen Katharinas und Nikolaus' vgl. auch E. Österberg, Människor och mirakler i medeltidens Sverige. In: Studier i äldre historia, tillägnade Hermann Schück. Stockholm 1985, 141–157 sowie A. Fröjmark, Les miracles du Saint Evêque Nicolas de Linköping du point de vue de l'histoire sociale. In: Poznańskie Towarzystwo Przyjaciół Nauk Sprawozdania 106 (1989) 139–143.

[59] Scriptores Rerum Svecicarum III:2, ed. Fant & Geyer & Schroeder & Annerstedt. Uppsala 1876, 138–85. Auch in den skandinavischen Urkundenpublikationen wird Skara, im Gegensatz zu Vadstena (Birgitta), Nidaros (Olav) und anderen Orten, kaum je als Ziel von Devotions-, Buß- oder testamentarisch verordneten Pilgerfahrten aus weiter entfernten Teilen Skandinaviens erwähnt.

[60] Vadstena (Birgitta) wird auch in Urkunden und anderen schriftlichen Quellen aus allen Teilen Skandinaviens häufig als Ziel von Devotions-, Buß- oder testamentarisch verordneten Pilgerfahrten erwähnt.

[61] Acta et processus canonizacionis beate Birgitte, hg. von I. Collijn. Stockholm 1924–31, 108–161.

[62] Miracula Defixionis Domini. In: Göteborgs Högskolas Årsskrift 1949:4 (1950), 1–85.

[63] Vgl. Anm. 59.

Eine Erklärung für diesen, von den mittel- und südeuropäischen Verhältnissen abweichenden Befund liefert die Siedlungsstruktur: die schwedischen Bistümer erstreckten sich jeweils über mehrere Hundert Kilometer, so das Bistum Uppsala über mehr als 800 km von Uppland nach Lappland, und die Adligen wohnten vorzugsweise in den zentralen, dichter besiedelten Gebieten, wo auch die Pilgerzentren lagen.

Die Empfindung der Ferne der skandinavischen Pilger des Hochmittelalters war von Nüchternheit, guten Vorkenntnissen, Eigenbenennungen und großer Mobilität geprägt. Südeuropa wurde von den Skandinaviern in weit geringerem Maße als fern und fremd empfunden als Skandinavien von Mittel- und Südeuropäern. Im Spätmittelalter scheint auch in Skandinavien die zahlenmäßige Zunahme der Pilgerfahrten mit einer Radiusverengung einhergegangen zu sein.

Die Empfindung von Ferne und Nähe des mittelalterlichen Pilgers war keine absolute, sondern eine relative Größe, die in starkem Maße sozial und kulturgeographisch bedingt war sowie zeitlichem Wandel unterlag.

Pilgern zu himmlischen Ärzten: Historische und psychologische Aspekte früh- und hochmittelalterlicher Mirakelberichte

MARIA WITTMER-BUTSCH

1. EINFÜHRUNG IN DIE FRAGESTELLUNG

Bei der Beschäftigung mit dem christlichen Pilgerwesen stößt man unweigerlich auf das Phänomen der sogenannten Wunderheilung; es stellt sich die Frage, was den eigentlich an den vielen Heiltumsstätten geschah, die seit der Spätantike bekanntlich unzählbare, auf ihre Genesung hoffende Menschenmassen anzogen. Handelte es sich bei den behaupteten körperlichen Wiederherstellung von Kranken nur um raffinierte Propaganda der am Heiligenkult wirtschaftlich interessierten Kleriker oder passierte den Leidenden und Behinderten nicht doch hie und da etwas außergewöhnliches? Ich bin vor einigen Jahren diesem interessanten Problemkreis nachgegangen und skizziere im folgenden die wichtigsten Resultate meiner Untersuchung[1].

Im Mittelalter war die Verehrung der Heiligen bekanntlich eng verknüpft mit dem Kult ihrer sterblichen Überreste. Die hohe Wertschätzung dieser Reliquien erklärt sich weitgehend aus der Glauben an die Wunderkraft des in seinen Überresten persönlich anwesend gedachten himmlischen Patronus. Die Vorstellung vom Heiligen als Heiler und Nothelfer läßt sich hingegen zeitlich nicht aufs Mittelalter beschränken, sie hat sich in katholischen Gegenden fast bis auf den heutigen Tag erhalten. Allerdings ist das damit eng verbundene Wallfahrtswesen keineswegs ein spezielles Phänomen des christlichen Abendlandes und dies gilt auch für das Heilungswunder beziehungsweise das Mirakel. Solche erstaunlichen Ereignisse sind sowohl für die griechischen Kultstätten des Asklepios als auch in außereuropäischen Kulturen bezeugt. Man kann diese Phänomene deshalb nicht einfach ins Reich der frommen Legenden verweisen, andererseits vermag die katholisch-dogmatische Deutung

---

1 Meine Lizentiatsarbeit entstand 1982/83 am historischen Seminar der Universität Zürich; sie wurde angeregt von Prof. Dr. L. Schmugge und von Frau Prof. Dr. I. Strauch mitbetreut. Die Publikation einer allerdings stark gekürzten Fassung erfolgte 1985: M. Butsch, Historische und psychologische Aspekte mittelalterlicher Mirakelberichte. In: Zeitschrift für Parapsychologie und Grenzgebiete der Psychologie 27 (1985) 209–233.

vom direkten Eingreifen Gottes heute viele rational geschulte Menschen nicht mehr zu befriedigen. Es stellt sich daher zunächst die Frage, was unter dem Begriff Wunder überhaupt zu verstehen ist. Der Kirchenvater Augustinus meinte vorsichtig, daß es Ereignisse gebe, die sich wegen der Begrenzung des menschlichen Wissen "gegen den bekannten Lauf der Natur" zu stellen scheinen; er legte jedoch mehr Gewicht auf das Wunderbare in der Schöpfung, das zwar zum alltäglichen Erfahrungsgut gehöre aber nicht weniger staunenswert sei[2]. Theologen wie Thomas von Aquin haben sich auf das Prinzip von Ursache und Wirkung gestützt und bei der Begutachtung von Mirakeln parallel zum Fortschritt auf dem Gebiet des medizinischen Wissens immer strengere Kriterien angewandt. Diese auf Aristoteles zurückgehende Denkweise versteht das Wunder als von Gott nach Belieben angeordneten Durchbruch der einst im Schöpfungsakt festgesetzten Naturgesetze[3]. Die wissenschaftlich orientierte Weltanschauung des 19. und 20. Jahrhunderts kennt schließlich nur noch eine einzige, absolut gesetzte Wirklichkeit, in welcher eine objektive Notwendigkeit den Ablauf bestimmt. So gesehen, kann es eigentlich keine Wunder geben, erstaunliche Phänomene geben bestenfalls Hinweise auf Lücken im derzeitigen Wissenstand.

Die Historiker des 19. Jahrhunderts werteten auf Grund ihrer positivistischen Weltanschauung und mit der neuen kritischen Methode die hagiographischen Quellen ab und entlarvten manche Heiligenleben als schlichte Fälschung beziehungsweise Zusammenstückelung verschiedener Topoi. Für eine große Anzahl von Heiligenkultstätten in ganz Europa sind aber spontane Genesungen so gut bezeugt, daß man sie trotzdem nicht einfach leugnen kann; im Laufe der letzten zwei Jahrzehnte hat sich denn auch eine vorsichtige Neubeurteilung des Phänomens angebahnt und die hagiographischen Quellentexte finden wieder mehr Interesse. Der französische Forscher P. A. Sigal hat sich als erster um eine vorurteilslose Analyse von Mirakelberichten bemüht[4]. Die Engländer J. Sumption und R. Finucane haben dann versucht, diese behaupteten Heilungen mit medizinischen Ansätzen zu durchleuchten und damit als natürlich erklärbare Besserungen des Befindens zu deuten[5]. Eine solche nachträgliche Diagnose über Jahrhunderte zurück, erfordert aber

---

[2] Aurelius Augustinus, Contra Faustum: 29,4 ediert in: Pat. lat., Bd. 42 sowie Tractatus in evangelium Johannis: 24,1. Ediert von R. Willelms, Corpus Christianorum, Bd. 26, Turnhout 1954.

[3] Vgl. etwa Lexikon für Theologie und Kirche 10, Sp. 1262 f.

[4] P. A. Sigal, Maladie, pèlerinage et guérison au XIIe siècle – Les Miracles de saint Gibrien à Reims. In: Annales E. S. C. 24,3 (1969) 1522–1539.

[5] J. Sumption, Pilgrims – An Image of Medieval Religion. London 1975; R. Finucane, Miracles and Pilgrims – Popular Beliefs in Medieval England. London 1977.

spezielle medizinische Kenntnisse[6] und bleibt begreiflicherweise immer hypothetisch.

Wenn ich im folgenden jeweils von Mirakeln spreche, meine ich damit alle von mittelalterlichen Menschen beobachteten spontanen Heilungsvorgänge. Mit der Zuordnung von derartigen Ereignissen zu bestimmten psychologischen Erklärungsmodellen soll die Quellengattung der Mirakelberichte für unsere Zeit verständlicher gemacht werden. Ich möchte aber betonen, daß auch diese wissenschaftliche Theorien jeweils nur Hypothesen, also Erklärungsversuche sein können. Die spontane, plötzliche und dauerhafte Genesung von hoffnungslosen Kranken wie sie etwa in Lourdes und neuerdings in Medjugorie beobachtet worden sind, bleibt in diesem Sinne auch für mich etwas Wunderbares.

2. Zur Quellengrundlage und zum Zeugniswert von Mirakelberichten

Posthume Mirakel, also diejenigen Wunder, die auf die Fürbitte eines schon verstorbenen Heiligen beobachtet wurden, beschrieben innerhalb des weströmischen Reiches zuerst der Kirchenlehrer Augustinus, dann der merowingische Bischof Gregor von Tours. Diese lateinischen Mirakelberichte über den Erzmärtyrer Stephanus sowie die hll. Martin von Tours und Julianus von Brioude prägten die ganze Quellengattung entscheidend. Im Vordergrund standen die Heilungserlebnisse von an verschiedenen Krankheiten Leidenden sowie von Behinderten und Geistesgestörten, daneben wußte Gregor aber auch von befreiten Gefangenen, von wunderbar gelöschter Feuersbrunst oder von durch plötzliche Krankheit oder Tod bestraften Bösewichtern zu erzählen. Damit definierte er gewissermaßen bereits das ganze Spektrum dessen, was dann im Mittelalter und in der Neuzeit als Wunder betrachtet wurde.

Meine Untersuchung stützt sich auf insgesamt 19 Texte[7], wobei das Schwergewicht aus praktischen Gründen mit 14 Mirakelbüchern auf dem

[6] Vgl. etwa die Studie des Medizinhistorikers H. R. Fehlmann, Das Mirakelbuch Annos II., Erzbischof von Köln, als Quelle heilkundlicher Kasuistik. Phil. Diss. Marburg 1963.

[7] Chronologisch geordnet sind dies folgende Quellentexte: Vita et miracula s. Sulpicii Pii episcopi Bituricensis, datiert kurz nach 646. Ed.: Acta sanctorum ordo s. Benedicti, ed. J. Mabillon, reprint 1935 Paris. Bd. II, 181–187. – Historia Translationis ss. Marcellini et Petri Martyres, datiert 828–838. Ed.: Acta sanctorum, reprint 1965 ff., Bruxelles, Juni I, 181–206. – Vita antiquor s. Glodesindis virginis abb. Mettis, datiert 882. Ed.: Acta sanct., Juli VI, 203–224. – Miracula s. Walburgis Monheimensia, datiert 893–899. Ed.: lat. dt. von A. Bauch, Ein bayrisches Mirakelbuch aus der Karolingerzeit. Die Monheimer Walpurgis-Wunder des Priesters Wolfhard (Eichstätter Studien N.F. 12) Regensburg 1979. – Miraculi s. Maioli ab. Cluniacensis, datiert kurz nach 994. Ed.: in Acta sanct., Mai II, 690–700. – Historia miraculorum s. Gen-

bereits besser erforschten französischen Sprachraum liegt. 4 Texte kommen aus Deutschland und 2 Mirakelbücher aus England. Alle diese Quellentexte datieren vom 7. bis zum Ende des 12. Jahrhunderts. Zeugnisse aus dem frühen und hohen Mittelalter sind besonders aussagekräftig, weil die Ereignisse sich meistens in der Wallfahrtskirche, und manchmal direkt vor den Augen des geistlichen Berichterstatters abspielten. Nach 1200 und bis in unsere Tage wurden hingegen Heilungen oder andere wunderbare Hilfen auch häufiger nachträglich anläßlich einer Dankwallfahrt bezeugt oder in Form einer 'Ex-Voto' Tafel bildlich dargestellt.

Die Zuverlässigkeit der überlieferten Berichte ist naturgemäß unterschiedlich und steigt bei Augenzeugenschaft des Mirakelautors, bei einer genauen Beschreibung der Krankheitssymptome sowie bei der Nennung von Namen oder wenigstens Herkunftsort der Geheilten. Diese Bemühung um Genauigkeit waren denn auch für meine Auswahl der Quellentexte bestimmend. – Für 6 dieser 19 untersuchten Texte konnte ich aufgrund solcher Angaben durch Vergleich mit anderen zeitgenössischen Dokumenten sogar die historische Existenz einiger der namentlich bekannten Geheilten sowie von sozial hochstehenden Besucher des Kultortes nachweisen[8]. Damit ist die Glaubwürdigkeit dieser ausgesuchten Mirakeltexte unerwartet hoch zu beurteilen.

---

gulphi Florinis factorum, datiert 1017 oder 1028. Ed.: Acta sanct., Mai II, 648–655. – Miracula s. Heriberti archiep. Coloniensis, datiert 1021. Ed.: Mon. Germ. Hist. SS, XV,2, 1245–60. – Miracula s. Trudonis Hasbaniensis, datiert 1050. Ed.: Acta sanct., Ordo s. Benedicti, VI,2, 85–104. – Miracula s. Marculfi facta Peronae, datiert 1101. Ed.: Acta sanct., Mai VII, 533–539. – Miracula s. Gibriani presbiter cultus Remis, datiert 1145. Ed.: Acta sanct., August II, 618–650. – Miracula s. Girardi monachi s. Albini, datiert um 1153. Ed.: Acta sanct., Nov. I, 502–509. – Circumvectio et miracula s. Taurini episcopi Ebroicensis, datiert 1158. Ed.: Acta sanct., August II, 650–55. – Historia inventionis et miraculorum s. Gilduini una cum prologo, datiert 1165–1171. Ed.: Analecta Bollandiana 1 (1882) 150–177. – Miracula s. Frideswidae virginis, datiert 1180. Ed.: Acta sanct., Okt. VIII, 568–589. – Vita et miracula s. Bernardi poenitens, datiert 1182, Ed.: Acta sanct., April II, 680–697. – Libellus de translatione s. Annonis archiep. Coloniensis et miracula s. Annnonis, datiert 1183–1186. Ed.: Lat. dt. von M. Mittler (Siegburger Studien 3–5) Siegburg 1968. – Miracula ss. Pauli, Clari et Cyriaci, datiert 1185–1213. Ed.: Analecta Bollandiana 12 (1893) 388–408. – De Inquisitione Miraculorum Gileberti de Sempringham, datiert 1201–1292. Ed.: R. Foreville, Un Procès de Canonisation à l'aube du XIIIe siècle (1201–02): le livre de saint Gibert de Sempringham. Paris 1943. – S. Gulielmi archiep. Bituricensis vita, miracula post mortem et canonisatio, datiert 1209–1218. Ed.: Analecta Bollandiana 3 (1884) 271–361.

[8] Es handelt sich um die Heiligenkulte der Äbtissinen Walpurgis (Monheim) und Frideswide (Oxford) und der Heiligen Gibrian (Reims), Gerhard von s. Aubin (Angers), Paulus, Clarus und Cyriacus (zu Duclaire), sowie des Magisters Gilbert von Sempringham.

3. Kranke und Behinderte als Besucher von regionalen Wallfahrtsorten

Naturgemäß finden wir Kranke und Behinderte kaum auf dem Weg nach Jerusalem, Rom oder Santiago de Compostela, denn das Pilgern zu diesen Fernzielen war strapaziös und vor allem sehr kostspielig. Ebenfalls fast unerschwinglich gestaltete sich die Konsultation eines Arzt, dessen therapeutische Möglichkeiten wiederum ziemlich beschränkt waren. So ist es verständlich, daß kranke und behinderte Menschen Trost und Hilfe meistens bei den nächstgelegenen Heiligenkultstätten oder Marienwallfahrtsorten suchten.

Die Entstehungsphase von regionalen Kultstätten ist bisher noch wenig erforscht[9]. Es läßt sich jedoch beobachten, daß die einem als Heiligen verehrten Menschen nach seinem Tode zugeschriebene Mirakelserie praktisch immer an einen aktuellen Anlaß gebunden war. Nicht selten kam es bereits nach dem Ableben einer besonders charismatischen Persönlichkeit im Volk zu spontanen Kundgebungen der Verehrung. Als man den am 20. Januar 1209 verstorbenen Erzbischof Wilhelm von Bourges zur Beerdigung aufgebahrt hatte, strömten die Menschen in Massen herbei. Darunter befand sich auch eine Frau, welche ihren schon seit drei Jahren gelähmten Sohn auf dessen eigenen Wunsch zur Kirche trug. Als der Knabe in frommer Andacht Hände und Füße des toten Bischofs küßte, erhielt er nach kurzer Zeit die körperliche Bewegungsfähigkeit zurück. Das erstaunliche Ereignis blieb kein Einzelfall. Kranke aus Bourges und Umgebung suchten alsbald voller Hoffnung das Grab Wilhelms auf und manch einer konnte wirklich geheilt nach Hause gehen[10].

Es leuchtet ein, daß der Tod eines für seine vorbildliche Lebensführung bekannten und beliebten geistigen Würdenträgers von den Menschen als einschneidendes Ereignis empfunden wurde. Mindestens ebenso bedeutsam für das mittelalterliche Wallfahrtswesen war jedoch die Überführung (*Translatio*) der Reliquien eines vielleicht schon vor Jahrhunderten gestorbenen Märtyrers oder Bekenners in eine andere Kirche oder in einen anderen Schrein im Gotteshaus. Mit solchen Umbettungen wollte man dem Heiligen Ehre erweisen. Oft spielte hier die Hoffnung mit, der Geehrte werde sich mit Mirakeln erkenntlich zeigen, wie man sie von anderen Kultorten kannte. So erhoben die Augustinerchorherren von St. Frideswide in Oxford die Gebeine ihrer Patronin, einer am Ort verehrten Äbtissin aus dem 8. Jahrhundert, im Jahre 1180 aus ihrer alten

---

[9] Erste Versuche wiederum bei P. A. Sigal und R. Finucane (vgl. dazu Anm. 4 und 5 sowie die hochinteressante Studie von R. Finucane in diesem Band). Erwähnenswert noch die Monographie von B. Ward, Miracles and the Medieval Mind – Theory, Record and Event 1000–1215. Philadelphia 1982.

[10] Miracula s. Guglielmi n. 52 u. 53.

Grabstätte, nachdem zwei Angehörige des Klosters nach Anrufung des ermordeten Thomas Becket von Canterbury selber wunderbare Hilfe in körperlichen Leiden erlangt hatten[11].

Es versteht sich von selbst, daß Pilger und insbesondere geheilte Kranke das Ansehen eines Gotteshauses vermehrten und so rasch ein neues regionales Wallfahrtszentrum entstehen konnte. Beispielsweise stellten die Benediktiner von Reims die Reliquien des iroschottischen Missionars Gibrian Mitte April des Jahres 1145 in ihrer Kirche zur Verehrung aus; mit den zu erwartenden Einnahmen wollte man die in der Nähe von Sedan neugegründete Filiale Mont-Dieu des Kartäuserordens unterstützen. Die bis zum 24. August erfolgte sorgfältige Datierung von spontanen Genesungserlebnissen ist fürs Mittelalter sehr ungewöhnlich und gibt Einblick in die Dynamik der mündlichen Propaganda der Geheilten in der Region von Reims und im weiteren Umkreis der Stadt[12]. Hier wie andernorts brachten die Hilfesuchenden praktisch ausnahmslos ein Geschenk für den angerufenen Heiligen mit. An allen Kultstätten hochwillkommen für Beleuchtungszwecke waren Kerzen und wachsgeformte Körperteile, die bis zum Einschmelzen jeweils eindrücklich an Heilungserlebnisse erinnerten.

Neben dem konkreten praktischen und propagandistischen Nutzen solcher Oblationen[13] für die Kleriker spielten zweifellos auch magische Vorstellungen der Spender eine Rolle. Ich sehe darin den Versuch, die Gnade der Heilung nach dem uralten Tauschprinzip 'Do ut Des' gewissermaßen zu erkaufen. Kerzen wurden durch Abmessen der Körperlänge des Hilfsuchenden angeglichen und die gestifteten kostbaren Wachsbeine, -arme oder -hände symbolisierten das erkrankte Glied, das man dem Heiligen gerne zurückließ. – Andererseits suchten die Leidenden auch eifrig den direkten Berührungskontakt zu den Reliquien, von denen eine magisch wirkende Kraft auszugehen schien. Waschwasser von den Reliquien, Sandkörner vom Grab oder ein Fingerknöchelchen sollten nach dem Prinzip 'Pars pro toto' die ersehnte Gesundheit herbeiführen[14]. Besaß jedoch eine Klerikergemeinschaft alle Gebeine eines Heiligen, so

[11] Materials for the history of Thomas Becket, ed. J. C. Robertson, Rer. brit. Script. 67, Bd. 2, 96 und 97 ff.

[12] Miracula s. Gibriani presbiter cultus Remis. Ed.: Acta sanct., Mai VII, 618–650. Vgl. dazu auch die Karte im Aufsatz von P. A. Sigal, zitiert in Anm. 4.

[13] Zu den bis ins Hochmittelalter vorherrschenden Arten von Oblationen vgl. A.-M. Bautier, Typologie des Ex-Voto mentionnés dans des Textes antérieurs à 1200. In: Actes du 99e Congrès national des Societés savantes (Phil. et Hist. 1) Besançon 1974, 237–282.

[14] Diese Vorstellungen und Verhaltensweisen erhielten sich durch Jahrhunderte praktisch unverändert. Vgl. dazu M. Heinzelmann, Translationsberichte und andere Quellen des Reliquienkultes. (Typologie des sources du moyen âge occidental 31–33) Turn-

wurde dem Haupt am meisten Bedeutung zugemessen. In Reims entfernten die Mönche den Schädel des hl. Gibrian kurz vor dessen Festtag von den übrigen Skeletteilen. Sie befürchteten nämlich, daß diese am meisten betastete und geküßte Reliquie beim erwarteten Massenandrang Schaden nehmen oder gar entwendet werden könnte. Darauf setzten jedoch die sonst beobachteten Krankenheilungen aus. Schließlich erklärten die aufgebrachten Pilger dem gerade aufsichtführenden Mönch, daß die restlichen Knochen natürlich keine Mirakel wirken würden. Nachdem die Kleriker das Haupt unter feierlichen Zeremonien wieder zum Skelett zurückgelegt hatten, gab es nach dreitägiger Unterbrechung sofort wieder Heilungserlebnisse zu verzeichnen[15].

4. Manipulation und Kritikfähigkeit

Hinter dem mittelalterlichen Heiligenkulten standen zumeist handfeste materielle Vorteile oder auch das Bedürfnis von Klöstern und Klerikergemeinschaften nach Ruhm und Ansehen. Trotzdem kann man nicht generell leugnen, daß viele Menschen sich im Glauben an die Hilfe der Heiligen von gesundheitlichen Beschwerden befreit fühlten. Es läßt sich aber vermuten, daß die an der Entstehung eines Kultes interessierten Kleriker oft versucht waren, der Wunderkraft ihres Patrons notfalls auch mit zweifelhaften Mitteln nachzuhelfen. Werfen wir einen Blick auf den diesbezüglich interessanten Fall des Erzbischofs Anno II. von Köln. Das Kloster Siegburg bemühte sich die Kanonisation seines Gründers zu erreichen, der nach seinem Tod 1071 in Siegburg begraben worden war. Der Erzbischof hatte sich als rücksichtsloser Reichspolitiker und Kanzler Heinrichs IV. keineswegs überall beliebt gemacht und entsprach ganz gewiß nicht unseren Vorstellungen von einem Heiligen. Bereits in jenen Lebensbeschreibungen, welche in Hinblick auf die erwünschte Kanonisation verfaßt wurden, werden im Prolog haßerfüllte Stimmen aus dem Volke laut, die Anno der Ungerechtigkeit und Raffgier ziehen[16]. Die Klostergemeinschaft selber sah ihren Gründer begreiflicherweise positiver, wie es etwa im mittelhochdeutschen, von einem Siegburger Mönch gedichteten Anno-Lied deutlich wird. Schließlich gelang es Abt Gerhard von Siegburg anläßlich eines Romreise Papst Luzius III., der dem Anliegen schon aus Abneigung gegen die in Italien so kriegerisch auftretenden Deutschen nicht eben wohl gesonnen war, dazu zu bringen, die Heiligsprechung Annos zu akzeptieren. Ohne das schriftliche Dokument mit

hout 1979, 18 ff. Eine Erklärung als Projektion innerseelischer Kräfte auf materielle Objekte bei C. G. Jung. Über psychologische Energetik und das Wesen der Träume. Zürich ²1948, 108 ff.

15 Miracula s. Gibriani, lib. 2, n. 5 und 6.

16 Vita s. Annonis Archiepi. Colonienis, Monum. Germ. Hist. Script. 11, 465, Z. 25 ff.

den formellen Anweisungen noch lange abzuwarten, überredete Abt Gerhard nach seiner Heimkehr zwei 1183 zufällig in Köln weilende päpstliche Legaten, die Kanonisation Annos vorzunehmen[17]. Angesichts der latenten Opposition gegen einen solchen 'Heiligen' kam der langen Reihe von wunderbaren Krankenheilungen, welche sofort nach der Erhebung auf den Altar einsetzten, entscheidende Bedeutung zu. Aber selbst in den Mirakelberichten finden wir noch Hinweise auf die Unbeliebtheit Annos, dessen Handeln gewissen Kirchen materiell mehr geschadet als genutzt habe[18].

Die Kanonisation Erzbischof Annos II. stellt gewissermaßen einen Grenzfall zwischen verständlichem Eifer und moralisch fragwürdigen Praktiken dar. Eine raffinierte Form der Manipulation bestand anscheinend darin, daß die an der Entstehung eines Wallfahrtszentrums interessierten Kreise jemanden dazu brachten, vor dem Reliquienschein eine wunderbare Heilung vorzutäuschen. Ein solcher Verdacht äußerte sich beispielsweise im Spott, mit dem ein in Oxford wohnhafter Jude die dort verehrte Frideswide übergoß. Der Jüngling führte nämlich auf der Straße mit Hinken und zusammengekrampfter Hand vor, wie einfach es sei, den Gläubigen eine Mirakel vorzutäuschen[19]. Solches Mißtrauen beschränkte sich keineswegs auf Angehörige anderer Glaubensbekenntnisse. Als eine Bettelprozession mit den Reliquien des hl. Taurinus in St. Christophore bei Lyon Halt machte, bestritt sogar der Dorfpfarrer die Echtheit eines vor aller Augen erfolgten Mirakels. Er behauptete, der gelähmte Mann hätte sich auch ohne Taurinus' Hilfe vom Boden aufrichten können, sei also gar nicht wirklich behindert gewesen[20]. Es läßt sich auch an anderen Quellentexten zeigen, daß haarsträubende Reliquienfälschungen sowie offensichtliche Fälle von Mirakel-Betrug gerade im 12. Jahrhundert deutliche Gegenreaktionen hervorriefen und das kritische Bewußtsein schärften[21]. Gegen derartige Anschuldigungen wehrten

---

[17] A. Brackmann, Zur Kanonisation des Erzbischofes Anno von Köln. In: Neues Archiv 12 (1906/7) 153–165, 162 ff.; M. Schwarz, Heiligsprechungen im 12. Jahrhundert und die Beweggründe ihrer Urheber. In: Archiv für Kulturgeschichte 38 (1956) 43–62, 48; vgl. auch die Darstellung in der Quelle 'Libellus de translatione', Absatz 4 und 5, in der Edition von M. Mittler.

[18] Miracula s. Annonis, lib. I, n. 66; ferner eine Beschimpfung Annos ohne Angabe des Motivs in lib. I, n. 45.

[19] Miracula s. Frideswidae, n. 39. Die harten Scheltworte seines über diesen Übermut bestürzten Vaters bewirkten, daß sich der Jüngling darauf das Leben nahm, was vom Mirakelschreiber dann als Rache der beleidigten Heiligen dargestellt wurde.

[20] Circumvectio et miracula s. Taurini, n. 28.

[21] K. Schreiner, Zum Wahrheitsverständnis im Heiligen- und Reliquienwesen des Mittelalters. In: Saeculum 17 (1966) 131–169.

sich die Kleriker der Kultorte gelegentlich mit dem Hinweis auf wunderbare Heilungen an kleinen Kindern, deren unschuldiges Alter die Mitwirkung an einer arglistigen Täuschung doch wohl ausschließe[22].

Es fällt nicht leicht, wirkliche Betrugsfälle ausfindig zu machen, da wir die Informationen über Entstehung und Blühen eines Wallfahrtszentrums meist ausschließlich aus den Mirakelbüchern beziehen müssen. Im Falle des Bettelprozession, welche die Mönche vom Cluniazenser-Priorat Gigny mit den Reliquien des hl. Taurinus 1158 veranstalteten, stößt man freilich auf erhebliche Verdachtsmomente. Durch eine Brandkatastrophe plötzlich in Not geraten, gedachte sich die Klostergemeinschaft mit einer damals durchaus üblichen Bettelprozession die Mittel zum Wiederaufbau zu beschaffen[23]. Der anonyme Berichterstatter begleitete den tragbaren Reliquienschrein und notierte die beobachteten Genesungen. Bei der letzten Station vor der Heimkehr trafen die Mönche auf eine völlig geschwächte Frau, die unter nicht abbrechender Monatsblutung litt und eigentlich nur noch den Tod erwartete. In diesem Augenblick sei die Reliquie im Schrein in eine rüttelnde Bewegung geraten, was die umstehenden Laien sehr erschreckte. Die Mönche aber waren dies gewöhnt, denn so pflegte der Heilige immer kundzutun, daß er einen leidenden Menschen mit seiner Kraft heilen wolle. Die Mönche stimmten also die entsprechenden Fürbitten an und noch vor der Beendigung der Andacht erhob sich die Frau geheilt von ihrer Bahre[24]. Bei dieser Schilderung der offenbar immer ähnlich verlaufenden Szene denkt man unwillkürlich an einen in den Reliquienschrein eingebauten und mit Absicht betätigten Klappermechanismus. Die furchterregenden Geräusche und die letzte Hoffnung hochpeitschende Erklärung der Kleriker bewirkten offenbar in den Kranken eine psychische Umstimmung, welche zweifellos eine sehr wichtige Vorbedingung für eine körperliche Genesung darstellt.

Der Verdacht, daß hier der potentiellen Wunderkraft von Reliquien bewußt nachgeholfen wurde, verstärkt sich noch, wenn man bedenkt, daß bei einer Bettelprozession immer neue Ortschaften besucht wurden, und die Menschen innert kurzer Zeit für einen vielleicht kaum bekannten Heiligen begeistert werden mußten. An festen Kultstätten hingegen, wo sich fortwährend Mirakel ereigneten, hätten solche Täuschungsmanöver der ortsansässigen Bevölkerung wohl bald auffallen müssen. Gerade die tatsächlich beobachtbaren Genesungserlebnisse führten aber dazu, daß sich die Grenze zwischen Unterweisung zur religiösen Erbauung und betrügerischen Einstimmungseffekten hin und wieder verwischte.

[22] Miracula ss. Pauli, Clari et Cyriaci, n. 7.

[23] Circumvectio et miracula s. Taurini, n. 1 u. 2.

[24] Circumvectio et miracula s. Taurini, n. 33 u. 34.

5. Die hysterische Konversion

Beim Versuch mittelalterliche Mirakeltexte psychologisch zu interpretieren, stieß ich immer wieder auf Phänomene, welche die leib-seelische Einheit des Menschen in besonders dramatischer Weise bestätigen. Diese Vorgänge entsprechen dem, was Siegmund Freud in seinen bahnbrechenden Arbeiten zu den psychosomatischen Zusammenhängen als Konversionshysterie beschrieben hat. Er beobachtete nämlich, das bei einigen seiner Patienten unterdrückte und aus dem Bewußtsein vollständig verdrängte Konflikte sich plötzlich als körperliche Funktionsstörungen bemerkbar machten. Blindheit, Lähmungen und Taubheit ohne entsprechende organische Schäden wurden von ihm ebenso wie der große hysterische Anfall unter dem Begriff der Konversionshysterie zusammengefaßt. Freud glaubte bekanntlich, daß die psychische Energie im Geschlechtstrieb verwurzelt sei und er versuchte deshalb jeden seelischen Konflikt auf unverarbeitete Sexualprobleme zurückzuführen[25].

Einen deutlichen Zusammenhang von abgewehrter Sexualität und Konversionserscheinung findet man beispielsweise in einem Mirakelbericht aus dem 9. Jahrhundert. Eine einfache Frau aus Franken wurde aus ihrer Heimat vertrieben und büßte unter unbekannten Umständen den Gebrauch ihres rechten Armes ein. Nachdem sie als Magd in Bayern eine neue Bleibe gefunden hatte, besuchte sie das Wallfahrtszentrum der Heiligen Walpurgis in Monheim. Nach Darbringung einer kleinen Opfergabe wurde sie unverzüglich von ihrer Behinderung befreit. Die völlig gesund heimkehrende Magd erregte jedoch bald die erotische Begierde ihres Grundherrn, der nach damaligem Brauch sein Recht auf die leibeigene Frau ganz konkret geltend machen wollte. Zur allgemeinen Überraschung verbog sich der Arm der Unglücklichen, "wie wenn sie das ihr in blinder Leidenschaft zugefügte Unrecht nicht ertragen könnte", erneut in krankhafter Weise, und die rechte Hand blieb verkrampft an ihrem Leib haften. Darauf wandte sich der bestürzte Grundherr selbst an die heilige Walpurgis und bat sie inständig um die Heilung seiner Magd, indem er versprach die Geheilte unverzüglich freizulassen. Kaum war die Freilassung rechtskräftig vollzogen, erhielt die Frau auch die Beweglichkeit ihres Armes zurück[26], denn nun hatte sie keine unwillkommenen Annäherungsversuche mehr zu befürchten.

Heute hat sich allgemein die Ansicht durchgesetzt, daß Konversionssymptome keineswegs immer von sexuellen Problemen herrühren

---

[25] Vgl. dazu die aktuelle Diskussion des Phänomens bei L. Rangell, "Die Konversion". In: G. und A. Overbeck (Hg.), Seelischer Konflikt – körperliche Leiden: Reader zur psychoanalytischen Psychosomatik. Hamburg 1978, 15–45.

[26] Miracula s. Walburgae, lib. I, n. 18.

müssen. Die Konversion dient allgemein dazu, seelische Spannungen durch Abfuhr ins Körpersystem erträglicher zu machen, wenn es aus irgendeinem Grund nicht gelingt, sie durch zweckgerichtetes Handeln aufzulösen. Kennzeichnend für diese Phänomene ist wohl der direkte Bezug auf die Mitmenschen: die seelische Notlage drückt sich in einer für die Umwelt gut verständlichen Behinderung beziehungsweise Störung aus[27].

Bei den sogenannten Strafmirakeln läßt sich der Sinngehalt von dramatischen Funktionsausfällen besonders klar erkennen. Als ein Mann wegen geschäftlicher Mißerfolge in der Kirche des Klosters von St. Trond um Hilfe flehte und dabei schließlich erschöpft einnickte, wurde er von einem anderen Kirchenbesucher mit einem groben Fußtritt geweckt und wegen seiner scheinbar nutzlosen Andacht verhöhnt. Die zu erwartende Strafe ereilt den Frechling in Form einer partiellen Lähmung desjenigen Beines, mit dem er den Beter getreten hatte, so daß er nun sein ganzes Leben lang hinken mußte[28]. Ebenso aussagekräftig war die plötzliche Erblindung einer Frau aus Köln, die sich geweigert hatte, der feierlich in ihre Heimatstadt überführten Anno-Reliquie ehrfürchtig entgegenzuziehen. Indem die Frau ausrief, es handle sich bei Reliquien doch nur um Pferde- oder Ochsenknochen, beleidigte sie nicht allein den Heiligen, sondern auch sämtliche Nachbarn und Bekannte, welche eine gläubige Haltung eingenommen hatten. Zweifellos spürte die Frau die Feindseligkeit der Umstehenden und deren unausgesprochenen Vorwürfe wegen ihrer geistigen Blindheit in Bezug auf die heiligen Gebeine. Überwältigende Angst- und Schuldgefühle führten dann zu einer entsprechenden Funktionsstörung. Erst nach einer auch gesellschaftlich akzeptierten Sühnewallfahrt zum Grab Annos im nahegelegenen Siegburg erhielt die Frau ihr Augenlicht zurück[29].

6. Heilige als himmlische Ärzte und archetypische Heiler

In der Figur des Genesung gewährenden himmlischen Helfers vereinigen sich zwei unterschiedliche Traditionen. Jeder Heilige, der Kranke heilte, handelte nach dem Vorbild Jesu Christi, dessen zahlreiche Heilungswunder in den Evangelien überliefert sind. Analog dazu durften viele leidende Menschen die Heiligen als persönliche Helfer in großer Not erfahren. Der hl. Taurinus wurde anläßlich der vielen spontanen Genesungserlebnisse vor dem tragbaren Reliquienschrein als *Salvator* und *Medicus Animarum*, also als Retter und Arzt der Seelen bezeichnet[30].

[27] G. Condrau, Medizinische Psychologie – Psychosomatische Krankheitslehre und Psychotherapie. Olten 1968, 301.

[28] Miracula s. Trudonis, lib. I, n. 14.

[29] Miracula s. Annonis, lib. I, n. 63.

[30] Circumvectio et miracula s. Taurini, n. 16 u. 3.

Christus selber benützte oft die Metapher als Arzt der Kranken für sein Wirken unter den Sündern. Die Sehnsucht nach Erlösung umfaßte also auch seelische Probleme, aber die Menschen erhofften sich von den Heiligen ganz konkret Befreiung von akuten Krankheiten, Gebrechen und anderen existentiellen Nöten.

In der Antike wandte man sich in derartigen Anliegen vor allem an Asklepios, den von Homer ursprünglich als irdischen Mediziner geschilderten Heilgott. Dieser Kult gewann eine so große Bedeutung, daß er von den Urchristen geradezu als lästige Konkurrenz ihres Heilands empfunden wurde. Oftmals traten denn auch die christlichen Heiligen die direkte Nachfolge antiker Gottheiten an[31]. Als Beispiel nenne ich hier nur den Kult der frühchristlichen Ärzte Cosmas und Damian, welche die heidnischen Dioskuren als Nothelfer ablösten. – Im Früh- und Hochmittelalter pilgerten die Menschen mit ihren gesundheitlichen Nöten dann zu verschiedenen Heiligengräbern, auch wenn die verehrten Patrone zu Lebzeiten nie Mediziner gewesen waren. Im Spätmittelalter ist dann sogar eine Art 'Spezialisierung' der Heiligen auf bestimmte Krankheiten zu beobachten; erinnert sei etwa an den Pestpatron Rochus, den hl. Blasius für Halsleiden sowie an die hl. Apollonia mit der Zahnzange. Diese Entwicklung erklärt sich wohl teilweise aus der Wettbewerbssituation unter den verschiedenen Kultorten und aus der stärkeren Konkurenz weltlicher Mediziner, die seit dem 13. Jahrhundert vermehrt an den Universitäten ausgebildet wurden[32].

In der Funktion als Heiler und Nothelfer lassen sich sowohl antike Götter als auch in der Nachfolge Christi wunderwirkende Heilige durchaus vergleichen. Es liegt deshalb nahe, diese himmlischen Ärzte im Sinne von C. G. Jung als archetypische Figuren zu verstehen. Gemäß der Theorie von Jung strukturieren allgemein menschliche, vielleicht sogar vererbte Formelemente die seelischen Erfahrungen des Individuums. Diese kollektiven Urbilder (= griechisch: Archetypen) treten im persönlichen Bewußtsein meist in personifizierter Gestalt auf, wobei die Einzelheiten ganz von der jeweiligen Vorstellungswelt des betroffenen Menschen abhängt[33]. – Nun muß man sich freilich fragen, ob die Kongruenz der segensreichen Tätigkeit von antiken Heilgöttern und Heiligen für eine solche Gleichsetzung wirklich ausreicht. Jung bezog derartige histori-

---

[31] C. A. Meier, Der Traum als Medizin – Antike Inkubation und moderne Psychotherapie. Zürich 1985, 37 u. 121 f.

[32] Ich verweise auf den Beitrag von C. Hofmann-Rendtel in diesem Band. Für die einzelnen Krankenpatrozinien vgl. etwa C. L. Trüb, Heilige und Krankheit (Geschichte und Gesellschaft 19) Stuttgart 1978, 35–103.

[33] C. G. Jung, Von den Wurzeln des Bewußtseins: Studien über den Archetypus. Zürich 1954, 94 ff.

sche und ethnologischen Vergleiche zwar ebenfalls in seine Theorie ein, zunächst aber arbeitete er wie sein Lehrer Freud mit Träumen kranker und gesunder Menschen und baute dann darauf die These von den Archetypen sowie seine allgemeine Traumlehre auf. Bei der Analyse von Träumen müssen zuerst die belanglosen Tagreste von den wichtigen Traumerlebnissen unterschieden werden. Bei der Betrachtung von solchen Bildern und Szenenfolgen können einem dann bisher zuwenig beachtete Seiten eines Problems bewußt werden, oder es läßt sich hin und wieder sogar eine klare Handlungsanweisung herauslesen.

Verwandt mit diesem Traumverständnis nach C. G. Jung erweist sich die Traumlehre des Mittelalters. Nach damaliger Vorstellung wurden die bedeutungsvollen nächtlichen Bilder dem Schläfer von überirdischen Mächten wie Engel oder Heiligen oder aber vom Teufel eingegeben[34]. Auch in den Mirakeltexten gibt es Geheilte, die erzählen, sie seien im Traum von einem Geistlichen oder vom Heiligen selbst aufgefordert worden, sich zwecks Heilung zu einer bestimmten Kultstätte zu begeben oder wenigstens eine Wallfahrt dorthin zu versprechen. Nicht immer gehorchte man solchen Traum-Aufforderungen fraglos. Ein sterbenskranker Adeliger hatte eines Nachts die Erscheinung eines ehrwürdigen Mannes, der ihm riet, eine Fahrt zum Grab des wundertätigen Erzbischof Heribert von Köln zu geloben. Der Adelige reagierte nicht, sei es "daß er sich von einem Trugbild getäuscht glaubte, sei es, daß er schon nicht mehr klar denken konnte und zu einem Entschluß unfähig war." Das Traumbild wiederholte sich und in der dritten Nacht gab die Erscheinung dem Kranken schließlich nicht mehr einen wohlmeinenden Rat, sondern einen strikten Befehl. Kaum war das verlangte Wallfahrtsgelübde geleistet, trat gesundheitlich die Wendung zum Besseren ein. Der Adelige pilgerte nach seiner vollständigen Genesung zum Grab des Heiligen, wo er alles getreulich erzählte[35]. – Die Wiederholung der Traumanweisung und die Verschärfung zur Drohung und zum Befehl entspricht nun genau der Beobachtung von Jung. Ein Trauminhalt gewinnt immer dann besondere Intensität wenn "er eine vitale Bedeutung für die bewußte Orientierung hat"[36]. Im Mittelalter nahmen Menschen die Aufforderung zum Wallfahrtsgelübde ausnahmsweise sogar im Wachzustand wahr, also

[34] Eine kurze Einführung in diesen Problemkreis bietet J. Le Goff, Pour un autre Moyen Age: Temps, travail et culture en Occident. Paris 1977, 299–306. Vgl. dazu die Dissertation der Verfasserin, Zur Bedeutung von Schlaf und Traum im Mittelalter (Medium Aevum Quotidianum, Sonderbd. 1) Krems 1990.

[35] Miracula s. Heriberti auctore Lantberto Tuitensi, n. 26.

[36] C. G. Jung, Über psychologische Energetik und das Wesen der Träume. Zürich 1948, 174.

als geheimnisvolle Stimme oder als Erscheinung des Heiligen am hellen Tag.

Ich habe in den untersuchten Texten sogar Beispiele gefunden, in denen verzweifelte Kranke im Traum eine Art medizinischer Behandlung erfuhren. In England wurde ein Jüngling schon seit zwei Jahren von einem kräftezehrenden Fieber geplagt und in diesem Zustand pilgerte er nach Oxford zum Kloster der heiligen Frideswide. In der dortigen Kirche betete er geduldig fast drei Wochen lang um ein Wunder. Als er wiedereinmal einschlief, erschien ihm im Traum die angeflehte Heilige in Gestalt einer schönen Dame. Die Erscheinung zog dem Jüngling kurzerhand das Oberhemd herunter und nahm einen Eingriff an seinem Leib vor. Nicht nur im Traum, sondern auch nach dem Erwachen waren alle Beschwerden schlagartig verschwunden[37]. In ähnlicher Weise fühlte sich ein schrecklich aufgedunsener Wassersüchtiger nach seinem zunächst vergeblichen Besuch der Grabstätte von Bischof Wilhelm in Bourges in der Nacht vom Heiligen persönlich und vom Kopf bis zu den Fußzehen sanft aber wirkungsvoll massiert. Am anderen Tag schritt der Geheilte mit völlig normalisierten Körperproportionen nochmals zum Heiligengrab, um seinem Wohltäter zu danken[38].

Das Erleben einer archetypischen Situation war, wie das Heilungswunder selbst, keineswegs zwingend an den Traum oder die Vision gebunden. Die seelische Begegnung mit dem himmlischen Arzt und Nothelfer findet jedoch in derartigen Bildern einen greifbareren Ausdruck. Darin sehe ich die Stütze für die Hypothese von der archetypischen Struktur der Heiligenverehrung. Anfügen möchte ich hier noch, daß in Krankheit und anderen Notfällen durchaus auch Frauen angerufen wurden. Die Äbtissinen Walpurgis und Frideswide wirkten als 'Große Mutter' oftmals helfend und heilend, wie seit dem 12. Jahrhundert dann vor allem auch die Jungfrau und Gottesmutter Maria in ihren zahlreichen lokalen und regionalen Kultstätten.

7. Die ausschlaggebende Rolle der Gefühle

Das Kernproblem der wunderbaren Heilungen besteht gewiß darin, den theologischen Begriff des Glaubens für das psychologische Verständnis fruchtbar zu machen. Wesentlich erscheint dabei die Tatsache, daß längst nicht alle Hilfesuchenden auch wirklich erhört wurden. In seltener Offenheit gesteht dies der Schreiber der Gibriansmirakel ein und vermutet einen Zusammenhang mit der persönlichen Lebensführung: "Die meisten aber blieben so wie sie gekommen waren mit ihrer Schwäche oder

[37] Miracula s. Frideswidae, n. 72.

[38] Miracula s. Gulielmi archiepiscopi Bituricenis, n. 56.

ihrer Behinderung behaftet, und ich glaube, daß dies mit ihren Ausschweifungen zu tun hat."[39] Natürlich spielt hier die alte Vorstellung von Sünden, die durch Krankheit bestraft würden, eine Rolle, denn wir haben es ja mit einem Geistlichen zu tun. Derselbe Autor nennt aber neben einem durch Beichte und Buße zu erlangendem reinen Gewissen noch eine weitere Bedingung für eine Wunderheilung. Der Kranke muß nebst reinem Herzen einen "Guten Glauben" oder wie es andernorts heißt ein "aufrichtiges Vertrauen"[40] zum Heiligen mitbringen. Ist das nun einfach die fromme Rhetorik der Priester und Mönche? In vielen Mirakelberichten finden sich solche Formeln und wir könnten den Verdacht schöpfen, die theologische Propaganda am Kultort sowie die begeisterte Massenatmosphäre beispielsweise an Festtagen habe sich suggestiv auf die Kranken ausgewirkt. So hätten sie dann vielleicht kleinere körperliche Beschwerden nicht mehr wahrgenommen und sich wenigstens vorübergehend geheilt geglaubt.

Zur Beantwortung dieser Frage kann man die Wirkungsweise von modernen selbsternannten 'Wunderheiler' untersuchen. Schon 1958 entstand eine Studie über die Charakterstruktur der Patienten eines solchen 'Geistheilers' und über die medizinisch feststellbaren Resultate von dessen 'geistigen Gruppenbehandlungen'[41]. Dieser deutsche 'Geistheiler' versammelte jeweils unter wissenschaftlicher Aufsicht Patienten mit chronischen Leiden und hielt ihnen dann einen längeren Vortrag über die Prinzipien der 'geistigen Heilung'. Erstaunlicherweise ging die subjektiv empfundene Besserung bei den Patienten nicht einher mit dem Grad ihrer persönlichen Suggestibilität, also ihrer Beeinflußbarkeit durch andere Menschen, wie man das eigentlich erwartet hatte. Es gab aber dafür einen klaren Zusammenhang mit der schon vor der 'Behandlung' durch Befragung abgeklärten Einstellung der Kranken zur dieser 'geistigen Heilung' und den subjektiv empfundenen Veränderung des gesundheitlichen Zustandes. Eine positive Erwartungshaltung machte den Erfolg wahrscheinlicher und führte in 9% der Fälle zu sogar objektiv, d. h. medizinisch feststellbaren Verbesserung des körperlichen Zustands. Die Einrede des sogenannten 'Geistheilers' war also viel weniger wichtig als die mitgebrachte emotionelle Überzeugung vom Erfolg oder Mißerfolg der Behandlung. Ähnlich positiv wirkt sich bekanntlich der 'Placebo-Effekt' der neuesten Tablettensorte oder einer anderen, gerade aktu-

---

39 Miracula s. Gibriani, lib. I, n. 28.

40 Miracula s. Gibriani, lib. I, n. 46, Miracula s. Girardi monachi s. Albini, n. 19.

41 I. Strauch, Zur Frage der 'geistigen Heilung': Ergebnisse einer experimentellen Untersuchung an einem 'geistigen Heiler' und seinen Patienten. Phil. Diss. Freiburg im Breisgau, masch. 1958.

ellen ärztlichen Therapie aus, ohne daß man deshalb abwertend von Leichtgläubigkeit oder Naivität der Patienten sprechen sollte[42].

Im Mittelalter wurden die Menschen gewiß weniger von grundlegenden Glaubenszweifeln geplagt und sie äußerten ihre Gefühle im allgemeinen recht offen; auch Männer schämten sich der Tränen nicht. So flehte ein Mann, der seit sieben Jahren seinen Arm infolge eines Bruchs nicht mehr vernünftig gebrauchen konnte, unter großem Weinen und Seufzen um seine Heilung durch den hl. Gerhard in Angers[43]. Eine von ständigen Kopfschmerzen gequälte Frau pilgerte zum hl. Anno auf dem Siegberg und gab dort zuerst ihre Opfergabe ab. Dann aber brach sie vor dem Anno-Grab bittend und seufzend zusammen und genas in der selben Stunde. In derartigen Fällen verbanden sich Affekte wie Traurigkeit oder letzte Hoffnung mit Äußerungen von akutem oder chronischem Schmerz. Häufig erfolgte die anschließende Genesung zwar nicht blitzartig aber doch erstaunlich schnell. Nun sind körperliche Auswirkungen von seelischen Prozessen in der Psychosomatik unter umgekehrten Vorzeichen (Streß = Krankheitsursache) durchaus bekannt nach der Formulierung: "Jeder Affekt ist ein Erlebnis und ein Körpergeschehen zugleich."[44] In diesem Sinn wird man die auffällig günstige Beeinflussung von Krankheitssymptomen, also auch die mittelalterlichen Mirakel seelischen Impulsen zuschreiben dürfen.

Die für die wunderbaren Heilungen nach meiner Untersuchung offenbar ausschlaggebende Rolle von starken Gefühlen war den Menschen im Mittelalter natürlich nicht bewußt. Sie kann deshalb nur indirekt aus den Beschreibungen von genau beobachtenden Mirakelschreibern erschlossen werden. Besonders klar läßt sich die Wichtigkeit der Gefühlsimpulse, der Affekte, paradoxerweise in Situationen zeigen, die im Hilfesuchenden negative Gefühle erzeugten. Als beispielsweise eine Wanderprozession mit den Reliquien des hl. Marculfus dabei war, die französische Ortschaft Péronne zu verlassen, sah sich eine taube Frau offensichtlich um ihre Hoffnung auf Heilung geprellt. Laut jammernd lief sie der Prozession nach und bat den Heiligen, doch nicht fortzugehen ohne ihr zu helfen. Tatsächlich erhielt sie darauf ihre Hörfähigkeit zurück[45].

8. Die Wunderheilung im affektiven Feld

Die bisher vorgestellten Betrachtunsweisen sollen helfen, die an mittelalterlichen Reliquienschreinen und Heiligengräbern bezeugten Kranken-

[42] J. D. Frank, Persuasion and healing: A Comparative Study of Psychotherapy. Baltimore 1963 (deutsch: Die Heiler. Stuttgart 1981).

[43] Miracula s. Girardi monachi s. Albini, n. 20.

[44] A. Jores, Der Kranke mit psychovegetativen Störungen. Göttingen 1973, 23.

[45] Miracula s. Marculfi facta Peronae, n. 24.

heilungen besser zu verstehen. Manches, das trotzdem übertrieben, ja phantastisch klingt, mag durch den Vergleich mit Vorgängen aus unserer Zeit an Glaubwürdigkeit gewinnen. Der Erforschung von 'okkulten' Phänomenen widmet sich heute die Parapsychologie, die sich mit einigem Erfolg um die Anerkennung als ernstzunehmende Wissenschaft bemüht. Einen geeigneten Ansatzpunkt für die parapsychologische Diskussion des Wunders bieten die in den Mirakelbüchern hie und da beschriebenen Schmerzkrisen. Einige Heilungssuchende wurden am Kultort vor aller Augen überraschend von einem offensichtlich qualvollen Genesungsprozeß ergriffen. So erlebte es beispielsweise der an Händen und Füßen schwer behinderte Wilhelm Maccarin. Dieser Mann konnte sich jahrelang nur mit Hilfe von Handstützen und an die Knie gebundenen hölzernen Sohlen fortbewegen. Wilhelm wurde deshalb auf einem Gefährt nach Chartres zum wunderwirkenden Gilduin gebracht. Als der Behinderte nun aber demütig vom Portal der Klosterkirche Saint Pierre zum Schrein mit der Gilduinreliquie kriechen wollte, spürte er plötzlich eine ungewohnte Wärme durch seine Glieder strömen. Er erschrak, rief den heiligen Gilduin um Beistand an und sank dann von Schmerz überwältigt ohnmächtig zusammen. Als Wilhelm wieder zu sich kam, schrie und wimmerte er gequält weiter, bis sich schließlich seine verkrümmten Gliedmaßen unter weithin hörbaren Geräuschen zu normalen Gebrauch streckten[46]. – Weil wir keine Diagnose über die Art der Behinderung des Wilhelm Maccarin besitzen, kann dieser dramatische Bericht kein Beweis für ein Wunder im engeren Wortsinn sein. Das Feststellen von Unfallfolgen erfordert hingegen kaum medizinische Spezialkenntnisse und kann daher wohl auch den Menschen im Mittelalter zugetraut werden. So brach sich ein Hintersasse des Klosters Siegburg beim Stemmen eines Weinfasses ein Bein und verletzte sich zusätzlich noch das Kniegelenk. Der gehunfähige Mann wurde auf einem Pferd zur Klosterkirche geführt. Hier warf er sich vor dem Grab des als Wundertäter bekannten Klostergründers bittend zu Boden und stand dann als Geheilter auf. Ein Müller namens Epechinus aus Breckerfeld geriet beim Schmieren des Drehwerks mit der Hand in das laufende Rad und machte angesichts seines halb abgerissenen, gebrochenen und zerquetschten Armes dem hl. Anno ein Wallfahrtsgelübde. Er verharrte konzentriert in seiner Anrufung des Heiligen, bis sich schließlich Knochen und Fleisch wieder zusammenzufügen schienen. Nach einiger Zeit kam der Müller nach Siegburg und zeigte den nun wirklich verblüfften Mönchen an Arm und Hand die Narben seiner wunderbar raschen Genesung[47]. Einmal ausgelöst, laufen solche Prozesse unter Umständen ohne

[46] Historia inventionis et miraculorum s. Gilduini, n. 20–22.

[47] Miracula s. Annonis, lib. II, n. 41 sowie lib. III, n. 59. Interessante Parallelen aus

Rücksicht auf die momentanen Schmerzen des Betroffenen ab. Derartige Kräfte müssen wahrscheinlich doch außerhalb unserer alltäglichen Erfahrungswelt beziehungsweise Kausalitätsvorstellung gesucht werden.

Nach Auffassung des deutschen Parapsychologen Hans Bender spielen sich die wunderbaren Heilungen in einem raum- und zeitlosen Seelenfeld ab, welches seine Spannung von den Gefühlen aller irgendwie innerlich am Notfall Beteiligten erhält[48]. Der Patient, seine Angehörigen oder Arbeitskollegen rufen einen Heiligen an oder beten um Genesung, damit konzentrieren sich alle auf die gewünschte Wiederherstellung. Dabei ist es nicht unbedingt nötig, daß der Leidende selber mitbetet, denn manchmal wurden auch bereits bewußtlose Kranke geheilt.

Ziemlich häufig verunfallten oder erkrankten im Mittelalter kleine Kinder, die dann ebenfalls auf die Fürbitte ihrer Familienangehörigen angewiesen waren. In Köln passierte während der Fastenzeit des Jahres 1184 ein typischer Küchenunfall anläßlich einer großen Familieneinladung. Den kleinen Sprößling des Gastgebers hatte man in der Küche nahe ans wärmende Feuer gesetzt. Der Koch machte sich am Fischtopf über dem Herdfeuer zu schaffen. In der Hektik jedoch kippte plötzlich der Kessel, und das Kind erlitt durch das kochendheiße Wasser schwere Verbrühungen an einer Körperseite. Nachdem der Schock der entsetzten Eltern und der nicht weniger erschrockenen Gäste etwas abgeklungen war, machten alle ein gemeinsames Wallfahrtsgelübde zum lokalen Wundertäter, dem hl. Anno. Darauf konnten sie beobachten, wie sich die Hautflächen über den Eingeweiden des Knaben mit unüblicher, ja wunderbarer Schnelligkeit erneuerten[49]. – Das Unglück erschütterte hier nicht nur die Eltern, sondern auch die ursprünglich fröhlich gestimmte Gästeschar. Die von so vielen Menschen gemeinsam empfundene Zuversicht auf die übernatürliche Hilfe Annos, wie sie sich im spontanen Wallfahrtsversprechen ausdrückte, trug wohl wesentlich zu diesem erstaunlichen Genesungsprozeß bei. In Bezug auf die Wunderheilungen vermute ich mit Bender daher ganz allgemein, daß in einem affektiven Feld, dessen Spannung vom Grad der seelischen Beteiligung (d. h. Gefühlen) abhängt, in besonders bedrohlichen Situationen auch stärkste, unglaublich scheinende Wirkungen möglich werden.

---

neuerer Zeit bei G. Siegmund, Wunderheilungen. In: A. Resch (Hg.), Paranormale Heilung (Imago mundi 6) Innsbruck 1977, 569–624.

[48] H. Bender, Glaubensheilung und Parapsychologie. In: W. Bitter (Hg.), Magie und Wunder. Stuttgart 1959, 140–159; sowie H. Bender, 'Wunderheilungen' im affektiven Feld. In: Dialektik und Dynamik der Person. Festschrift für Robert Heiss. Köln 1963, 97–112.

[49] Miracula s. Annonis, lib. II, n. 61.

'Alltag' und 'Besonderheit' spätmittelalterlicher und frühneuzeitlicher Wunderberichte

Barbara Schuh

Was ist unter 'Alltag' und was unter 'Besonderheit' von Wunderberichten zu verstehen? Können Wunder etwas 'Alltägliches' sein, oder sind sie nicht vielmehr per se etwas 'Besonderes'? Oder war z. B. eine Krankheitsheilung aufgrund eines Verlöbnisses zu einem bestimmten Wallfahrtsort etwas 'Alltäglicheres', weil für jeden Gläubigen – gleich welchen Geschlechts, Alters oder Berufes – möglich, als eine kostenaufwendige Behandlung durch einen Arzt? Und wenn wir zu dem Schluß kommen, daß selbst bestimmte Aspekte des Wunderbaren 'alltäglich' sind: Was zeichnet 'Alltag' in den Berichten aus und worin unterscheidet er sich von der 'Besonderheit'? Schließlich stellt sich die Frage, ob wir mit unserem 'neuzeitlichen Wissen' – das sich oft bereits bei den Bemühungen als hinderlich erweist, die 'Realität' der Phänomene nachzuvollziehen, die sich im Umkreis eines Gnadenortes ereigneten – ob wir also überhaupt über die geeigneten Mittel verfügen, um herauszufinden, worin für Menschen des Spätmittelalters und der Frühen Neuzeit im Bereich des Wunders das 'Alltägliche' im Gegensatz zum 'Besonderen' bestand.

Wenn auch hier nicht näher auf die herrschende Alltagsdiskussion in den historischen Wissenschaften eingegangen werden soll[1], so ist es doch für die obengenannten Fragestellungen von großer Wichtigkeit, darzulegen, was mit dem Begriff 'Alltag' gemeint sein kann. Nach Gerhard Jaritz können dabei unter anderem folgende Punkte in Betracht gezogen werden:[2]

- Der Alltag eines Menschen ist in Zusammenhang zu bringen mit repetitivem, habitualisierten bzw. routiniertem Verhalten.

---

[1] Vgl. z. B. Hans-Werner Goetz, Alltag im Mittelalter. In: Archiv für Kulturgeschichte 67 (1985) 207–225; ders., Geschichte des mittelalterlichen Alltags. Theorie – Methoden – Bilanz der Forschung. In: Mensch und Objekt im Mittelalter. Leben – Alltag – Kultur (Veröffentlichungen des Instituts für mittelalterliche Realienkunde Österreichs 13 = Sb. Ak. Wiss., phil.-hist. Klasse 568) Wien 1990, 67–101; Gerhard Jaritz, Zwischen Augenblick und Ewigkeit. Einführung in die Alltagsgeschichte des Mittelalters. Wien, Köln 1989; Alf Lüdtke (Hg.), Alltagsgeschichte. Zur Rekonstruktion historischer Erfahrung und Lebensweise. Frankfurt/M. – New York 1989.

[2] Jaritz, Zwischen Augenblick und Ewigkeit 14.

- Alltag läßt sich nur im Einklang mit der Frage nach dem 'Nicht-Alltäglichen' erforschen.
- Alltag setzt sich aus einer nicht einzugrenzenden Anzahl einzelner 'Alltäglichkeiten' zusammen.
- Der Alltag eines Menschen kann nie identisch sein zum Alltag eines anderen Menschen.
- *Den* Alltag gibt es daher nicht.
- *Jeder* Mensch hat seinen Alltag – unabhängig von seiner Stellung in der Gesellschaft.

Zur Beantwortung der eingangs erwähnten Fragestellungen sollen in diesem Beitrag Wunderbücher insbesondere in Hinsicht auf *repetitives, habitualisiertes bzw. routiniertes Verhalten* im Gegensatz zu einzelnen, aussergewöhnlichen Handlungen untersucht werden, um festzustellen, ob und in welcher Form sich 'Alltägliches' und 'Nicht-Alltägliches' – das 'Besondere' eben – darin zeigt. Wenn sich 'Alltag' in der Wiederholung von Handlungen äußert, die nach bestimmten Mustern ablaufen, dem Produkt allgemeiner Konventionen und Erfahrungen, so sind bei Mirakelberichten verschiedene Aspekte des 'Alltäglichen' zu unterscheiden.

1. 'Alltägliches' und 'Besonderes' der Herausgabe von Wunderbüchern

Ein Beispiel für das Repetitive ist etwa die äußere Form der Mirakelbücher von Altötting und Tuntenhausen. Während für Altötting vom Beginn der Wallfahrt an (Ende 15. Jahrhundert) bis zur Mitte des 17. Jahrhunderts nur fünf gedruckte, in ihrer inhaltlichen Konzeption sehr unterschiedliche Mirakelbücher vorliegen[3], die zum Teil als Reaktion auf bestimmte Ereignisse entstanden, die das Bestehen der Wallfahrt nach Altötting in Gefahr zu bringen drohten (z. B. Reformation und Dreißigjähriger Krieg), lassen sich für Tuntenhausen etwa dreißig Mirakelbücher von geringem Umfang (sie beinhalten jeweils rund 50 Berichte) finden, die beinahe alljährlich vom Jahr 1527 an bis zur Mitte des

[3] Es handelt sich dabei um zwei 'Mirakelflugblätter', die in den Jahren 1495 bzw. 1540 entstanden (in beiden Fällen ist eine exakte Datierung nicht möglich), um das *Büchlein der Zuflucht zu Maria* von Jacobus Issickemer aus dem Jahr 1497 und um die Mirakelbücher von Martin Eisengrein (*Von der uralten Kapellen unser Lieben Frawen unnd dem Kür. Stifft S. Philip und Jacob zu Alten Oetting.* Ingolstadt 1571.) und Jacob Irsing bzw. Johann Scheittenberger: *Historia von der weitberühmten unser lieben Frauen Capell zu Alten-Oetting in Nidern Bayrn.* [...] *In lateinischer Sprache außgefertigt durch P. Jacobum Irsing, der Societät Jesu. Hernach aber von dem Wohl-Ehrwürdigen, Edlen und Hochgelehrten Herrn Johann Scheittenberger, beeder Rechten Doctor und ermeldten Orths Wohlwürdigen Dechant, in die Teutsche Sprach übersetzt.* Burghausen, ^{8}1738 [Die Erstausgabe stammt aus dem Jahr 1643].

17. Jahrhunderts erschienen[4]. Im Gegensatz zu Altötting, wo die Autoren der Mirakelbücher, abgesehen von denen der beiden Flugblätter, ziemlich eindeutig und wortreich ihre Absichten für die Herausgabe der Bücher kundtun und auch moralische Belehrungen des *christlichen Leser*[s] über die Hintergründe und Ursachen von Wundererscheinungen im allgemeinen immer wieder vorkommen, sind die Tuntenhausener Wunderbücher viel knapper gehalten. Auf eine kurze *Vorrede* folgt die, einem gleichbleibendem Schema folgende Aufzählung von Wunderberichten. Wie die Verfasser meist am Ende der einzelnen Bücher betonen, handelt es sich dabei um eine Auswahl aus einer weitaus größeren Menge an tatsächlich vorgefallenen wunderbaren Geschehnissen[5].

These: Für die Hilfesuchenden, die nach Tuntenhausen kamen, um von ihren Leiden befreit zu werden, war es eine 'alltägliche' Erscheinung, daß in bestimmten Abständen neue Mirakelbücher erschienen, die über die Ereignisse des vergangenen Jahres berichteten. Diejenigen unter ihnen, die Tuntenhausen immer wieder besuchten[6], kamen vermutlich

[4] Insgesamt enthalten diese Bücher über 1600 Mirakelberichte. Kennzeichnend für ihr regelmäßiges Erscheinen ist auch der meist gleichbleibende Titel, der sich, abgesehen von geringen stilistischen Abweichungen, nur in Hinblick auf die Jahreszahl verändert: z. B. *Tunttenhausen unser lieben Frawen Gottshauß/ In des Durchleuchtigen Hochgebornen Fürsten unnd Herren/ Herren Albrechten/ Pfaltzgraven bey Rhein/ Hertzog in Obern unnd Nidern Bayern etc. Land/ Freisinger Bistumb gelegen. Etliche merckliche genaden so Gott der Allmechtig durch verdienen und fürbit Marie seiner werden Muter. Nemlich im jetzigen der mindern zal Lxvii. jar viel menschen bewiesen hat/ und eingeschriben sindt worden/ Thut das büchlein außweisen* [...] *Anno M. D. LXVII.* und *Tunttenhausen unser lieben Frawen Gottshauß/ in des Durchleuchtigen Hochgebornen Fürsten unnd Herren/ Herrn Wilhalmen/ Pfaltzgraven bey Rhein/ Hertzogen in Obern unnd Nidern Bayern/ etc. Lanndt/ Freysinger Bistumbs gelegen. Etliche merckliche gnaden so Gott der Allmechtig durch mittl und fürbit Marie seiner wehrden Muter/ in disem 84. Jar vilen menschen bewiesen hat/ thut diß büchlein außweisen/ so von bett wegen andechtiger menschen/ der Ehrwürdig in Gott/ vatter und Herr/ Petrus Brobst zu Beyharting, als Oberster Pfarrherr ermelts Gottshauß/ zu Trucken vergunt hat.*

[5] Diese toposartige Erklärung taucht in beinahe allen gedruckten Mirakelbüchern des 16. und 17. Jahrhunderts auf. Die meisten Verfasser sind bemüht, festzustellen, daß sie nur einige wenige Berichte *von Exempels wegen* erzählen könnten und die Zahl der Wunder, die sich an dem jeweiligen Gnadenort ereignet hätten, in 'Wirklichkeit' erheblich größer sei.

[6] Aus den Mirakelberichten geht nur in Einzelfällen hervor, ob und welche Personen die Wallfahrt zu ein und demselben Gnadenort regelmäßig durchführten. Fest steht, daß z. B. die Bewohner einzelner Ortschaften, wie etwa Rosenheim, Wasserburg, Miesbach und Erding, jährliche gemeinschaftliche Prozessionen nach Tuntenhausen durchführten und in dieser Form den Ort wiederholt aufsuchten [vgl. Irm-

auch mit der im Lauf der Zeit selbstverständlichen Erwartung, wieder ein neues Buch der Wunder vorzufinden. Das 'Besondere' manifestierte sich in diesem Fall eher in der Stagnation der Herausgabe neuer Mirakelbücher. In Altötting lag eine solche Regelmäßigkeit im Erscheinen der Mirakelbücher nicht vor. Der Termin der Herausgabe dieser Bücher war gekoppelt mit 'besonderen' Ereignissen.

2. 'Alltägliches' und 'Besonderes' der Struktur von Wunderbüchern

Eine andere Form des Repetitiven zeigt sich in der Struktur der Mirakelberichte. Wenn auch Unterschiede im Aufbau – auf deren Ursachen ich noch näher eingehen werde – zu beobachten sind, so folgen die meisten Mirakelberichte doch einem gleichbleibenden inhaltlichen Schema. Genannt werden in allen Berichten die Personen, die Art ihres Anliegens und die gewährte Hilfestellung. Die Detailliertheit der Ausführungen, die Informationen, die die Berichte darüber hinaus erhalten[7], diverse Ausschmückungen und Hintergründe des Vorgefallenen[8] differieren von Mirakelbuch zu Mirakelbuch bzw. sogar zwischen einzelnen Berichten innerhalb eines Mirakelbuches.

Die Gründe für die unterschiedliche Informationsdichte der Darstellung sind vielfältig. Zum einen läßt sich für das 17. Jahrhundert insgesamt eine Tendenz zur größeren Detailliertheit in den Mirakelberichten beobachten, die der Unterstreichung der Authentizität und Glaubwürdigkeit der Ereignisse dienen sollte. Rebekka Habermas sieht die Funk-

---

gard Gierl, Bauernleben und Bauernwallfahrt in Altbayern. Eine kulturkundliche Studie auf Grund der Tuntenhausener Mirakelbücher (Beiträge zur altbayerischen Kirchengeschichte 21/2) München 1960, 160]. Diese regelmäßigen Prozessionen sind m. E. ebenfalls ein Aspekt von 'Alltäglichkeit', der zwar nicht in unmittelbarem Zusammenhang mit den Wunderberichten, wohl aber mit dem Phänomen Wallfahrt an sich zu sehen ist. Die Durchführung von Prozessionen zu einem gewissen Gnadenort an einem bestimmten Termin war im Leben dieser Gemeinschaften ein fester Bestandteil innerhalb der jahreszeitlichen Ordnung. Die Wallfahrt – als Unterbrechung des 'Alltags' – stellte zwar vermutlich an sich etwas 'Besonderes' dar, durch ihre Institutionalisierung in Form regelmäßiger Prozessionen wurde sie jedoch zu einer 'alljährlichen' Erscheinung.

[7] Z. B. Name und Alter der Person, ihre Herkunft, die Dauer der Krankheit, die Votivgaben, die Art der Ausführung der Wallfahrt, die Namen der Zeugen und der Personen, denen das Wunder am Wallfahrtsort vorgetragen wurde etc.

[8] Z. B. die 'Vorgeschichte' des Wunders, die über die Ursachen, die zur geschilderten Notlage führten, Auskunft gibt; soziale Folgen, die eine Krankheit nach sich zog; vergebliche 'weltliche' Heilungsversuche; Visionen, in denen der Erkrankte oder von anderen Gefahren Bedrohte durch einen Heiligen zur Durchführung einer Wallfahrt an einen bestimmten Gnadenort aufgefordert wurde etc.

tion dieser Erzähltechnik darin begründet, daß Wunder im 17. Jahrhundert nicht mehr mit der gleichen Selbstverständlichkeit rezipiert wurden wie zuvor, sondern vermehrt Zweifel gegenüber der 'Echtheit' der Berichte aufkamen, die möglichst überzeugend zerstreut werden sollten[9].

Zum anderen zeigt sich, daß die eben beschriebene Entwicklung allein für die unterschiedliche Struktur der Mirakelberichte nicht verantwortlich gemacht werden kann, sondern der Inhalt eines Mirakelbuches in Zusammenhang mit der Geschichte des Gnadenortes, dessen Wunder beschrieben werden, zu untersuchen ist. Die Mirakelbücher von Tuntenhausen – auch die des 17. Jahrhunderts – sind ein Beispiel für die meist knappe Darstellung der Ereignisse ohne besonders 'spektakuläre Ausschmückungen'. Die Verfasser beschränken sich – so scheint es zumindest – auf die wichtigsten Informationen, und berichten als Ausgleich dafür (?) über umso mehr Wunder[10].

Eine ganz andere Konzeption weist das bereits erwähnte Altöttinger Mirakelbuch von Martin Eisengrein auf. Nachdem die Wallfahrt nach Altötting im ersten Jahrzehnt ihres Bestehens einen großen Zustrom verzeichnen konnte, blieben die Hilfesuchenden in den ersten zwanzig Jahren des 16. Jahrhunderts beinahe völlig aus[11]. Nach einem kurzen Aufschwung in den zwanziger Jahren – der in Zusammenhang mit den im Umgang der Kapelle befestigten Mirakeltafeln zu sehen ist, die aufgehängt wurden, *um dem andächtigen ankommenden Volck zu gefallen* als *ein Anzeig der Mutter Gottes weit außkommenen und berühmten Lobs*, und als *Anreitzung* dienten *neue, und mehrere Gnad und Gutthaten von Ihr zu begehren*[12] – ereignete sich in den Jahren 1536 bis 1570 kein einziges Wunderzeichen mehr: Aufgrund der *Lutherischen Ketzerey*

---

[9] Vgl. Rebekka Habermas, Wunder, Wunderliches, Wunderbares. Zur Profanisierung eines Deutungsmusters in der Frühen Neuzeit. In: Richard van Dülmen (Hg.), Armut, Liebe, Ehre. Studien zur historischen Kulturfoschung. Frankfurt/M. 1988, 52.

[10] Als Beispiel dafür sei hier ein Mirakelbericht aus dem Jahr 1584 genannt: *Ein Fraw auß Ayblinger pfarr und Gericht/ hat grossen weetagen im halß gehabt/ verlobt ein halben vierling wax/ ein dreifache kertzen umb den halß/ ist nach dem gelübd frisch und gesund worden.* Mirakelbuch Tuntenhausen 1584, Nr. 36.

[11] Irsing/Scheittenberger bemerken in ihrem Mirakelbuch für das Jahr 1504: *In nachfolgenden etlichen Jahren, haben nit weniger, den vorigen gleichmäßige Wunderzeichen, so in den alten Büchern zu finden, sich zugetragen. Man soll aber darfür halten, daß nicht ohne Ursach hinfüran etliche Jahr, so in den Büchren notirt, von uns außgelassen worden.* Es scheint sich hier jedoch eher um eine Beschönigung der tatsächlichen Lage zu handeln, denn auch die Kapellrechnungen aus diesem Zeitraum zeigen, daß die Einnahmen an Stiftungen und Weihegaben rapide zurückgingen (vgl. Maria Angela König, Weihegaben an U.L. Frau von Altötting 2. München 1939/40, 14).

[12] Ebd. 140.

war die *Andacht nacher Alten-Oetting erkaltet, und der Gnaden-Brunn der Göttlichen Wohl- und Wunderthaten* hatte *zu fliessen aufgehoert*[13]. Schließlich geriet Altötting 1570 durch ein ganz besonderes Ereignis wieder in den Mittelpunkt der Aufmerksamkeit: durch eine Teufelsaustreibung des Jesuiten Petrus Canisius. Und ein Jahr danach erschien auch wieder ein Mirakelbuch: *Von der uralten Capellen unser Lieben Frawen unnd dem Kür. Stifft S. Philip und Jacob zu Alten Oetting.* Verfasser war Martin Eisengrein, zu dieser Zeit Propst des Chorherrenstiftes Altötting, außerdem Professor und Vizekanzler der Universität Ingolstadt sowie Berater des Herzogs Albrecht V. von Bayern[14]. Über seine Intentionen bei der Abfassung des Mirakelbuches bleiben keine Zweifel offen: Im Dienst der katholischen Restauration richtet sich seine Kritik gegen die *ellenden Newevangelischen Predicanten*, denen alles *nur ein gespoett und gelaechter* sei[15]. So ist bereits auf dem Titelblatt zu lesen, daß das Buch Auskunft darüber gibt, wie *die Bayrn/ zu dem Christlichen/ Catholischen Glauben/ bekehrt worden: Sampt angehenckten Trewhertzigen erinnerungen/ was sie sich hinfüro/ bey verlust ihrer Seelen hayl/ in Religionssachen verhalten sollen.* Nach einer ausführlichen Darstellung der Ortsgeschichte Altöttings berichtet Eisengrein im 12. Kapitel über die Wallfahrt nach Altötting[16] und im 13. Kapitel allgemein über die Wunderzeichen[17]. Das ganze 14. Kapitel ist der bereits erwähnten Teufelsaustreibung gewidmet[18]. Im 15. Kapitel erzählt Eisengrein schließlich über einige Wunderzeichen *von Exempels wegen*[19]. Dieses Kapitel ist wiederum nach Sachgruppen in einzelne Abschnitte gegliedert. Der exemplarische Charakter dieser Mirakelberichte wird durch die Kommen-

---

[13] Ebd. 158. Nicht nur die Wunder blieben in diesen Jahren aus, sondern auch die Opfergaben, so daß die Kapellverwaltung von Altötting sogar gezwungen war, Wachs zu kaufen und sich die Einkommensverhältnisse des Stiftsklerus durch *abnemung der Kirchenfart, votiven und anderer zugefoell* extrem verschlechterten (vgl. König, Weihegaben 2, 52).

[14] Vgl. König, Weihegaben 2, 65.

[15] Eisengrein, Von der uralten Capellen 89.

[16] *Von dem Wallen und Kirchfärten/ so zu unser lieben Frawen gen alten Oetting inn ihr Capell/ von fären und nahen orthen her/ nun gar ein lange zeit beschehn ist und noch immerzu geschicht*, ebd. 79–123.

[17] *Von den vilen trefflichen Wunderzaichen/ so den menschen zu gutem/ bey unser lieben Frawen/ zu alten Oeting geschehen*, ebd. 123–125.

[18] *Ain warhafftige Historia/ unnd treffenliches Wunderzaichen/ von ainem Jungkfräwlin/ wölches mit dem bösen Gaist besessen/ und in unser lieben Frawen Capellen zu alten Oeting dises nächverschinen 70. jar/ am 23. tag Januarii/ in beysein viler ehrlicher leut/ gnädiklich darvon erledigt worden*, ebd. 125–147.

[19] *Von vilen und mancherlay seltzamen wunderzaichen/ so vorlängst und newlich/ in der uralten Capellen/ zu alten Oeting geschehen*, ebd. 147–185.

tare Eisengreins zu den einzelnen Abschnitten unterstrichen, in denen er vehement, belegt durch Auszüge aus der Heiligen Schrift und den Schriften der Kirchenväter, gegen Kritik und Zweifel am Wahrheitsgehalt des Geschilderten zu Felde zieht.

Eisengrein ordnet seine Mirakelberichte den folgenden Sachgruppen zu:

- Errettung von *etliche todne und halbgestorbne* Menschen (7 Berichte)[20],
- Heilung jener, die von den Ärzten schon aufgegeben worden waren (8 Berichte)[21],
- *etliche vom Stain und Grieß entloediget worden* (2 Berichte)[22],
- Heilung von *etlichen Krueppel, Krumpen und Lamen* (5 Berichte)[23],
- Heilung von *etlichen stummen* (4 Berichte)[24],
- Heilung von *etlichen blinden* (10 Berichte)[25].

Die Form dieser Berichte entspricht dem eingangs erwähnten 'einfachen' Typ der Ereignisschilderung, wonach – ähnlich wie bei den Mirakelberichten von Tuntenhausen – nur die wichtigsten Komponenten (Person, Herkunft, Art des Anliegens, Heilung) berücksichtigt werden. Darüber hinaus jedoch erschienen Eisengrein einige Mirakelberichte so bemerkenswert, daß er ihnen jeweils einen eigenen Abschnitt widmete, wie etwa der Geschichte von einer Frau, die drei Jahre lang *irrig im glauben gewesen* sei und auf dem Weg nach Altötting zum 'rechten' Glauben zurückgefunden habe[26]. Ein weiterer Abschnitt handelt von einer Frau, die beim Grasschneiden von einer giftigen Natter gebissen worden und deren ganzer Körper daraufhin so angeschwollen sei, daß jeder mit ihrem baldigen Tod gerechnet habe. Die Heilung sei – dies erwähnt Eisengrein bereits in der Überschrift und dürfte auch der ausschlaggebende Grund für die gesonderte Beschreibung dieses Wunders sein – in der folgenden Nacht erfolgt, als die Frau in einer Ohnmacht gelegen habe und eine Frau in Gestalt ihrer Nachbarin an ihr Bett getreten sei, ihr die Hand auf Brust und Arm gelegt habe und der Schmerz daraufhin vergangen sei: *Da sie aber niemandt hoeret oder sahe erkennet sie erst, das ihr die Junckfraw Maria waere beygestanden* [...][27]. Schließlich sei unter dieser

---

[20] Ebd. 151–156.

[21] Ebd. 157–160.

[22] Ebd. 160–161.

[23] Ebd. 161–164.

[24] Ebd. 164–166.

[25] Ebd. 166–170.

[26] *Wie ein weyb/ so irrig im glauben gewesen/ als sie sich zu unser lieben Fraw gen alten Oetting/ verhaissen/ widerumb vernünfftig unnd bekert worden*, ebd. 148–151.

[27] *Wunderzaichen von ainem Weib so vergifftet worden/ deren unser liebe Fraw erschinen/ und sie gehailet hat*, ebd. 170–172.

Rubrik noch die bereits erwähnte Teufelsaustreibung durch Petrus Canisius genannt, die Eisengrein sehr detailliert sogar in einem eigenen Kapitel unter Angabe von mehreren namentlich genannten Zeugen berichtet, sowie die Geschichte des Conrad Braitnawer, der in Wien aufgrund eines Diebstahls zum Tode verurteilt wurde, nach der Hinrichtung aber, als er den *Doctores und Professores der Artzney, bey der Hoheschul zu Wien* zum *Anatomieren* überlassen worden war, wieder zum Leben erwachte[28].

These: Abhängig von den Hintergründen, die zur Abfassung eines Mirakelbuches führten – je nachdem ob es, wie etwa im Fall von Tuntenhausen, eines von vielen beinahe jährlich erscheinenden Büchern war oder ob es, wie im Fall von Altötting, aufgrund einer besonderen Krise entstand – verändert sich auch die Struktur der Bücher. Die Verfasser der Tuntenhausener Wunderbücher hatten keine Ursache, besondere Argumente, die das Weiterbestehen der Wallfahrt rechtfertigen sollten, anzuführen. Tuntenhausen wurde regelmäßig von Gläubigen aufgesucht und Wunderzeichen traten ohne krisenartige Unterbrechung gleichförmig auf. Der 'alltägliche' Ablauf war nicht gefährdet. Im Gegensatz dazu war das 'Alltägliche' der Wundererscheinungen – ihr konstantes Auftreten – in Altötting schon seit längerer Zeit gefährdet. Die Antwort darauf konnte daher auch kein 'alltägliches', sondern mußte ein 'besonderes' Mirakelbuch sein. In den siebziger Jahren des 16. Jahrhunderts hätte Martin Eisengrein mit der Abfassung eines Mirakelbuches, dessen Inhalt eine kommentarlose listenartige Aufzählung möglichst vieler Wunder gewesen wäre, vermutlich weniger Erfolg mit der 'Wiederbelebung' der Wallfahrt gehabt. Um Aufsehen zu erregen, konnte er nicht mehr nur durch die Masse der Wunder beeindrucken, sondern er mußte ein 'besonderes' Mirakelbuch herausgeben, das im Endeffekt auch bei den Gegnern der Wallfahrt nach Altötting großes Aufsehen erregte[29].

3. 'Alltägliches' und 'Besonderes' der Inhalte von Wunderbüchern[30]

Bisher fanden in diesem Beitrag in erster Linie nur 'äußere', formale

[28] *Wunderzaichen von ainem Dieb/ so zu Wien offentlich gehenckt/ unnd nachdem er sich gehn alten Oeting/ inn unser lieben Frawen Capell versprochen/ widerumb lebendig worden,* ebd. 172–174.

[29] Vgl. König, Weihegaben 2, 69.

[30] Die folgenden Ausführungen beziehen sich auf eine rechnergestützte Auswertung von etwa 2700 oberbayrischen Mirakelberichten (aus Altötting, München und Tuntenhausen) vornehmlich aus dem 16. und 17. Jahrhundert mit Hilfe des Datenbanksystems κλειω und des Programmpakets SPSS-X. Da es innerhalb dieses Beitrags zu weit führen würde, auf Handhabung und Wirkungsweise dieser beiden Softwaresysteme näher einzugehen, sei für detailliertere Informationen auf das Handbuch von

Aspekte der Mirakelbücher Beachtung. Welche inhaltlichen Komponenten könnten zusätzlich als Merkmal einer Zuordnung zum 'Alltäglichen' bzw. 'Besonderen' herangezogen werden? Treten bestimmte Phänomene mit einer so großen Regelmäßigkeit auf, daß sie 'alltäglich' erscheinen bzw. andere so selten, daß sie einen besonderen Stellenwert innerhalb der Berichte bekommen? Die Thesen der vorangegangenen Abschnitte ordneten den Mirakelberichten von Tuntenhausen stärkere Ausprägungen des 'Alltäglichen' zu als denen von Altötting. In diesem Abschnitt soll untersucht werden, ob sich diese Unterschiedlichkeit auch in den Inhalten der Mirakelbücher äußert.

Als Grundlage dieses Vergleichs dienen fünf Mirakelbücher aus Altötting (Ende 15. Jahrhundert bis Mitte 17. Jahrhundert), acht Mirakelbücher über die Verehrung des Heiligen Benno in München (Anfang bis Mitte 16. Jahrhundert) sowie 28 Mirakelbücher aus Tuntenhausen bei Rosenheim in Oberbayern (Anfang 16. bis Mitte 17. Jahrhundert). Selbstverständlich muß – auch wenn diese Bücher aus einem gemeinsamen, geographisch relativ geschlossenen Raum stammen – für eine weitergehende Untersuchung eine stärkere Differenzierung zwischen den einzelnen Orten und sogar den einzelnen Mirakelbüchern eines Ortes unternommen werden. Ziel dieses Beitrags soll jedoch nur ein grober Überblick der regelmäßig auftauchenden Wundertypen zur Feststellung sich wiederholender inhaltlicher Muster sein. Die sonst notwendige Einzelbetrachtung wird daher im Moment vernachlässigt.

Die Anliegen der Hilfesuchenden

Die Untersuchung der obengenannten Mirakelbücher zeigt deutlich die Dominanz bestimmter ähnlicher, wiederkehrender Inhalte gegenüber einer verhältnismäßig geringen Anzahl 'besonderer' Erscheinungen. Die Anliegen der Wallfahrer z. B. betreffen zu beinahe 70% die Heilung von Krankheiten[31]. Die restlichen Angaben beziehen sich auf die Wiederbelebung von Toten oder Totgeglaubten, auf Hilfe in lebensbedrohlichen

Manfred Thaller, κλειω 3.1.1. Ein Datenbanksystem (Halbgraue Reihe zur Historischen Fachinformatik B 1) St. Katharinen 1989, verwiesen. Eine systematische Darstellung der Verarbeitung von Mirakelbüchern mit Hilfe von κλειω ist nachzulesen in: Barbara Schuh, "Von vilen und mancherley seltzamen Wunderzaichen": die Analyse von Mirakelbüchern und Wallfahrtsquellen (Halbgraue Reihe zur Historischen Fachinformatik A 4) St. Katharinen 1989.

31 Ähnliche Ergebnisse zeigten auch die Untersuchungen von P.-A. Sigal und R. C. Finucane über Mirakelbücher aus Frankreich und England. Vgl. Pierre-André Sigal, Maladie, pèlerinage et guérison au XIIe siècle. Les miracles de Saint-Gibrien à Reims. In: Annales E. S. C. 24 (1969) 1522–1539; Ronald C. Finucane, Miracles and Pilgrims. Popular Beliefs in Medieval England. London 1977, 103.

Situationen, wie etwa bei Feuersnöten, Gefangenschaft und Selbstmordversuchen, bei privaten Problemen (Streitigkeiten, Geldnöten etc.)[32] und schließlich in gefahrvollen Situationen, in denen der/die Hilfesuchende eine Wallfahrt verspricht, aus Angst davor, daß ihm/ihr im nächsten Augenblick etwas passieren könnte, und er oder sie von dem/der Heiligen erhört wird, bevor er/sie in irgendeiner Form Nachteiliges erleidet[33]. Auf Versprechen dieser Art treffen wir vor allem in Zusammenhang mit Unfällen (Abbildung 1).

Abb. 1: Anliegen der Hilfesuchenden

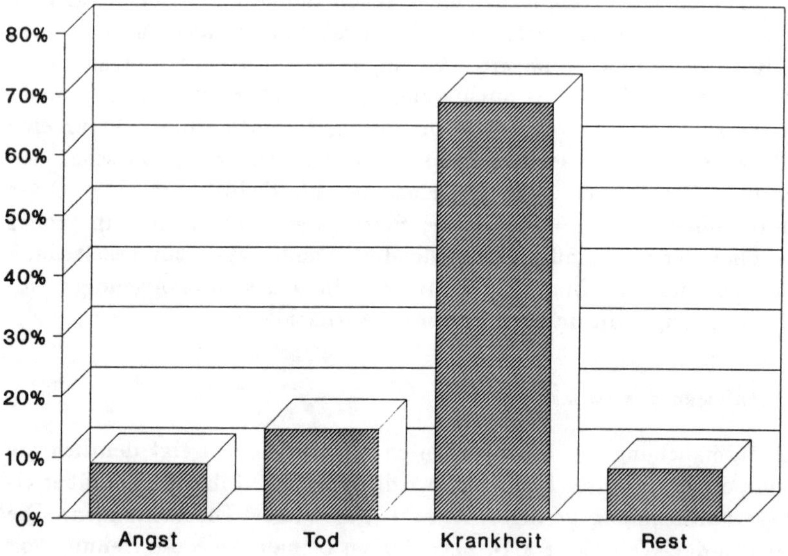

Gesamt: n=2692

Die Ursachen, die zu den obengenannten Anliegen führten, werden nur in etwa der Hälfte aller hier untersuchten Mirakelberichte genannt. Sie setzt sich zu beinahe gleichen Teilen aus Unfällen (24.8%) und Krankheiten zusammen, die weitere Krankheiten oder den Tod nach sich zogen, d. h. das tatsächliche Anliegen, das der Hilfesuchende am Wallfahrtsort zu Gehör

32 In den folgenden Graphiken werden sie der Gruppe 'Rest' zugeordnet.

33 Sie werden in den folgenden Graphiken in der Gruppe 'Angst' zusammengefaßt.

brachte (19.5%). Des weiteren wird eine Reihe von sehr unterschiedlichen Ursachen, wie z. B. Gewaltanwendungen, Kriegshandlungen, Eingebungen des Teufels, medizinische Fehlbehandlung etc. angeführt. Zu der zuletzt genannten Gruppe ('Rest') gehören auch Ursachen, die auf die Strafe des/der Heiligen zurückgeführt wurden, weil der Betroffene entweder eine einstmals versprochene Wallfahrt nicht durchgeführt oder in blasphemischer Weise Zweifel an der 'Echtheit' der Wunder geäußert hatte (Abbildung 2).

Abb. 2: Ursachen der Anliegen

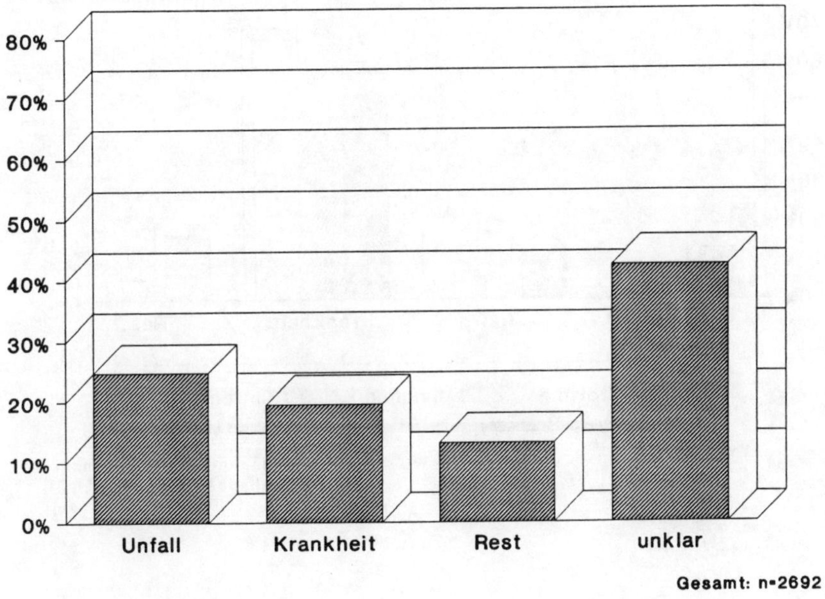

In welchem Verhältnis tauchen die genannten Anliegen und ihre Ursachen nun bei den einzelnen Wallfahrtsorten auf? Die Unterschiede sind offensichtlich: In Altötting sinkt im Vergleich zu den beiden anderen Wallfahrtsorten die Zahl der Krankheiten deutlich zugunsten der Anliegen, die sich auf Hilfe in gefahrvollen Situationen beziehen. Die Heilung von Krankheiten wird in Altötting in nur 57.5% der Berichte genannt, während sie in Tuntenhausen zwei Drittel der Fälle und in München sogar 86.5% ausmacht. Noch deutlichere Unterschiede zeigen sich bei den 'besonderen' Anliegen – der oben beschriebenen 'Restgruppe'. Mit einem Anteil von 16.7% nimmt sie in Altötting einen deutlich größeren Stellenwert ein als in Tuntenhausen (6.8%) und München (2.4%). Auch in den Fällen, wo Menschen in Augenblicken der Angst eine Wallfahrt versprachen, liegt Altötting vor München und Tuntenhausen[34] (Abbildung 3).

Abb. 3: Anliegen der Hilfesuchenden
(einzelne Wallfahrtsorte)

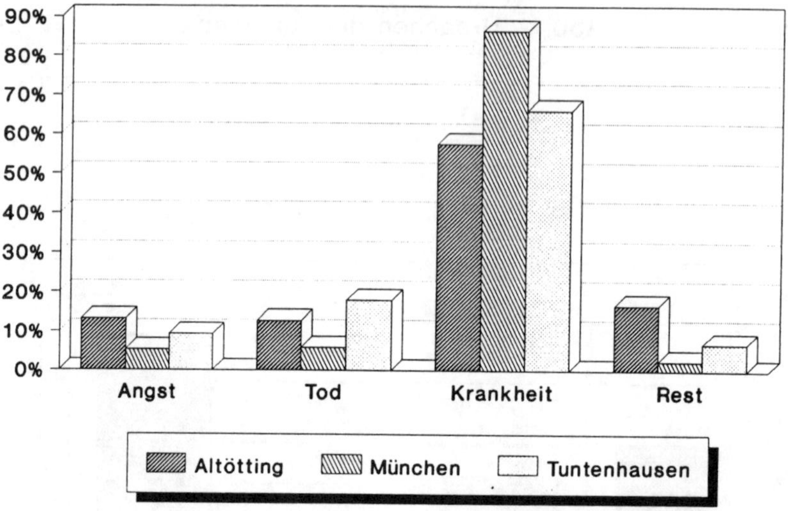

Altötting: n=440; München: n=498; Tuntenhausen: n=1703

Ein ähnliches Phänomen ist auch bei den Ursachen der Anliegen zu beobachten. Die in der 'besonderen Restgruppe' genannten Ursachen nehmen in Altötting, verglichen mit den beiden anderen Orten und ihrem dortigen durchschnittlichen Erscheinen, eine hervorragende Stellung ein[35]. Auffallend ist auch die unterschiedlich hohe Zahl der Nennungen von Ursachen. Die mit Abstand geringste Zahl von unklaren Ursachen weist Altötting auf (28.6%)[36] (Abbildung 4).

[34] Altötting: 13.2%; München: 5.2%; Tuntenhausen: 9.3%.

[35] Altötting: 30%; München: 9%; Tuntenhausen: 10.1%.

[36] München: 61.2%; Tuntenhausen: 40.2%.

Abb. 4: Ursachen der Anliegen
(einzelne Wallfahrtsorte)

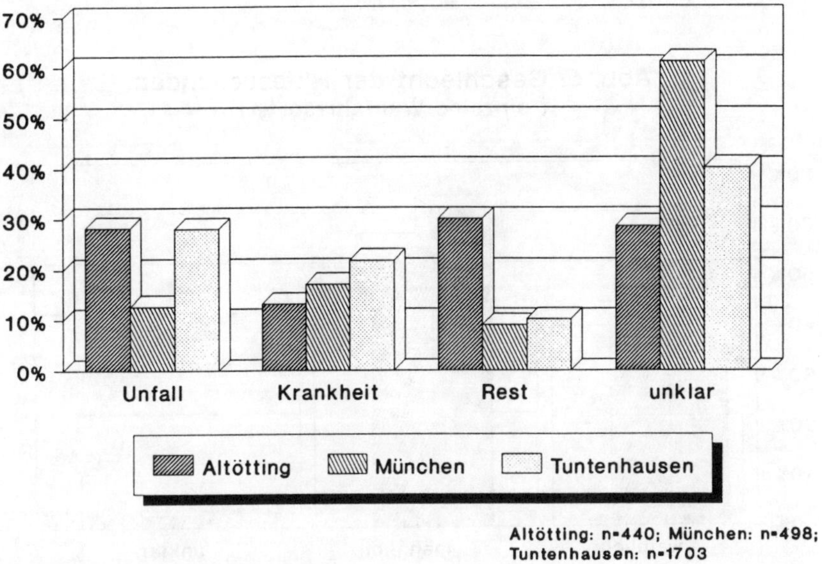

These: 'Alltägliche' Anliegen, die einem Heiligen gegenüber geäußert wurden, waren in erster Linie die Heilung von Krankheiten. Darüber hinaus enthalten Mirakelbücher eine unterschiedlich hohe Zahl an 'besonderen' Anliegen und ihren Ursachen. Da bei den Mirakelbüchern von Altötting, München und Tuntenhausen aufgrund der, wenn auch individuell unterschiedlich stark ausgeprägten, exemplarischen Abfassung der Bücher jeweils nur eine Auswahl an Wundern vorliegt, sind die zuletzt genannten Ergebnisse eher ein Spiegel für die Absichten der Verfasser als für das Geschehen am Wallfahrtsort selbst. In der Art der Auswahl dieser Berichte – in der Betonung des einen oder anderen Bereiches – liegt daher m. E. eine weitere Möglichkeit das Bild des Wallfahrtsortes für seine Umgebung zu prägen: seine 'Besonderheit' oder seine 'Alltäglichkeit' zu unterstreichen.

Geschlecht und Alter der Hilfesuchenden

Auch der Anteil der männlichen und weiblichen Personen, die Altötting, München oder Tuntenhausen aufsuchten, ist sehr unterschiedlich. Die geringste Zahl an weiblichen Hilfesuchenden weist Altötting auf (30.5%), München und Tuntenhausen zeigen höhere Werte (München 41.8% und Tuntenhausen 40.2%)[37] (Abbildung 5).

Abb. 5: Geschlecht der Hilfesuchenden
(einzelne Wallfahrtsorte)

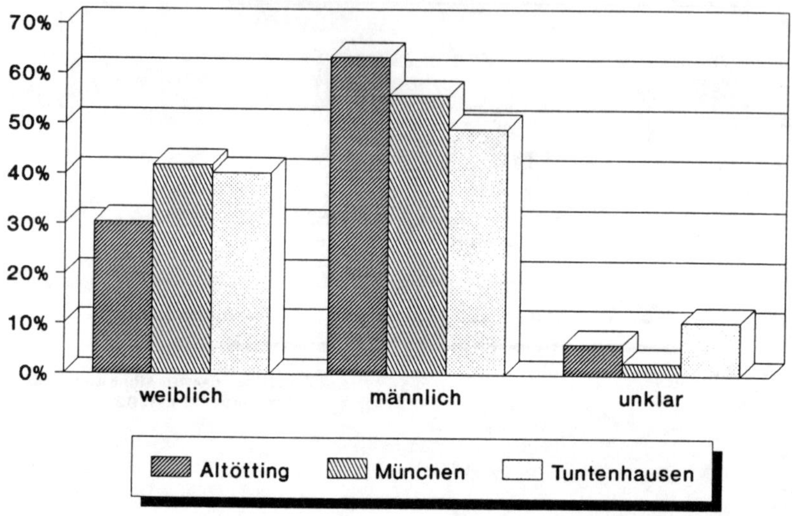

Altötting: n=440; München: n=498; Tuntenhausen: n=1703

Bevor auf die Unterschiede zwischen den Wallfahrtsorten in bezug auf die Zugehörigkeit der Personen zu den verschiedenen Altersstufen eingegangen werden soll, muß noch eine besondere Schwierigkeit Erwähnung finden. Gemeint ist die problematische Definition des Begriffes 'Kindheit'. In etwa einem Drittel der Berichte werden Angaben zum Alter der Personen gemacht, jedoch sind auch diese Informationen wenig hilfreich, um eine Gruppenbildung durchzuführen. Altersangaben alleine sagen nichts darüber aus, ob eine Person innerhalb der Gemeinschaft, in der sie lebte, noch als Kind, als Jugendliche/r oder bereits als Erwachsene/r betrachtet wurde. Da sich diese Untersuchung über einen relativ

[37] Vgl. wiederum die Ergebnisse von Finucane: 61% männliche und 33% weibliche Hilfesuchende (vgl. Finucane, Miracles and Pilgrims 143); bzw. Sigal: 66.6% männliche und 33.3% weibliche Hilfesuchende [vgl. Pierre-André Sigal, L'homme et le miracle dans la France médiévale (XIe–XIIe siècle). Paris 1985].

großen Zeitraum erstreckt, in der auch der Begriff der Kindheit einer Wandlung unterworfen war, ist als gesichert anzunehmen, daß Altersangaben zu unterschiedlichen Zeitpunkten auch unterschiedliche Bedeutung bezüglich der Zugehörigkeit einer Person zu einer der genannten Altersgruppen hatten. Außerdem ist das soziale Umfeld einer Person miteinzubeziehen, da je nach Zugehörigkeit zum bäuerlichen, handwerklichen, bürgerlichen oder adeligen Bereich ihre Einbindung in den Arbeitsprozess zu einem früheren oder späteren Zeitpunkt stattfand. In einer Zuordnung, die sich allein auf das Alter gründete, würden diese Aspekte nicht berücksichtigt. Eine andere Möglichkeit der 'Kindheit' auf die Spur zu kommen, ist durch Einbeziehung der unterschiedlichen Anreden der Hilfesuchenden gegeben, d. h. ob sie z. B. als *mann, frau* oder als *kindt, mägdlein, knäblein, töchterlein, knabe* oder als *junger gesell, junge maidt* etc. bezeichnet werden. Diese Anreden – auch wenn sie vielleicht nur die Ansichten der Verfasser der Mirakelberichte widerspiegeln – kommen m. E. der zu dieser Zeit herrschenden Auffassung über die Zugehörigkeit einer Person zu einer bestimmten Altersgruppe am nächsten. Ein Vergleich dieser Begriffe mit den Altersangaben zeigt, daß sich trotz der oben genannten Bedenken bestimmte Korrelationen festellen lassen[38]. Beinahe 90% der Personen, die als *kindt* o. ä. bezeichnet werden, sind bis zu drei Jahre alt. Deutliche Unterschiede zeigen sich bei der Vergabe von männlichen und weiblichen Bezeichnungen mit Verniedlichungen. Während 80% der männlichen Begriffe mit Verniedlichung bei Personen im Alter bis zu sieben Jahren auftauchen, erscheinen Nennungen weiblicher Verniedlichungen relativ gleichmäßig verteilt für Personen bis zu 18 Jahren[39]. Deutlich wird hier eine unterschiedliche Auffassung von weiblicher und männlicher Kindheit, die vermutlich mit dem unterschiedlichen Eintritt in das Arbeitsleben in Verbindung zu bringen ist.

Die Untersuchung der Altersgruppen bezogen auf die einzelnen Wallfahrtsorte weisen Altötting wieder einen andern Platz zu als München und Tuntenhausen. Die Anzahl der Erwachsenen ist in Altötting deutlich höher (79.1% sind Erwachsene, genauer: 54.5% Männer, 23% Frauen, 1.6% Erwachsene ohne Angabe ihres Geschlechts) als in München[40]. Besonders auffallend aber ist der Unterschied zu Tuntenhausen, wo nur

---

[38] Die folgenden Bemerkungen beziehen sich nur auf Personen, deren Alter in den Berichten genannt ist.

[39] Diesselbe Verteilung zeigt sich bei den Bezeichnungen männlicher Personen ohne Verniedlichung. Weibliche Personen, deren Anrede nicht verniedlicht ist, tauchen insbesonders im Alter zwischen acht und zwanzig Jahren auf.

[40] München: 66.1% sind Erwachsene: nämlich 36.1% Männer und 29.3% Frauen.

58.1% der Hilfesuchenden Erwachsene sind, und zwar 30.5% Männer und 27.1% Frauen[41] (Abbildung 6a–6c).

These: Auch wenn die Gründe für die außergewöhnliche Stellung Altöttings in bezug auf Geschlecht und Alter zum jetzigen Zeitpunkt nicht klar sind, so fügen sich die beschriebenen Phänomene doch in das bisher gezeichnete Bild von der Besonderheit Altöttings ein. Wenn sich die zuvor genannten Thesen verifizieren lassen und die Verfasser der Altöttinger Wunderbücher tatsächlich bemüht waren, mit Hilfe bestimmter Aspekte die Andersartigkeit dieses Wallfahrtsortes hervorzukehren, dann könnte eine mögliche Ursache für die zuletzt beschriebenen Phänomene darin liegen, daß auch die häufigere Nennung von männlichen Hilfesuchenden bzw. die häufigere Nennung von Erwachsenen die 'Seriosität' eines Wallfahrtsortes unterstrich.

Beruf und soziale Stellung der Hilfesuchenden

Allen hier untersuchten Mirakelbüchern gemeinsam ist, daß die Verfasser in den meisten Fällen keine Auskunft über die Tätigkeit der erwähnten Personen geben. Nun könnte man vermuten, daß zum einen die Ursache hierfür in einer gewissen Nachlässigkeit der Verfasser liegt, d. h. daß sie es häufig unterließen, alle ihnen bekannten Informationen zu den Personen aufzuschreiben. Dies erscheint jedoch wenig plausibel, wenn man eine (wichtige) Funktion der Mirakelbücher bedenkt, nämlich für eine bestimmte Kapelle und die dort verehrten Heiligen zu werben. In diesem Lichte ist es unwahrscheinlich, daß die Verfasser gerade die Erwähnung des Berufes und des sozialen Status einer Person vergessen haben sollten: Issickemer, der Verfasser des Altöttinger *Büchleins der Zuflucht zu Maria*, etwa betont in der Widmung seines Mirakelbuches, *das da Menschen aus mannigfaltigen Landen und fremden Geburten aller Stände, Geistlicher, Kardinal, Erzbischofen, Bischofen, Pröpsten, Äbten und ander Prälaten, hochgelehrte Meistern und Doctoresen auch Bürger und beider Geschlechte Mannen und Frauen, kommen sein*[42]. Insbesonders fragwürdig erscheint mir die Vermutung von Nachlässigkeit im Falle der sonst so auffallend detaillierten Mirakelbücher des 17. Jahrhunderts. Aufgrund dieser Aspekte und der Annahme, daß es die Verfasser nicht für notwendig erachteten, eine 'Selbstverständlichkeit' noch extra zu erwähnen, sind bei den folgenden Auswertungen Personen, deren

---

[41] Die fehlenden Werte beziehen sich immer auf 'geschlechtslose' Erwachsene.

[42] Robert Bauer, Das Büchlein der Zuflucht zu Maria. Altöttinger Mirakelberichte von Jacobus Issickemer. Sonderdruck aus Ostbairische Grenzmarken 1964/65, 64.

Abb. 6a: Altersgruppen d. Hilfesuchenden
(Altötting)

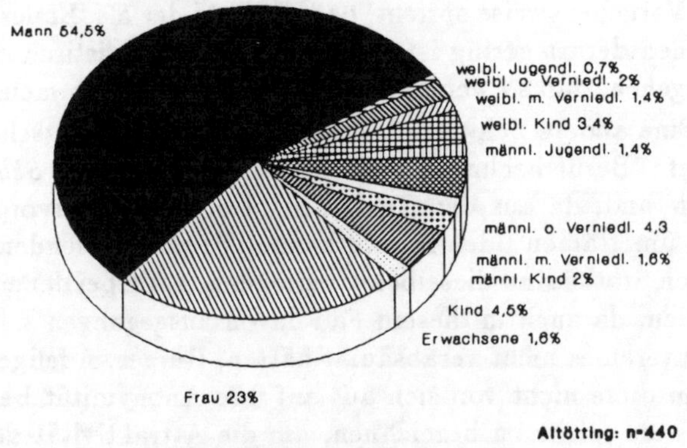

Abb. 6b: Altersgruppen d. Hilfesuchende
(München)

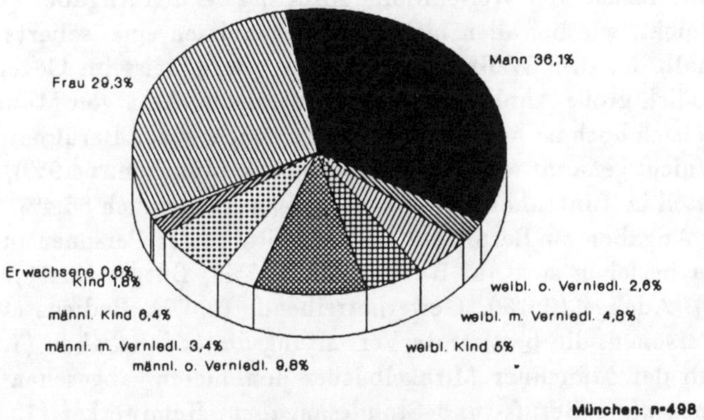

Abb. 6c: Altersgruppen d. Hilfesuchenden
(Tuntenhausen)

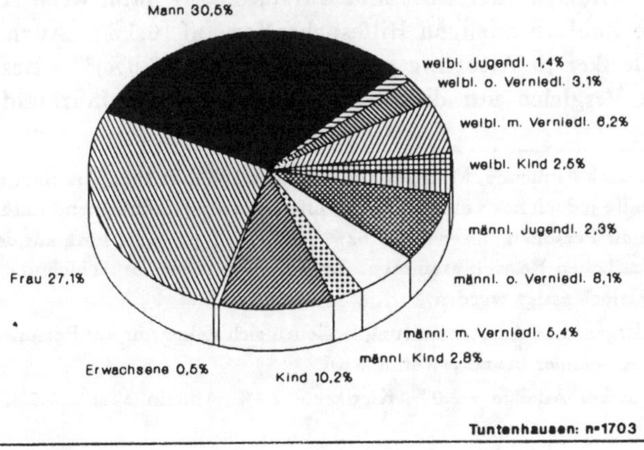

Beruf und soziale Stellung nicht erwähnt werden, zu einer Gruppe zusammengefaßt, die m. E. dem bäuerlichen Bereich zuzuordnen ist[43]. Für diese Vorgehensweise spricht, daß die Zahl der als 'Bauern' bezeichneten Personen derart gering ist (1.2%), daß es unrealistisch erscheint, davon auszugehen, daß so wenige aus diesem Bereich stammen.

Eine andere Schwierigkeit stellt sich bei der Entscheidung, wie bestimmte 'Berufsnachnamen' (z. B. *Sneider, Fischer, Schuester* etc.) zu deuten sind, da aus den Texten nicht eindeutig hervorgeht, ob es sich dabei um Namen oder Berufe handelt[44]. Bei fehlenden Angaben zum sozialen Status sind dieselben Überlegungen wie bei denen zum Beruf anzustellen, da auch in diesem Fall davon ausgegangen werden kann, daß die Autoren es nicht verabsäumt hätten, Bürger, Adelige und Geistliche – wenn diese nicht von sich aus auf ihre Anonymität bestanden hätten – stets als solche zu bezeichnen, um die Attraktivität des Gnadenortes hervorzuheben.

Überraschender Weise nimmt Altötting bei den Angaben zu den Berufen nicht, wie bei allen bisherigen Ergebnissen eine isolierte Stellung innerhalb der drei Wallfahrtsorte ein, sondern weist im Gegenteil eine erstaunlich große Ähnlichkeit zu den Mirakelbüchern von München auf. Etwa gleich hoch ist hier die Zahl der Personen, deren Beruf bzw. sozialer Stand nicht genannt wird (Altötting: 65.9%; München: 64.9%), während ihr Anteil in Tuntenhausen sehr viel größer ist, nämlich 86.4%. Die restlichen Angaben zu Beruf und sozialem Status der Personen in Tuntenhausen beziehen sich auf Handwerker (4.7%), Bürger (2.4%), Kleriker (0.7%), Adelige (0.6%), Gewerbetreibende (2.0%), Bedienstete (2.6%) und Personen, die bestimmte Verwaltungsämter innehaben (1.3%). Innerhalb der Münchner Mirakelbücher dominieren, abgesehen von den Personen ohne Berufs- und Standesangaben, Handwerker (10.6%) und Bürger (9.4%). Der Anteil dieser Angaben ist in Altötting deutlich geringer – Handwerker 4.8% und Bürger 6.6% – dafür weist Altötting eine höhere Zahl an adeligen Hilfesuchenden auf (6.1%). Auch ist die Zahl der Kleriker in Altötting geringfügig höher (3.0%)[45]. Bezieht man in diesen Vergleich nur die Mirakelbücher des 17. Jahrhunderts ein, da

[43] Vgl. auch Finucane, Miracles and Pilgrims 166 und 155. Vor einer solchen Zuordnung sollte jedoch noch eine stärkere Differenzierung dahingehend unternommen werden, ob die Personen, deren Beruf bzw. Stand nicht genannt wird, aus dem städtischen oder ländlichen Bereich stammen. Im Rahmen dieser Untersuchung ist dies bisher noch vernachlässigt worden.

[44] Die Ergebnisse der Auswertung beziehen sich daher nur auf Personen, deren Beruf und/oder sozialer Stand erwähnt wird.

[45] München: Adelige – 2.0%, Kleriker – 2.4%, Amtsinhaber – 5.6%, Bedienstete – 5.6%.

sie für München nur in diesem Zeitraum vorliegen, verändert sich das Bild[46]. Nun sind in Altötting bei über 50% der Personen, Berufs- bzw. Standesangaben anzutreffen, der Anteil der Adeligen steigt noch einmal beträchtlich (13.1%), ebenfalls die Zahl der Bürger (8.6%), der Kleriker (7.2%), der Inhaber von Ämtern (von 5.9% auf 7.2%) und der Bediensteten (von 3.8% auf 5.3%). Auffallend ist, daß der Anteil der Handwerker hingegen nur unwesentlich größer wird (von 4.8% auf 5.3%) (Abbildung 7).

Abb. 7: Berufe der Hilfesuchenden im 17. Jahrhundert
(Mehrfachnennungen, ohne MISSINGS)

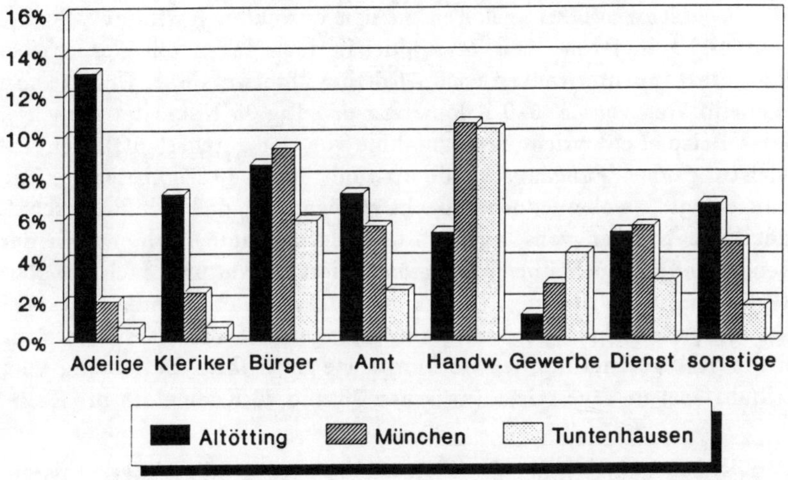

Altötting: n=77; München: n=175; Tuntenhausen: n=142

These: Zwar bestätigt der Vergleich der Mirakelbücher von Altötting und Tuntenhausen die 'Vornehmheit' Altöttings, jedoch zeigen sich in diesem Fall bestimmte Ähnlichkeiten zu München. Erst eine differenziertere Betrachtung, die die unterschiedlichen Zeiträume der Entstehung

[46] Auffallend ist, daß die Eingrenzung der Auswertungen auf diesen Zeitraum nur in Hinsicht auf die Berufs- und Standesangaben Veränderungen mit sich bringt. Bei allen hier diskutierten Fragestellungen, schien der 'Zeitfaktor' nur eine untergeordnete Rolle zu spielen, der die Ergebnisse nur äußerst geringfügig beeinflußt und daher im Rahmen dieser Untersuchung weitgehend unberücksichtigt blieb.

der Mirakelbücher miteinbezieht, zeigt, daß Altötting auch in bezug auf das soziale Umfeld der Personen, die hier Hilfe in einer Notlage erfahren, eine vorrangige Stellung einnimmt. Dabei hat es den Anschein, daß diese 'Besonderheit' weniger durch die Nennung von Handwerkern als vielmehr durch die Nennung von Bürgern, Klerikern, Amtsinhabern und selbstverständlich Adeligen unterstrichen wird.

Die Herkunft der Hilfesuchenden[47]

Aus den Quellen geht nur in den seltensten Fällen hervor, wie lange die einzelnen Wallfahrer von ihrem Heimatort zum Zielort unterwegs waren. Zwar betonen die Verfasser besondere Leistungen[48], aber Angaben über die Reisegeschwindigkeit gehören zu den absoluten Raritäten. So berichtet Issickemer von einem Mann, der in neun Tagen von Werneck bei Schweinfurt in Unterfranken nach Altötting unterwegs war. Er legte also bei einem Weg von ca. 320 Kilometern pro Tag 35 Kilometer zurück[49]. Dieses Beispiel entspricht der Annahme von der durchschnittlichen Tagesleistung eines 'Fußgängers', die man mit 30 bis 40 Kilometer pro Tag veranschlagt[50], wobei jedoch bedacht werden muß, daß sich die Beschaffenheit der Straßen von Tag zu Tag ändern konnte, nicht nur in der Ebene, sondern auch über Pässe marschiert wurde und auch die Reisebedingungen (Witterung, Unterkunft, Überfälle etc.) ihren Teil dazu beitrugen, die Fahrt unerwartet zu verlängern. Daher entstehen zwar bei der Kategorisierung der Herkunftsorte nach ihrer Entfernung vom Wallfahrtsort in Tagesreisen (zwischen 30 und 40 Kilometern pro Tag –

---

[47] Bei der Nennung der Herkunftsorte besteht in manchen Fällen die Schwierigkeit, diese auch eindeutig zu identifizieren, da aus einer größeren Anzahl gleichnamiger Ortschaften, wie etwa "Kirchdorf", auszuwählen ist. In diesen Zweifelsfällen kann man jedoch m. E. davon ausgehen, daß es sich meist um Ortschaften der näheren Umgebung handelte. Bei gleichnamigen, entfernteren Orten hätten die Verfasser mit großer Wahrscheinlichkeit entsprechende Angaben gemacht, um den größeren Einzugsbereich des Gandenortes zu betonen (vgl. hierzu auch Dieter Harmening, Fränkische Mirakelbücher. Quellen und Untersuchungen zur historischen Volkskunde und Geschichte der Volksfrömmigkeit. In: Würzburger Diözesangeschichtsblätter 28 (1966) 142.

[48] Z. B. Eisengrein, Von der uralten Capellen 153: [...] *unnd das Kind gar aus dem Schwabenland herab bis in das nider Land zu Bayrn gehn Oeting gebracht* [...]; Irsing/Scheittenberger, Historia 173: *Ein fuenffzig-jähriges Weib ist ein weiten Weg gangen* [...].

[49] Vgl. Bauer, Büchlein der Zuflucht 118.

[50] Vgl. Norbert Ohler, Reisen im Mittelalter. München 1986, 138.

Luftlinie) immer gewisse Ungenauigkeiten, die sich aber meiner Ansicht nach in einem vernachlässigbaren Rahmen bewegen.

Obwohl Altötting, München und Tuntenhausen in nur geringer Entfernung voneinander (etwa zwei Tagesreisen) in Oberbayern liegen, unterscheiden sie sich in auffallender Weise hinsichtlich ihres Einzugsbereiches. Die Untersuchungen anderer Mirakelsammlungen zeigen, daß die meisten Hilfesuchenden aus der unmittelbaren Umgebung zum Wallfahrtsort kamen[51]. Auch die in den Mirakelberichten von München und Tuntenhausen genannten Personen[52] stammen zum größten Teil aus der unmittelbaren Umgebung. Aus einem Umkreis bis zu vierzig Kilometern pilgerten 59.4% der Hilfesuchenden nach Tuntenhausen, weitere 36.9% kamen aus einer Distanz zwischen vierzig und achtzig Kilometern. Nach München begaben sich sogar 68.9% der Personen aus Orten, die etwa eine Tagesreise, und weitere 12.7% aus Ortschaften, die etwa zwei Tagesreisen entfernt sind. Auffallend höher als in Tuntenhausen ist die Zahl der Personen in den Münchner Mirakelberichten, die Herkunftsorte in Gebieten nennen, die zwischen 80 und 120 Kilometer weit weg liegen, nämlich 12.9% in München und nur 2.4% in Tuntenhausen. Bei beiden Orten ist die Zahl der Personen, die mehr als 100 Kilometer zurücklegten, marginal[53]. Im Gegensatz dazu verblüfft der hohe Anteil dieser Personen in den Mirakelbüchern von Altötting – 31.6%! Auch bei Personen aus Gebieten zwischen 80 und 120 Kilometern Entfernung ist die Zahl der Nennungen, verglichen mit Tuntenhausen und München, in den Altöttinger Berichten entschieden höher (18.7%). Dementsprechend erwähnen diese Berichte nur wenige Wallfahrer, die Altötting innerhalb eines Tages erreichen konnten (21.2%) (Abbildung 8).

These: Tuntenhausen war eine Wallfahrt 'ums Eck'. Der zum Erreichen des Ortes betriebene zeitliche (und auch körperliche) Aufwand war in den meisten Fällen gering. Aufgrund der geringen Distanzen zwischen Herkunfts- und Wallfahrtsort bewegten sie sich nicht in ihnen völlig fremden Gegenden. Die Entscheidung der meisten in den Tun-

---

[51] Vgl. Sigal, L'homme et le miracle 196–210; ders., Maladie et pèlerinage 1531–1533; Finucane, Miracles and Pilgrims 152–172; Constanze Hofmann-Rendtel, Hochmittelalterliche Mirakelberichte als Quelle zur Sozial- und Mentalitätsgeschichte und zur Geschichte des Wallfahrtswesens. Phil. Diss. Berlin 1982; Barbara Schuh, Jenseitigkeit in diesseitigen Formen. Sozial- und mentalitätsgeschichtliche Aspekte spätmittelalterlicher Mirakelberichte (Schriftenreihe des Instituts für Geschichte. Darstellungen 3) Graz 1989, 87–99.

[52] Die folgenden Ausführungen sowie Abbildung 8 beziehen sich nur auf die Personen, deren Herkunft erwähnt wird bzw. identifiziert werden konnte.

[53] München: 5.5%; Tuntenhausen: 1.2%.

Abb. 8: Herkunft der Hilfesuchenden
(unter Ausschluß der Personen mit unklaren Herkunftsorten)

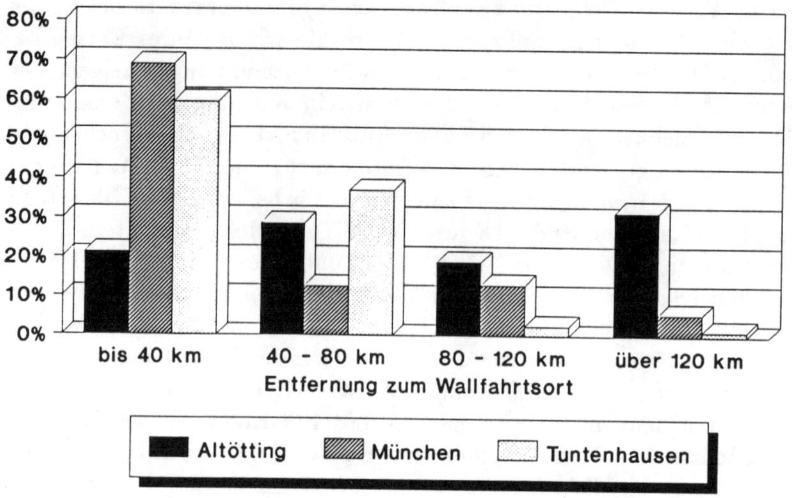

Altötting: n=358; München: n=437; Tuntenhausen: n=1605

tenhausener Mirakelbüchern genannten Personen, diese Wallfahrt durchzuführen, war 'alltäglicher' – weil sie im eben beschriebenen Sinn nicht so folgenreich war – wie die entsprechende Entscheidung der meisten Personen, die Altötting aufsuchten. Sie mußten zum einen die lange Zeitspanne ihrer Abwesenheit aufgrund der weiten Hin- und Rückreise berücksichtigen, zum anderen waren mit der großen Entfernung vermutlich auch zusätzliche Bedenken gegenüber den Gefahren der 'Fremde' verbunden. Die Gründe, diese Wallfahrt auf sich zu nehmen, insbesondere wenn sich in der näheren Umgebung der Besuch anderer Wallfahrtsorte anbot, mußten daher auch ganz 'besondere' gewesen sein: weil der Bekanntheitsgrad Altöttings so groß war; weil man in Altötting Hilfe bei ganz 'besonders' schwerwiegenden Anliegen erfuhr; weil nach Altötting ganz 'besondere' Leute kamen; weil Altötting eben etwas 'Besonderes' war, das den weiten Weg auch lohnte.

Schriftlichkeit und Mündlichkeit im Alltag des Pilgers am Beispiel der Wallfahrt nach Santiago de Compostela

FRIEDERIKE HASSAUER

1. BESTANDSAUFNAHME*

> "L'importance que connut le pèlerinage dans la vie religieuse des chrétiens occidentaux, et cela dès les premiers siècles de l'Eglise, rendait nécessaire l'élaboration de guides destinés à indiquer les chemins à suivre, les sanctuaires à visiter, voire à donner quelques *conseils pratiques* aux voyageurs. Dans la très grande majorité de ces cas, bien entendu, le pèlerin pouvait s'en passer: la notoriété du lieu saint, la proximité relative, l'absence d'un véritable dépaysement, l'habitude d'abriter les reliques dans un édifice spécialisé qui les désignait aux visiteurs arrivés sur place, *permettaient de suppléer par des inormations orales à l'absence d'un tel guide.* Ce qui était plus utile, c'était de faire connaître aux pèlerins *les faits indispensables à la vénération des saints* dont ils venaient implorer l'intercession: l'hagiographe répondait à ce besoin."[1]

Die derart über den Entfernungsunterschied zwischen *peregrinatio maior* und *peregrinatio minor* implizierten, unserer Meinung nach auch hier noch problematischen Einschränkungen hinsichtlich der Notwendigkeit von Verschriftlichung fallen für die Pilgerfahrt nach Santiago de Compostela weg, da hier immer die Fern- und Auslandspilger überproportional wichtiger waren als der lokale, selbst der innerspanische Einzugsbereich. Reiseführer und -bericht einerseits und Hagiographie andererseits werden damit in ein Komplementaritätsverhältnis gesetzt, innerhalb dessen nur die Hagiographie einen unentbehrlichen Teil darstellt:

> "Qu'un pèlerin prenne la plume pour raconter son pieux voyage, ce n'est pas une perspective qui s'imposait. Le pèlerinage est une oeuvre pie; et ce sont les hagiographes qui nous ont laissé les plus anciens récits des voyages accomplis par leurs héros, dans l'intention de faire

---

* Zum größeren Kontext der hier vorgestellten Überlegungen vgl. meine Habilitationsschrift "Extensionen der Schrift. Textualität, Ritual und Raumvollzug im Mittelalter: Das Paradigma Santiago de Compostela" (Ms. 1988 / München 1992), im Folgenden zitiert als 'Arbeit', 'Kap. I–IV' und 'Dokumantation'.

[1] Richard 15. Hervorhebungen durch die Autorin.

> ressortir la sainteté de ceux-ci en prenant le pèlerinage comme un des indices de celle-ci."[2]

Die schriftlichen Zeugnisse lassen darum kaum Quantifizierungen der tatsächlichen Teilnehmerzahlen zu, weil die Nicht-Schreibfähigen, das heißt fast alle außer dem Klerus, keine Spuren dieses Typs hinterlassen. Als historiographische Schriftspur von nicht verschriftlichter Oberschichtenmobilität bleiben daneben nur noch die 'records' der Geleitbriefe für Adel und hohen Klerus[3].

> "Il va de soi que ce sont exclusivement des clercs qui ont écrit les récits de voyage, de pèlerinage ou de croisade de l'époque la plus ancienne, et cela même lorsqu'ils n'ont pas eux-mêmes effectué le voyage qu'ils racontent. ... Le nombre des laïcs ne cesse de s'accroître à partir du début du XIIIe siècle, qu'ils soient chevaliers, ..., ou aventuriers, ... ou marchands, ... Parmi les auteurs de récits de pèlerinage, les clercs restent les plus nombreux; mais les laïcs les serrent de près."[4]

Dieses prinzipielle Problem des Genres stellt sich unverändert auch für die Santiagopilgerfahrt, wie I. Mieck in seiner Aufstellung der Augenzeugenberichte von Compostela-Reisen nachweist:

> "Vu le nombre des pèlerins qui sont allés à Compostelle pendant ces six siècles (sc. XII–XVIIIe siècles) la totalité de 74 témoignages oculaires 'autographes' est *assez modeste*. En considérant les textes perdus ou peut-être omis et ceux qui restent encore à découvrir dans les archives, on pourrait doubler, même tripler ce chiffre – cela ne changerait pas grand'chose à la *disproportionnalité frappante*. Elle s'explique pourtant par le caractère propre au pèlerinage. Comme la plupart des hommes aux époques préindustrielles, la plupart des pèlerins étaient des analphabètes. Parmi les quelques individus qui savaient lire et écrire le besoin de mettre sur papier leur mémoires ou la relation d'un voyage était fort peu developpé. ... On peut donc dire – et la liste le confirme – que les auteurs des 74 témoignages oculaires sont presque tous des gens d'une éducation un peu exceptionelle et d'un certain niveau intellectuel; ils appartiennent à l'aristocratie, au clergé et aux différentes couches de la bourgeoisie. *De la masse des pèlerins forcés aucune relation ne nous est parvenue*; il est douteux qu'on en trouve jamais une."[5]

---

[2] Ebd. 19.

[3] Vgl. Dokumentation.

[4] Richard 37 f.

[5] Mieck 1977a, 205. Hervorhebungen durch die Autorin.

Die Frequenzschwankungen in den überlieferten Reiseberichten zu verschiedenen Epochen – wenn zum Beispiel im Vergleich zur allgemeinen Zunahme von Reiseliteratur im XVIII. Jahrhundert, besonders auch der Spanienreise-Berichte, die Santiago-Berichte atypisch zurückgehen – können daher nicht nur direkt auf Schwankungen der Pilgerzahlen umgerechnet werden, sondern müssen auch mit der Zusammensetzung und damit der Schreibfähigkeit der Pilgerpopulation korreliert werden:

> "Pendant qu'elle (sc. la ville de St. Jacques de Compostelle) perdait l'estime un peu spectaculaire et parfois purement touristique des nobles et des riches marchands, le pèlerinage prenait un caractère plus modeste, mais plus sincère et redevenait ainsi le domaine des *peregrini religiosi* – qui, au regret de l'historien, accomplissaient leurs pèlerinages sans en laisser des récits."[6]

Generell warnt seit einiger Zeit die Santiago-Forschung von geschichtswissenschaftlicher Seite her, so u. a. Mieck und Kühnel[7], vor einer falschen Einschätzung auch druckschriftlich überlieferter Pilgerführer:

> "... on ne doit pas surestimer l'influence de ces itinéraires imprimés. Pour les pèlerins les informations directes, les communications orales sur les chemins et dans les hôpitaux et auberges jouaient un rôle beaucoup plus grand que ces rares publications. Là aussi, l'analphabétisme dressait des barrières de communication assez hautes. Il est bien pensable que la plupart des pèlerins n'ont jamais lu un seul des textes réunis dans cette étude. Pour les pèlerins pauvres, qui formaient sans doute la très grande majorité des *jacquards*, ceux-ci n'étaient pas la base de leurs informations."[8]

Sowohl für die Manuskriptform wie für die druckschriftliche Form solcher Pilgerführer muß daher relativiert werden:

> "Parmi les témoignages oculaires et itinéraires se trouvent certains textes que l'on considère comme *guides de pèlerins.* En étudiant les nombreux livres et articles sur le pèlerinage à Saint-Jacques de Compostelle on a l'impression que ces *guides* conaissent une grande diffusion et que prèsque chaque pèlerin avait son exemplaire en main. Mais c'est sans doute une légende: Du *guide* du XII. siècle ne sont connus que deux exemplaires manuscrits ... Ensuite, jusqu'à la fin du XVe siècle, il n'y a que des récits isolés publiés beaucoup plus tard ou qui restent encore inédits. Le premier *guide* imprimé date

---

[6] Ebd. 206.

[7] Vgl. Kühnel 1987.

[8] Mieck 1977a, 207 f.

> de 1495; écrit en langue allemande il ne pouvait guère servir comme guide pour les pèlerins très nombreux de l'ouest de l'Europe. On en connait cinq ou sic éditions. Tandis qu'une relation espagnole fut publiée en 1528, le premier guide imprimé en langue française apparut seulement peu avant 1535. Suivirent en 1547 un récit en anglais ... et en 1550 une relation italienne. Ils ne furent pas réédites comme le guide allemand. Vue la diffusion restreinte de l'ensemble de ces textes, l'image générale de pèlerins munis d'un guide est à corriger: elle est fausse pour le temps avant 1495, puis, pendant la première moitié du XVIe siècle, elle est certainement une exception."[9]

Diese Ausage dürfte sich, folgt man Le Goff's These vom 'langen Mittelalter' und den Ergebnissen der historischen Literalitäts- und Alphabetisierungsforschung, für den Gebrauch von Pilgerführern wohl bis weit ins XVIII. Jahrhundert hinreichend begründet als solche annehmen lassen.

2. Die Spur in den Räumen von Oratur und Skriptur

Mit vier Thesen sollen Relationen von Mündlichkeit und Schriftlichkeit für die Pilgerfahrt nach Santiago de Compostela umrissen und in den nachfolgenden Abschnitten exemplarisch an Texten rekonstruiert werden.

1. Die Pilgerfahrt nach Santiago de Compostela ist oraler Raum, den Schriftraum institutionalisiert. Ihre Vollzugsdimension ist oral, ihre Programmatik ist skriptural. Was ihren Vollzug angeht, geht nicht in Schrift ein. Was ihre Programmatik angeht, wird nicht dem Wort überlassen, sondern durch Schrift normiert, korrigiert, authentifiziert, legitimiert. Vollzugssituationen werden nicht verschriftlicht, sie sind nicht Thema oder Intention, sondern höchstens Horizont und unfreiwilliges Nebenergebnis. Schrift erfaßt nur in Ausnahmesituationen Teile dieses Vollzugsraums, und unter anderen als Vollzugsprämissen. Verschriftlicht wird Vollzug erst ab dem XV. Jahrhundert.

Alles dagegen, was Theorie, Reflexion, Theologie, Systematizität, Einheitsvergewisserung, Legitimität, Anciennität, Normierung, Institutionalisierung der Pilgerfahrt nach Santiago de Compostela angeht, wird verschriftlicht. Was davon als mündliche Traditionsmasse existiert, findet nur selektiv über kritische Prüfung und Filterung Eingang in Schrift.

2. Die Santiago-Pilgerfahrt ist im XII. Jahrhundert Raum der Oralität in einer durch Literalität bereits stark geprägten Welt. Ebensowenig wie die Vollzugsdimension strukturell bis zum XVIII. Jahrhundert in Literalität eingeht, lassen sich die Ansprüche der administrativen, legislativen,

[9] Ebd.

institutionellen Welt der Schrift in diesem oralen Raum gegenüber diesem oralen Raum durchsetzen: er bleibt über *longue durée* schriftfrei, geht nicht in Schrift ein, und Regulative aus der Welt der Schrift greifen in ihm nicht.

3. Die Santiago-Pilgerfahrt ist der *sermo humilis* der mittelalterlichen Expansionsbewegung und unterschieden von den höheren Registern des Kreuzzugs oder der Reconquista. Was als Vollzugssituation von Mobilität strukturell auf einer Pilgerfahrt nach Santiago de Compostela genauso entstehen kann wie auf dem Weg nach Jerusalem, ist wohl über die gebahnte Spur der Schriftlichkeit von Kreuzzugshistoriographie der Welt der Literalität zugänglich; Santiago de Compostela aber hat keine Spur der Historiographie, die Vollzug erfaßt: es gibt in diesem Sinn keine 'Geschichten der Pilgerzüge nach Compostela' wie es 'Geschichten der Kreuzzüge' gibt. Die *marcheurs de Dieu* vollbringen keine Waffentaten und damit über das historiographische Register schriftwürdige Taten wie Kreuzritter oder Teilnehmer an der Reconquista, denen neben der weltlichen Ehre im Todesfall auch die religiöse Ehre des Märtyrerstatus zugestanden wird[10]. Nur eine 'Ausnahmespur' von Itinerar und geographischer Alterität der Jakobuswege und die hagiographische Spur des Jakobuskults als 'Normalspur' können als im Sinn des Mittelalters historiographisches Wissen über die Pilgerfahrt nach Santiago Eingang in Schrift finden.

Der Körpereinsatz in diesem Subsystem ist weder auf 'Ehre' oder 'Liebe' feudal codiert, noch über den Märtyrerstatus im Todesfall oder über die Sakralisierungsleistungen der *perfectio* in Richtung auf '*Heiligkeit*' religiös codiert[11]. Damit fällt die episch-höfische wie auch die hagiographische Spur der Verschriftlichung für Vollzüge von Pilgerfahrt aus. Der Körpereinsatz des Pilgers ist im Gegensatz zu den obengenannten nicht lebenslang, ständisch oder über *sanctitas*, askribiert, sondern nur temporär. Dieser Körpereinsatz ist daher zuwenig von alltagsweltichem Körpereinsatz des dritten Standes unterschieden, um historiographisch oder hagiographisch auf der Vollzugsebene schriftrelevant zu werden. Die Transitionsriten machen zwar aus dem Alltagskörper einen distinkten rituellen Pilgerkörper, aber der Code ist *devotio carnalis* und *sermo humilis*, nicht 'Ehre' oder 'Ruhm'. Weder für *arma et amores*, noch für *sanctitas* eingesetzt, sind die Mühen des Weges ein niederes, nur auf der Ebene der Programmatik, nicht aber auf der Ebene des Vollzugs schriftwürdiges Register der Gottsuche: *disciplina* statt *prouesse* oder *perfectio, labores peregrinationis* statt *gloria*.

---

[10] Herbers 1984, 143–149.

[11] Vgl. z. B. Luhmann 1980 / 1981; Gumbrecht 1979a.

Programmatisch soll, wie der Pseudo-Calixtus in der Predigt *Veneranda Dies* fordert[12], Pilgerfahrt aus dem ständischen Register von Oberschichtenmobilität herausgenommen werden:

> "Et apostoli inde peregrini fuere, quos *sine peccunia et calciamenta dominus misit.* Quapropter peccunia nullo modo peregrinantibus deferre conceditur, nisi cum egenis eandem peccuniam expendant. Si absque peccunia illos misit, quid erit ex illis qui *nunc cum auro et argento pergunt, satis edentes et bibentes*, et nichil egenis impertiunt. Profecto non sunt ueri peregrini, sed fures et latrones Dei. Uerum ab apostolico conscorcio alienantur, et alia uia tendere uidentur, qui censum suum deferunt et peregrinis egenis minime largiuntur. Attendant quid ipse dominus peregrinis suis euntibus dicat: 'Nolite possidere aurum, neque argentum, neque peccuniam in zonis uestris, non peram in uia, neque duas tunicas, neque calciamenta, neque uirgam' ... *Si dominus Iherosolimam non equum aut mulam sed asinam equitauit, quid erit de illis qui cum equis et mulis pinguissimis magnisque felicitatum trossellis illuc pergunt*? Si beatus Petrus Roman absque peccunia discalciatus iuit et tandem crucifixus ad dominum perrexit, cur *multi peregrini cum magna peccunia et uestimentis duplicibus equitantes, cibos deliciosis edentes, uinum fortius bibentes*, et nichil egenis fratribus suis impercientes ad eum tendunt? Si beatus Iacobus absque peccunia et calciamento per mundum peregrinus iuit et tandem decollatus ad paradisum perrexit, cur ad eum peregri ni diuersis gazis refecti, nichil egenis erogantes tendunt?"[13]

Diese religiöse Zielvorstellung, die sozialhistorisch erst Pilgerfahrt als Massenmobilität ermöglicht, ist der aus der Monetarisierung herausgenommene, allein über *caritas*-Subsistenz gesicherte Fußpilger, ohne Pferd, Maultier, ohne Münzgeld, ohne reiche Kleidung und Nahrung: *pauper et peregrinus.* Nur die Semantisierung des Weges und die Sakralisierung des Verhaltens –

> "Petrus et Jacobus absque peccunia mundum perambularunt, sine etiam intermissione orantes, quid erit de illis qui cum peccunia rapacitatis uel alicuius iniurie, uel usure adquisita, uel luxuriis incestis, uel mendosis fabulis, uel uerbis ociosis, uel derisoriis locucionibus, uel ebrietatibus, uel cantilenis ad eorum limina tendunt"[14] –

unterscheidet die Aktivitäten des *peregrinari* von den optisch identischen

[12] Vgl. Dokumentation.

[13] "Veneranda Dies", *Liber Sancti Jacobi*, ed. Whitehill 155 f. Hervorhebungen durch die Autorin.

[14] Ebd. 156 f.

des *vagari*, die beide aus aristokratischer Perspektive in gleicher Weise ständisch 'ehrlos' sind.

Die Pilgertracht unterscheidet sich ebenfalls von der des einfachen Reisenden nicht funktional, sondern nur symbolisch durch die rituell mitgeführten Insignien[15].

C. Roths Interpretation der Pilgerprotagonisten in den *chansons de geste* zeigt auch hier den Unterschied zwischen dem Typus des Oberschichtpilgers mit Pferd, Maultier, mit Rüstung und Gefolge einerseits und dem armen Fußpilger andererseits. So im *Escoufle*:[16]

"Sor. j. cheval tondu, ferrant,
Estoit sa sele et ses harnès,
Si bon et si biax et si frès,
Com a teil perelin couvient". (vv. 306–309)

Im *Moniage Guillaume*, Varianten C und D:[17]

"Passeront li pelerin paumier,
Cil a cheval et varlet et soumier." (v. 6556)
...
C'un pont de pierre i volra estachier:
S'i passeront pelerin et soumier
Et povre gent qui la iront a pié,
Qui n'ont cevaux ne batiaux por nagier." (vv. 6555–6558)

Innerhalb einer Argumentation wie exemplarisch der von Herbers wird nun einerseits über die Dominanz von Ritterprotagonisten in den Mirakeln des *Liber Sancti Jacobis* auf die Dominanz adliger Pilger als Trägerschicht und als Publikum dieser Mirakel geschlossen[18], andererseits ist Herbers aber auch gezwungen, das offensichtliche Fehlen "einer besonderen 'Ritterethik'... in den der 'Alltags-Realität' und der Volksreligion wohl näherstehenden Mirakeln"[19] zu konstatieren. Der scheinbare Widerspruch ist unter Revision der ersten Prämisse dahingehend zu radikalisieren, daß Pilgerfahrt im Vollzug eindeutig nicht in die Werteskala und in die Schriftspur der ritterlichen Aktivitäten eingeht, sondern bewußt als unheroische Frömmigkeitsübung auf Massenmobilität umgestellt wird. Ritterprotagonisten als Vorbilder, Repräsentanten und Figuren exemplarischen Verhaltens für *imitatio* der Zuhörer gehören jedoch

---

[15] Vgl. dort, Kap. IV.

[16] Vgl. Bibliographie; vgl. Roth 1982, 1093.

[17] Vgl. Bibliographie; vgl. Roth 1982, 1044.

[18] Vgl. Herbers 1984, 108–124; Vgl. auch die Typenbildung 'paumier' bei Roth 1982, 1094.

[19] Herbers 1984, 124.

keineswegs einer gruppenspezifischen, sondern einer ständeübergreifenden Rezeption zugeordnet. Die Ritter der Jakobusmirakel und -exempel gehören stattdessen ebenso zum Repertoire der populären Historiographie die epische Dichtung:

> "... for all but an exiguous clerical and aristocratic minority, the epic was, along with exempla incorporated into sermons, the only historical narrative available. ... Although its subject is, for the most part, the aristocratic life of a warrior caste, its audience spanned all socio-economic levels of society. Thus the collective memory of which the epic is the repository does not belong to any one social group, but represents, rather, a unifying consciousness."[20]

4. Dieses gerichtete Gehen in der *peregrinatio* gehört zu den Modi mittelalterlicher Sinnkonstitution durch Mobilität. Sie ist Konstitution von linearem Sinn im Raum der Oralität über rituelle Körperbewegung, über zielgerichtete konditionierte Vorwärtsbewegung der Körper, über das Verrichten von Gesten und rituellen Programmen. Damit stellt *peregrinatio* eine Form der Konstitution von körpergebundenem linearem Sinn unter den Bedingungen von Oralität dar, gegenüber den intellektuellen Konstitutionsformen von linearem Sinn der Schrift im Raum der Skriptualität. *Devotio carnalis* wird zur Sinnfigur durch Körperbewegung *zum* und Körperpräsenz *am* heiligen Ort. Ihr symbolischer Wert bestimmt sich aus dem Ritual des Erweisens von Reverenz durch physische Präsenz, die sowohl aus dem gesellschaftsuniversalen feudalen Register der *hommage* als Dienst und Gefolgschaftsleistung bezogen wird, wie aus dem religiösen Register der Heiligenverehrung und der magischen Teilhabe am Heiligen.

Zu fragen ist nun für die weitere Analyse: – Welches sind die Spuren der Schrift im Vollzugsraum und im institutionellen, programmatischen Raum der Santiago-Pilgerfahrt? – Wie lassen sie sich als 'Momentaufnahmen' textueller Fixierung in vorher bestehenden und nachher weiterlaufenden oralen und skripturalen Traditionslinien lesen? – Wie verlaufen die Linien von Oralität und Skriptualität nach Maßgabe der Kommunikationssituationen der Texte und der Adressaten, die angesprochen werden, im Verhältnis zu den Linien von Volkssprachlichkeit und Lateinsprachlichkeit?

Die Spuren der Schrift

Die alte, aus der Apostelgeschichte der Bibel über Sprünge in der schriftlichen Tradition der Martyrologien ins Hochmittelalter hinaufgeführte

---

[20] Duggan 1987a, 311 und 285. Zum 'Ausspekulieren' gesamtgesellschaftlicher Möglichkeiten durch epische Protagonistentypen vgl. Adler 1975.

hagiographisch-historiographische Spur – Passio und Translatio des Iacobus maior, seine wunderbare weitere Wirksamkeit durch Mirakel - hat den üblichen *Verschriftlichungsvorsprung vor der episch-genealogisch-historiographischen Spur*[21], wie sie durch das Einhaken des Santiago-Raums in den epischen Raum Karls des Großen durch den *Pseudo-Turpin* konstituiert wird. Beide Spuren werden in einer aufwendigen Arretierung und Momentaufnahme, die den Charakter einer Festschreibung beansprucht, in der Mitte des XII. Jahrhunderts mit dem *Liber Sancti Jacobi* und der *Historia Compostelana* fixiert. Damit werden im Rückblick bilanzierend und legitimierend Jakobuskult und Jakobuspilgerfahrt in ihrer Institutionalisierung dokumentiert, in ihren Rechtstiteln legitimiert. Die orale Kultmasse geht nur durch den Filter kritischer Überprüfung der Gelehrtenkultur selektiv in Schriftlichkeit ein. Die Arretierung ist bestimmt zur Lektüre für Kleriker, die Transmission für andere Publikumsschichten in anderen Kommunikationssituationen leisten sollen.

Neben dieser Arretierung im Mittelalter läuft eine überraschend schmale Schriftspur von Itinerarien, und läuft eine zweite schmale Spur des peripheren Auftauchens von Pilgern als Gegenstand sozialer Erfahrung in der Literatur[22].

Neu einsetzende Laienschriftlichkeit erfaßt die Vollzugsebene im XV. und XVI. Jahrhundert ebenso wie die religiöse Funktionsebene von Pilgerfahrt als Kritik an diesem Frömmigkeitsstil, und genauso die kritische Überprüfung der historischen Legitimität der Jakobus-Reliquien[23].

Neben der monumentalen Arretierung im XII. Jahrhundert und den beiden Schrift-Schmalspuren läuft eine breite Rezeptions-Spur der selektiven Kopien dessen, was mit dem *Liber Sancti Jacobi* arretiert worden ist. In volkssprachliche und lateinsprachliche Schriftlichkeit gehen in breitem Umfang als 'Libellus-Version' *Pseudo-Turpin, Passio* und *Translatio*, sowie das Buch der Mirakel ein[24]. Neben der selbständigen, kohärenten Tradierung in Einzelmanuskripten gehen die hagiographischen und Mirakel-Bestände des Jakobus-Kults aufgelöst in größere Legendarien, Exempla-Sammlungen etc. ein[25], während die episch-historiographischen Bestände aus dem Pseudo-Turpin aufgelöst in im engeren Sinn historiographische größere Werke eingehen. Damit ist die Transmission der hagiographischen und Mirakel-Bestände für homiletischen Gebrauch ebenso gesichert wie die Darlegung der episch-genealogisch-

---

21 Vgl. Duggan 1985.

22 Vgl. Kap. IV,1 der Arbeit.

23 Vgl. Vázquez de Parga zu den Positionen von Erasmus und Luther; vgl. Gretser und Loars; vgl. Dokumentation.

24 Vgl. vor allem David 1945–1949.

25 Vgl. dort, Kap. IV.

historiographischen Bestände für den Adel. Als Spezialwissen unter Klerikern geht, außer in den wenigen erhaltenen Codexversionen, das liturgische Inventar des Jakobus-Kults und, für neuzeitliche Erwartungen gerade so erstaunlich, *Liber V.*, der Pilgerführer, *nicht* in die breite Kopiertätigkeit ein.

3. Der Vollzugsraum als 'Alltag' des Pilgers

Der Vollzugsraum der Pilgerfahrt nach Santiago de Compostela, der im folgenden rekonstruiert werden soll, ist von Vorgaben der Programmatik aus dem Schriftraum umstellt; er wird im nächsten Abschnitt dieses Kapitels analysiert. 'Vollzug' ist er im mittelalterlichen Bewußtsein deswegen, weil Pilgerfahrt nicht als Intentionalität einer Handlung gedacht wird, sondern Erfüllung fixierter Lebensformen[26], als Durchführung von Vorgaben zu bestimmten Zwecken – der Sündenvergebung – an den Orten bestimmter Heiliger. Darum wird sowohl der religiöse Nutzen der Zwecke wie der konkrete Vollzugsmodus wie die Dignität des Ortes verschriftlicht, als Hagiographie und Sakralgeographie, nicht aber die Durchführung in der Situation. Mit intentionaler Verschriftlichung ist also für die Durchführung selbst nicht, beziehungsweise nur ausnahmsweise zu rechnen. Darum sind Körper, Sprache, Gesten, die *labores peregrinationis* nur in so wenigen Spuren greifbar und nur so mühsam rekonstruierbar.

Als 'Nebenprodukt' von Verschriftlichung fallen Informationen über Vollzug 'unabsichtlich' dann ab, wenn, wie es in den mittelalterlichen Gattungsrahmen historiographischen Wissens gehört, geographische Alterität thematisiert wird, die topographische Information und Sakralgeographie liefert; 'unabsichtliche' Informationen fallen darüberhinaus auch dann ab, wenn Liturgie als Anweisung für Kultverhalten von Klerus und Glauben thematisiert wird; und zum dritten, wenn Mirakel auf Situationen der Pilgerfahrt angelegt werden.

Zwei dieser drei genannten Bereiche entstammen damit in der Landschaft der Verschriftlichung der Santiago-Pilgerfahrt Ausnahmesituationen: *Liber V.*, der Pilgerführer, wird ähnlich wenig kopiert wie die liturgischen Materialien des *Liber I.* Die Spur des *Pilgerführers* wird erst im XV. Jahrhundert neu durch Laienschriftlichkeit aufgenommen.

Allein *Liber II.* das Mirakelbuch, gehört zu der vielfach kopierten Libellus-Kurzfassung des *Liber Sancti Jacobi*, bestehend aus *passio, translatio*, Mirakeln und *Pseudo-Turpin*; darüberhinaus geht das Mirakelbuch in Auszügen in größere Exempla-, Legenden- und Mirakelsammlungen ein. Während die Mirakel mit Genrekonventionen, Protagoni-

---

[26] Vgl. Kap. II,5 der Arbeit.

stenrollen, Szenarien von Situationen für heutige Leserdispositionen unter Fiktionalitätenverdacht stehen, werden sie im Mittelalter als Historiographie gelesen, im Wahrheitsgehalt und Wirklichkeitsstatus nicht unterschieden von und kompatibel mit dem Status von historischen Exempeln, geographischen und Zeremonial-Beschreibungen[27]. Unseren Vorstellungen entsprechende Situations- und Interaktionsbeschreibungen finden wir also nur im *Pilgerführer* und im liturgischen Kontext von *Liber I.*, während die Stilisierungen der Mirakel, die in einigen Exemplaren auch in den anderen Büchern des *Liber Sancti Jacobi* enthalten sind, rekonstruktiv in diesen Wahrheitsstatus überführt werden müssen.

Der Vollzugsraum steht damit in einem spezifischen Spannungsfeld der Relationen von *oral and written*, das für zeitgenössische Mentalität nicht bewußt zu werden brauchte, das aber in der Rekonstruktion zugänglich gemacht werden kann. Damit wird die Beschreibungsebene der "mimetischen Funktion der Texte" als Rekonstruktion vergangener Welten über Rekonstruktion von Intentionalitäten und Dispositionen von Autor und Rezipienten überschritten, ebenso wie die zweite Ebene der Identifizierung von Teilen kollektiver Wissensvorräte, um zur dritten Ebene der kollektiven Dispositionen zu gelangen, die in den Texten weder thematisiert noch artikuliert sind, und für die Texte 'Symptome' darstellen[28].

Unsere These geht auf dieser dritten Ebene dahin, daß die Vollzugsebene der Santiago-Pilgerfahrt nicht in die Dignität thematisch zentrierter Verschriftlichung aufrückt; daß, zum zweiten, dadurch ein schriftfreier Raum der oralen Welt, ihrer Mentalitäten und Vollzüge in einer von Literalität schon stark geprägten Umgebung über *long durée* gehalten wurde; und daß darüberhinaus dieses Vakuum der Schriftfreiheit zugleich ein Vakuum an Schriftgültigkeit darstellt, das heißt: eine Grenze für die Durchsetzbarkeit administrativer, legislativer etc. Ansprüche der skripturalen Welt. Damit ist unseres Erachtens zugleich im Sinn von P. Zumthor ein Raum von *nomadisme, mouvance*, Untrennbarkeit von Körperpräsenz und Sinnkonstitution, von Anarchie markiert, gegenüber einem Raum der Schriftrationalität, der Planung und Bilanzierung, des Intellekts, der Regulierung.

Für die zeitgenössische Wahrnehmung stellt sich die Vollzugsform der Situation so dar, daß entweder korrekt erfüllt oder aber 'sündhaft gleich schuldhaft' von den genau festgelegten Vollzugsvorgaben für Pil-

---

[27] Vgl. zum Problem der Abgrenzung des historischen vom fiktionalen Exempel unter pragmatischer Perspektive Gumbrecht 1987c, 882; zum Status der Hagiographie als historischem Exempel ebd. 899 ff., "hochmittelalterliche Funktionsnähe zwischen Heiligenviten und historischen Exempla", ebd. 924.

[28] Vgl. Kap. I, 4 der Arbeit; vgl. Gumbrecht 1983.

ger wie Anrainer abgewichen wird, was mit Lohn- und Strafmirakeln historisch exemplarisch positiv oder negativ sanktioniert wird.

Kommunikationssituationen

Was findet ein exemplarischer Leser, ein zeitgenössischer Kopist, der Mönch Arnaldus de Monte aus dem katalanischen Kloster Ripoll in der Provinz Gerona, der 1173 nach Compostela gepilgert ist, mit dem jüngst erst abgeschlossenen *Codex Calixtinus* vor, wie die älteste Version des *Liber Sancti Jacobi* im Kathedralarchiv zu Compostela genannt wird? Zunächst: warum hat er die Pilgerfahrt unternommen, warum kopiert er, und was, zu welchem Gebrauch?

Die Motive der Pilgerfahrt, die die religiöse Funktion betreffen, gehen, wie üblich, problemlos mit den kanonisierten Formeln in Schrift ein:

> "... in ecclesia Beati Iacobi apud Compostellam quem propter indulgentiam peccatorum meorum visitare studueram et nichilominus ob desiderium visendi loci cunctis gentibus venerandi, Vestre Beatitudinis non minus licentia fultus, ...[29].

Der Nachlaß der Sündenstrafen ist religiöse Funktion dieses Besuchs, der terminoligisch noch unter *visitatio* erfaßt wird, nicht unter der im *Liber Sancti Jacobi* schon üblichen Terminologie *peregrinatio*[30]. Das zweite, ausdrücklich um nichts weniger wichtig genannte Motiv des Besuches "nichilominus ob desiderium visendi loci" ist ein frappanter Beleg für die Irrigkeit einer Opposition, die 'frommes Pilgern' und 'weltliche Neugier' über die Mißbrauchsformel einander gegenüberstellt[31]: *curiositas* als Disposition, als anthropologische Fundierungsebene der Faszination durch geographische Alterität ist stets einzurechnen; die entscheidende Frage ist jedoch, ob sie erfolgreich religiös semantisiert wird zu 'frommer' *curiositas*, oder ob sie illicite *curiositas*, zuerst sündig, später säkularisiert, darstellt. 'Unter Kerikern' und im Schriftraum liefert Arnaldus de Monte auch die als erwartet vorausgesetzte Versicherung, für genauso wichtig - "non minus" - erachtet, daß er mit der "licencia" seines Abtes ausgestattet sich auf den Weg gemacht hat.

"Consistens in ecclesia Beati Jacobi, ..., reperi volumen Ibidem" - dort entdeckte er den *Codex Calixtinus*. Für ihn stellt der *Codex* in erster Linie "V. libros continens de miraculis Apostoli prelibati" dar. Das deckt

---

[29] Hier und im folgenden zitiert nach Vielliard [5]1978, 126.

[30] Vgl. Kap. II, 1 der Arbeit.

[31] Vgl. Kap. II, 1 der Arbeit.

sich mit dem, was der Kompilator[32] zu Beginn des *Liber Sancti Jacobi* als seine Absicht erklärt,

> "diligenter scribebam, ut in uno uolimine ea comprehendere potuissem quatinus Sancti Iacobi amatores apcius simul inuenirent ..."[33]

Arnaldus de Monte exzerpiert aus den fünf Büchern des Codex für seine heimische "basilica", unter deren Altären einer Jakobus zum Titularheiligen hat – "sub sepe nominandi apostoli titulo"[34] –, aus Zeit- und Kostengründen nur eine Auswahl:

> "Verum tamen cum copiam sola voluntas ministraret, suptuum vero penuria et temporis me coartaret angustia, de .V. libris, .III. transcriptos atuli, secundum scilicet et tercium et IIII^{um} in quibus integre miracula continentur atque translacio apostoli ab Jherosoliminis ad Yspanias et qualiter Karolus magnus domuerit et subjugaverit jugo Xpisti Yspanias. De primo quidem aliqua licet pauca de dictis Calixti secundi sollegi, in presenti volumine conscripta."

Für *Liber V.*, den Pilgerführer, den er in Auszügen kopiert[35], gibt er eine Inhaltsangabe, die sich weitgehend mit der Vorlage deckt, allerdings unter Auslassung pilgerspezifischer Vollzugsperspektiven, wie Cap. II *De dietis apostolici itineris*, Cap. IIII. *De nominibus viatorum Sancti Jacobi* und Cap. XI. *De peregrinis Sancti Jacobi digne recipiendis*; sie rubriziert er nur als topographische Informationen. Dieser Rezeptionsbeleg ist ein exemplarisches Beispiel für die Disposition, einerseits den Wunsch zur Jakobuspilgerfahrt zu hegen, andererseits einen *Guide* oder ein Itinerar als topographisches und historiographisches Wissen zu klassifizieren. Mit dieser Haltung wird Arnaldus de Monte in der weiteren Rezeptionsgeschichte des *Liber V.* bestätigt. Wichtig ist ihm die hagiographisch-historische Information der Bücher des *Codex Calixtinus* als "libri de miraculis", die er, mit klarer Anweisung für den Gebrauch hagiographischer Texte, aufschreibt: "quid autem legendum sit in ecclesia sive in refectorio"[36], wozu er auch einige *sermones* aus *Liber I.* exzerpiert. So gibt es auch das *Incipit* zu *Liber II.*, dem Mirakelbuch des *Codex Calixtinus* vor:

---

32 Zur terminologischen Entscheidung und paläographischen Begründung der Termini 'Kompilator', 'Autor' im Kontext des *Liber Sancti Jacobi*: vgl. Herbers 1984, bes. 58, Anm. 2 und ff.

33 *Lib. I, Liber Sancti Jacobi*, ed. Whitehill 1.

34 Vgl. Vielliard ^{5}1978, 130.

35 Zur Beschreibung des Manuskriptes von Ripoll vgl. Beer 1908, sowie Vielliard ^{5}1978, XX ff.

36 Vgl. Vielliard ^{5}1978, 130.

> “Summopere precium est beati Iacobi miracula ad decus domini nostri Jhesu Christi *scripture tradere et memorie eternaliter commendare.* Dum enim sanctorum exempla a *peritis narrantur, auditorum corda* ad patrie celestis dulcedinem et amorem pie excitantur.”[37]

Ähnlich das Exordium des Codex, differenziert nach *Missarum sollemnia* und Meßproprien des Gottesdienstes im Unterschied zum monastischen Officium:

> “Sed quid de illo in ecclesia debeat legi nobis insinuandum. Quicquid scribitur in duobus primis codicibus usque ad consimile signum huius signi, quod est ☧ Ihesus Christus, in ecclesiis prout ordinatum est *ad matutinas et missas decantetur et legatur.* Est enim autenticum magnaque auctoritate expressum. Et quicquid post signum illud in sequentibus scribitur, *in refectoriis ad prandia legatur.* Ingentis tamen auctoritatis est, sed que in duobus primis codicibus habentur, satis sufficiunt *ad matutinas legendum.* Sique omnes sermones et miracula beati Iacobi que in hoc codex continentur, diebus festis eius pre magnitudine sua *legi in ecclesia nequeunt,* postea per unamquamque ebdomadam tali scilicet die qua eius festiuitas olim fuit *in refectorio saltim legantur.*”[38]

Die Funktion “legendum in refectorio” bezieht sich auf die Praxis der *lectio* als Teil des monastischen Officiums in der klösterlichen Gemeinschaft:

> “When matins were finished, the legendary was not shut; public reading was repeated in the cloister, the chapter, the refectory, and even during manual labour. This *lectio* was ‘not merely a sort of music required by ceremonial’, but also served for instruction, exhortation, and meditation. The presence of relics and the regular observance of saint’s days also led to more serious hagiographic education.”[39]

“Legendum in ecclesia”: damit ist für die wichtigere zweite avisierte Publikumsgruppe des *Codex*, für den Klerus als Multiplikator für das

---

[37] *Liber Sancti Jacobi*, ed. Whitehill 259.

[38] *Liber Sancti Jacobi*, ed. Whitehill 2. Hervorhebungen durch die Autorin.

[39] Stock 1983, 72.

Kirchenvolk der Laien, die Referenz auf homiletische Praxis gemacht, also die Vorbereitung der Übersetzung oder Spontanübersetzung aus Exempla-Sammlungen für den *sermo* in der Volkssprache, im beständigen Kampf mit der Predigtmüdigkeit der Laien, wie M. Zink gezeigt hat[40]. Der *Liber Sancti Jacobi* richtet sich dabei dominant an ein Kirchenvolk von Pilgern: "Gens audiat hec peregrina."[41] Der *Pseudo-Calixtus* kritisiert jedoch bereits eine liturgische und homiletische Praxis, wie sie B. Stock rekonstruiert:

> "... saint's lives were adapted to differnt audiences and occasions. Homiletic versions furnished the material for haranguing pilgrims. They were simple in form, and normally preached in the vernacular. In an effort to accomodate themselves to an unsophisticated audience, de Gaiffier remarks, they often 'counted on the ignorance they proposed to remedy'. Yet such rough-and-ready texts perhaps created the first lay listening audiences."[42]

"Rough-and-ready texts" scheinen an der Tagesordnung gewesen und die Ignoranz auf Seiten des Klerus als mindestens ebenso anstößig empfunden worden zu sein wie auf Seiten des Kirchenvolks, wenn der Pseudo-Calixtus in seiner *summa* des Jakobuskults normativ Kultfehler zu tilgen, Kultmobilität zu arretieren und korrekten Kultvollzug zu fixieren versucht. Kritik betrifft schon die *mouvance* unterschiedlichsten hagiographischen Materials über *Passio* und *Translatio* des Jakobus, die bereits in die Überlieferungstradition des Schriftraums eingedrungen ist, wie vor allem die Verwechslung des Jacobus maior mit Jacobus minor:[43]

> "Sed non sunt ea apocrifa reticenda, ymo *sunt narrando sine corripienda*, que multi insensati turpe etiam in heresim labentes, de hoc Iacobo et de eiusdem translacione *dicere utuntur, et quod peius est mendosa penna scribere* presumunt."[44]

Ein zweiter Kritikpunkt betrifft die unkorrekte liturgische Handhabung der Meßproprien, die mit einer Serie von Fehlern im Vollzug aufgezählt und einzeln korrigiert werden:

> "Responsoria et missarum cantica que de euangeliis edidimus et in hoc libro scripsimus, nemo cantare dubitet. Set nonnulli qui dicunt

---

40 Zink 1976.

41 *Liber Sancti Jacobi*, ed. Whitehill 4.

42 Stock 1983, 72 f.

43 Vgl. "Veneranda dies", *Liber Sancti Jacobi*, ed. Whitehill 144; vgl. Dokumentation; vgl. Chocheyras.

44 "Veneranda dies", *Liber Sancti Jacobi* 144. Hervorhebungen durch die Autorin.

esse apocrifa responsoria passionis sancti Iacobi, 'Apostolus Christi Iacobus per sinagogas ingrediens', eo quod cuncta que in passionibus apostolorum scripta habentur, non apud omnes pro magna auctoritate recipiuntur. Alii cantant ea, alii non cantant. In urbe tamen qua fueret edita, non ad plenum cantantur."[45]

Bewußt wählt der Pseudo-Calixtus daher ein von der theologischen Gelehrtenkultur her angreifbares schlichtes Sprachniveau, *dictatus levis*, da er ein Lesepublikum von Klerikern für den *Liber Sancti Jacobi* voraussetzt, das, wie jenseits der cluniazensischen Klerikerimmigration für das spanische Mittelalter charakteristisch, das Lateinische nur unzureichend beherrscht:[46]

> "Nemo igitur hunc despiciat librum, cum inuenerit in eo *leueum dictatum.* Idcirco enim *leui dictatu nostros sermones in eo scripsimus, ut tam imperitis quam peritis aperirentur.* Multi quod non intelligunt despiciunt; Franci Theutonicos et Romani Grecos despiciunt, eo quod eorum linguam minime intelligunt. Si cotidie audio predicantem Grecum aut Theutonicum et non intelligam, que utilitas est michi? Quapropter super quatuor euangelia et super prophetas, exposiciones dudum sancti protenderunt, quia minime intelligebantur. Si mihi panem non incisum ad mensam dederis, letus accipio. Si abscisum, lecior suscipio. Parum proficit crusta donec appareat mica. Sincerus potus quid in se latet clarius ostendit. Sincerus et apertus occulus clarius uidet quam obscurus aut clausus. Candela clara que cunctis circumadstantibus dat lumen, magis proficit, quam ea que aliis prebet et aliis negat. Sic igitur omnibus patefactum est opusculum istud, ut tam *peritis arte gramatica, quam non intelligentibus magna, proficiat.*"[47]

Der *dictatus levis* meint also nicht "style oral et ton populaire", wie M. Zink das rhetorische Register der volkssprachlichen Homilie charakterisiert[48], sondern ein auf einen Klerus von "imperiti" mit mangelnder Lateinkenntnis ("ars grammatica") zugeschnittenes Sprachniveau. Die Diskrepanz der Verständlichkeit zwischen "periti" und "imperiti" innerhalb des Klerus wird dabei als vergleichbar hoch angesehen wie die unter den einzelnen Volkssprachen. Gleichzeitig spricht aus diesem Vergleich auch, wie durchgehend im *Liber Sancti Jacobi*, das Sprachbewußtsein

45 "Epistola" Liber I, *Liber Sancti Jacobi*, ed. Whitehill 3; vgl. Dokumentation.

46 Vgl. Rico 1969.

47 "Epistola" Liber I, *Liber Sancti Jacobi*, ed. Whitehill 2. Hervorhebungen durch die Autorin.

48 Vgl. Zink 1976, 276.

eines Klerus, der die Bereitstellung volkssprachlicher Kompetenz für die Versorgung der Pilgermassen mit Predigt und Beichte nicht nur in einer Volkssprache, sondern für alle wichtigen Sprachgruppen zu organisieren hat.

Damit steht der *Liber Sancti Jacobi* in einem Kontext, innerhalb dessen sich schon die Konzilien vor allem des IX. und X. Jahrhunderts um die Etablierung geregelter Predigtpraxis auch beim niederen Klerus sowie um die Volkssprachlichkeit dieser *sermones* bemühen. So der bekannte Passus aus Kanon 17 des Konzils von Tours im Jahr 813:

> "Et ut easdem homilias quisque aperte transferre student in rusticam Romanam linguam, aut Theotiscam, quo facilius cuncti possunt intelligere quae dicuntur."[49]

Der Pseudo-Calixtus insistiert darauf, daß für das Kirchenvolk von Pilgern der Ablauf der Liturgie mit absoluter Korrektheit abgewickelt werden muß. Da es sich über weite Strecken, sowohl bei den melismatischen Gesängen wie beim gesprochenen Wort, um für Laien unverständlichen Text handelt, nimmt das Rital so den Charakter magischer Prozeduren an, die Wirksamkeit jenseits von Verständlichkeit allein durch die korrekte Abfolge der Einzelschritte einer quasi-Zauberregel garantieren.

> "Quicquid enim de sancti Iacobo cantatur, ingentis auctoritatis esse debet. Precipuum famulis illud quoque debet haberi, ut matutinas Iacobi deuocio cleri concelebret. Sit cum responsis lectio trina. Nec desint ore. Gens audiat hec peregrina.
> Hoc faciendum clero sancti Iacobi in eius basilica precipimus cunctis diebus, excepto die Natalis domini et Cene et Parascheue et subsequentis sabbati et Pasche et Pentecostes. Similiter prima missa propria de Sancto Iacobo omnibus diebus pereginis decantetur, exceptis diebus prefatis. Et post primam precem misse, sedule prosequatur pro peregrinis hec oratio: 'Pateant aures misericordie tue, quesumus, domine, precibus supplicantum beati Iacobi peregrinorum, et ut petentibus ... (require retro in I° codice')."[50]

Itinerar

Während *Liber V.* mit den anderen vier Büchern die *Exhortatio* teilt und alle Bücher unterschiedslos zur compostelanischen Pilgerfahrt aufrufen, ist dem *Pilgerführer* ein Charakteristikum der Kommunikationssituation eigen, das seine Ausnahmestellung markiert: Itinerar, Angaben über geographische Alteritäten und Gefahren, logistische Probleme,

---

49 Hier nach Zink 1976, 89.

50 "Epistola" Liber I, *Liber Sancti Jacobi*, ed. Whitehill 4.

Mentalität der 'Eingeborenen', topographische Information werden aus der Erfahrung eigener Pilgerfahrten des Autors Aimeric de Picaud für seine Leser / Hörer zur Information vorab gegeben:

> "Idcirco has villas et prefatas dietas perscriptione restrinxi ut peregrini ad Sanctum Jacobum profiscientes expensas itineri sui necessaria sibi, hec audientes premeditari studeant.
>
> ...
>
> Idcirco hec flumina sic descripsi ut peregrini ad Sanctum Jacobum profiscentes evitare studeant ad bibendum que sunt letifera et eligere valeant que sunt sana sibi et jumentis."[51]

Die verschiedenen Sachverhalte 'muß man wissen' - "sciendum (est)"[52], die Reisenden sollen, "omnibus peritis"[53], alle zu 'erfahrenen' Reisenden gemacht werden. Planen, vorher wissen, Zeit kalkulieren, Ausgaben vorab berechnen - dies scheint uns auf die Mentalität einer skriptural geordneten Welt hinzuweisen, in der bilanziert und administriert werden kann, und die auf planenden Informationstransfer *vor* der Reise rechnet. Die Transmission dieser topographischen und geographischen Wissensbestände unterscheidet sich daher deutlich von den hagiographischen Wissensbeständen des *Guide*, die über die anderen Bücher des *Codex Calixtinus* dominant und detaillierter weitergegeben werden. Die intendierte Kommunikationssituation des *Guide* ist offensichtlich nicht nur für Laien untypisch – noch 1430 macht sich Jobst Keller von Augsburg nach Santiago auf,

> "mais il ne trouvait pas le bon chemin. Trois ans plus tard il entreprit un autre voyage, cette fois il y arrivait - après cinq mois."[54]

Die Kommunikationssituation des *Guide* ist auch für Adel und Klerus atypisch. Im oralen Raum der mittelalterlichen Pilgerfahrt braucht man kein Itinerar, um den Weg machen zu können - man fragt sich durch: 'Wie es weitergeht, sieht man dann schon'. Ebensowenig wird geplant nach Tagesetappen, "diete", und Ausgaben in Münzgeld, "expensas", in einem Raum, in dem *caritas* überall beanspruchbar ist und wo die Berechnung der Meilenleistung pro Tag gewiß nicht der Mentalität der meisten Pilger entspricht. Das Ziel und die topographischen Stationen werden dominant hagiographisch, über Lokalheilige, Lokalmirakel, lokalisierte Anbindungen an die epische Fernvergangenheit in

---

[51] *Guide*, nach Vielliard [5]1978, 8 und 16.

[52] Ebd. 23.

[53] Ebd. 28 f.

[54] Vgl. Mieck 1977a, 212.

der Erinnerung verankert, nicht über Informationen, die der Vollzugsperspektive entstammen. Ein volkssprachliches Itinerar wie das des Seigneur de Caumont von 1417 ist nachträglich rechenhafte Niederlegung von Orts- und Meilenangaben mit Memorialfunktion, nicht prospektive Planung oder Transmissionsmöglichkeit für andere Reisende, die am Schriftraum teilhaben und ein Interesse an der Rechenhaftigkeit einer solchen Reise teilen. Die Pilgerfahrt in der *Terra Sancta* mag die Bibel, die lokalisierten Erzählungen der Bibel als Reiseführer benutzen, um die Orte des Herren und seiner Jünger wiederzufinden[55]; auf der Pilgerfahrt nach Santiago erfolgt die hagiographische Semantisierung lokal im Vollzug 'vor Ort', und aural-auditiv. Nicht als 'Reiseführer' wird der *Guide* verwendet; typisch ist vielmehr die Rezeptionssituation eines Arnaldus de Monte, des gelehrten Leser-Kopisten mit hagiographisch-historiographischem Interesse. Zwischen der Nonne Egeria, die in der Spätantike ihre Pilgerfahrt ins Heilige Land durch religiöse *curiositas* mit Informationen über die Vollzugssituation anreichert und für ihre Klosterschwestern aufschreibt[56], und Felix Fabris "gaistlich Pilgerfart ... gen Compostell" von 1493[57], der ebenfalls für seine Klosterbrüder des Servitenklosters in Ulm breite Schilderungen und Vollzugssituationen schreibt, klafft eine Lücke, in der Aimeric Picauds *Guide* für Jahrhunderte eine Ausnahmestellung einnimmt.

Ob *Hakluytus Postumus or Purchas His Pilgrims*[58], vom Ende des XIV. Jahrhunderts, ob das anonyme Itinerar *Da Veniexia per andar a Meser San Zacomo de Galizia*[59] zwischen 1452 und 1425, ob 1417 Nompar de Caumonts Itinerar: die Nomenklatur der Orte wird im Mittelalter mit allenfalls formelhaften Epitheta ergänzt, die fragmentarische, topographische Zusatzinformation, Information über die verschiedenen Münzwährungen "and namez of her silver that they use be alle these waies", oder hagiographisches Lokalwissen formelhaft zitieren. Die Vollzugsdimension wird jedoch kaum bedient mit Charakterisierungen wie

"An so from thennez to Bayons
For so the that is a faire toune"[60]

oder mit der Lokalisierung des Hühnermirakels in dem anonymen italienischen Itinerar:

---

[55] Vgl. Kötting 1950.

[56] Z. B. Kötting 1950; vgl. ed. Maraval 1982.

[57] *F. Felicis Fabri Evagatorium in Terrae Sanctae, Arabiae et Egypti peregrinationem*, ed. C. D. Hassler (1843) Stuttgart.

[58] Vgl. Purchas (1421–1422).

[59] Vgl. *Da Veniexia* (1352–1425).

[60] Nach King 1920, t. III, 569.

"de la solfera a san domenigo de la in calzada.
Ella si e el gallo ella gallina."[61]

Punktuelle Fixierungen wie diese fungieren als Zitat, als Stichwort *für* Erinnerung und Transmission, die nicht skriptural, sondern oral-auditiv organisiert ist.

Geographische Alterität / Gefahren

Mit Information und Vorwissen aus dem Schriftraum begibt sich der Reisende des *Guide* in typische, erwartbare Gefahrensituationen des oralen Raumes. Dort ist auf Schrift kein Rekurs, um beständig verletzte, schriftlich festgelegte Rechte und Rechtsansprüche der Pilger einzuklagen: das ist die durchlaufende Aporie dieser Vollzugssituationen des *Liber V*.[62]

Zwei Episoden bieten im Vergleich aufschlußreiche Rekonstruktionsmöglichkeiten sprachlicher und gestisch-körperlicher Kommunikationsformen, die einzigartig in der Verschriftlichungsgeschichte der Santiagopilgerfahrt vor dem XV. Jahrhundert sind.

Die erste Episode spielt am "Rivus saladus" in Navarra[63], wo zwei messerwetzende Einheimische – "duos Navarros sedentes, artavos suos acuentes" – den durchziehenden Jakobuspilgern auf deren Fragen mit Absicht fälschlich versichern, das Wasser des Flusses sei "sana ad potandum". Zwei der Pferde gehen jedoch nach dem Tränken sofort ein, und die Navarreser stechen sie, wie gewohnt, gleich ab und häuten sie.

Bei dieser Episode läuft die Interaktion der Reisenden mit den Einheimischen zunächst über Sprache, ermöglicht durch Fremdsprachenkompetenz der gebildeten Pilger: "nobis interrogantibus" – "mencientes dixerunt". Das Sprachbewußtsein des französischsprachigen Autors, des für sein heimisches Publikum, "nostra gens gallica", schreibenden Aimeric de Picaud, registriert durchlaufend das Baskisch der Navarreser als "lingua barbara", und biete dafür eine Übersetzung wichtiger Wörter in Form eines kleinen Reiselexikons[64]. Ein solches Reiselexikon, von sprachgeschichtlicher Bedeutung wegen seiner Erstnachweise des Baskischen, ist erst wieder im XV. Jahrhundert im Reisebericht des Arnold von Harff zu finden[65]. In Situationen wie diesen funktioniert zwar offen-

---

61 *Da Veniexia*, 500.

62 So auch *cinnatores* = Räuber und Mörder in "Veneranda dies", *Liber Sancti Jacobi*, ed. Whitehill, 33, vgl. Dokumentation.

63 Vgl. Vielliard ^{5}1978, 12 f.; vgl. Dokumentation.

64 Vielliard 26 ff.

65 Vgl. Harff (1496–1499), 1860, 227 f.

sichtlich eine rudimentäre Zweisprachigkeit in der fremden Volkssprache, aber ohne Auswirkung oder Korrektur des Statusnachteils der Pilger.

In der Episode mit den navarresischen Fährleuten, die zu Unrecht von den Pilgern Geld fürs Übersetzen erpressen[66], findet dagegen Interaktion ohne Sprache statt, stattdessen dominieren gestisch-körperliche bis gewaltsame Regelungen der Situation. Was den Fährleuten mit der "lingua barbara" verweigert wird, nehmen sie sich mit Gewalt: "vi etiam indigne capiunt", obwohl Pilger von derartigen Abgaben eximiert sind. Die Beschreibung macht deutlich, daß mit Stöcken gedroht, bei Verweigerung der Zahlung mit diesen Stöcken auch geprügelt und der Pilgerkörper bis zu den Geschlechtsteilen einer Leibesvisitation auf Münzgeld unterzogen wird.

Beide Situationen geben ein Bild davon, daß in diesem oralen Raum gestisch-körperlich interagiert wird, daß auch Fremdsprachenkenntnis entbehrlich ist, und daß im Schriftraum verbriefte Rechte von noch so großer Autorität und Dignität nicht durchgesetzt werden können. Die folgende rituelle Anrufung der lokalen Autoritäten "quapropter precipimus et exoramus" und die Drohung mit Exkommunikation und dem Schwert des Anathems ist genau dies und nicht mehr: rituelle und zufällige, nicht systematische und flächendeckende Strafe mit geringem Risiko angesichts von hilflosen, mit Rechtsansprüchen argumentierenden Beschwerdeführern. Der Nutzen von in Schriftform mitgeführten *Salvoconductus, Compostelana* und ähnlicher Geleitbriefe ist also auf die Situationen begrenzt, in denen die Dokumente schriftkundigen Institutionen am Ort vorgelegt werden können, oder in denen ein eigenes Gefolge physisches Gegengewicht garantiert.

Daß der Geltungsbereich eines legislativen Schriftraums gegenüber der Persistenz der wuchernden Praktiken des Oralitätsraums nicht nur durchwegs, sondern auch innerhalb der Städte nicht durchgesetzt werden kann, zeigt exemplarisch unter anderem die große Predigt *Veneranda dies* des Pseudo-Calixtus in *Liber I.* mit der programmatischen Invektive gegen betrügerische Wirte, Händler, Geldwechsler, gegen Mörder und Räuber, die "cinnatores"[67]. Das berühmte 'Hühnerwunder', das unter anderen Städten auch in Santo Domingo de la Calzada lokalisiert ist, gewinnt so eine zusätzliche Dimension, wenn der Betrug der verbrecherischen Herbergsleute zum Galgen für den unschuldigen Sohn der Pilgerfamilie führt, von dem ihn nur Jakobus oder Maria durch ein Wunder retten kann[68], nicht irdisches Recht. Dies geschieht in einer Stadt, durch deren *fueros* etwa gleichzeitig mit der Datierung dieses Wunders

[66] Vgl. Dokumentation; Vielliard 20–24.

[67] Vgl. Anm. 62.

[68] Vgl. Cantiga 175 der *Cantigas de Santa Maria*. Vgl. Dokumentation.

der Schutz der Pilger explizit in das Lokalrecht aufgenommen war[69], der im XIII. Jahrhundert im alfonsinischen Gesetzeswerk der *Siete Partidas* auf überregionale Ebene neuen Geltungsanspruch erhält[70]. Quantitativ dominante Schriftspur von Vollzugssituationen der Pilgerfahrt scheinen also gerade nicht die Deskriptionen des *Guide* zu sein, die singuläre Ausnahme bleiben und ihre frühesten Pendants erst im XV. Jahrhundert erhalten, sondern die Mirakel.

Mirakel / Exempel

Vollzugssituationen der Jakobuspilgerfahrt lassen sich, so scheint es nach dem bisher Gesagten, am leichtesten über Mirakel fassen und dingfest machen. Die Situationen, in denen wunderbare Hilfe not tut, sind die typischen, erwartbaren und bekannten Gefahren und Mühen der Pilgerfahrt und als solche auch zahlreich in den Mirakeln und Exemplen des *Liber Sancti Jacobi* vertreten: Betrug der Wirte, Verweigerung des Herbergsrechts, Verweigerung der Bitte um Nahrung, Gefangennahme unterwegs, Seenot.

Neuzeitliche Erwartungen an Situationsschilderungen und Deskription dessen, 'wie es wirklich gewesen ist', werden jedoch schnell enttäuscht. Die Mirakel bieten eindeutig weniger an 'Situation' als das, was sich oben aus dem Ausnahmefall des *Guide* rekonstruieren ließ.

Dieser Sachverhalt wird erklärbar, wenn man sich vergegenwärtigt, daß Mirakel und Exempel gerade keine solchen Ausnahmefälle, sondern eine der dominanten Regelfälle von Verschriftlichung im Mittelalter darstellen. Diese Gattung präsentiert nicht Situationen des Vollzugs, sondern thematisiert die beispielhafte Auslegung von Situationen unter dem Kriterium von Lohn / Strafe für tugendhaftes / sündhaftes Verhalten. Insofern stehen Mirakel und Exempel im Kontext unserer Analyse von Verschriftlichungssituationen der Pilgerfahrt entgegen aller Vorerwartung wesentlich näher am Bereich des 'Raums der Programmatik'[71] und nicht im Zentrum des Vollzugsraums. Mit sieben Thesen sollen im Anschluß an neuere Forschungen zum Status hagiographischer Texte als Gattungen historiographischen Wissens im Mittelalter[72] Kommunikationssituation, Kommunikationsraum und Funktionen der mittelalterlichen Jakobusmirakel umrissen werden.

---

[69] Vgl. Dokumentation; in Auszügen bei Menendez Pidal ³1983, 262: *Fuero de Santo Domingo de la Calzada*, Lib. IV, tit. XXIIII, "De los romeros".

[70] Vgl. Spangenberg 1988.

[71] Vgl. Kap. IV,5 der Arbeit.

[72] Gumbrecht 1987c; Gumbrecht / Link-Heer / Spangenberg 1987a; Jauß 1975, 311–314; Ebel 1965; Spangenberg 1987.

1. Die Gestalt der Historiographie des Mittelalters, die zentral durch das Fehlen eines Konzepts von 'Entwicklung' charakterisiert ist, manifestiert sich in der allgegenwärtigen textuellen Makrostruktur der Genealogie und in der textuellen Mikrostruktur des Exempels als dominantem Narrationsmodus:

> "Die Pragmatik des Exempels ist in Genealogie als Grundelement des sozialen Wissens fundiert, Genealogie als Grundelement des Wissens bedarf der Aktualisierung in der allgegenwärtigen textuellen Form des historischen Exempels."[73]

2. Mittelalterliche Hagiographie läßt sich unter funktionsgeschichtlicher Perspektive als "das am ehesten epochentypische Pendant zu den antiken *exempla maiorum*" beschreiben. Unter pragmatischer Perspektive erscheint daher die Unterscheidung von 'historischen' vs. 'fiktionalen' Exempeln nur noch wenig sinnvoll, wenn Autoren wie Publikum der Zeit sich über die historische Authentizität hagiographischer Texte einig sind[74].

3. Diesen Funden entspricht die Präsentation des Mirakelmaterials im *Liber Sancti Jacobi*, dessen Kompilator die Termini *miraculum* und *exemplum* funktionsgleich verwendet[75] und beide durch exakte Datierung mit Jahreszahlen wie auch durch den Anspruch des Exordiumstexts des Codex "istorialiter scribuntur"[76] als historisches Wissen kennzeichnet.

4. Heiligenviten lassen sich nach einer ebenfalls von H. U. Gumbrecht rekonstruierten Funktionsgabelung in Protagonistenrollen des 'Tugendbolds' und des 'magischen Helfers' trennen[77]. Die 'Tugendbold'-Variante erlaubt 'imitatio als Nachahmung' eines vorbildhaften und vorbildhaft belohnten heiligen Lebens, oder aber, in Anpassung an steigendes Sündenbewußtsein des Spätmittelalters, *imitatio als Nachfolge* "im Bewußtsein der Unvereinbarkeit" von fehlerhaftem eigenen Leben und der *perfectio* des Heiligenlebens[78].

Die Beanspruchung des Heiligen als magischem Helfer in Notsituationen, ungeachtet vorherigen guten oder schlechten Lebenswandels, antwortet dagegen auf eine Sündengewißheit, der nicht mehr strukturell

[73] Gumbrecht / Link-Heer / Spangenberg 1987a, 1140 und oben 1150.

[74] Gumbrecht 1987c, 899 f.

[75] Vgl. *Liber Sancti Jacobi*, z. B. 259 sowie Capitulum-Titel von Liber II; vgl. Herbers 1984, 113, Anm. 30.

[76] Vgl. *Liber Sancti Jacobi* 3.

[77] Vgl. Gumbrecht 1979a.

[78] Vgl. Gumbrecht 1987c, 900 und Jolles 1930, für die Bedeutungsmöglichkeiten von *imitatio* als 'Geistesbeschäftigungen', die die Gattung 'Legende' charakterisieren (23–61).

durch gute Lebensführung und Vertrauen auf Werkgerechtigkeit, sondern nur noch punktuell und situativ durch Anrufung magischer Retter und Befolgung magischer Riten begegnet werden kann.

5. Für Jakobus ist, wohl nicht zuletzt wegen der äußersten Knappheit der überlieferten *Vita*, die ein 'Tugendbold'-Verhalten nur im letzteren Lebensabschnitt, der *Passio*, tradiert, die Funktion des magischen Helfers dominant. Diese Konstruktion scheint vor allem funktional auf die Anforderung zu antworten, die im Vergleich zu Rom und Jerusalem 'neuen' Pilgerorten des *Camino* und die 'neuen' *rutas jacobeas* mit 'neuen' Jakobusmirakeln aus der Nahvergangenheit des XI. und XIII. Jahrhunderts des *Liber Sancti Jacobi* auszustatten, in denen Jakobus postum seine Wirkungsmächtigkeit als magischer Helfer, und zwar spezifisch als Pilgerhelfer in typischen Situationen der Pilgerfahrt, beständig unter Beweis stellt.

6. Die Jakobus-Mirakel antworten erfolgreich auf drei strukturelle Probleme mittelalterlicher Pilgerfahrt, die nur situativ, symbolisch und rituell, nicht aber systematisch, zuverlässig und flächendeckend zu lösen waren. So konnte (1) den Gefahren unterwegs durch Krankheit, Tod, Unglücksfälle, Schaden durch Naturgewalten etc. nur durch mirakulöse Lösungen der Anrufung des zuständigen Kompetenzheiligen Jakobus abgeholfen werden. Ebenso ließ sich (2) die Respektierung der Rechte der Pilger auf friedlichen Durchzug, körperliche Unversehrtheit, caritas, Herberge und Nahrung[79] etc. im Mittelalter nicht systematisch durchsetzen, sondern wurde symbolisch durch exemplarische Verteilung von Lohn / Strafe in den Mirakelerzählungen für die Laiendidaxe vergegenwärtigt. Auch die Ambivalenz der Semantisierung des Körpers (3), das heißt: der sakralisierenden Disziplinierung des Körpers gegen die Verlockungen des 'Pilgerfahrt macht frei' ließ sich – noch – nicht über den Zivilisationsprozeß und, zum Beispiel, das protestantische Gewissen regeln, sondern mußte magische Nothilfe bei schuldhafter Verfehlung oder nicht schuldhafter Verwirrung durch den Teufel anbieten[80].

Jakobus muß dann auch nicht unbedingt, wie in den Mirakeln von Liber II., über Intervention oder Interzession erscheinen; vielmehr kann, wie in den Mirakeln von *Liber I.* und *V.*, der Raum der Jakobs-Pilgerwege automatisch zum 'Strafraum' für Fehlverhalten werden[81].

7. Dieses Mirakelcorpus von Liber II. wird in der Libellus-Version des

---

[79] Vgl. Dokumentation: Mirakel "Quod peregrini sint recipiendi", *Liber V, Liber Sancti Jacobi*; Hühnerwunder.

[80] Vgl. Dokumentation: Varianten des Pilgersuizids.

[81] Vgl. Anm. 79: "Quod peregrini ...".

Liber Sancti Jacobi in lateinischer und volkssprachlicher Form vielfach zusammenhängend kopiert[82].

Ausgewählte Mirakel gehen darüberhinaus in die großen Exempla- und Mirakelsammlungen und in die Legendarien des Mittelalters ein: in die *Legenda aurea* des Jacobus a Voragine, in den *Dialogus miraculorum* des Caesarius von Heisterbach, in das *Speculum historiale* des Vincent de Beauvais[83].

Seit dem XIII. Jahrhundert werden Jakobusmirakel auch auf Maria transferierbar und rücken in das Textcorpus marianischer Frömmigkeit ein: in die *Cantigas* Alfons' des Weisen, in die Marienmirakel Berceos und Gautiers. Das Corpus der Jakobusmirakel geht somit in die Kontexte unterschiedlichster Kommunikationssituationen und Kommunikationsräume ein. In den großen lateinischen Exempelsammlungen des Hochmittelalters in einen Kontext der "Stützung kosmologischer Spekulationen mit Anpassung an die Bedürfnisse der Predigtpraxis"; homiletische Praxis und *aedificatio* bestimmen auch den Kontext der *Legenda aurea* für die Laiendidaxe; bei Gautier de Coinci treten auf Maria transferierte Jakobusmirakel in den Kontext der Opposition von Marienfrömmigkeit als spezifischer Devotionsform gegenüber einer als überkomplex erfahrenen Umwelt der französischen Städte; bei Berceo in den Kontext des *mester de clerecia*, mit dessen Hilfe "Kleriker Grundbestände religiösen, historischen und geographischen Wissens des Christentums an ein ungebildetes oder in islamischer Kultur sozialisiertes Publikum" vermittelten, in Rücksicht auf dessen Unterhaltungsbedürfnisse; mit den Cantigas treten die auf Maria transferierten Jakobusmirakel in den Kontext des *Corpus Alfonsinum* und dessen Impetus zur "Stiftung einer kollektiven Identität des christlichen Spanien". Gemeinsam ist ihnen in der mentalitätshistorischen Affinität von Historiographie und Hagiographie die Kommunikationssituation der Laiendidaxe, in der Kleriker unter Rücksicht auf die Unterhaltungsbedürfnisse eines nicht gebildeten Publikums um anschauliche Vermittlung von Handlungs- und Verhaltensnormen bemüht sind, wobei ihnen auch ein Bedürfnis ihres Publikums nach "quasi-magischer Vergegenwärtigung" der Wunderkraft der Heiligen durch Narration entgegenkommt[84].

---

82 Vgl. z. B. die galizische Version aus dem XV. Jahrhundert: Pensado ed. 1958, Martins ^{2}1957.

83 Hier und im Folgenden vgl. Dokumentation; vgl. Bibliographie unter den Autoren; zum Kontext vgl. Welter (1927a) mit Verweis auf Jakobusmirakel in Exemplasammlungen 132, 168, 185, 270, 292, 303, 312.

84 Vgl. Gumbrecht 1987c, bes. 900, 922, 924, 929, 949. Zur *Legenda aurea*; vgl. Boureau 1987; zu Gautier vgl. Spangenberg 1987, z. B. 119.

Liturgie: Körper und Sprache, Riten und Gesten

Eine weitere Spur für den möglichen Eingang von Vollzugssituationen der Pilgerfahrt in Schrift stellt der Gattungskontext der Liturgie bereit. *Missale* und *Pontificale, Rituale* und *Sacramentale* enthalten als Regiebuch und Inszenierungsvorschrift für das kultische Drama der Meßfeier[85] und für Zeremonialabläufe des kirchlichen Lebens außerhalb der Meßfeier neben dem Textteil der Formulare stets *Agenden*, deren choreographische Notationen die symbolischen Körperbewegungen, Gesten, Gewänder, Musik- und Gesangseinsatz, Beweihräucherung etc.[86] im Sakralraum der Kirche oder in den anlaßbedingt anderen sakralisierten Räumen rituell regeln.

Sobald Vollzugssituationen von Pilgerfahrt daher in den Beobachtungsbereich und in den regulativen Bereich des liturgischen Blicks eintreten, entsteht hier eine weitere selektive Verschriftlichkeitsmöglichkeit für Körperbewegungen in rituellen oder als solchen wahrgenommenen Kontexten aus Klerikerperspektive. Damit werden erneut Situationen verschriftlicht, die sich erst im XV. Jahrhundert wieder beschrieben finden.

So verschriftlicht der *Guide* paraliturgische Situationen, *Liber I.*, liturgische Situationen nach dem Gattungsvorbild der Agenden. Die Beschreibung der Ritualwaschung der Pilger bei Lavacollo, kurz vor der Ankunft in Compostela, ebenso wie die Beschreibung der Riten der Pilger am Karlskreuz in Ronceveaux durch den *Guide* stellen Ausnahmesituationen des Eingangs von Körper- und Vollzugsdimension in Schrift dar, die sich vor dem XV. Jahrhundert nicht wiederholen.

Auch im liturgischen Kontext des *Liber I.* und in der Konstitutionaliensammlung der Kathedrale von Santiago aus dem XIII. Jahrhundert[87] findet die Vollzugsdimension breit Eingang über die Beschreibung von rituellen Körperbewegungen im Ablauf von Zeremonialhandlungen. Es handelt sich dabei um unterschiedliche Kommunikationssituationen, die den Eingang dieser Dimension in Schrift möglich machen.

Im Fall der Beschreibung der Ritualwaschung in Lavacollo, dem *Lavamentuala* des *Guide* –

---

[85] Vgl. Jungmann 1962; vgl. Suntrup 1978, 77–88: "Die Messe als Kampf – Die Messe als Gerichtsverhandlung – Die Messe als Tragödie".

[86] Vgl. Suntrup 1978; Sauer ^{2}1964. In bezug auf die liturgiegeschichtliche Einordnung vgl. Schmidt 1960 (besonders zur Funktion von Musik und Gesang in der Liturgie), Jungmann 1962, ^{3}1962a (hier auch zur mozarabischen Liturgie); Silagi ed. 1985 (zu Melismatik und Responsorien).

[87] S. Dokumentation.

"... fluvius quidam qui distat ab urbe Sancti Jacobi duobus miliariis in nemoroso loco, qui Lavamentula dicitur, idcirco quia in eo gens Gallica peregina ad Sanctum Jacobum tendens, non solum mentulas suas verum etiam tocius corporis sui sordes, apostoli amore lavari solet, vestimentis suis expoliata"[88] –

handelt es sich wie im Fall der paraliturgischen Choreographien am Karlskreuz in Roncevaux als Stelle des episch-mythischen, symbolischen Übergangs nach Spanien um die Klerikerperspektive aus der Gelehrtenkultur, mit der Aimeric volksfromme "mores" der *culture populaire* mit dem Beschreibungsinventar und Notationssystem der Meßritualien und Agenden notiert, um auch diese Information in seinem Programm des *sciendum est* an sein Publikum von Kleriker-Kollegen zur Diffusion weiterzugeben, das diese Praktiken mit Skepsis oder zumindest Ambivalenz betrachten dürfte. Er erscheint hier in einer ähnlichen Rolle wie Bernard d'Angers, wenn er die oralen "mos ab antiquis" um die *Miracula Sancte Fidis*, der Sainte Foy, aus der Gelehrtenperspektive erfragt, unter Klerikern erörtert und aufschreibt[89]. Auch Aimeric schildert in beiden Fällen die herkömmlichen Bräuche: in Lavacollo "gens peregrina ... la vari solet"; am symbolischen Ort des Karlskreuzes auf der Höhe des Berges über Roncevaux:

"In terram etiam Basclorum, via Sancti Jacobi est excellentissimus mos quod dicitur Portus Cisere, aut quia *porta Yspanie* ibi habetur aut quia per illum montem res necessarie de alia terra ad aliam transportantur; cujus ascensus octo miliariis et descensus similiter octo habetur. Sublimitas namque ejus tanta est quod visa est usque ad celum tangere, cujus ascensori visum est propria manu celum posse palpitari; de cujus fastigio potest videri mare Brittannicum et occidentale et hora etiam trium regionum, scillicet Castelle et Aragoni et Gallie. *In sumitate vero ejusdem montis est locus quod dicitur Crux Karoli* quia super illum securibus et dolabris et fossoriis ceterisque manubriis, Karolus cum suis exercitibus in Yspaniam pergens, olim tramitem fecit signumque dominice crucis prius in eo elevavit et tandem, flexis genibus, versus Galleciam Deo et sancto Jacobo precem fudit. *Quapropter peregrini, genua sua ibi curvantes versus Sancti Jacobi patriam, ex more orant et singuli singula vexilla dominice crucis infigunt.* Mille etiam cruces ibi possunt inveniri; unde primus locus orationis Sancti Jacobi ibi habetur."[90]

---

88 Vielliard^{5}1978, 16.

89 Stock 1983, 68 ff.

90 Vielliard 24, Hervorhebungen durch die Autorin.

Aus der Perspektive des liturgischen Blickes werden hier exemplarische *rites de passage* auf dem Weg zum Heiligtum verschriftlicht.

Anlaß ausführlichster Niederlegung und Fixierung in Schrift war das komplizierte Regelwerk, mit dem im XIII. Jahrhundert die Niederlegung der Pilgerspenden an den verschiedenen Altären und damit die Verteilung für die verschiedenen festgelegten Bestimmungszwecke geordnet wurde. Das Dokument aus der Konstitutionaliensammlung der compostelanischen Kathedrale, das aus der Mitte des XIII. Jahrhunderts stammt[91], erfaßt aber auch, da von ritueller Bedeutung, die Vollzugsvorschriften der Bewegungsabläufe und Zeremonien zwischen Klerus und Pilgern bei diesem Anlaß.

Die komplexe Binnen-Sakralgeographie der Jakobuskathedrale und die Zahl der verschiedenen Spendenorte in ihr machte eine genaue Festschreibung dieser Vielzahl von Ansprüchen auf die *ofrendas* und *oblaciones* der Pilger ebenso nötig wie die Organisation des rituellen Ablaufs, mit dem die Pilger in einer bestimmten Reihenfolge zu diesen Spendenpunkten dirigiert werden mußten. Da in Verbindung mit der *oblación*, die am Morgen nach dem Ankunftstag und nach der Vigil in der Kathedrale stattfand, die Indulgenzien erteilt wurden, war gleichzeitig die Beschreibung der vorgeschriebenen paraliturgischen Choreographie und zwischen Klerus und Pilgern der Kleiderordnung für den Klerus erforderlich, mit denen Ort und Modus der *oblaciones* rituell bezeichnet und gestaltet wurden. Der Text aus den *Constituticiones* der Jakobuskathedrale liefert im Geertz'schen Sinn 'thick description'[92] für diesen komplizierten Ablauf, dessen Regelung für den finanziellen Status der mit Zuwendungen bedachten Institutionen von größter Bedeutung war.

Die Spenden wurden in Form von Münzgeld oder als Sachspenden aller Art, vor allem Wachs und Kerzen, aber auch Schwerter, Kreuze und Glocken, entrichtet und waren dementsprechend in Opferstöcken oder Truhen (arca) niederzulegen. Zu bedenken waren in einem komplizierten architektonischen und rituellen Parcours folgende Spendenpunkte: die "arca de la obra" oder "arca de la fábrica de la Iglesia"[93], also die Dombauhütte, auf die zwar zuerst hingewiesen wurde, an der die Pilger aber erst an dritter Stelle ihre Gaben niederlegen sollten. An erster Stelle stand die Spendenniederlegung am "Altar de Santiago", dem Hauptaltar in der *Capilla mayor*, während die "arca de la obra" außerhalb der *Capilla mayor* liegt,

---

[91] Vgl. Dokumentation mit Nachweis der beiden Textversionen und geraffte Übertragung ins Spanische, bei López Ferreiro 1898, V und Vázquez de Parga I.

[92] Geertz 1973a.

[93] Vgl. hier und im Folgenden Dokumentation.

> "fuera de las rejas de la Capilla mayor del lado del Evangelio y junto a la imágen de Santiago el Menor."[94]

Nach der *depositio* der Spenden am Hauptaltar folgte als nächste Station die "cadena", danach die "arca de la obra", danach die anderen "honores" der Jakobuskathedrale:

> "los demás objetos sagrados que se visitaban por los peregrinos y a los que se hacían ofrendas. Entre ellos se encontraban la Corona, la Cadena y la Cruz que estaba en el Tesoro, aunque la Corona se llevaba a veces al altar mayor precedida de la Cruz. También se mencionan otros honores cuyo sentido ne es fácil de comprender, como *guardarie, madenele* y *carta.*"[95]

Lopez Ferreiro schlägt in seiner monumentalen *Historia de la Santa A.M. Iglesia de Santiago de Compostela* folgende Interpretation für die Bedeutung dieser Spendenpunkte vor:

> "De algunos de esto objetos sagrados que se visitaban y se ofrendaban, no hemos podido penetrar el sentido. Tales son, *guardarie, madanele, Carta*, que se citan en un Cabildo de 19 de Agosto de 1288, (*Tumbo* C, fol. 280). *Madalene* conjeturamos que serían las ofrendas que se hacían en el altar de Santa Magdalena, que estaba detrás del Altar mayor. *Carta*, quizás fuesen las patentes ó compostelas que se daban á los peregrinos para acreditar que habían estado en Santiago. *Guardarie*, tal vez serían las limosnas para los guardas ó encargados de la custodia de ciertos objetos. En la especie de lenguaje taquigráfico que usaban entonces, cualquiera signo, cualquiera indicación era suficiente para hacer comprensibles cosas ú objetos que ahora cayeron en desuso, y cuyo sentido por lo mismo se hizo casi impenetrable."[96]

Jeden Morgen wurden die Pilger mit der Glocke des Hauptaltars zur Frühmesse gerufen. Der Kustos der *arca* und ein Priester standen an der "arca operis", einen langen Stab in der Hand, mit dem die Pilger an der Schulter oder an den Gliedern symbolisch berührt wurden: "en señal de perdón y de que habían tocado la meta de su viaje."[97] Der Priester mußte auf der Truhe stehen, bekleidet mit Soutane und Rochette, dem "superpelicium". Bei der Aufzählung der Indulgenzien oder "perdones" der Santiagopilgerfahrt, deren Mindesttarif die Erlassung eines Drittels

---

[94] López Ferreiro 1898, V, 183.

[95] Vázquez de Parga, I, 149.

[96] López Ferreiro 1898, V, 180, Anm. 2.

[97] Ebd. 183.

der Sünden umfaßte[98], mußte an erster Stelle, vor Nennung aller anderen "honores" der Kathedrale, die "arca de la obra" genannt werden; daraufhin mußte der Priester auf der Truhe in die Aufzählung des dafür Beauftragten einfallen und in den verschiedenen Volkssprachen auf die "arca operis" hinweisen, mit festgelegten Formeln für die *Francigeni*, für die *Lombardi et Tozcani* und für die einheimischen *Campesini*[99]. Danach hatte der Priester auf der "arca operis" zu verstummen, die vollständige Aufzählung der Indulgenzien abzuwarten, bis er die Pilger wiederum in allen Sprachen zu sich rief. Wollten die Pilger nun fälschlich nach dem Ende der Frühmesse hier ihre Spenden für den Jakobusaltar niederlegen, mußte er sie auf den Irrtum hinweisen und auf die Einhaltung der Spendenabfolge achten, die mit dem Hauptaltar begann, wobei die *Tetonici* eine andere Ablaufregelung einzuhalten hatten. Nach der Niederlegung der *ofrendas* gingen die Pilger zur Beichte und erhielten abschließend in der "Capilla del rey de Francia" das Zertifikat für die Ableistung ihrer Pilgerfahrt[100].

Eine weitere Möglichkeit der 'unabsichtlichen' Verschriftlichung von Vollzugssituationen eröffnet im liturgischen Kontext von Buch I. des *Liber Sancti Jacobi* die Beschreibung der Vigilriten, mit denen die Pilger die erste Nacht in Compostela, die Nacht der Ankunft, in der Kathedrale, in unmittelbarer körperlicher Präsenz des Heiligen, zubrachten. Die Beschreibung der Vigilriten steht dabei in zwei verschiedenen Kontexten, die zwei aufschlußreiche Varianten über ein und derselben Situation produzieren. Einmal in der epideiktischen Rede und Exhortatio der großen Predigt "*Veneranda* Dies", die den frommen Zulauf zum Apostelgrab und die Verehrung durch die Pilger aus aller Herren Länder preist:

> "Nimio gaudio miratur, qui peregrinantum choros circa beati Iacobi altare uenerandum uigilantes uidet: *Theutonici* enim in alia parte, *Franci* in alia, *Itali* in alia cateruatim commorantur, *cereos ardentes manibus tenentes*, unde tota ecclesia ut sol uel dies clarissima illuminantur. Unusquisque *cum patriotis suis per se uigilias sapienter agit. Alii citharis psallant*, alii liris, alii timphanis, alii tibiis, alii fistulis, alii tubis, alii sambucis, alii uiolis, alii rotis Brittannicis uel Gallicis, alii psalteris, *alii diuersis generibus musicorum cantando uigilant, alii peccata plorant, alii psalmos legunt, alii elemosinas cecis tribuunt.* Ibi *audiuntur diuersa genera linguarum, diuersi clamores barbarorum loquele et cantilene Theutonicorum, Anglorum,*

98 Vgl. Dokumentation "Indulgencias".

99 Vgl. Dokumentation.

100 Vgl. zur Ankunft der Pilger am Ziel Labande [1]1966, Nachdruck in ebd., 1974, XIV.

Grecorum, ceterarumque tribuum et gentium diuersarum *omnium mundi* climatum. Non sunt loquele neque sermones, quorum non resonent uoces illorum. *Huiusmodi uigilie ibi sedule habentur, alii enim uadunt, aliique recedunt et diuersa munera sacrificant.* Si tristis accedit quis, letus recedit. Ibi semper sollempnitas assidua celebratur, festiuitas sedule agitur, preclara celebritas die noctuque excolitur, laus et iubilacio, gaudium et exultacio iugiuter decantatur. Omnes dies et noctes quasi sub una sollempnitate continuato gaudio ad domini et apostoli decus ibi excoluntur. Ualue eiusdem basilice minime clauduntur die noctuque, et nullatenus nox in ea fas est haberi atra, quia candelarum et cereorum splendida luce ut meridies fulget. Illuc etiam tendunt pauperes, felices, feroces, equites, pedites, satrapes, ceci, manci, obtimates, nobiles, heroes, proceres, presules, abates, *alii nudis pedibus, alii sine proprio, alii causa penitencie liguati ferro. Alii crucis signum ut Greci manibus portant, alii sua pauperibus tribuunt, alii ferrum aut plumbum ad opus apostoli basilice manibus deferant, alii ferreos uectes et maniccas e quibus per apostolum liberantur de iniquorum ergastulis humeris portant, penitencia agentes, delicta lugentes.*"[101]

Einen anderen Kontext der Beschreibung eben dieser Vollzugssituationen der Vigilriten stellt die kritische Trennung des Kultverhaltens der Laien in tugendhafte und sündige Körperpräsenz in der Vigilvorschrift "Que studio ieiunii propriique diuini officii digne celebretur"[102] dar. Sie regelt die Riten der feierlichen großen Nachtwache vor dem Fest des Apostels, deren Bedeutung mit der der Osternächte gleichgestellt wird, und verteilt nun neben Heilschancen auch Verdammungsurteile:

"Hec igitur nox nocti Paschalis sollempnitatis in multis consimilis est. Quoniam sicut illa multis ad saluationem, scilicet *credentibus*, multisque ad dampnationem, uidelicet *non credentibus*, est; *ita hec nox aliis est ad salutem, aliisque ad dampnum.* Qui enim turpia uel inania, *uel ociosa uerba, uel rixas, uel stupra, uel adulteria, uel furta, uel ebrietates, uel comessaciones illicitas comiserint, uel ioccos ioculatorum diuersos fecerint, uel uiderint, uel cantilenas mendosas decantauerint, uel auscultauerint*, nisi resipuerint, profecto dampnabuntur. Qui *uero penitentes* a comissis fuerint, et *candelas ut prefati sumus manibus tenuerint*, et in precibus ac diuinis eliquiis usque ad diem perseuerauerint, procul dubio in perhenni uita meritis apostoli a domino remunerabuntur."[103]

101 *Liber Sancti Jacobi* 149. Hervorhebungen durch die Autorin.

102 *Liber Sancti Jacobi* 11 ff., vgl. Dokumentation.

103 Ebd. 19. Hervorhebungen durch die Autorin. Die Erwähnung der "cantilenas"

Der Pseudo-Calixtus zeigt sich dabei über hundert Jahre später ebenso ambivalent wie Bernard d'Angers angesichts der Vigilriten zu Ehre der Ste. Foy, wo vergleichbare Zeremonien der Volksfrömmigkeit wie Kerzenanzünden und Gesänge stattfinden:

> "Bernard... was struck by the peasant's venerable tradition (*mos ab antiquis*) of celebrating vigils in church with candles and torches on the eve of their arrival at the shrine. While *clerici... litterarum periti* sang psalms, the *ignari* sang *cantilene rustice*, or other frivolities, which he personally felt were inappropriate."[104]

Hier werden über Vollzugsdimensionen der Liturgie in epideiktischer Rede korrekte, kritisch dagegen inkorrekte Vollzugssituationen verschriftlicht, weil die erklärte Intention von *Liber I.* in der Kontrolle ambivalenter oraler Kultpraxis, in Arretieren von Kultmobilität, Tilgung 'falscher' Kultinhalte, Beseitigung von Uneinigkeiten innerhalb des Klerus über verschiedene Versionen durch Schaffung einheitlich normierter Kulturregelungen liegt. Von entscheidender Bedeutung ist, daß es sich hier eben nicht um subjektive Intention eines Autors oder Kompilators handelt, sondern um die Etablierung des Schriftraums als dominantes Notationssystem des Kultraums, und um das Zurückdrängen der Ambivalenzen in den rituellen Vollzügen der oral-auditiven Welt.

Zweihundert, zweihundertfünfzig Jahre später, durch das Auftreten anderer, nicht wie bei Pilgerfahrt über Körperpräsenz und Werkgerechtigkeit organisierter Frömmigkeitsstile modernerer Devotionsformen der Innerlichkeit stellt sich das Kultverhalten der Pilger im Heiligtum des Apostelgrabs den frühneuzeitlichen Beobachtern unter anderen Perspektiven dar als dem *Liber Sancti Jacobi.* Teilte sich die lärmende Reverenz der *vigilantes* gegenüber dem Apostelgrab für den Pseudo-Calixtus noch in heilswürdiges und verdammenswertes Treiben – "ad salutem / ad dampnum" –, so zeigen die Reaktionen des Rozmithal-Begleiters Tetzel

---

in der Volkssprache sowie der "ioculatores" (vgl. auch Anm. 101) ist im Kontext der Diskussion um die mündliche Tradition der Wissensvermittlung über den Camino von Bedeutung. In der Liedforschung wird, ähnlich wie im Fall der *Romanceros de tradición oral* generell in unseres Erachtens nicht gerechtfertigter Weise von volkssprachlichen Liedern des XV. und XVI. Jahrhunderts und sogar noch des XVIII. und XIX. Jahrhunderts auf mittelalterliche Kontinuitätslinien geschlossen. Vgl. Lopez-Calo 1965, Spaemann 1984, Vázquez de Parga, Daux, Echevarría Bravo. Im Kontext des *Liber Sancti Jacobi* erscheinen die "ioculatores" nicht als der einzige kirchlich gebilligte Typus von "historiones" nach der Klassifizierung des Poenitentiale des Thomas von Cabham, die epische (Chanson de geste) und hagiographische (Heiligenviten) Gesänge vortragen. Vgl. die Diskussion bei Bédier, Faral, Menéndez Pidal 1942.

104 Stock 1983, 69.

und des Nürnberger Arztes Hieronymus Müntzer historisches Befremden gegenüber einem Kultverhalten und einer Kultpraxis, die als *devotio* nicht mehr wahrgenommen werden können. Gleichzeitig macht sich zeittypisch ein Potential von Zweifel an der Echtheit der Reliquien des Heiligen bemerkbar, das nur unzureichend beschwichtigt und stillgestellt wird. So schreibt Müntzer 1494:

> "Licet enim diligenter cantantur hore e officia in choro, tamen maxime intendunt questui. *Et continuo tantus clamor est in ecclesia populi, ut nundinas crederes. Modica ibi devocio est.* Dignus esset sanctissimus apostolus, ut *maiori reverencia veneraretur.* Sepultus autem *creditur* sub altari magno cum duobus suis discipulis, quorum unus a dextris et alius a sinistris. *Corpus autem a nullo visum est.* Etiam anno Domini 1487, dum Rex Castelle ibi esset, non vidit. *Sola fide credimus, que salvat nos homines.*"[105]

Und Gabriel Tetzels Reaktion, dem man 1465 in Compostela auch die *cadena* des Apostels zeigt, beweist, daß die Zeit der Frömmigkeit zu Ende geht, in der körperliche Präsenz am Apostelgrab, Schlafen, Wachen, Essen, selbst Mitnahme der Reit- und Lasttiere in die Kirche, noch unbefragt und selbstverständlich Devotion darstellten und religiösen Sinn konstituieren:

> "Also kamen wir für sant Jacobs altar, do leit er leibhaftiglich innen. Darnach furt man uns in ein klein cappellen ein steigen auf. ... Darnach furt man uns herfür. Do weiset man uns ein ketten, doran sant Jacob gefangen gewest ist. Und wenn ein mensch behafft ist, und mit der selben ketten umbschlossen wird, der wird erledigt. Sant Jacobs kirchen ist ein schone weite grosse kirchen mit kostlichen steinen säulen von steinwerk erbaut, dann *das es zu disem mal wüst darinnen stund.* Es stunden pferd, kü; auch hetten sie all haus, kocheten und lagen darinnen."[106]

4. Raum der Programmatik

Wir haben im vorausgegangenen Kapitel einen Vollzugsraum herauspräpariert und rekonstruiert, der entweder nur unter den Bedingungen des Ausnahmefalls des *sciendum est* Situationen verschriftlicht, die normalerweise nicht in Schrift eingehen, oder unter den Bedingungen liturgischer Choreographie, die Agenden der Laienfrömmigkeit notiert, die, wie am Beispiel der *Constituciones* gezeigt, Rechtslagen in differenzierte räumliche Spendenabläufe umsetzt und gegen Zeremonialvorschriften für

[105] Ed. Pfandl 1920, 97 ff. Hervorhebungen durch die Autorin.

[106] Vgl. Rozmithal 1844, 176 ff.

Ritualfeiern formuliert, die ebenfalls gegen falsche Vollzüge abgesichert werden.

Um diesen Vollzugsraum herum kann der ihn einschließende Schriftraum rekonstruiert werden. Dieser Raum der Oralität, des Vollzugs, des Körpereinsatzes geht nur in einem schmalen Sektor und nur unter Sonderbedingungen überhaupt deskriptiv in Schrift ein. Der skriptuale Raum zielt vielmehr dominant auf die normative Perspektive: auf Funktion und Theorie, auf Geschichte und Legitimitätsnachweis, auf die Regulierung des Vollzugs unter Systematizitäts- und Korrekturinteressen, unter Interessen der Reflexion von Spezialisten, der Einheitsvergewisserung und der Identitätsvergewisserung des Subsystems Pilgerfahrt über sich selbst.

Wir werden also prinzipiell auf ein Schriftinteresse stoßen, für das Vollzug eine dezentrierte Stellung einnimmt.

Dominantes Interesse ist die Legitimierung von Funktion, Geschichte, Anciennität, Status der Pilgerfahrt und des Pilgerziels Santiago in und durch Niederlegung in Schrift – eine Angelegenheit der Einführung von Pilgerfahrt in den kosmologischen *ordo* und damit Angelegenheit der Schriftwelt und des Klerus; die Genres: Hagiographie, Rechtsgeschichte, Historiographie, epische Traditionen zu genealogischer Legitimation.

Danach folgt an zweiter Stelle das Interesse an der Ratifizierung von Technikalitäten, mit denen ex post als "record", wie B. Stock es nennt, die Institutionalisierungsbemühungen der Pilgerfahrt in ihren Ergebnissen in Schrift festgehalten werden. Die Genres: 'Dokumente' im engen Sinn – Urkunden über Stadtgründungen, Donationen, Dotationen, Zins- und Rentenfestlegungen, Hospitalregularien, Testamente, *fueros*, Bruderschaftsregister etc.

An letzter Stelle auf der Wichtigkeitsskala steht das, was durch die beiden anderen Schrifträume etabliert und 'nur noch' nach Maßgabe dieser Orientierungen durchzuführen ist: Vollzug. Er tritt in der Mehrzahl aller Fälle lediglich in der Perspektive des Regulativs 'unrechtmäßig' und 'sündhaft' als Abweichungsqualität in den religiösen Schriftraum der Diakonie und in den kanonischen juristischen Schriftraum ein, wenn Anlaß zur Verschriftlichung von Sanktionen gegeben ist. Denn 'rechtmäßige' und 'tugendhafte' Vollzugsleistungen laufen eher über die Schrifträume, in denen Funktion, Systematizität und Technikalitäten der Pilgerfahrt erfaßt werden. Die Genres: Mirakel, rezipiert als historische Exempel der Strafe für falsches und Lohn für richtiges Verhalten in Problemsituationen, damit als Bereitstellung von Wissen über bewährte Vorgaben aus der Vergangenheit für die Handlungsorientierung in der Zukunft[107]. Die Dimension der historischen alltagsweltlichen Vollzüge von Pilgerfahrt

[107] Vgl. Gumbrecht 1987c.

und die Erlebnishaltigkeit ihrer Wahrnehmung durch die Zeitgenossen, wonach Alltagsgeschichte und Mentalitätsgeschichte fragen, kommen nur in Ausnahmesituationen in den Bereich der Verschriftlichung. Es muß ein Raum für Beobachterhaltung geöffnet werden, deren Schriftwissen als Orientierungswissen wieder 'unter Kollegen' wie im *Guide*, zur Transmission niedergelegt wird. Diese Haltung geht von der Voraussetzung aus, daß solches Schriftwissen zur Planung und Berechnung einer Pilgerfahrt für zukünftige Pilger von Belang ist, *sciendum est*, und unterscheidet sich dadurch signifikant von der typischen zeitgenössischen Haltung, nach der man sich 'von Station zu Station durchfragt und dann weitersieht'.

Wenn alle diese Kriterien der Ausnahmesituation gegeben sind, 'fallen', wie *Guide* und *Liber I.* zeigen, Situationsbeschreibungen dann 'ab', wenn sie im paraliturgischen oder liturgischen Kontext stehen (Lavacollo, Vigil, Oblation), oder wenn sie anlaßbedingt im Konflikt mit den Vertretern geographischer Alterität (Fährleute und Rio Salado) zum Vorschein kommen und als bedeutungsvolle 'Information vorab' beurteilt werden.

Aufgrund dieser Situation werden also viel mehr die Texte der Transitionsriten für diesen Pilgerkörper verschriftlicht als Körpereinsatz danach selbst unterwegs, viel mehr die Dignität und Legitimität der Santiagopilgerfahrt als die Vollzugsdimension.

Quellen:

Alfonso X., Cantigas de Santa Maria. Ed. W. Mettmann (1981) 2 Bde. Vigo.

Da Veniexia per andar a meser San Zacomo de Galizia per la uia de Chioza (1352–1425). Ed. A. Mariutti de Sánchez Rivero (1967). In: Principe de Viana 28 (1967) 441–514.

Echévarría Bravo, P. (1971), Cancionero de los peregrinos de Santiago. Madrid.

Erasmus von Rotterdam, Colloquia familiaria. In: idem, Opera omnia I (1703) Leiden. (Reprint 1961) Hildesheim.

L'Escoufle. (Roman d'aventure début XIIIe). Eds. H. Michelanti / P. Meyer (1984). Paris.

Gretser, J. (1606), De sacris et religiosis Peregrinationibus Libri quatuor. Ingolstadt.

Harff, A. von (1496–1499), Die Pilgerfahrt des Ritters Arnold von Harff, von Cöln durch Italien ... und Spanien, wie er sie in den Jahren 1496 bis 1499 vollendet ... hat. Ed. E. von Groote (1860). Köln.

Liber Sancti Jacobi

– Gesamtausgabe:

Liber Sancti Jacobi. Codex Calixtinus (1944). Ed. W. M. Whitehill. Bd. I. Texto, transcripción por W. M. Whitehill; Bd. II. La música, reproduccion en fototipia seguida de la transcripción, por D. G. Prado; Bd. III. Estudios e indices por F. J. Sánchez Cantón, W. M. Whitehill, D. G. Prado, J. Carro García. Santiago de Compostela.

– Einzeleditionen:

Aus Buch I:

Hämel, A. (1952), Die Rolandlegende des Pseudo-Turpin. In: Estudios hispanicos. Homenaje a A. M. Huntington (1952), Wellesley 219–228. – Idem (1933), Aus dem Liber Sancti Jacobi des Kapitelarchivs von Santiago de Compostela. In: Revue hispanique 81 (1933) 378–392. – Wagner P. (1931), Die Gesänge der Jakobusliturgie zu Santiago de Compostela aus dem sogenannten Codex Calixtinus. Freiburg. – PL 26, col. 143–144 und col. 197–199; PL 76, col. 1093–1095 und col. 1263–65 PL 93, col. 9-14; PL 163, col. 1375–1390. Hier und im Folgenden 'PL' immer: *Patrologiae cursus Completus, series latina*. Ed. J.-P. Migne (1844 f.) 221 Bde.) Paris.

Aus Buch II:

Acta Sanctorum, Eds. J. Bolland ff., VI Julii, Paris, Rom [3]1868, 47–59. – PL 163, col. 1369–1373.

Aus Buch III:

Meyer, P. (1902), Romania 31 (1902) 257–261.

Buch IV:

Codex quartus Sancti Jacobi de expedimento et conversione Yspanie et Gallecie editus a beato Turpino archiepiscopo (1934). Ed. W. Thoron. Boston. – Historia Karoli Magni et Rotholandi ou Chronique du Pseudo-Turpin. Ed. C. Meredith-Jones (1936). Paris, Nachdruck 1972. – The Pseudo-Turpin, ed. from Bibl. Nat. fds. lat. Ms. 17656 with an Annotated Synopsis. Ed. H. M. Smyser (1937). Cambridge, Mass. – Der Pseudo-Turpin von Compostela. Ed. A. Hämel, aus dem Nachlaß von A. de Mandach (Bayerische Akad. der Wissenschaften, phil.-hist. Kl. 1965). München.

Buch V:

Le Codex de St.-Jacques de Compostelle. Livre IV. Eds. F. Fita / J. Vinson (1882). In: Revue de linguistique et de philologie comparée 15 (1882), 1–20 und 225–270) und separat. – Le Guide du Pèlerin de St.-Jacques de Compostelle, texte latin du XIIe siècle édité et traduit en français d'après les manuscrits de Compostelle et de Ripoll. Ed. J. Vielliard (1938, [5]1978). Mâcon, Paris. – Libro de la Peregrinación del Códice Calixtino. Ed. C. Romero de Lecea (1971). Madrid (Facsimile, Übersetzung).

Loars, G. (1619), De sacris peregrinationibus. Köln.

Menéndez Pidal, R. ([3]1982), Crestomatía del Español medieval. 2 Bde. Madrid.

Le Moniage Guillaume (chanson de geste du XIIe). Ed. W. Cloetta (1906–1911). Paris.

Müntzer, H. (1494/1495), Itinerarium Hispanicum Hieronymi Monetarii. Vgl. ed. Pfandl (1917), (1920).

Pensado, J. L. ed. (1958), Miragres de Santiago. Madrid.

Pfandl, L. ed. (1917), Eine unbekannte handschriftliche Version zum Pseudo-Turpin. In: Zeitschrift für Romanische Philologie 38 (1917) 568–608.

– Ed. (1920), Itinerarium hispanicum Hieronymi Monetarii 1494–1495. In: Revue Hispanique 48 (1920), Reprint (1964) Vaduz, 1–179.

Purchas, S. (1421–1422), Hakluytus posthumus or Purchas his pilgrimes. Nouv. ed. (1905). Glasgow.

Rozmithal, L. von (1465–1467), Des böhmischen Herrn Leo's von Rozmithal Ritter-, Hof und Pilger-Reise durch die Abendlande 1465–1467, beschrieben von zweien seiner Begleiter. / Itineris a Leone de Rosmital nobili Bohemo annis 1465–1467 per Germaniam, Angliam, Franciam, Hispaniam, Portugalliam atque Italiam confesti, Commentarii coaevi duo. Ed. J. A. Schmeller (1844). Stuttgart.

Vielliard, J. ([5]1978), Le Guide du Pèlerin de Saint Jacques de Compostelle. Texte latin du XIIe siècle, édité et traduit en français d'après les manuscrits de Compostelle et de Ripoll. Maçon.

Welter, J. Th. (1927b), La Tabula Exemplorum secundum ordinem Alphabeti. Recueil d'exempla compilé en France à la Fin du XIIIe siècle. Toulouse. Reprint Genf (1973).

Literatur:

Adler, A. (1975), Epische Spekulanten. Versuch einer synchronen Geschichte des altfranzösischen Epos. München.

Bédier, J. ([3]1926), Les Légendes épiques. 4 Bde. Paris.

Beer, R. (1908), Die Handschriften des Klosters S. M. de Ripoll. Wien.

Boureau, A. (1984), La Légende dorée – le système narratif de Jacques de Voragine. Paris.

Brückner, W. (1970), Zur Phänomenologie und Nomenklatur des Wallfahrtswesens und seiner Erforschung. Wörter und Sachen in systematisch-semantischem Zusammenhang. In: D. Harmening ed. (1970), Volkskultur und Geschichte. Festgabe für J. Dünninger zum 65. Geburtstag. Berlin, 384–424.

– (1984), Fußwallfahrt heute. Frömmigkeit im sozialen Wandel der letzten hundert Jahre. In: Kriss-Rettenbeck / Möhler eds. (1984), 101–113.

Brühl, H. / Hassauer, F. (1982), Nach Santiago! Eine mittelalterliche Pilgerstraße ans Ende der Welt. Film (60 Minuten) WDR-Fernsehen. Köln.

Chocheyras, J. (1985), Saint Jacques à Compostelle. Rennes.

Daux, C. (1898), Le Pèlerinage à Compostelle et la confrèrie des pèlerins de Monseigneur Saint-Jacques de Moissac. Paris. Reprint Genève (1981).

– (1899), Les chansons des pèlerins de Saint Jacques (paroles et musique). Paris. Reprint Genf (1981).

David, P. (1945–1949), Etudes sur le livre de St. Jacques attribué au pape Calixte II, I–IV. In: Bulletin des Etudes portugaises 10 (1945) 1–41; 11 (1947) 113–185; 12 (1948) 70–223; 13 (1949) 52–104 und separat als *tirage à part* aufgebunden.

Duggan, J. J. (1985), Die zwei 'Epochen' der Chansons de geste. In: H. U. Gumbrecht / U. Link-Heer eds. (1985), 389–408.

– (1987a), Medieval Epic as Popular Historiography: Appropriation of the Historical Knowledge in the Vernacular Epic. In: Gumbrecht / Link-Heer / Spangenberg eds. (1987) 285–311.

Ebel, U. (1965), Das altromanische Mirakel. Heidelberg.

– (1987), Die literarischen Formen der Jenseits- und Endzeitversionen. In: H. R. Jauß ed. (1968) 181–214.

Faral, E. (1910), Les Jongleurs en France au Moyen Age. Paris.

Finucane, R. C. (1977), Miracles and Pilgrims. Popular Beliefs in Medieval England. London, Melbourne, Toronto.

Geertz, C. (1973), The Interpretation of Cultures. Selected Essays. New York.

– (1973a), Thick Description: Toward an Interpretative Theory of Culture. In: C. Geertz (1973) 3–30.

Gumbrecht, H. U. (1979a), Faszinationstyp Hagiographie – Ein historisches Experiment zur Gattungstheorie. In: C. Cormeau ed. (1979), Deutsche Literatur im Mittelalter. Kontexte und Perspektiven. Hugo Kuhn zum Gedenken. Stuttgart, 37–84.

– (1983), Rekurs, Distanznahme, Revision: Klio bei den Philologen. In: B. Cerquiglini / H. U. Gumbrecht eds. (1983) 582–622.

– (1987c), Menschliches Handeln und göttliche Kosmologie: Geschichte als Exempel. In: Gumbrecht / Link-Heer / Spangenberg eds. (1987) 869–951.

Gumbrecht, H. U. / Link-Heer, U. / Spangenberg, P.-M. eds. (1987), La littérature historiographique des origines à 1500. Grundriß der romanischen Literaturen des Mittelalters. Bd. XI/I in 3 Teilbänden. Heidelberg.

– (1987a), Zur Gestalt der romanischen Historiographie des Mittelalters: Zwischen neuen Einsichten und neuen Fragen. In: H. U. Gumbrecht / U. Link-Heer / P.-M. Spangenberg eds. (1987) 1133–1152.

Hassauer, F. (1985), Eine Straße durch die Zeit. Die mittelalterlichen Pilgerwege nach Santiago de Compostela. In: H. U. Gumbrecht / U. Link-Heer eds. (1985) 409–423.

– (1987), Volkssprachliche Reiseliteratur: Faszination des Reisens und räumlicher ordo. In: H. U. Gumbrecht / U. Link-Heer / P.-M. Spangenberg eds. (1987) 259–283.

Herbers, K. (1984), Der Jakobuskult des 12. Jahrhunderts und der 'Liber Sancti Jacobi' – Studien über das Verhältnis zwischen Religion und Gesellschaft im Hohen Mittelalter. Wiesbaden.

Herwaarden, J. van (1980), The Origins of the Cult of St. James of Compostela. In: Journal of Medieval History 6 (1980) 1–35.

- (1984), Saint James in Spain up to the XIIth Century. In: Kriss-Rettenbeck / Möhler eds. (1984) 235–247.

Jaritz, G. / Müller, A. eds. (1988), Migration in der Feudalgesellschaft. Frankfurt, New York.

– (1988a), Migrationsgeschichte. Zur Rekonzeptualisierung historiographischer Traditionen für neue sozialgeschichtliche Fragestellungen. In: G. Jaritz / A. Müller eds. (1988) 9–20.

Jauß, H. R. (1975), Negativität und Identifikation. Versuch zur Theorie der ästhetischen Erfahrung. In: H. Weinrich ed. (1975) 263–339.

Jolles, A. (1930), Einfache Formen – Legende, Sage, Mythe, Rätsel, Spruch, Kasus, Memorabilie, Märchen, Witz. Tübingen.

Jungmann, J. A. (1962), Missarum Sollemnia. Eine genetische Erklärung der römischen Messe. 3 Bde. Wien, Freiburg, Basel.

– (³1962a), Der Gottesdienst der Kirche auf dem Hintergrund seiner Geschichte. Innsbruck, Wien, München.

King, G. C. (1920), The Way of Saint James. 4 Bde. New York.

Kötting, B. (¹1950, Reprint ²1980), Peregrinatio religiosa – Wallfahrten in der Antike und das Pilgerwesen in der alten Kirche. Münster.

Kühnel, H. ed. (¹1984), Alltag im Spätmittelalter. Graz, Wien, Köln.

– (1987), Integrative Aspekte der Pilgerfahrten. In: F. Seibt / W. Eberhard eds. (1987), Europa 1500. Integrationsprozesse im Widerstreit. Stuttgart, 496–509.

Labande, E.-R. (1965), Pèlerinages et pèlerins dans l'Europe des XIe et XIIe siècles. In: Pèlerins et Chemins de Saint Jacques (1965) 9–24.

– ([1]1966), Nachdruck in idem (1974), Ad limina: Le pèlerin médiéval au terme de sa demarche. 1974, XIV.

– (1974), Spiritualité et vie littéraire de l'Occident, Xe–XIVe siècle. London.

Lopez-Calo, J. (1965), La musica en las peregrinaciones jacobeas medievales. In: Compostellanum X, 4 (1965) 821–840.

López Ferreiro, A. (1898–1911), Historia de la santa Apostólica Metropolitana Iglesia de Santiago de Compostela. 11 Bde. Santiago de Compostela.

Luhmann, N. (1980/1981), Gesellschaftsstruktur und Semantik. Studien zur Wissenssoziologie der modernen Gesellschaft I (1980), II (1981). Frankfurt.

Maraval, Pierre (1985), Lieux saints et pèlerinages d'Orient. Des origines à la conquête arabe. Paris.

Martins, M. ([2]1957), Peregrinaçoes e livros de Milagres na nosa Idade Média. Lisboa.

Menéndez Pidal, R. (1942), Poesía juglaresca y juglares. Madrid.

Mieck, I. (1977), Kontinuität im Wandel. Politische und soziale Aspekte der Santiago-Wallfahrt vom 18. Jahrhundert bis zur Gegenwart. In: Geschichte und Gesellschaft 3,3 (1977) 299–328.

– (1977a), Les témoignages oculaires du pèlerinage à Saint Jacques de Compostelle. Etude bibliographique (du XIIe au XVIIIe siècle). In: Compostellanum 22 (1977) 201–232.

– (1978), Zur Wallfahrt nach Santiago de Compostela zwischen 1400 und 1650. Resonanz, Strukturwandel und Krise. In: Spanische Forschungen der Görresgesellschaft. 1. Reihe, Gesammelte Aufsätze zur Kulturgeschichte Spaniens 29 (1978). Münster, 483–533.

Richard, J. (1981), Les récits de Voyages et de pèlerinages (Typologie des sources du Moyen Age occidental 38) Turnhout.

Rico, F. (1969), Las letras latinas del siglo XII en Galicia, León y Castilla. In: Abaco. Estudios sobre literatura española 2 (1969). Madrid, 9–91.

Roth, Ch. E. (1982), Vrais et faux pèlerins sur les routes des chansons de geste. In: La chanson de geste 1982, II, 1087–1105.

Sauer, J. ([2]1924, Nachdruck 1964), Symbolik des Kirchengebäudes und seiner Ausstattung in der Auffassung des Mittelalters. Mit Berücksichtigung von Honorius Augustodunensis, Sicardus und Durandus. Münster.

Schmidt, H. A. P. (1960), Introductio in Liturgiam Occidentalem. Rom, Freiburg, Barcelona. Reprint 1962.

Schmugge, L. (1979), Pilgerfahrt macht frei – Eine These zur Bedeutung des mittelalterlichen Pilgerwesens. In: Römische Quartalschrift 74 (1979) 16–31.

– (1983), Zu den Anfängen des organisierten Pilgerverkehrs und zur Unterbringung und Verpflegung von Pilgern im Mittelalter. In: H. C. Peyer / E. Müller-Luckmann eds. (1983) 37–60.

– (1984), Die Anfänge des organisierten Pilgerverkehrs im Mittelalter. In: Quellen und Forschungen aus italienischen Archiven und Bibliotheken 64 (1984) 1–83.

– (1985), Die Pilger. In: P. Moraw ed. (1985) 17–48.

– (1988), Kollektive und individuelle Motivstrukturen im mittelalterlichen Pilgerwesen. In: G. Jaritz / A. Müller eds. (1988) 263–290.

Silagi, G. ed. (1985), Liturgische Tropen. München.

Smolka-Koerdt, G. / Spangenberg, P.-M. / Tillmann-Bartylla, D. eds. (1988), Der Ursprung von Literatur – Medien / Rollen / Kommunikationssituationen zwischen 1450 und 1650. München.

Spaemann, C. A. (1984), Wallfahrtslieder. In: Kriss-Rettenbeck / Möhler eds. 1984, 181–192.

Spangenberg, P.-M. (1987), Maria ist immer und überall. Die Alltagswelten des spätmittelalterlichen Marienmirakels. Frankfurt.

– (1988), Allgemeines Recht, Schrifttradition und Differenzierung kommunikativer Rollen – Alfons der Weise als Gesetzgeber. In: Smolka-Koerdt / Spangenberg / Tillmann-Bartylla eds. (1988).

Stock, B. (1983), The Implications of Literacy – Written Language and Models of Interpretation in the Eleventh and Twelfth Centuries. Princeton.

Suntrup, R. (1978), Die Bedeutung der liturgischen Gebärden und Bewegungen in lateinischen und deutschen Auslegungen des IX. bis XIII. Jahrhunderts. München.

Vázquez de Parga, L. / Lacarra, J. M. / Uría Ríu, J. (1948/1949), Las peregrinaciones a Santiago de Compostela. 3 Bde. Madrid.

Welter, J.-Th. (1927a), L'Exemplum dans la littérature religieuse et didactique du Moyen Age. Toulouse. Reprint Genf 1973.

Zink, M. (1976), La prédication en langue romane avant 1300. Paris.

Zumthor, P. (1987), La lettre et la voix – De la 'littérature' médiévale. Paris.

Die altfranzösischen Marienmirakel im Kontext von Heiligenverehrung und der Verschriftlichung von gesellschaftlicher Komplexität

PETER M. SPANGENBERG

1. KOMMUNIKATIVE BEDÜRFNISSE UND SOZIALES WISSEN

Altfranzösische Sammlungen von Mirakelerzählungen[1], mit denen wir uns hier vor allem beschäftigen wollen, aus einer sozial- oder gar mentalitätshistorischen Perspektive zu analysieren, ist ein voraussetzungsreiches Unterfangen. Zahlreiche methodologische und theoretische Probleme sind zu lösen[2], wenn man dieses Textkorpus unter der Fragestellung analysieren möchte, ob man sie als Indizien für eine Krise der spätmittelalterlichen Wirklichkeitskonzepte betrachten kann. Die entscheidende Frage bei der Analyse der Mirakel wird sich dabei auf die Bewertung jener Rolle richten, die diese Texte bei der Bewältigung und Umformulierung innerweltlicher Komplexität übernahmen[3]. Aus theologischer Sicht kann man diese Erkenntnisperspektive durch die Frage beschreiben, ob diese Texte bei der Formulierung und Verarbeitung jenes Problems eine Rolle spielen, das aus neuzeitlicher Sicht Theodizee genannt wird.

Die uns interessierenden Sammlungen entstehen vornehmlich im 13. Jahrhundert, während man jene vielfältig beschriebenen und differenzierten Krisenphänomene des Spätmittelalters zumeist erst im 14. und

---

[1] Die Kommunikationssituation der Mirakelspiele muß wegen der Besonderheiten theatraler Inszenierung gesondert untersucht werden. Somit kann die umfangreiche Sammlung der *Miracles de Nostre Dame par Personnages* oder die *Miracles de Sainte Geneviève* hier nicht behandelt werden. Unter Berücksichtgung der gleichen Einschränkung vgl. Spangenberg (1987).

[2] Es ist zu betonen, daß die hier vorliegende Analyse dem Kontext der literaturwissenschaftlichen Mediävistik verpflichtet ist und sich religionssoziologischer Vorgaben der Systemtheorie bedient, auf die in der Folge nur punktuell verwiesen wird. Zum Bezug zwischen Literaturwissenschaft und Mentalitätsgeschichte vgl. Gumbrecht (1984).

[3] In den Mirakeln wird dies umformuliert unter der Perspektive von Sünde und Gnade. Vgl. Luhmann (1989) 283–297.

15. Jahrhundert feststellt[4]. Die zu belegende These, die Sinnbildungsleistungen der Mirakelsammlungen als Symptome einer komplexer werdenden Umwelterfahrung anzusehen, die sich nur noch punktuell mit religiösen Ordnungs- und Erklärungsmustern bewältigen ließ, beruht auf der Annahme, Bedürfnisstrukturen und Problemlagen rekonstruieren zu können, die nicht unbedingt auf der Textoberfläche ablesbar sind. Hierzu wollen wir verschiedene Funktionsebenen unterscheiden. Neben der theologisch legitimen Funktion von Mirakelberichten im Rahmen der Hagiographie und der Kanonisation gilt es die von den Kompilatoren intendierte, exemplarische Funktion der Texte zu untersuchen, die sich nicht mit der ersteren zu decken braucht[5]. Sie waren den Klerikern, die Sammlungen erstellen, genauso bekannt wie den Gläubigen an den Wallfahrtstätten. Schließlich sind die mit diesen Texten verbundenen realisierten Funktionen zu rekonstruieren, die auf vorbewußte Problemlagen und historisch spätere Prozesse der Ausdifferenzierung der Gesellschaft verweisen.

Unter sozialhistorischer Perspektive ist zu begründen, welche Wissenselemente der Mirakel wir als relevant für bewußte oder vorbewußte Bedürfnisse ansehen, auf die diese Texte antworten, und es ist zu untersuchen, für welche kommunikativen Milieus[6] sie als repräsentativ gelten können. Ein wichtiger Faktor besteht umgekehrt in der Rückwirkung des kommunikativen Milieus auf die Texte, denn die Kompilatoren er-

---

[4] So grenzen Romano / Tenenti (1967) in ihrer Übersichtsdarstellung den Zeitraum der Krise und der Umwälzung auf den Zeitraum von 1350 bis 1550 ein. Obwohl die These der Krise des Spätmittelalters noch kontrovers diskutiert wird und andere Begrifflichkeiten geprägt wurden – *âge des mutations* – wird der Begriff doch weiterhin zur allgemeinen Kennzeichnung einer Konzentration von wirtschaftlichen, demographischen, militärischen und mentalen Veränderungen benutzt. Einen differenzierten Überblick über die Vielfalt dieser Krisenphänomene bieten Seibt / Eberhard (1984). Aus der Perspektive der Neuzeit vgl. Cardini (1989).

[5] Die Kompilatoren der Sammlungen, die hier zur Diskussion stehen, sehen ihre Sammlungen mehr als innerweltliche exempla, an denen sich die kosmologische ordo bestätigt. Um den Nachweis der Heiligkeit eines Verstorbenen im Rahmen der Kanonisation kann es bei den Marienmirakeln nicht gehen und auch nicht um die Dokumentation andauernder Wunderheilungen an einem Wallfahrtsort. Vgl. Schuh (1989) 5–22.

[6] Mit diesem Begriff wollen wir im Anschluß an die wissenssoziologische Theoriebildung Thomas Luckmanns Kommunikationsgemeinschaften und für sie charakteristische Situationen bezeichnen, in denen Texte als Medien des Aufbaus, des Fortbestands und der Veränderung sozialen Wissens dienen. Besonders für die Produktion und Verteilung des sozialen Wissens des Mittelalters muß berücksichtigt werden, daß Texte ihre mediale Rolle häufig als Auslöser von Interaktionen erfüllten. Vgl. Luckmann (1988) 285 und zum Verhältnis von körperbezogener Interaktion Gumbrecht (1988) 24–32.

arbeiteten ihre Sammlungen entweder im Auftrag von oder im Hinblick auf recht genau beschreibbare Rezipientengruppen. Nur durch die Berücksichtigung beider Pole ist eine wechselseitige Erhellung von Textverstehen und Handlungsverstehen zu leisten.

Alle bisher angesprochenen Problemlagen verweisen letztlich auf eine Vielzahl von Ambivalenzen des Objektbereichs, die in der Folge angesprochen werden müssen. Eine erste Ambivalenz ergibt sich durch die Einbettung der Texte in den religiösen Sinnhorizont des Mittelalters, dem die Zuordnung zum literarischen Textkorpus aus neuzeitlicher Sicht entgegensteht. Dies soll unter der Perspektive: Texte und Situationen (2) untersucht werden. Die in diesem Teil bereits angesprochene Ebene der textimmanenten, individuellen Bedürfnislagen steht im Mittelpunkt der Frömmigkeitspraktiken (3), für die die Sammlung der *Miracles de Saint Louis* als Beleg gelten können. Eine Ausweitung der Probleme und semantischen Ambivalenzen bieten die von ihrer Handlungsstruktur komplexer angelegten Sammlungen der Marienmirakel, in denen die Artikulation und Verarbeitung innerweltlicher Komplexität (4) aus individueller und gesellschaftlicher Sicht geleistet werden soll. Ergänzend zur Ebene der Sinnbildungsleistungen der Mirakel entstehen durch die Inszenierung der Sammlungen und die Verschriftlichung von Komplexität (5) Ambivalenzen formaler Natur. Sie entstehen durch die Überschneidung des Bereichs des religiösen Wissens einerseits und der Verschriftlichung im Rahmen höfisch-artistischer Interaktionsformen sowie einer sensualistischen Körpermetaphorik der Marienmirakel andererseits. Gerade im Kontext der höfischen 'Literatur' geraten die Mirakel in problematische Nähe zu einem weiteren Themenbereich: die christlichen Wunder und die Faszination des Wunderbaren (6) bezeichnen eine Konkurrenz, bei der die höfischen Texte als Belege eines durch die Religion nie ganz domestizierten Bereichs des Phantastischen dienen können. Betrachtet man die Mirakel als Teil des höfischen Spiels (7), so wird klar, warum die religiöse Semantik der Mirakel so schwer mit den form-dominierten Evasionsräumen des Adels in Einklang zu bringen war. Eine abschließende sozial- und mentalitätsgeschichtliche Wertung der Mirakelsammlungen (8) soll unter dem Aspekt der Ausdifferenzierung von religösen Semantiken und Handlungsformen geschehen. Vorgreifend ist schon jetzt festzustellen, daß den semantisch-kosmologischen und formal-interaktiven Ambivalenzen der Mirakel aus der Perspektive der gesamtgesellschaftlichen Evolution des religiösen Wissens die Kontinuität von individuellen Bedürfnislagen, Frömmigkeitspraktiken und Handlungsmustern gegenübersteht.

2. Texte und Situationen

Betrachten wir jedoch zunächst den gesamten Textbereich der narrativen, volkssprachlichen Mirakel. Einer schier unübersehbaren Menge von Berichten in lateinischer Sprache[7] stehen nur vergleichsweise wenige volkssprachliche Sammlungen unterschiedlichen Verbreitungsgrades gegenüber. Sie können für sich kaum den Anspruch erheben, ereignisgeschichtlich neues Quellenmaterial zu erschließen. Bei den meisten Übertragungen sind die lateinischen Vorlagen, an denen sich die Kompilatoren orientiert haben, bekannt oder es handelt sich um immer wieder tradierte Inhalte des kollektiven Wissens – wie etwa das Thema des Teufelspaktes in den verschiedenen Versionen des *Miracle de Theophile*. Aus der Sicht der angesprochenen Themen und ihrer Präsentation wird man also wenig Neues über Frömmigkeitsformen der Heiligenverehrung zu lernen haben[8].

In den Kanon theologisch ernstzunehmender Texte gehören sie zumindest seit der Übernahme der historischen Quellenkritik durch die Hagiographien im 19. Jahrhundert nicht mehr, und man konnte diese Sammlungen ohne weitere Beschäftigung mit ihren Sinnbildungsleistungen als fiktional, historisch bestenfalls zweitrangig und für die Hagiographie unbedeutend aussondern. Ihr Textstatus ist zudem schwer einzuschätzen, weil es außer der Überlieferungsdichte der Manuskripte kaum Belege über die Rezeption der Texte gibt.

Aus diesen Gründen fühlt sich für die altfranzösischen Marienmirakel traditionellerweise die Literaturwissenschaft zuständig, die sie im Rahmen der Mittelalterbegeisterung des 19. Jahrhunderts wiederentdeckte. Bereits diese Zuschreibung ist ein Indiz für den ambivalenten Status der Texte, da sich neuzeitliche Vorstellungen von Literatur – um nur einen Aspekt hervorzuheben – auf Konzepten wie Fiktionalität und Fiktionalitätsbewußtsein aufbauen, die neuzeitlichen Erwartungen gegenüber der religiösen Semantik unseres Objektbereichs widersprechen. Doch auch wenn man die ästhetische Alterität von mittelalterlichen Texten[9] berücksichtigt, können nur jene Texte bestehen, die zumindest in die Nähe des kommunikativen Habitus kommen, den wir heute als Literatur

---

[7] Eine Übersicht lateinischer Mirakeltexte mit Schwerpunkt auf Frankreich gibt Rendtel (1985). Zur Einordnung der Mirakel in die Hagiographie vgl. die Übersicht von Hoffmann (1987) 519–556.

[8] So hat es mehr Bestätigungscharakter, wenn der Kompilator seine Berichte mit Geschehnissen anreichert, bei denen er selbst Augenzeuge war. Vgl. Gautier Bd. III. I Mir 44, wo er den Verlust und die wunderbare Wiederentdeckung der Reliquien der Ste. Leocade beschreibt. Zum Problem von Volkskultur und Religiosität vgl. Gurjewitsch (1982) 352–400.

[9] Vgl. den programmatischen Text von Jauß (1977).

bezeichnen[10]. Es wird noch auszuführen sein, inwieweit die neuzeitliche Betonung von semantischen Sinnstrukturen und -kohärenzen den Zugang gerade zur ästhetischen Alterität der Mirakel erschwert und warum andere Bedeutungsebenen, in denen Texte als Medien für Interaktionen dienen, hervorzuheben sind.

Neben dieser problematischen Identität des Textbereichs wirft die Interpretationsebene Probleme auf, unter der die Sinnbildungsleistungen der Mirakel zu analysieren sind. Soll man sie, da sie theologisch-systematischen Anforderungen nicht zu genügen scheinen, als Manifestationen von Volksfrömmigkeit ansprechen? Einige Sammlungen legen diese Möglichkeit nahe und zwar besonders dann, wenn sie sich auf konkrete Reliquienverehrung oder die Verehrung von Heiligenstatuen an Kultstätten und direkt auf eine lateinische Textvorlage beziehen. Damit ist allerdings nur etwas über die allgemeine Verbreitung der Frömmigkeitspraktiken[11] ausgesagt, die auch in den Mirakeltexten beschrieben werden. Als Merkmal einer schichtenspezifisch begrenzten Frömmigkeitspraxis oder als Charakterisierung einer besonders 'naiven', unreflektierten Einstellung von Autoren oder Rezipienten trifft das Prädikat 'Volksfrömmigkeit' jedoch nicht zu.

Vornehmlich als Beleg von Verehrungspraktiken im 13. Jahrhundert kann man die Sammlung des Guillaume de Saint-Pathus betrachten, dessen textnahe Übersetzung einer lateinischen Wundersammlung von den Geschehnissen am Grabe des Hl. Ludwig berichtet. Eine Sammlung also, die wie viele andere der Etablierung und Bestätigung eines Kultes am Grabe eines Heiligen diente, wobei in diesem Fall politische Motive der Kurie und des französischen Königshauses die schnelle Kanonisation Ludwigs des IX. unterstützen[12]. Die Handlungen der Wallfahrer am Grabe Ludwig des IX. in Saint Denis weisen jedoch gegenüber den bekannten Praktiken der Reliquienverehrung keine Neuerungen auf. Schilderungen von Krankheitsbildern, Votivgaben, Gelübde, Bittgebete,

---

[10] Vgl. die Wertungen der Mirakelsammlungen nach dem Maßstab theologisch-literarischer Normen bei Ebel (1968). Zum Problem, mittelalterliche Texte als 'Literatur' zu interpretieren, vgl. Gumbrecht (1988).

[11] Die Untersuchungen zur Sachkultur des Spätmittelalters belegen diese Verbreitung zweifelsfrei. Vgl. Jaritz (1980) und Dirlmeier (1990) 179 f.

[12] Ludwig IX. war auf einem Kreuzzeug am 25.8.1270 in Tunis gestorben und wurde bereits 27 Jahre später am 11.8.1297 von Papst Bonifatius VIII. heiliggesprochen. Vgl. Carolus-Barré (1971). – Zur Rolle des Kultzentrums von St. Denis beim Aufbau 'nationaler' Identität durch die Verschmelzung von religiösen und dynastischen Werten vgl. Spiegel (1983).

Visionen, Konkurrenz zu anderen Wallfahrtsorten[13] und auch Verpflichtungen gegenüber anderen Heiligen an schon etablierten Kultzentren[14] und natürlich eine Vielzahl von Heilungswundern finden sich hier wie auch in anderen Sammlungen[15].

Gegen eine eindimensionale schichtenspezifische Zuordnung der Mirakel sprechen vor allem die kommunikativen Rahmenbedingungen der verschiedenen Sammlungen. Wir können mit großer Wahrscheinlichkeit annehmen, daß die Sammlung von Adgar der Interaktion in einem Nonnenkloster gedient haben dürfte, und daß die Texte von Gautier de Coinci und Miélot eindeutig auf einen adeligen Kommunikationskontext zugeschnitten sind. Der Bildungstand der Kompilatoren, ihre sonstigen Arbeiten, die Ausstattung der Manuskripte – das prachtvollste war zeitweise im Besitz des Herzogs Jean de Berry[16] –, Widmungen und die weite Verbreitung der Texte Gautiers im kollektiven religiösen Wissen des Adels sind eindeutige Belege gegen die These, die Mirakel undifferenziert einer naiven Volksfrömmigkeit zuzurechnen. Ge-

---

[13] Von Rivalitätswundern spricht Signori (1990) 64 ff. auch als Ausdruck der Konkurrenz von verschiedenen Stätten der Marienverehrung untereinander.

[14] Der Bericht S. Louis XXXVIII (S. 113–117) ist ungewöhnlich komplex und sei hier deshalb zitiert, weil er eine Kombination aus fast allen Handlungselementen enthält, die in der Sammlung auftauchen. – Auslösendes Moment ist eine schmerzhafte Krankheit im Kopf eines Domherrn und Arztes, der zum Gefolge des Hl. Ludwig in Tunis gehört hatte. Nachdem ärztliche Kunst nicht hilft, empfiehlt der Beichtvater des Arztes eine Wallfahrt nach St. Denis, um den Hl. Ludwig um Heilung zu bitten. Er entschließt sich dazu und verspricht eine Nachtwache an seinem Grab zu halten. Kaum hat er dieses Gelübde abgelegt, schläft er ein und glaubt, sich bereits am Grabe des Heiligen zu befinden. Der Hl. Ludwig erscheint ihm in königlichem Gewand, fragt ihn nach seinen Wünschen, verspricht ihm Heilung und beginnt unverzüglich mit der Operation des Kopfes, den er mit seinen Händen öffnet und eine nußgroße Geschwulst entfernt. Es folgt die Ermahnung, sein Gelübde und auch Verpflichtungen gegenüber anderen Heiligen einzuhalten. Sie und auch die Jungfrau Maria waren bereits sehr ungehalten über den Arzt, und der Hl. Ludwig hatte ihn vor dem Zorn dieser Heiligen schützen müssen. [...] *Et saches que j'ai eu grant poine pour toi d'apaisier toi a la benoiete virge Marie et a aucuns sainz, et especiaument au benoiet saint Nicholas a qui tu promeis quant tu fus outre mer que tu visiteroies s'eglise a Bar, et tu n'i alas pas.* (115) Da jedoch die Einlösung dieser früheren Verpflichtungen eine nicht zumutbare weite Reise bedeuten würde, findet der Hl. eine Kompromißlösung, die es dem Arzt erlaubt, auf die Wallfahrt zu verzichten und doch sein Versprechen einzulösen.

[15] Für den Textbereich, der hier interessiert, etwa in den Sammlungen der Marienwunder von Roc Amadour und Chartres.

[16] Das MS Paris, B.N. n.a. fr. 24541, besser unter dem Namen MS de Soissons bekannt, enthält die Sammlungen von Gautier und ist sehr reichhaltig ausgestattet. Die Miniaturen dieses MS edierte – leider nur in der Form von Schwarzweiß-Reproduktionen – Focillon (1950).

rade jene auch heute noch unter ästhetisch normativen Gesichtspunkten ansprechende Sammlung von Gautier de Coinci fand sowohl durch die übernommenen Mirakel als auch in der Art der Textgestaltung eine Fortsetzung in der umfangreichsten spanischen Sammlung von Marienliedern und -mirakeln, den *Cantigas de Santa María* aus dem Schriftenkorpus Alfons' des Weisen.

Aus diesem kurzen Überblick dürfte bereits deutlich werden, daß eine sozialhistorische Wertung volkssprachlicher Mirakelsammlungen die Art ihrer Verschriftlichung mit berücksichtigen muß. Ihre volkssprachlich-interaktiven Milieus sind die entscheidenden Rahmenbedingungen[17], um den Inhalten und der formalen Gestaltung der Sammlungen einen Sitz im Leben und im sozialen Wissen zuordnen zu können.

3. Frömmigkeitspraktiken

Mittelalterliche Mirakelsammlungen stehen selbstverständlich im Kontext der theologischen Legitimation von Wunderberichten. Sie sind als Elemente des sozialen Wissens Symptome der religiös fundierten Kosmologie der mittelalterlichen Gesellschaft. Damit stellt sich jedoch zugleich auch die Frage, inwieweit es statthaft ist, zusätzlich zu den Aussagen und Indizien, die auf der Textoberfläche sichtbar werden, auf individuelle kommunikative Bedürfnisse und Interessenlagen von Produzenten und Rezipienten zu schließen. Im Falle der Mirakel bedeutet dies die Notwendigkeit zumindest zwei Beobachtungsperspektiven gleichzeitig zu beachten: die Ebene des kollektiven Wissens einer Gesellschaft über die Struktur ihrer Wirklichkeit und die Ebene der Bedürfnisse und Erwartungen von Individuen. Die Mirakelberichte sind dann nicht mehr nur als exemplarischer Nachweis einer Kosmologie zu betrachten, sondern auch aus der Sicht individueller Bedürfnislagen.

Den Ausgangspunkt für eine solche doppelte Sichtweise können die bekannten theologischen Argumentationsweisen bilden, die das Ereignis 'Wunder' dominant als Beweis der Stimmigkeit einer christlichen Kosmologie ansprechen. Allen diesen Legitimationen ist gemein, daß die Interessen desjenigen, der um ein Wunder bittet oder es erhält, nur unter dem Gesichtspunkt des transzendentalen Wertes des Wunders berücksichtigt wird. Beschreibungen dieser Funktionen, sei es im Kontext der Wundertaten im NT[18] oder im Kontext der Heiligenverehrung, werden immer

---

[17] In Anlehnung an Luckmann (1988). Er gebraucht dort den Begriff des kommunikativen Milieus. Für spätmittelalterliche Kommunikationssituationen an Höfen und in den Städten gehen wir von der Dominanz durch von Texten stimulierten Interaktionen aus.

[18] Eine ausführliche Übersicht der theologisch legitimen Funktionen des Mirakels liefert Latourelle (1986).

wieder gegeben[19], und wir brauchen uns hier nur kurz mit dem letzteren Aspekt zu befassen.

Theologisch legitim und kollektiv wertvoll ist der Nachweis der Heiligkeit eines Verstorbenen durch posthume Wunder und die Nachfolge – imitatio[20] – des Heiligen durch die Gläubigen. Die Veränderung der Lebensumstände, die der jeweils erhörte Bittsteller durch ein Wunder in der Immanenz erfährt, gerät vor diesem höheren Wert aus dem Blick. Die Entwirklichung des Diesseits als irrelevant für das letztendlich transzendentale Schicksal des Gläubigen ist eine Strategie des Christentums im Umgang mit historischer Kontingenz[21]. Sinngehalt des Diesseits liegt im Verweis auf eine andere relevantere Wirklichkeitsebene, und dieser Verweis wird mit jedem Wunder noch einmal exemplarisch erbracht. Mirakel sind so gesehen Ereignisse, die die Offenbarungen der Religion belegen und fortschreiben.

Für die Bewältigung alltagsweltlicher Problemlagen im Diesseits bildet der Heilige als Tugendvorbild und als Wundertäter zwei wesentliche Funktionspole des Faszinationstyps Hagiographie, wie sie Hans Ulrich Gumbrecht im Anschluß an Hugo Kuhn beschreibt[22]. Der in der Immanenz hilfesuchende Wallfahrer kann somit stets in eine Beziehung mit höherwertigem theologisch-dogmatischem Wissen eingebettet werden, und die Mirakelkompilatoren richten ihre Argumentationsweisen an diesen Legitimationsleistungen aus. Die Ebene der individuellen Bedürfnisse und des kollektiven Wissens verbinden sich also im Ereignis des Wunders. Damit entsteht jedoch zugleich eine erste Funktionsambivalenz der Mirakelberichte, da nie zu entscheiden ist, unter welchem Interessensprimat sie von den Gläubigen erfahren werden. In der Sammlung des Hl. Ludwig und in den Marienmirakeln sind beide Motive nachzuweisen, doch verschieben sich die Akzente, weil die marianischen Sammlungen zahlreiche Versuche der Kohärenzbildung zwischen beiden Ebenen des Wunders enthalten. Schon diese Versuche weisen darauf hin, daß eine solche sinnstiftende Vermittlung zu einem notwendigen Thema und somit problematisch geworden ist.

---

19 Etwa die Darstellung von Jolles (^{4}1972).

20 Diese Perspektive kann sich auch auf die höfische Interaktion und das Verhältnis von Buch und Leser beziehen. Vgl. Wenzel (1988) 183 f.

21 Vgl. Vierte Diskussion: Gibt es eine 'christliche Ästhetik'? In: Jauß (1968).

22 Vgl. Gumbrecht (1979). Hugo Kuhn schlägt für die deutsche Literatur des 15. Jahrhunderts vor, anstelle von Gattungen – im Sinne der wechselseitigen Zuordnung von Inhalten und formaler Gestaltung – besser aus formaler Perspektive von Inszenierungstypen und aus inhaltlicher Perspektive von Faszinationstypen zu sprechen. Vgl. Kuhn (1980).

Unterstellt man den Rezipienten jedoch dominant ein Interesse an der Lösung persönlicher Notlagen, so hat diese Perspektivenverschiebung weitreichende Folgen. Es sind nicht mehr die Tugendqualitäten des Heiligen, die zählen, sondern es geht darum, die Chancen zu optimieren, selbst auch ein Wunder zu erhalten. Die Häufigkeit von Wundern, ihre Erwartbarkeit an bestimmten Orten, ihre Reproduzierbarkeit durch entsprechende Praktiken rücken dann in den Vordergrund. Damit gewinnen Praktiken der Verehrung eine Bedeutung, die aus der Sicht der theologisch-gesellschaftlichen Funktionen des Wunders vernachlässigbar sind. Aus der Sicht der hilfesuchenden Gläubigen besteht ein Problem der Wunder darin, daß sie zwar mit großer Regelmäßigkeit an bestimmten Wallfahrtszentren geschehen, ohne daß daraus jedoch Gesetzmäßigkeiten abzuleiten sind. Wunder bleiben somit trotz aller Erwartbarkeit ein leider kontingentes Geschehen, da sich die kollektiven Erwartungen nicht in der Form einforderbarer Ansprüche[23] Einzelner gegenüber der Transzendenz stabilisieren lassen.

Die Vielzahl der berichteten Wunder kann Hoffnungen und Erwartungen steigern, doch um die jeweilige subjektive Notlage zu bewältigen, bleibt die Reliquienverehrung ein prekäres Instrument. Die Aneinanderreihung von vielen ähnlichen Berichten der Wunderheilung muß also vor allem die Enttäuschungen derjenigen kompensieren, die nicht erhört wurden. Das Problem für den Hilfesuchenden ist also durch die in der Gesellschaft unbestrittene Existenz von Wundern solange nicht gelöst, wie seine persönliche Notlage weiter besteht. Ihn beschäftigt deshalb weniger, ob überhaupt Wunder geschehen können, sondern letztlich die Frage, warum sich im Verhältnis zur Vielzahl der Bittenden so wenig Wunder ereignen, und daß es nicht einsichtig ist, aus welchen Gründen sie für andere, aber nicht für einen selbst geschehen. Damit kommt ein zweifelsfreies Element des kosmologischen Wissens der mittelalterlichen Gesellschaft mit der individuellen Realitätserfahrung und Bedürfnislage in Konflikt. Ein solches wenig demutvolles Fragen nach den Bedingungen der Erwartbarkeit von Wundern entspricht zwar nicht religiösen Verhaltensnormen, doch finden wir es variantenreich und auch verdeckt formuliert immer wieder in den Mirakelberichten[24].

---

23 Die Gläubigen streben genau diese Stabilität von einlösbaren Ansprüchen gegenüber der Transzendenz an. Zur Beziehung von Erwartung, Anspruch und Enttäuschungsreaktionen vgl. Luhmann (1984) 363 ff. Ihre Ansprüche begründen sich jedoch zumeist nicht mehr auf wertkonformes Handeln, sondern auf jenen Verdienst, den man durch eine emotionale und quantifizierbare Frömmigkeitspraxis erwirbt.

24 Dieses Leiden an und die Klage über eine Welt, die den Hilfesuchenden nicht nach Prämissen der Werkgerechtigkeit organisiert scheint, formuliert ein Priester in einem Bittgebet, in dem er sich darüber beschwert, daß er als Geistlicher von einer

Die kaum erträgliche Zufälligkeit von Erhörung und Versagung veranlaßt die Gläubigen oft zu Handlungen, die den Heiligen zu einem Wunder herausfordern sollen. Dies geschieht zumeist, indem man öffentlich seine Macht, Wunder zu erwirken, bezweifelt[25]. Daß in den Berichten diese Proben stets erfolgreich bestanden und die Frevler gedemütigt werden, ist bei diesem Textkorpus selbstverständlich, denn es bestätigt soziales Wissen. Interessant sind die Fälle, in denen argumentativ begründet wird, warum die Transzendenz ein Wunder unter ähnlichen Bedingungen einmal gewährt und einmal versagt hat.

Wenn sich Texte auf diese Problemebene einlassen, sind natürlich von vornherein bestimmte Argumentationsweisen ausgeschlossen. So müssen Wunder in jedem Einzelfall – wenn im Text danach 'gefragt' wird – begründbar sein, da eine zufällige Verteilung von Wundern weder der Bedürfnislage der Gläubigen noch den Ordnungsvorstellungen der Gesellschaft entsprechen würde. Da das soziale Wissen über die allgemeine Erwartbarkeit von Wundern nicht zur Disposition steht, können die Gründe für das Versagen eines Wunders nur im Verhalten der jeweiligen Protagonisten liegen. Die gängigste Erklärung liefert hierbei die fehlende innere Einstellung[26] des Bittenden. In einem Bericht aus der Sammlung des Kompilators Jehan le Marchant, der Marienwunder aus Chartres zusammengetragen hat, erzählt er, warum die Blindheit eines Pilgers nicht geheilt wird, während ein Stummer Hilfe erhält.

> *Moult se repent que il* [sc. der Blinde] *nala*
> *Cum lui a liglise prier,*
> *Lors prist des ieulz a lermier,*
> *Mais si com ie croi et deuin*
> *Ce estoient lermes de vin:*

---

unangenehmen Krankheit befallen wurde. *Mon seigneur saint Loys, se vos estes en l'estat de quoi l'en croit que vous pouez prier Dieu et se ce que l'en dit de vous est voir, comme je vos aie mout amé en vostre vie et ce n'est pas honeste chose ne bele que li serganz du roi des rois soit seurpris de si grant laidure comme j'ai en mon visage, proiez li que il m'en delivre.* S. Louis XXIX, 89.

[25] Vgl. das Kapitel "Zweifel und Kritik an Wundern" bei Rendtel (1985) 140–163. Vielfach lassen sich die Gläubigen nur durch eigene Anschauung überzeugen. Berichte über Wunder von bereits Geheilten stoßen oft auf Mißtrauen. – Zu den bekannten Zwangsmitteln, Heilige zum Eingreifen in die Angelegenheiten 'ihres' Klosters oder 'ihrer' Kirche zu bewegen, gehörte auch die Humilation ihrer Reliquien oder Bilder. Vgl. Geary (1983).

[26] Die Wertung der Herzensfrömmigkeit der Protagonisten bewirkt jedoch keine definitive Umstellung von quantitativer Gebetspraxis auf qualitative Maßstäbe. Miélot berichtet von einer Nonne, die täglich 150 Mariengebete auf nackten Knien verrichtete und der Maria die Reduzierung auf 50 Gebete täglich befiehlt. Vgl. Miélot 36, 124 f.

Deuant lautel fist ses prieres,
Mes dex dou ciel nes prisa guieres,
Qui bien sauoit sentencion,
Qui prioit sanz deuocion,
Sans foi, et por ce vein pria,
Li cors pas ne sumilia,
Il ne pria fors que de bouce,
Tel priere a dieu pas ne touche;
Si sen ala si com il vint
(Jehan le Marchant, Mir. 20, 118 f.)

Damit ist die Verantwortung für eine erfolgreiche Bitte ganz nach den Vorstellungen der Werkgerechtigkeit auf die Gläubigen übergegangen. Für jene Wallfahrer allerdings, die aus ihrer subjektiven Sicht in aller Aufrichtigkeit Hilfe erflehen, kompensiert dies kaum die eigene Erfolglosigkeit. Unsere These, daß Mirakelberichte ausgebliebene Wunder kompensieren helfen, findet sich auch darin bestätigt, daß Maria in den Mirakelsammlungen kaum Bittsteller abweist[27]. Sie wird in dem gerade zitierten Text auch nicht direkt angerufen, sondern es ist Gott, der die Gebete nicht erhört!

Die Wunderberichte bestärken die Gläubigen bei ihrer Suche nach Handlungen, die Wunder auslösen können, indem Devotionspraktiken beschrieben werden, die ein Wunder zumindest wahrscheinlicher machen. Der Wunsch, Bilder oder Reliquien zu berühren oder ihnen zumindest so nahe wie möglich zu sein, um durch ihre Kraft geheilt zu werden, gehört zu den weit verbreiteten Formen religiöser Praxis. Sie zielt darauf ab, den Heiligen als magischen Helfer für die eigenen Interessen zu instrumentalisieren. Der Glaube an die den Reliquien innewohnende autonome Macht[28] sieht in ihnen ein magisch-religiöses Mittel, das die Transzendenz zum Handeln im Diesseits zwingen kann[29], und zwar allein vor dem Hintergrund individueller Bedürfnisse und ohne eine moralische Rückbindung an die eigenen Verhaltensweisen.

Berücksichtigt man die Verbreitung solcher magisch-instrumentellen Vorstellungen, so ist zu beobachten, daß die Kompilatoren sich weit-

---

[27] Vgl. Miélot LX, 204. Die 'Eitelkeit' einer Frau wird dort von Maria bestraft, indem sie ein bereits geschehenes Wunder zurücknimmt.

[28] Vgl. stellvertretend für viele Analysen des Reliquienkults Boussel (1971), Herrmann-Mascard (1975) sowie Delooz (1969).

[29] In den Kontext solcher Vorstellungen gehört auch der Glaube an die Macht geweihter Hostien oder an das immer wieder verbotene Lesen von Totenmessen für Lebende, mit denen man seinen Feinden schaden wollte. Vgl. Franz (1902) 99. Der Glaube an die Macht der Reliquien manifestiert sich auch in den Legitimationsleistungen von Reliquiendiebstählen. Vgl. Geary (1983).

gehend im Rahmen theologisch legitimer Konzepte der Heiligenverehrung halten. Sie berichten zwar von vielen Elementen einer instrumentellen Reliquienverehrung, doch beschreiben sie damit eher bestehende Zustände, die zur täglichen Frömmigkeitspraxis an Wallfahrtsorten gehören[30]. Muß vor diesem Hintergrund noch darüber diskutiert werden, ob die in den Marienmirakeln immer wieder geschilderte, intensive Gebetspraxis, zu der viele Tränen der Zerknirschung gehören und die stets für die Gläubigen erfolgreich wirkt, zumindest vorbewußt als magisches Zwangmittel gegenüber der Transzendenz verstanden wurde[31]?

4. Die Artikulation und Verarbeitung innerweltlicher Komplexität

Die Mirakelsammlungen präsentieren eine sehr unterschiedliche Vielfalt von innerweltlichen Problemlagen. Die Texte werden komplexer, wenn sie sich auf Marienmirakel beziehen, und auch in diesem Korpus kann weiter differenziert werden zwischen Sammlungen, die im Kontext von Wallfahrtsstätten wie Rocamadour oder Chartres entstehen und sich zugleich auf klar eingrenzbare lateinische Vorlagen beziehen und Sammlungen, die sich von diesem pragmatischen Rahmen entfernen.

Gerade dieses Textkorpus, die Sammlungen von Gautier und Miélot, sind jedoch, so meinen wir, von sozialhistorischem Interesse, weil sie sowohl als Indizien für die Erfahrung gesellschaftlicher Komplexität in der Form religiösen Wissens gelten können, und weil sie die Möglichkeiten und Grenzen der Verarbeitung dieser Problemlagen durch eben dieses Wissen aufzeigen[32]. Auch jene Texte, die für den heutigen Leser eindeutig fiktionalen Charakter haben, weisen unter funktionaler Perspektive auf Erfahrungen und Bedürfnislagen hin, die mit christlichen Normen und Kosmologiekonzepten schwer zu bewältigen waren.

Die Sammlungen Gautiers und Miélots zeichnen sich durch eine Zunahme von Kommentaren, Reflexionen und Erklärungen aus, die das

---

30 Auf die wesentliche Bedeutung von bildlichen Darstellungen für die spätmittelalterliche Andachtspraxis kann hier nicht näher eingegangen werden. Vgl. Vavra (1980) 202 f.

31 Verschiedene Mirakel legen diesen Schluß sehr nahe. So beschreibt Maria die Wirkung des Ave Marias sehr sensualistisch: [...] *il* [sc. der Mariengruß] *me fait tout aussy grant joye, comme fist Gabriel, l'archangele, qui me dist que le Roy des Roys se avindriroit en mes sains flancs. Et quant ce vient à Dominus tecum, ce nom m'est tant doulx et sade qu'il me samble que le saint Esperit descende derechief en mon saint ventre.* Miélot 36, 125.

32 Sie sind ein Indiz dafür, wie die Komplexität der Welt im Rahmen religiöser Wissensstrukturen erlebt wird. Vgl. Luhmann (1977) 77–84 und Luhmann (1989) 262–270.

Mirakelgeschehen begleiten. Es entsteht der Eindruck, daß die Kompilatoren aus der Fülle der Überlieferung offenbar bevorzugt jene Situationen ausgewählt haben, die durch ihre Komplexität und Ausweglosigkeit nur durch das Eingreifen Marias bewältigt werden können, die zugleich aus der Sicht der Kompilatoren exemplarischen Charakter besitzen und die christliche Kosmologie bestätigen.

La douce Dame bien aprise,
Por qu'ai ceste matere enprise,
A traitier si bien la m'apregne
Que boen essample aucuns i pregne
Et qu'ele gre m'en daint savoir.
Autre loier n'en quier avoir. (vv. 15–20)
(Gautier, Bd. I. I Pr 1, 2)

Ob diese intendierte Funktion eingelöst werden konnte, bleibt allerdings auch dann fraglich, wenn man die Alterität des mittelalterlichen religiösen Wissens mit berücksichtigt. Nach den Normen der Werkgerechtigkeit sind die Mehrzahl der Mirakelprotagonisten in Sünde verstrickt und sehen ihre einzige Chance auf Hilfe oder Gnade in der Anrufung Marias[33]. Die Abweichung von christlich-wertethischen Normen der Gesellschaft ist für viele Mirakel Ausgangspunkt der Handlung, und die Rettung der Seele durch Maria unter diesen erschwerten Bedingungen steht im Zentrum des Interesses. Die Möglichkeit der Rettung liegt in einer rituellen Marienverehrung, die, auch wenn sie im Kontrast zu einem sündigen Lebenswandel steht, stets dazu führt, daß Maria für den Sünder Partei ergreift[34].

---

33 Als ein Beispiel sei der resümierende Titel des Mirakels Miélot VII, 151 zitiert: *D'ung chevalier plain de murdres qui fut preservez d'estre estranglez du dyable par saluer chascun jour la vierge Marie.*

34 Einen christlichen Lebenswandel gezielt auf später zu verschieben, um zunächst die irdischen Freuden zu genießen, ist ebenfalls nicht mit ethischen Normen vereinbar. Genau diese Argumentation präsentiert ein Mirakel, in dem der Sünder, nur um nicht eidbrüchig zu werden, täglich ein Mariengebet spricht. Jedoch auch in diesem Fall erweist es sich als wirksam. Der Sünder wird letztlich gerettet.

Quant j'arai tot usé non siecle,
Fais mes aviaus et mes voloirs,
Lors serai moignes blans ou noirs,
Grivelez, bruns ou bis ou beges. (vv. 100–103)
[...]
Ja ne m'aïent patrenostres
Ne prieres ne misereles.
Mielz aim sonnés et pastoreles
Que je ne face telz antroingnes. (vv. 118–121)

Neu in diesen Mirakeln sind die Bemühungen, mit verschiedenen Argumentationsfiguren das Eingreifen der Transzendenz zu erklären. Wenn es gar nicht anders geht und das Vergehen, wie bei einem Mönch, der auf der Rückkehr von einer Liebesnacht – im Zustand der Todsünde also – in einem Fluß ertrinkt, nicht zu rechtfertigen ist, wird berichtet, daß sich die Begründung dieser Rettung dem Erkenntnisvermögen der irdischen Menschen entzieht[35]. Ein häufiger zu findendes und narrativ ergiebigeres Verfahren besteht darin den Handlungsschwerpunkt zu verlagern: Nicht die Sünde des Protagonisten steht nunmehr im Vordergrund, sondern der Kampf um dessen Seele, bei der sich der Teufel und Maria gegenüberstehen.

Diese Verschiebung des Handlungsschwerpunkts kaschiert eine theologisch höchst ambivalente Lösung. Maria wird damit zum Anwalt der Interessen des Menschen, der gegen christliche Normen verstoßen hat, und muß für ihn um Gnade bitten, die ihr natürlich stets gewährt wird. Gautier spricht an einer Stelle deutlich aus, daß die gnadenvermittelnde Macht Marias dem Sünder auch gegen die legitimen Gerechtigkeitsforderungen Gottes – und der Gesellschaft – hilft.

Qui bien la sert, c'est veritez,
Ne puet doter Dieu ne deable. (vv. 284 f.)
[...]
De grans pechiez n'a nus tant fais
Ne tant vers Dieu ne s'est mesfais,
S'il sert sa mere, n'ait sa grace
Et qu'ele a lui sa pais ne face.
Nes quant Diex est tant correciez
Que pour ferir s'est ja dreciez
Et que poing clos li vielt sus corre,

[...]
Tant peu com il avoit wala
Et jeta puer si folement
Que povretez isnelement
A son oncle le rechaça,
Et seur sa fiance enbracha
Chascun jor l'orison a dire.
Ne s'en daigna onques desdire
Quant fiancié l'ot et juré,
Mais le cuer eut si aduré
Et aüsé en fol usage
C'onques por ce son fol corage
N'amenda ne ne volt bien faire. (vv. 128–139)
(Gautier Bd. III. I Mir 39, 125 f.)

35 Vgl. "D'un moigne qui fu ou flueve" Gautier Bd. III. I Mir 42, vv. 252–267, 175.

Si queurt ele pour lui resorre
Et de l'aidier si s'entremet (vv. 307–315)
[...]
Son poing retraist a lui tantost
Et luez refroide toute s'ire. (vv. 320 f.)
(Gautier Bd. IV. II Mir 28, 332 f.)

In einer Welt, in der alle Menschen Sünder sind, wie immer wieder betont wird, ist somit der Mariendienst der einzige Weg, um sicher Gnade zu erlangen. Marienverehrung ist deshalb die wichtigste Frömmigkeitspraxis für das Seelenheil. Ohne eine Begründung zu geben, setzt dieses Weltbild implizit voraus, daß ein Leben nach den Normen der Werkgerechtigkeit nicht mehr oder nur noch für wenige möglich ist. Wenn das Schicksal der Menschen nach ihren Taten entschieden würde, wären alle verdammt: *Se tu* [sc. Maria] *nos lais jugier selonc nos fais, / Dampné serons en flanbe pardurable.* (Gautier Bd. I. I Ch 9, vv. 46 f., 49). Dieses allgemeine Sündenbewußtsein ist in den Mirakeln immer ein individuelles Problem und kann nicht an die Institution Kirche delegiert werden[36].

Der andere Pol der Ambivalenz einer solchen Sichtweise entsteht dadurch, daß der Widerpart Marias, der Teufel, in den Streitfällen die Position der göttlichen Gerechtigkeit übernimmt. Er erscheint in der Rolle des Anklägers Gottes, gegen dessen berechtigte Vorwürfe sich der Sünder vor Gott verteidigen muß.

Las! las! las! las ! que porrons dire?
Quant li dyables vorra lire
Et reciter tous les mesfais
Et touz les maus qu'avommes fais,
Qui nous porra vers Dieu aidier? (vv. 2123–2127)
(Gautier Bd. IV. II Dout 34, 523)

Er ist es also, der auf Werkgerechtigkeit beharrt und immer wieder durch die gnadenstiftende Macht Marias überwunden wird[37]. Ob diese Umweltperspektive mit den Bedürfnissen von Rezipienten übereinstimmte, läßt sich nicht schlüssig beantworten. Sie führte jedoch immer dann zu Schwierigkeiten, wenn der Rezipient sich nicht mehr mit dem Sünder und seinem Wunsch der Seelenrettung identifizieren konnte, sondern eher an der Durchsetzung von Werkgerechtigkeit in der Alltagswelt interessiert

[36] Das Fegfeuer und die *ars moriendi* bieten Lösungen in einer Situation, in der ein sündenfreies Leben nicht mehr realisierbar ist oder Bußleistungen im Diesseits nicht ausreichen. Vgl. Romano / Tenenti (1967) 100–103 und Le Goff (1981) 319–447.

[37] Sehr deutlich ist dies in einem Mirakel ausgeführt, das Inzest und Mord einer adeligen Dame zum Thema hat. Es wird sehr ausführlich erzählt und ist bei Miélot in zwei Versionen überliefert. Vgl. Miélot LIII, 193 ff. und 33, 112–118.

war. Die Handlungsrollen und Interessenskonstellationen der Marienmirakel sorgen jedenfalls dafür, daß die individuellen Bedürfnisse des Sünders mit Hilfe Marias gegen die christlich-kosmologischen Normen der Gesellschaft durchgesetzt werden. Gott und der Teufel stehen dabei gemeinsam, allerdings immer in unterschiedlichen Mirakeln, auf der Seite der gesellschaftlichen Ansprüche, die vom Individuum mit der Hilfe Marias abgewehrt werden können[38].

Es sei nochmals darauf hingewiesen, daß beide Interessenslagen, – der Wunsch nach Werkgerechtigkeit in der Gesellschaft und nach Gnade für das Individuum – in den Mirakelsammlungen nachzuweisen sind. Die Heilungswunder des Hl. Ludwig werden von vielen Gläubigen im Sinne einer eingelösten Werkgerechtigkeit verstanden, und auch die Marienmirakel enthalten Texte, die wir dieser Bedürfnisstruktur zurechnen[39]. Auch wenn man berücksichtigt, daß sich der Erfahrungshorizont des Wunderbaren im Spätmittelalter nicht als intellektuelle Kategorie, als ein kohärentes Sinnbildungskonzept beschreiben läßt, sondern eher als ein Bereich von Gegenständen und Einzelfällen, in denen sich das Wunderbare manifestiert[40], so ist doch zu fragen, ob jene ambivalenten Bedürfnisse der Gläubigen – der Wunsch nach Werkgerechtigkeit auch im Diesseits[41] und der Wunsch nach Erlösung der eigenen sündigen Seele – durch die Marienmirakel miteinander vermittelt werden konnten. Die verschiedenen Versuche, einzelne Geschehnisse des Diesseits narrativ durch Wunder zu erklären, können auch als Indiz dafür gewertet werden, daß die wachsende Komplexität der Erfahrung zum Problem wurde. Die beschränkte Erkenntnisfähigkeit des Menschen in die alles umfassende Ordnung, die die Religion als Erklärung anbot[42], sollte zumindest in Ein-

---

[38] Damit werden klare binäre Unterscheidungen und eindeutige Orientierungen zwischen 'Gut und Böse' aufgeweicht. Vgl. Jaritz (1989) 154–168.

[39] So etwa das Mirakel jener Frau, die Maria durch die 'Entführung' einer Jesusstatue 'zwingt' (Miélot 46, 136), ihr ihren gefangenen Sohn zurückzugeben.

[40] Le Goff (1985) 18 bezieht sich hierbei auf den gesamten Bereich des Wunderbaren und nicht nur auf die Aneignung des Wunderbaren durch das Christentum.

[41] In einem Text Miélots wird explizit ausgesprochen, daß die Handlungen des Protagonisten darauf ausgerichtet sind, irdische Gerechtigkeit durchzusetzen. Derjenige Bürger, der als Richter diese Forderung durchsetzt, wird in dem Text höher bewertet als ein Einsiedler. Vgl. Miélot LXXI, 221–223.

[42] Hierin sieht Luhmann eine Aufgabe der Religion: "[...] das Getrennte wird wieder Eins und das Sinnwidrige wird doch noch zu Sinn. Daß dies so ist, erfüllt für die Sinnsuchenden, Fragenden, Leidenden, Zweifelnden die Funktion der Religion. Wenn das so ist, kommt es gar nicht zu dem (erst in der Neuzeit so genannten) Problem der 'Theodizee'; es braucht und kann nicht erst aus einem Gesamturteil über die Leistungen Gottes auf dessen Rechtfertigung geschlossen wrden. Nur wird im Laufe der Problementwicklung die Glaubensbasis – 'daß dies so ist' – schmaler und schmaler

zelfällen überwunden werden. Letztlich stellt sich die Frage, ob die Marienmirakel die intendierte Funktion Umweltkomplexität zu reduzieren, einlösen können, oder ob sie dazu beitragen Komplexität aufzuwirbeln, indem sie auf die Frage nach der Theodizee als Problem der Kosmologie hinweisen. Zu einer differenzierenden Beantwortung dieser Frage sollen zusätzlich zu den Argumentationmustern auch die kommunikativen und medialen Kontexte der Sammlung Gautiers herangezogen werden. Sie ist insofern von größerer sozialhistorischer Bedeutung, als sie eine weite Verbreitung gefunden hat und – wie bereits angesprochen – auch formal weiteren Verschriftlichungen von Marienmirakeln zum Vorbild diente.

5. Die Inszenierung der Sammlungen und die Verschriftlichung von Komplexität

Die Sammlungen Gautiers und Miélots sind eindeutig dem höfischen kommunikativen Milieu eines Adels zuzuschreiben, der im 13. Jahrhundert in Nordfrankreich vornehmlich in den Städten residierte und dessen aufwendiger Lebensstil nur durch den Besitz von Geld aufrecht zu erhalten war. Die Sammlung Miélots, die im Auftrag der burgundischen Herzöge entsteht[43], gehört zu dem Versuch, mit ihrer von Stadt zu Stadt ziehenden pompösen Hofhaltung eine Art kultureller Identität zu inszenieren. Zu diesem Lebensstil gehörte bekanntermaßen auch die Produktion von Chroniken und prachtvoll ausgestatteten Büchern. Indem sich die Herzöge als 'Vasallen' und Beschützer Marias in den Illustrationen der Marienwunder präsentieren[44], überdecken sie genealogische Schwierigkeiten ihrer Herrschaftsansprüche und nehmen zugleich den Topos der Legitimation durch die Transzendenz auf.

Die Sammlung Gautiers bezieht sich konkreter auf höfische Interaktionsverhältnisse[45]. Auch wenn wir anhand von Quellen nicht mehr

---

dadurch, daß durch rein dogmatische Begreifversuche Möglichkeiten einer religiös akzeptablen Erklärung von Leid und Ungerechtigkeit eliminiert oder doch kontrovers werden [...]" Luhmann (1977) 39.

43 Vgl. Signori (1990) 67–70 und die Verbreitungskarte lokaler Marienwundersammlungen auf S. 77. Miélot gehört zu den vielen Klerikern, die der burgundischen Hofkultur zuzurechnen sind. Vgl. Prevenier / Blockmans (1986) 314–341.

44 Vgl. Omont (1906) t. I, planche I (MS Paris B. N. fr. 9198) und t. II, planche I (MS Paris B. N. fr. 9199).

45 Der Begriff 'Interaktion' wird hier gewählt, um – idealtypisch – die spätmittelalterlichen Sinnbildungsprozesse über Texten zu benennen, die durch eine Einbeziehung des Körpers des Schreibenden, Lesenden und durch entpragmatisierte Spielsituationen gekennzeichnet sind. Neuzeitlichen Sinnbildungsprozessen ordnen wir – ebenso idealtypisch – Kommunikation, stille Lektüre und die Ausblendung des Körpers zu. Vgl. Gumbrecht (1988) und zum höfischen 'Spiel' Gumbrecht (1983).

nachweisen können, ob sie tatsächlich als Medium in konkreten Interaktionen gedient hat, läßt sich an Symptomen ablesen, daß der Kompilator sich an den Normen dieses kommunikativen Milieus orientiert hat. Wir wollen die Form, die er dabei verwendet hat, im Anschluß an die Begriffsbildung Hugo Kuhns als einen Inszenierungstyp beschreiben, auch wenn zu berücksichtigen ist, daß es sich bei Gautiers Sammlung um eine Großform handelt[46]. Wie schon kurz angedeutet, besteht die Sammlung nicht allein aus Mirakelberichten, sondern sie wird eingeleitet mit einem Prolog zu den Marienmirakeln, einem weiteren Prolog zu den Marienliedern, an den sich sieben Lieder anschließen. Nun erst beginnen die fünfunddreißig Mirakel, und den Schluß bilden wiederum drei Lieder. Auch die zweite Sammlung, zu der die Verbreitung und der Erfolg der ersten Gautier ermutigt hatte, beginnt mit einem Prolog und sieben Marienliedern, an die sich weitere vierundzwanzig Mirakel anschließen. Dann folgen ein Epilog, ein Traktat über die Vergänglichkeit des irdischen Lebens, ein weiterer Prolog zu den folgenden Mariengrüßen, ein weiteres Traktat und abschließend vier Gebete und drei Lieder, deren Zugehörigkeit zur Sammlung umstritten ist[47].

Diese Mischung von verschiedenen Formen und vor allem die Kombination von Liedern und Texten, die bei Gautier wahrscheinlich sowohl zur – lauten – Lektüre in Klöstern als auch zum Vortrag bestimmt waren[48], ist als höfischer Inszenierungstyp Anfang des 13. Jahrhundert entstanden. Jean Renart hatte es für seinem Rosenroman[49] verwandt. Die Verbindung von Gesang, Mirakeln und später auch Traktat und Gebet bei Gautier fand großen Anklang. Die ausgefeilte Gestaltung einer gepflegten, artistischen Werten verbundenen Interaktion spiegelt sich sowohl in der Ausstattung der Manuskripte, in der Verwendung von Reimsprache, in der Aufnahme von höfischen Lang- und Kurzformen und in der für die Marienlieder verwendeten Musik. Von den 22 überlieferten Manuskripten der Mirakelsammlung enthalten 11 auch die Notationen der Marienlieder. Gautier verwendete hauptsächlich das Verfahren der Kontrafaktur, indem er die Melodien weltlicher Trouvère-Lieder den neuen, von ihm verfaßten Marienliedern unterlegte[50]. Während er also die höfische Sprache und die Gestaltungselemente höfischer Interaktion

---

[46] Vgl. Kuhn (1980) und für die Großform der *recueil* Ollier (1980).

[47] Vgl. die Beschreibung der MSS von Koenig (1966) VII–XIV.

[48] Vgl. die Widmung des 2. Buches Gautier Bd. IV. II Ep 33, vv. 105–137, 435 f.

[49] Auch *Roman de Guillaume de Dole* genannt und nicht zu verwechseln mit dem späteren *Roman de la Rose* von Guillaume de Lorris und seiner Fortsetzung von Jean de Meun.

[50] Vgl. die Artikel über Gautier de Coinci und Kontrafaktur im MGG.

übernimmt[51], will er sich zugleich von deren Themen – Liebeslyrik und -kasuistik – distanzieren.

Qui que face rotruenge novele,
Pastorele, son, sonet, ne chançon,
Je chanterai de la sainte pucele
Es cui sains flans li fius Dieu devint hom.
Il n'est avis, certes, quant je la nom,
Goutes de miel degoutent de son nom.
Je ne veil mais chanter se de li non;
D'autre dame ne d'autre damoisele
Ne ferai mais, se Dieu plaist, dit ne son. Amen
(Gautier Bd. I. I Ch 4, vv. 1–9, 29)

Somit vermischt er sowohl Textgattungen als auch Vortragssituationen im Rahmen einer thematisch neuen Inszenierung, um damit die interaktive Umsetzung und Aneignung religöser Erfahrung zu optimieren und neu zu organisieren[52]. Auch in dieser Strophe eines Marienliedes ist auffällig, wie oft er Rezitation und Gesang unter dem Aspekt der Beteiligung des Körpers erfährt[53]. Einmal sind es die Honigtropfen, die der Name Marias verströmt; an anderer Stelle ist es die tränenreiche Zerknirschung, die dem Gebet zumindest subjektiv Authentizität verleiht. In der Interaktion mit der Transzendenz werden dem Gläubigen immer wieder sensuelle Erfahrungen zuteil, sei es der Geschmack der Worte – [...] *la saveur des moz* [...] (1 Mir 29, v. 157) – sei es der frische 'Geruch' von poetischer Sprache und Gesang oder die Süße und Schönheit, die dem Gläubigen etwa in Visionen beim Anblick Marias zuteil wird[54].

---

[51] Maria ist zugleich höfische *dame* und *pucele* mit allen erotischen Konnotationen des *fin amor*. Vgl. Cerquiglini (1982).

[52] In vielen Mirakeln spielt die Musik eine wichtige Rolle beim Mariendienst. Zur Bedeutung der Musik in Mystik und Minnemystik vgl. Scherer (1987).

[53] Vgl. zu diesem Aspekt Wenzel (1988) für den höfischen Kontext und Zink (1988) für das Gebet.

[54] Das Singen, das laute Lesen und Sprechen heiliger Texte, bei denen der Kleriker bedeutsame Laute und Worte in den Mund nimmt, sieht Gautier auf gleicher Ebene wie das Berühren und Küssen der Hostie.

L'autoritez qui de ce touche
Dit qu'il convient parler la bouche
De l'abondance de son cuer.
Avenir ne puet a nul fuer
Qui ou cuer l'a ne l'ait en bouche.
Langue qui volentiers l'atouche
Soit beneoite, si est ele.
He! mere Dieu, virge pucele, (vv. 243–250)

Es ist den Texten nicht eindeutig zu entnehmen, ob Gautier sich damit bewußt gegen die argumentative, universitäre Theologie der Scholastik stellt, oder ob ihm diese Opposition gar nicht bewußt wird. Auf den Beifall seiner adeligen Rezipienten für ein solches Religionsverständnis kann er sicherlich rechnen. Gautier vereinigt in sich eine überraschende Vielfalt von Produktionsrollen. Er ist Kompilator und 'Historiograph' der Marienwunder und zugleich Autor von Kommentaren, Traktaten und Liedern, denen er als ein in Praxis und Theorie der Musik ausgebildeter Kleriker[55] großen Wert beimißt.

Daß dieser Inszenierungstyp der Mirakelsammlung und die damit ermöglichte 'Interaktion' mit der Transzendenz im höfischen Milieu sehr erfolgreich war, zeigt die Übernahme dieses Typs in der monumentalen Sammlung der *Cantigas de Santa María.* Sie entstand ebenfalls im 13. Jahrhundert am Hofe Alfons' des Weisen in Toledo, einem Zentrum der Begegnung gelehrter Traditionen aus drei Religionen. Welchen Rang die Inszenierungsaspekte in dieser Sammlung einnehmen, kann anhand einiger Merkmale der *Cantigas* verdeutlicht werden.

Die bedeutendste Quelle ist wiederum eine Prachthandschrift und für die höfische Repräsentation bestimmt. Bestätigt und zugleich spezifiziert wird dieser Kontext dadurch, daß diese Sammlung eines kastilischen Königs in Galizisch abgefaßt ist. Es war die Sprache, in der alle höfischen Lieder und Dichtungen, religiösen oder weltlichen Inhalts zu dieser Zeit auf der iberischen Halbinsel verfaßt wurden. In dieser Prachthandschrift, die heute in der Biblioteca del Escorial aufbewahrt wird, sind auch Melodien verschriftlicht, und obwohl diese Lieder – *cantigas de loor* im Gegensatz zu den narrativen *cantigas de miragres* – im eigentlichen Sinne nur 40 der 428 Texte ausmachen, verweist der Titel auf den Sitz im Leben dieser Sammlung: die höfische Präsentationsform des Gesangs. Die Melodien sind zum Teil ebenfalls Kontrafakten oder sie entstammen der Tradition des gregorianischen Gesangs[56].

Die Attraktivität, die die Mirakelsammlungen unter dem Aspekt der höfischen Inszenierung von Interaktions- und Vortragsformen hat-

---

[...]
Qui le cors Dieu baise et atouche
Ne devroit ja mençoignes dire
Ne vanité chanter ne lire. (vv. 352–354)
(Gautier Bd. III. II Pr 1, 274 und 278)

[55] Diesen Aspekt des Gottesdienstes betont er immer wieder. Gesang und Instrumentenspiel sind für ihn von sehr hohem Wert für die religiöse Praxis. Vgl. Gautier Bd. IV, II Mir 21, 175–189.

[56] Vgl. den Artikel: *Cantigas de Santa María* im MGG und Anglés (1958). Zum Kommunikationskontext des alfonsinischen Korpus vgl. Gumbrecht (1990) 60–74.

ten, macht zugleich ihre Alterität gegenüber neuzeitlichen Formen der Verschriftlichung aus. Manuskripte dieser Zeit können wir nicht unter der in der Neuzeit dominierenden Funktion von Speicherung und Verbreitung eines semantisch codierten Sinnangebots in abstrakter Schriftlichkeit verstehen. Die im 13. Jahrhundert verbreitete Vorstellung in großen Werken, *summae*, die Vielfalt des Wissens zusammenzutragen und diese Texte unter formalen Kommunikations- bzw. Interaktionsgesichtspunkten zu gestalten, entspricht somit nicht der funktionalen Ausdifferenzierung von Gattungen und Kommunikationssituationen, die in der Neuzeit erfolgreich waren. So kann es dazu kommen, daß Sammlungen, die nach einem gemeinsamen Inszenierungstyp gestaltet wurden, heute unterschiedlich zugeordnet werden. Für die altfranzösischen Mirakelsammlungen fühlen sich, wie erwähnt, Literaturwissenschaftler 'zuständig', während spanische Literaturgeschichten die alfonsinischen *Cantigas de Santa María* oft nur am Rande streifen, weil sie in diesem Kontext zu wenig 'literarisch' erscheinen und dem religiösen Wissen zugerechnet werden.

6. Das christliche Wunder und die Faszination des Wunderbaren

Mit Faszinationstyp bezeichnet Hugo Kuhn die umgekehrte Interessenrichtung zum Inszenierungstyp. Faszinationstypen zielen auf ein thematisches Interesse an gleichen Phänomenbereichen, das sich in unterschiedlichen textuellen Inszenierungen manifestiert. Die bereits beschriebenen Funktionspole des Heiligen als Tugendvirtuose und magischer Helfer können dem Faszinationstyp Hagiographie[57] zugeordnet werden. In den Mirakelsammlungen stoßen wir jedoch auch auf andere Faszinationsbereiche, die durch das christliche Mirakel überformt wurden.

Alle Erfahrungsgegenstände, die das soziale Wissen der mittelalterlichen Gesellschaft nicht auf 'natürliche' Ursache-Wirkung-Relationen zurückführt, als Wunder (positiv) oder als schwarze Magie (negativ) zu bezeichnen, setzt bereits eine bestimmte Vorstrukturierung der Realitätserfassung voraus. Wir assoziieren mit dem Begriff Wunder sofort eine Kategorie des religiösen Wissens und blenden damit andere Erklärungsmuster und Inhalte aus, gegen die sich die christliche Interpretation des Übernatürlichen erst durchsetzen mußte. Wie sehr die Religion diesen Bereich besetzt hat, wird daraus deutlich, daß wir keinen eigenständigen Begriff mehr für Phänomene besitzen, die uns 'wunderbar', 'übernatürlich' vorkommen und sich nicht mit dem negativen

---

57 Vgl. die anthropologische Ausweitung des Kuhnschen Begriffs in der über das Mittelalter hinausreichenden Analyse von Gumbrecht (1979).

Bereich der Magie und des Okkultismus oder dem religiösen Erfahrungsbereich des Wunders benennen lassen[58]. Die langsame Aneignung dieses Phänomenbereichs durch die Religion hat Le Goff in Erinnerung gerufen. Im XII. und XIII. Jahrhundert umfaßt der Begriff *mirabilis* jenen Bereich, der auch vorchristliche Traditionen einschließt, während sich der Begriff *magicus* von einer neutralen Bedeutung hin zur Bezeichnung schwarzer Magie entwickelt hat. Der Bereich des christlichen Wunders wird mit dem Terminus *miraculosus* benannt[59]. Damit ist die binäre Unterscheidung und Wertung dieses Erfahrungskomplexes im Sinne der Religion geleistet. Sie kann nun in dieser generalisierten Form Erfahrung strukturieren und kommuniziert werden. Obgleich im Sinne der Asymmetrie, die eine solche wertende Differenz stets enthält, nun das christliche Wunder als positive Manifestation der Transzendenz in der Immanenz ausgegrenzt ist, verschwindet damit die Faszination gegenüber religiös illegitimen Kräften des Übernatürlichen nicht[60]. Die Vorstellungen einer Zwischenwelt von Engeln und Geistern war durch die christliche Kosmologie nur überformt worden[61].

Wie gründlich christliche Vorstellungen den Bereich übernatürlicher Kräfte und Erfahrungen besetzt hatten, wird anhand der Form der Verehrung deutlich, die im 13. Jahrhundert einem Hund Namens S. Guinefort dargebracht wurde[62]. Man übernahm viele Merkmale des Heili-

---

[58] Der französische Begriff *Le merveilleux* soll bei Le Goff (1985) und Poirion (1982) diese Bereiche umschreiben. Ein weiterer Versuch der Differenzierung bildet das Begriffspaar *miracle* vs. *prodige*, bei dem sich der letztere Begriff positiv auf Erstaunliches, Überraschendes, nicht Erklärbares bezieht. Doch bereits im Mittellatein bezeichnet *prodigium* ein Wunder, und auch die rationalistische Weltsicht der Aufklärung zielt darauf ab, den Begriff verschwinden zu lassen, weil ihm in einer vollständg erkannten Natur kein legitimer Erfahrungsbereich entspricht. Das Wörterbuch von Littré enthält hierzu folgendes Voltairezitat: "Il n'y eut plus de prodiges, dès que la nature fut mieux connue".

[59] Vgl. Le Goff (1985) 22.

[60] Auch religöses Wissen kann die Motive, unter denen seine Sinnbildungsleistungen erfahren werden, nicht eindeutig festschreiben. Ein bekannter Fall ist das *memento mori*, das, obwohl es als Mahnung der Vergänglichkeit des irdischen Lebens stets gegenwärtig zu sein, intendiert ist, auch als Aufforderung, die kurze Zeit des Lebens für irdische Freuden zu nutzen, aufgefaßt werden kann. Vgl. Romano / Tenenti (1967) 87–109.

[61] Eine Darstellung dieses kosmologischen Bereichs gibt Lewis (1966). Wie unvollkommen die Aneignung bleibt, zeigen die Kap. XX (Magie et le salut), XXVI (Folklore et revenants) und XXVII (L'outre-tombe et l'autre monde) von Le Roy Ladurie (1975). Wie bereitwillig auch irdische Raumvorstellungen Konzepte des Wunderbaren aufnehmen, beschreibt Hassauer (1987).

[62] Diesen sonderbaren Fall von Heiligenverehrung dokumentiert Schmitt (1982).

genkults, verehrte ihn wie einen Märtyrer, weil er zu Unrecht für eine gute Tat getötet worden war, man betete an seiner Grabstätte und bat ihn um Hilfe bei Krankheiten und anderen Notlagen. Es versteht sich von selbst, daß die Kirche diesen Kult alsbald unterbunden hat. Wie jeder Heilige hatte der Hund auch eine Vita, in der sich einige fantastische Elemente wiederfinden[63]. Wenn jedoch in den Mirakelberichten der Begriff des Wunderbaren auftaucht, und das ist selten genug, so bezieht er sich auf Erklärungsdefizite, mit denen der Kompilator ausdrückt, daß ihn die Rettung durch Maria überrascht und erstaunt, weil – so können wir ergänzen – er ihr kaum kosmologische Motive unterstellen kann[64].

Ganz im Sinne einer positiven Magie verwendet Gautier auch den Topos der 'Verzauberung' des Teufels durch Marienfrömmigkeit und -lieder.

> *Ave dame as cinc lettres qui le dyable enchantent.*
> *Tuit cil qui volentiers de toy lisent et chantent*
> *Em paradys seront mené tout en chantant.*
> *Tuit cil qui de toy chantent vont dyable enchantant.*
> (Gautier Bd. IV, vv. 93–96, 549)

Man mag diese Verse als mittelmäßige Wortspielereien auffassen oder sie den Topoi der Marienverehrung zuordnen, zu denen die Bezeichnungen Pforte, Brücke und Schlüssel zum Paradies gehören. Sie konnotieren in beiden Fällen eine magische Faszination, die in einem problematischem Verhältnis zu einer differenziert argumentierenden Theologie[65], aber nicht zu den Inhalten höfischer Texte steht. Die Metapher der Verzauberung durch die Dame, die den Liebenden durch ihre Schönheit in

[63] Die Legende berichtet, daß der Hund eine große Schlange tötet, die in der Wiege das Kind seines Herrn angegriffen hatte. Schmitt (1982) 16.

[64] Mit 130 Versen fällt das bekannte Wunder vom dem Verbrecher, den Maria vor dem Tod durch den Strang bewahrte, indem sie seine Füße zwei Tage lang stützte, verglichen mit anderen Mirakeln Gautiers äußerst kurz aus. Er erfüllt hier wohl kaum mehr als eine 'Chronistenpflicht', denn dieses Marienmirakel war allgemein bekannt. Außer der Tatsache, daß Maria jeden Sünder, der ihr mit Gebeten 'gedient' hat, schützt, findet er keine Begründung für ihr Eingreifen.

> *Ici aprés veil metre en brief*
> *Un bel myracle cort et brief.*
> *Assez briément le veil retraire,*
> *Car des autres ai mout affaire.*
> *Uns lerres fu cha e arriere*
> *De trop mervilleuse maniere.* (vv. 1–6)
> (Gautier Bd. II, I Mir 30, 285)

[65] Vgl. etwa Thomas von Aquin, Summa theologica (Questio 178, "De gratia miraculorum").

ihre Gewalt gebracht hat, gehört zu den banalen Klischees der Liebesdichtung, die seinem adeligen Publikum geläufig sind.

Das weltliche Textrepertoire des 12. und 13. Jahrhunderts, mit dem die Mirakelberichte konkurrieren mußten, ist genau der Bereich, in dem die Überreste und Transformationen älterer Traditionen des Wunderbaren weiterleben. Die *matière de Bretagne* der höfischen Romane Chrétien de Troyes mit ihren Quellenungeheuern, Riesen und Zauberern sind hier zu nennen[66]. Gautier ist sich dieser Konkurrenz durchaus bewußt, wenn er versucht seine Mirakelsammlungen als ebenso interessant, wenn auch von kosmologisch höherem Wert als die höfischen 'Lügengeschichten', anzupreisen.

7. Höfisches Spiel

Der Wahrheitsanspruch, mit dem das Marienmirakel nicht nur von Gautier immer wieder versehen wird, reichte allerdings kaum aus, um im höfischen Milieu Interesse zu wecken. Immer wieder wird deutlich, wie der Kompilator den hohen Anspruch seines Textbereichs und die Anforderungen eleganter, komplexer Inszenierung der Bedeutungsproduktion verbinden möchte, um somit den medialen Vorstellungen höfischer Interaktion genügen zu können. Bildfelder und die artistischen Sprachspiele verweisen über den Inhalt immer wieder auf diese Kommunikationssituation[67].

Bereits im Prolog erzählt er den Sündenfall und die Höllenfahrt Christi zur Errettung der Seelen der Altväter aus der Hölle mit der Metaphorik des Schachspiels und des Kegelns. Er charakterisiert Gott als einen geschickten Spieler, der in einem von den Zuschauern schon fast verlorenen geglaubten Spiel den Teufel mit einem lange geplanten Manöver überlistet[68]. Die Quelle aller Gnade, die Dame, die er in diesem Spiel verwendet, ist natürlich Maria, die damit die Erbsünde, die durch ein andere Frau, Eva, auf die Erde gebracht wurde, besiegt[69]. Auch

66 Natürlich sind die Vorstellungen nicht nur in der Literatur zu finden. Le Goff (1985) gibt eine Übersicht der fantastischen Bildfelder und Vorstellungen des Mittelalters unter Berücksichtigung vorchristlicher Traditionen. Vgl. auch die ausführlichere Darstellung von Meslin (1984).

67 Die Vermischung von höfischer Kultur und religiösem Wissen beschreibt bereits Huizinga (1975) Kap. XII–XV und XVIII–XXII. Dies gilt für die unterschiedlichsten Praxisbereiche. Vgl. die notwendigen Differenzierungen bei Kühnel (1980) 91.

68 Der theologische Argumentationskontext hierzu ist die Redemptionstheorie, die den 'Rückkauf' der Seelen der Altväter durch das Blut Christi legitimiert. Auch der Handlung einiger Mysterienspiele liegt sie zugrunde. Vgl. Warning (1974) 134–184.

69 Diese Opposition wird gern durch die Spiegelung der Zeichenfolge von Ave Maria vs. Eva hervorgehoben. Vgl. Zumthor (1972) 445. Solche Spiele mit Buchstabenzei-

der Mensch kann, wenn er Maria dient, im Spiel um sein Seelenheil nicht überlistet werden[70]. Die höfische Liebesmetaphorik, mit deren Mitteln Maria immer wieder beschrieben wird, deutet auf die intendierte Kommunikationssituation hin.

Es gehört zu den Phänomenen der Alterität spätmittelalterlicher gegenüber neuzeitlichen Sinnbildungsleistungen, daß sich die Zeitgenossen nicht an der Verbindung von höfischen Sprachmustern und religiösen Inhalten gestört zu haben scheinen. Inwieweit man den historischen Wahrheitsanspruch der Texte in dieser entlasteten Interaktion ernstgenommen hat, kann nicht mehr endgültig entschieden werden. War die christliche Kosmologie noch so stark verankert, daß sie auch die Abenteuerhandlungen und Feengeschichten[71] der Mirakel verkraften konnte? Erst aus neuzeitlicher Sicht ist festzustellen, daß sich kosmologisch gehaltvolle Inhalte mit historischem Wahrheitsanspruch und die Elemente einer spielerisch entpragmatisierten Kommunikationssituation Literatur langfristig nicht vereinbaren liessen.

Jene Mischung aus religiös relevanten Erzählungen in der Inszenierung höfischer Texte[72] war zumindest in einem bestimmten kommunikativen Milieu erfolgreich oder zumindest nicht anstößig. Darin bestand jedoch auch ihr Problem, weil diese Mirakel nun auf bestimmte kommunikative und repräsentative Bedürfnisse des städtischen Adels hin optimiert waren. In dieser Inszenierungsform artikulierten sie gesellschaftliche Komplexität nur für jene begrenzte Oberschicht, die sich ihres angestammten Platzes in der Kosmologie sicher fühlte. Die vielen Rettungen von Adeligen in den Marienmirakeln Gautiers und Miélots sind hierfür nur ein oberflächliches Indiz. Wesentlicher erscheint die Einhaltung von Verschriftlichungsnormen des Adels gewesen zu sein.

Vor diesem Hintergrund gewinnt der Prolog des zweiten Buches seiner Sammlung an Interesse, denn er bezieht sich in weiten Abschnitten auf die Gewohnheiten der kommunikativen Milieus der Adeligen und Kleriker, in denen Gautier seine Texte etablieren möchte. In etwas mehr als vierhundert Versen läßt er sich darüber aus, daß religiöse Texte und Gesänge unter normativen Gesichtspunkten die Interaktionen bestim-

---

chen, die nur in der Lektüre nachzuvollziehen sind, finden sich im Gegensatz zu den Texten des trobar clos nur andeutungsweise; etwa in dem gerade zitierten Mariengruß am Ende des zweiten Buches der Sammlung.

70 Vgl. Gautier Bd. I, I Pr 1, vv. 99–324, 6–19.

71 Vgl. Gallais (1974), der diese Zuordnung im Anschluß an die strukturale Morphologie des Märchens von V. Propp vornimmt.

72 Das nicht ganz 4000 Verse umfassende Mirakel der Kaiserin, die gegen viele Versuchungen ihre Keuschheit zu bewahren wußte, ähnelt einem kleinen höfischen Roman. Vgl. Gautier Bd. III. II Ch 9, 303–459.

men sollten, daß jedoch der unernste, entpragmatisierte, 'spielerische' Umgang mit formal komplizierten Sinnvorgaben dominiert.

De sez myracles plus de trente
Ai mis en ce premerain livre.
Puis qu'a mon chief santé me livre,
Encommencier veil le secont:
Talens me prent qu'ancor vos cont
Ce que la letre de li conte.
Plus delitant sont si fait conte
As bonnes gens, par saint Omer,
Que de Renart ne de Romer
Ne de Tardiu le limeçon.
La douce dame tel leçon
Me doinst de li conter et lire,
Si bien traitier et si bien dire
Que pluiseurs gens puisse enflamer
A son service bien amer.
Par mi le voir outre en irai,
Mout rudement espoir dirai
Con cil qui n'a pas grant savoir;
Mais sains Jeroimes fait savoir,
Et bien le dit l'autoritez,
Que symplement la veritez
Vaut milz a dire rudement
Que biau mentir et soutilment.
En ces myracles ci retraire
A profiter be plus que plaire. (vv. 40–64)
[...]
Vous grant signeurs, vous damoysel,
Qui a compas et a cisel
Tailliez et compassez les rimes
Equivoques et leonimes,
Les biauz ditiez et les biaus contes
Por conter as roys et as contes,
Por Dieu, ne m'escharnissiez pas
Se je ne dit tot a compas.
N'ai pas les mos toz compassez.
Se de biau dire me passez,
Avoir n'i doi honte ne blasme.
Encore sai bien qu'aucuns me blasme
Quant de tel chose m'entremet,
Mais la dame por cui g'i met

Ma povre cogitacïon
Seit bien et voit m'etencïon. (vv. 89–104)
[...]
Quant gens letrees sont ensamble,
Plus grans deduis est, ce me semble,
De raconter vraies estoyres,
Bons essamples, paroles voires
Et de retraire les sains fais
Des sains hommes et des parfais,
De parler de sains et de saintes
Que de truffer truffes et faintes.
Laissons les chans qui rien ne valent
Et les mençoignes qui avalent
L'ame es tenebrez la desoz.
Chantons les chans piteuz et doz
Et les conduis de Nostre Dame. (vv. 355–367)
(Gautier Bd. III, II Pr 1, 266–279)

Ein Teil dieser Klage gehört vielleicht zur üblichen Ständekritik, und seine Entschuldigung, bezogen auf die einfache Sprache seiner Mirakel und Lieder, ist sicherlich dem Bescheidenheitstopos verflichtet, gekoppelt mit der rhetorischen Figur der *captatio benevolentiae.* Da der Prolog jedoch am Anfang des zweiten Buches steht und Gautier bereits Reaktionen auf seine erste Textsammlung erhalten hatte, kann man zumindest vermuten, daß der Prolog seinerseits eine offenbar ambivalente Aufnahme der Marienmirakel im adeligen und klerikalen Milieu reflektiert. In der Tat fallen, trotz aller Bemühungen, mittels der sprachlichen Gestaltung den Vorlieben des höfischen Interaktionsspiel zu entsprechen, Gautiers sprachliche 'Verschlüsselungstechniken' im Vergleich etwa zu zeitgleichen profanen Liedern oder Romanen recht einfach aus. Die Freude eines adeligen Publikums an allegorischen Verfahren, Ironie, graphischen Gestaltungen und Zahlenspielen konnten die wenig innovativen Metaphern und einfachen Reimkonstruktionen Gautiers, der stets einen kosmologisch bedeutsamen Sinn propagieren möchte, kaum befriedigen.

Diese formalen Defizite haben wohl schwerer gewogen als die Konfliktpotentiale von höfischer Interaktion und religiösem Wissen. Ausgespielt werden diese Gegensätze in einem Mirakel (Gautier Bd. III, I Mir 41, 150–164), in dem ein ideal mit allen höfischen Tugenden versehener Ritter – *josnes, biaus, cointes, fors et fiers* (v. 2) – die angebetete Dame trotz flehentlicher Bitten und ihr gewidmeten Ruhmestaten nicht für sich gewinnen kann. Ein Kleriker empfiehlt ihm, während eines Jahres täglich 150 Ave Marias zu beten, um die Geliebte zu gewinnen. Am Tag der Erfüllung seines Gelübdes erscheint ihm jedoch Maria. Da sie noch viel schöner ist als seine irdische Geliebte, wendet er sich nun ganz Maria zu, wird Mönch, entsagt der Welt, stirbt bald, und seine Seele wird von seiner wahren Freundin Maria ins Paradies getragen.

Die Werte von Rittertum und Liebesdienst, die die höfische Interaktion normieren, sind also mit einer religiösen Lebenspraxis nicht zu vereinen. Das entscheidende Motiv der Konversion des Ritters, die Schönheit der Dame, entstammt jedoch genau diesem Kontext. Zu diesem Argumentationshaushalt gehört auch die Begründung, die der Geistliche dem Ritter dafür gegeben hatte, warum ihn seine – erste – Dame nicht erhört hatte: sein Übermaß an Rittertaten hätte sie abgeschreckt. Dieses Motiv ist ein bekanntes, handlungsstiftendes Moment der höfischen Romane, in denen ein zuviel an Minne – Erec et Enide – oder an Rittertum – Yvain – die höfische Ordnung stört[73].

8. Sozial- und mentalitätsgeschichtliche Wertung der Mirakelsammlungen

Kommen wir zurück auf die Frage, inwieweit die Mirakelsammlungen als Symptom einer Krise mittelalterlicher Sinnbildungsleistungen zu werten sind. Das Ergebnis wird ambivalent bleiben. Unter einer sozialhistorischen Perspektive, unter der wir hier die Produktion und Verteilung sozialen Wissens verstehen wollen, können wir in der zeitgenössischen Reaktion auf diese Texte keine Spuren einer solchen Krise entdecken. Die Inszenierungstypen der Texte sind nicht nur durchlässig für unterschiedliche Wissensbereiche, sondern können sogar konfligierende semantische Sinnbildungen durch den Inszenierungsrahmen der Verschriftlichung oder im Rahmen höfischer Interaktion miteinander verknüpfen.

Wenn etwa die Sammlung Gautiers Anstoß erregt haben sollte, dann wahrscheinlich weniger wegen Problemen mit den religiösen Sinnbildungsleistungen der narrativen Texte[74], sondern eher, weil sie auf formaler Ebene nicht genügend Anreiz und Variationsmöglichkeiten für die höfische Interaktion boten. Sollte Gautier ernsthaft beabsichtigt haben, das entlastete Spiel höfischer Interaktion auf legitime, also religiöse Themen festzulegen, so hatte er damit natürlich keinen Erfolg. Im 13. Jahrhundert ist eher die Tendenz festzustellen, in den kommunikativen Milieus die Interaktion für alle möglichen thematischen Bereiche offenzuhalten, sie zu bündeln und erst unterhalb der Gestaltung der

---

[73] Zu den Erzählschemata und Rollen im höfischen Roman vgl. Warning (1979).

[74] Ganz sicher ist es kein Krisensymptom, daß die im Kontext von Kultstätten entstehenden Sammlungen den Ansprüchen einer theologischen Heiligenverehrung im Sinne einer imitatio nicht entsprechen. Der Heilige als magischer Helfer erfüllt genau die Bedürfnisstrukturen der Wallfahrer, die Hilfe bei ihren Heiligen und eine möglichst erfolgversprechende Frömmigkeitspraxis suchen.

Inszenierungstypen thematische Differenzierungen vorzunehmen. Das alfonsinische Korpus etwa enthält – zusätzlich zu historiographischen und juristischen Texten – neben den *Cantigas de Santa María* natürlich auch Sammlungen von 'weltlichen' Liedern. Beide Themenbereiche sind jedoch durch ihre gemeinsame Interaktionsform miteinander verbunden.

Was aus neuzeitlicher Sicht wie die Vermischung von Texttypen, Wissensbereichen und Bedürfnisstrukturen erscheint, wurde im kommunikativen Haushalt dieser stratifizierten Gesellschaft[75] als Integration einer Umwelt gesehen, die zwar als komplex, aber noch als geordnet erlebt werden kann. Die inkohärenten Argumentationen der Mirakel, mit denen das kohärente Eingreifen der Transzendenz begründet wird, reichen ebenfalls nicht aus, um als Krisensymptom gewertet zu werden. Dies gilt zumindest solange wie sie an Interaktions- und Verschriftlichungsnormen der Oberschicht gebunden blieben. Dennoch enthalten sie ein Potential von problematischen Sinnbildungsleistungen, die in anderen kommunikativen Milieus – dem der universitären Theologie oder in der Frömmigkeitspraxis der Bürger[76] – virulent werden konnten. Folgenreicher erscheint uns dabei vor allem die Tatsache, daß die Marienmirakel das Problem der Legitimation des Diesseits überhaupt thematisieren. Damit eröffnen sie die Fragemöglichkeit nach der Theodizee. Die Antworten, die die narrativen Mirakel bieten, werden spätestens dann nicht mehr ausreichen, wenn der Beobachter in ihnen nicht mehr durch das punktuelle Aufscheinen eine Bestätigung einer im voraus 'gewußten' gesellschaftlichen Ordnung sucht, sondern nach dem Nachweis dieser Ordnung im Diesseits fahndet. Eine Radikalisierung der Gnadentheologie, die dem Menschen die Einsicht in die transzendentalen Motive der Gnade versperrt, bot sich als evolutionäre Lösung an.

Solange die Mirakelsammlungen also der religiösen Interaktion und nicht der Argumentation dienen, können sie die Konfliktpotentiale ihrer Sinnbildungsleistungen auffangen. Der Umgang mit diesen Texten und Liedern dürfte somit entscheidend für die in konkreten Situationen realisierten Funktionen gewesen sein. Gesang und Vortrag von Marienliedern nach bekannten Melodien, der Vortrag einzelner Mirakel oder eine interaktive, den Körper integrierende, Aneignung konnte den Mirakeln eine Bedeutung verleihen, die die Wahrnehmung semantischer, argumenta-

---

[75] Wir nehmen hier die Unterscheidung von segmentierter, stratifizierter und funktionaler Differenzierung von Gesellschaften auf. Zu den Kommunikationsbedingungen dieser Gesellschaft gehörte auch die Vorstellung, daß Mitglieder der Oberschicht gewissermaßen routinemäßig mit der Transzendenz kommunizieren könnten. Vgl. Luhmann (1987) 229–232.

[76] Eine eingehende Untersuchung der Sammlung von Jehan le Marchant wäre hier nachzuliefern. Vgl. Le Goff (1980) 367–396.

tiver Inkonsistenzen verhinderte. Die stille kontinuierliche Aneignung mehrerer Texte mit dem Ziel, eine kohärente Sinngestalt in der Rezeption zu gewinnen, dürfte die 'krisenhaften' semantischen Potentiale der Mirakel hervorgehoben haben.

Während wir bei der Sammlung von Guillaume de Saint-Pathus kaum vermuten können, für welche Situation die Sammlung bestimmt ist, sind die Sammlungen von Adgar, Jehan le Marchant und Gautier eindeutig auf höfische Interaktion abgestellt. Das von Gautier intendierte höfische Interaktionsmilieu birgt dabei die Gefahr, daß sich in dieser Situation die Sinnangebote der Texte und die interaktive Aura der Inszenierung wechselseitig gefährden können[77]. War es stets auszuschließen, daß die spielerische, entpragmatisierte Situation nicht den kosmologischen Anspruch der Mirakel unterhöhlte oder daß die Ernsthaftigkeit jener kosmologischen Wahrheiten dem höfischen Spiel ein Ende bereiteten? An dieser Stelle ist nochmals die Frage zu stellen, inwieweit die überlieferten Handschriften tatsächlich Anlaß für konkrete Interaktionen gewesen sind. Nach dem Stil der Illuminationen zu urteilen, entstand das berühmte Manuskript von Soissons mit den Mirakeln und Liedern Gautiers erst zwischen 1320 und 1350, also rund ein Jahrhundert nach der Entstehung der Sammlungen[78]. Ist diese prachtvolle Inszenierung von Noten, Abbildungen und Schriftzeichen dafür gedacht, 'rezipiert' zu werden, oder ist es der Reflex einer erfolgreichen 'Rezeptionsgeschichte' in höfischer Interaktion? Sicherlich gehört dieses Manuskript als repräsentatives Objekt zur Identitätsbildung eines Hochadels, der sich das christlich kosmologische Wissen der Kleriker in einer dem Lebensgefühl des Adels gemäßen Form aneignete.

Die Texte von Miélot scheinen gegenüber den anderen Sammlungen mehr für eine Lektüre geschaffen zu sein. Für die Frage nach Stabilität oder Wandel mentalitätsgeschichtlicher Strukturen ist aufschlußreich, daß wir für unsere Arbeit nicht zu berücksichtigen brauchten, daß seine Sammlung erst wesentlich später, in der Mitte des 15. Jahrhunderts, entsteht. In der Tat unterscheiden sich die Sinnbildungsleistungen dieser Sammlung nicht von denen Gautiers. Miélot, der eine Vielzahl von religiösen Texten für den burgundischen Hof produzierte, hält sich näher an den Textkanon der Heiligenverehrung, indem er seiner Sammlung mehrere hagiographische Abhandlungen voranstellt. Das erste Buch beginnt mit einer *Généalogie de Nostre Dame* gefolgt von dem *Prologue de*

---

[77] Im Gegensatz zum Bereich der Malerei, wo höfische Form und religiöse Semantik miteinander verbunden werden. Vgl. Vavra (1980) 196–206. Speziell zu Mariensymbolik vgl. Kühnel (1980) 92 f.

[78] Man vermutet, daß es für die Frau von Philippe VI. oder die Frau von Jean le Bon angefertigt wurde. Vgl. Focillon (1950) 23–30.

Saint Jérome sur la vie de la Vierge. Anschließend erscheint *La vie de la glorieuse Vierge*, um dann noch von der *Assumption de la tres gracieuse vierge Marie* zu berichten. Ergänzt werden diese Texte und die Mirakel durch eine Reihe von Illuminationen[79].

Im Gegensatz zur Verbreitung der Sammlungen Gautiers scheint jedoch dieser eher konventionelle Inszenierungstyp Miélots nicht wieder aufgenommen worden zu sein. Seine Kompilationen sind in nur wenigen Manuskripten überliefert, ihre Ausstattung und die Qualität der zahlreichen Illustrationen[80] ist weniger prachtvoll, und wir wissen kaum etwas darüber, ob sie, außer im Rahmen der Identitätsproduktion der burgundischen Herzöge, noch andere Funktionen wahrgenommen haben.

Mentalitätsgeschichtlich relevanter scheint die Tatsache, daß auch die später einsetzenden Zweifel an der Authentizität der Mirakel den Fortbestand der Sinnbildungsleistungen nicht gefährdet haben. Bei individuellen Notlagen wird der Heilige weiterhin als magischer Helfer angerufen. Lediglich der Anspruch vieler Mirakelsammlungen, gesellschaftliche Komplexität des Diesseits durch die Eingriffe von Heiligen klären und erklären zu können, mußte fallen gelassen werden. Seine Hilfe jedoch bleibt weiter gefragt. Der Gläubige wird sich auch künftig eher an eigenen Bedürfnissen und der Evidenz des subjektiven Erlebens orientieren – so etwa Blaise Pascal und seine Reaktion auf die Heilung seiner Nichte im Jahre 1656 – als an den theologischen Argumentationen einer Gesellschaft, in der Wunder und die direkte Kommunikation mit der Transzendenz problematischer geworden sind.

Quellen:

Duplessis, M. G. (Hg.), Le livre des miracles de Notre-Dame de Chartres écrit en vers, au XIIIe-siècle, par Jehan de Marchant. Chartres 1855. [Zitierweise: Jehan de Marchant].

Focillon, H. (1950), Le peintre des miracles de Notre Dame. Paris.

Guillaume de Saint-Pathus: Les miracles de Saint Louis [Fay, P. B. (Ed.), CFMA 70, Paris 1931; Zitierweise: S. Louis].

Koenig, V. F. (Hg.), Les miracles de Nostre Dame par Gautier de Coinci. Genève 1966–1970. [Zitierweise: Gautier; die Bandzahlen, die Nummerierung der Mirakel und die Seitenzahlen beziehen sich auf diese Edition].

Kunstmann, P. (Hg.), Adgar. Le Gracial. (Pub. médiévales de l'université d'Ottawa 8) Ottawa 1982.

Laborde, A. de (Hg.) (1929), Les miracles de Nostre Dame compilés par Jehan Miélot secrétaire de Philippe le Bon, Duc de Bourgogne. Etude concernant

[79] Vgl. die Beschreibung der Sammlung im Vorwort der Mirakelausgabe Miélot 24 ff. und Delisle (1886).

[80] Vgl. die Edition der Abbildungen von Laborde (1929) und Omont (1906).

trois manuscrits du XVe siècle ornés de grisailles. Paris. [Zitierweise Miélot; die Nummer der Mirakel bezieht sich auf die beiden edierten Handschriften. Arabische Ziffern geben die Reihenfolge der ersten, römische die der zweiten edierten Sammlung an].

Omont, M. H. (Hg.) (1906), Miracles de Notre Dame. Reproduction des 59 miniatures du ms fr. 9198. (2 Vols.) Paris.

Literatur:

Anglés, H. (1958), La música de las Cantigas de Santa María del rey Alfonso el Sabio. Barcelona.

Blume, F. (Hg.) (1989), Die Musik in Geschichte und Gegenwart. Allgemeine Enzyklopädie der Musik. (Hg. von F. Blume) München / Kassel u. a. (Nachdruck der Ausgabe: Kassel / Basel u. a. 1949–1986). [Zitierweise: MGG].

Boussel, P. (1971), Les reliques et leur bon usage. Paris (Balland).

Cardini, F. (1989), Europa 1492. Ein Kontinent im Aufbruch. Illustrierte Kulturgeschichte des Abendlandes an der Wende zur Neuzeit. München. (Ital. Ausgabe: Mailand 1989).

Carolus-Barré, L. (1971), Les enquêtes pour la canonisation de Saint Louis de Grégoire X à Boniface VIII et la bulle Gloria laus du 11. août 1297. In: Révue d'histoire de l'église française 57 (1971) 19–29.

Cerquiglini, B. (1982), Les énonciateurs Gautier. In: Médiévales 2 (1982) 68–75.

Delisle, L. (1886), Les Miracles de Notre-Dame. Rédaction en prose de Jean Miélot. In: Bulletin historique et philologique du comité des travaux historiques. Paris, 32–45.

Delooz, P. (1969), Sociologie et canonisations. La Haye.

Dirlmeier, U. (1990), Alltag, materielle Kultur, Lebensgewohnheiten im Spiegel spätmittelalterlicher und frühneuzeitlicher Abrechnungen. In: Mensch und Objekt im Mittelalter und in der frühen Neuzeit. Leben – Alltag – Kultur. (Veröffentlichungen des Instituts für mittelalterliche Realienkunde Österreichs 13 = Sb. Ak. Wiss., phil.-hist. Klasse 568) Wien, 157–180.

Ebel, U. (1965), Das altfranzösische Mirakel. Heidelberg.

Franz, A. (1909), Die Messe im deutschen Mittelalter. Bd. 1 und 2. Freiburg / Br.

Gallais, P. (1974), Remarques sur la structure des Miracles de Notre-Dame. In: Cahiers d'études médiévales 1 (1974) 117–134.

Geary, P. (1983), Humiliation of Saints. In: Wilson, St. (Hg.), Saints and their Cults. Studies in Religious Sociology, Folklore and History. Cambridge – London u. a., 123–140.

Gumbrecht, H. U. (1979), Faszinationstyp Hagiographie. Ein historisches Experiment zur Gattungstheorie. In: Cormeau, C. (Hg.), Deutsche Literatur im Mittelalter. Kontakte und Perspektiven. Hugo Kuhn zum Gedenken. Stuttgart, 76–101.

– (1983), Intertextualität und Herbst / Herbst und neuzeitliche Rezeption des Mittelalters. In: Wiener Slavistischer Almanach. Sonderband 11, 111–140.

– (1984), Literaturgeschichte – Fragment einer geschwundenen Totalität? In: Dällenbach L. / Hart Nibbrig, Chr. L., Fragment und Totalität. Frankfurt / M., 30–45.

– (1988), Beginn von 'Literatur' / Abschied vom Körper? In: Smolka-Koerdt, G. / Spangenberg, P.-M. / Tillmann-Bartylla, D. (Hgg.), Der Ursprung von Literatur. Medien, Rollen, Kommunikationssituationen zwischen 1450 und 1650. München, 15–50.

– (1990), *Eine* Geschichte der spanischen Literatur. (2. Bd.), Frankfurt / M.

Gurjewitsch, A. (1982), Das Weltbild des mittelalterlichen Menschen. München. (Nachdruck der deutschen Übers.: Dresden 1978; Russ. Orgnialausgabe: Moskau 1972).

Hassauer, F. (1987), Volkssprachliche Reiseliteratur: Faszination des Reisens und räumlicher ordo. In: Gumbrecht, H. U. / Link-Heer, U. / Spangenberg, P.-M. (Hgg.), La littérature historiographique des origines à 1500. (GRLMA XI/1, 1. Teilband) Heidelberg, 259–283.

Herrmann-Mascard, N. (1975), Les reliques des saints. Formation coutumière d'un droit. Paris.

Hoffmann, H. (1987), Artikulationsformen historischen Wissens in der lateinischen Historiographie. In: Gumbrecht, H. U. u. a. (Hgg.), La littérature historiographique des origines à 1500. GRLMA XI/1 (2. Teilband) Heidelberg, 367–687.

Huizinga, J. ([11]1975), Herbst des Mittelalters. (Übers. der niederländischen Ausgabe letzter Hand 1941). Stuttgart.

Jaritz, G. (1980), Seelenheil und Sachkultur. Gedanken zur Beziehung Mensch – Objekt im späten Mittelalter. In: Europäische Sachkultur des Mittelalters. Gedenkschrift aus Anlaß des zehnjährigen Bestehens des Instituts für mittelalterliche Realienkunde Österreichs (Veröffentlichungen des Instituts für mittelalterliche Realienkunde Österreichs 4 = Sb. Ak. Wiss., phil.-hist. Klasse 374) Wien, 57–81.

– (1989), Zwischen Augenblick und Ewigkeit. Einführung in die Alltagsgeschichte des Mittelalters. Wien / Köln.

Jauß, H. R. (Hg.) (1968), Die nicht mehr schönen Künste. (Poetik und Hermeneutik 3). München.

– (1977), Alterität und Modernität der mittelalterlichen Literatur. In: Ders., Alterität und Modernität der mittelalterlichen Literatur. München, 9–47.

Jolles, A. ([4]1972), Einfache Formen. Legende, Sage. Mythe. Rätsel. Spruch. Kausus. Memorabile, Märchen. Witz. Tübingen. (Originalausg. 1930)

Kuhn, H. (1980), Versuch über das fünfzehnte Jahrhundert in der deutschen Literatur. In: Gumbrecht, H. U. (Hg.), Literatur in der Gesellschaft des Spätmittelalters. (Begleitreihe zum GRLMA Vol. 1) Heidelberg, 19–38.

Kühnel, H. (1980), Abbild und Sinnbild in der Malerei des Spätmittelalters. In: Europäische Sachkultur des Mittelalters. Gedenkschrift aus Anlaß des zehnjährigen Bestehens des Instituts für mittelalterliche Realienkunde Österreichs (Veröffentlichungen des Instituts für mittelalterliche Realienkunde Österreichs 4 = Sb. Ak. Wiss., phil.-hist. Klasse 374) Wien, 83–100.

Latourelle, R. (1986), Miracles de Jésus et théologie du miracle. Montréal / Paris.

Le Goff, J. (1981), La naissance du Purgatoire. Paris.

– (1985), Le merveilleux dans l'Occident médiéval. In: Ders., L'imaginaire médiéval. Paris, 17–39.

– (Hg.) (1980), La ville médiévale des Carolingiens à la Renaissance. (Histoire de la France urbaine. Vol. 2, ed. G. Duby) Paris.

Le Roy Ladurie, E. (1975), Montaillou, Village occitan de 1294–1324. Paris.

Lewis, C. S. (1966), Imagination and Thought. In: Hooper, W. (Hg.), Studies in the Middle Ages and Renaissance Literature. Cambridge, 41–63.

Luckmann, Th. (1988), Kommunikative Gattungen im kommunikativen 'Haushalt' einer Gesellschaft. In: Smolka-Koerdt u. a. (Hgg.), Der Ursprung von Literatur. Medien, Rollen und Kommunikationssituationen zwischen 1450 und 1650. München, 279–288.

Luhmann, N. (1977), Funktion der Religion. Frankfurt / M.

– (1984), Soziale Systeme. Grundriß einer allgemeinen Theorie. Frankfurt / M.

– (1985), Das Problem der Epochenbildung und die Evolutionstheorie. In: Gumbrecht, H. U. / Link-Heer, U. (Hgg.), Epochenschwellen und Epochenstrukturen im Diskurs der Literatur- und Sprachhistorie. Frankfurt / M., 11–33.

– (1987), Läßt unsere Gesellschaft Kommunikation mit Gott zu? In: Ders., Soziologische Aufklärung 4. Beiträge zur funktionalen Differenzierung der Gesellschaft. Opladen, 227–235. [Erstveröffentl. in: Bogensberger, H. / Kögerler, R. (Hgg.) (1985), Grammatik des Glaubens. St. Pölten, 41–48].

– (1989), Die Ausdifferenzierung der Religion. In: Ders., Gesellschaftsstruktur und Semantik. Studien zur Wissenssoziologie der modernen Gesellschaft 3, Frankfurt / M., 259–357.

Meslin, M. (Ed.) (1984), Le merveilleux. L'imaginaire et les croyances en Occident. Paris.

Ollier, M.-L. (1988), Le recueil comme forme. A propos des Lais de Marie de France. In: Smolka-Koerdt, G. u. a. (Hgg.), Der Ursprung von Literatur. Medien, Rollen, Kommunikationssituationen zwischen 1450 und 1650. München, 65–83.

Poirion, D. (1982), Le Merveilleux dans la littérature du Moyen Age. Paris.

Prevenier, W. / Blockmans, W. (1986), Die burgundischen Niederlande. Weinheim. (Originalausg.: De Bourgondische Nederlanden. Antwerpen).

Rendtel, C. (1985), Hochmittalterliche Mirakelberichte als Quelle zur Sozial- und Mentalitätsgeschichte und zur Geschichte der Heiligenverehrung. Düsseldorf (Diss.).

Romano, R. / Tenenti, A. (1967), Die Grundlegung der modernen Welt. Spätmittelalter, Renaissance, Reformation. Frankfurt / M.

Scherer, W. (1987), Hildegard von Bingen. Musik und Minnemystik. Freiburg / Br.

Schmitt, J.-C. (1982), Der heilige Windhund. Die Geschichte eines unheiligen Kultes. Stuttgart. (Originalausg.: Paris 1979).

Schuh, B. (1989), "Von vilen und mancherlay seltzamen Wunderzaichen": die Analyse von Mirakel und Wallfahrtsquellen. (Halbgraue Reihe zur Historischen Fachinformatik. Serie A 4) St. Katharinen. [Gleichzeitig in: Medium Aevum Quotidianum, Newsletter 17]

Seibt, F. / Eberhard, W. (Hgg.) (1984), Europa 1400. Die Krise im Spätmittelalter. Stuttgart.

Signori, G. (1990), Marienbilder im Vergleich: Marianische Wunderbücher zwischen Weltklerus, städtischer Ständevielfalt und ländlichen Subsistenzproblemen (10.–13. Jahrhundert). In: Röckelein, H. / Opitz, C. / Bauer, D. R. (Hgg.), Maria – Abbild oder Vorbild? Zur Sozialgeschichte mittelalterlicher Marienverehrung. Tübingen, 58–90.

Spangenberg, P.-M. (1987), Maria ist immer und überall. Die Alltagswelten des spätmittelalterlichen Mirakels. Frankfurt / M.

Spiegel, G. M. (1983), The Cults of St. Denis and Capetian Kingship. In: Wilson, St. (Hg.), Saints and their Cults. Studies in Religious Sociology, Folklore and History. Cambridge / u. a., 140–168.

Vavra, E. (1980), Kunstwerke als Quellenmaterial der Sachkulturforschung. In: Europäische Sachkultur des Mittelalters. Gedenkschrift aus Anlaß des zehnjährigen Bestehens des Instituts für mittelalterliche Realienkunde Österreichs (Veröffentlichungen des Instituts für mittelalterliche Realienkunde Österreichs 4 = Sb. Ak. Wiss., phil.-hist. Klasse 374) Wien, 195–232.

Warning, R. (1974), Funktion und Struktur, Die Ambivalenzen des geistlichen Spiels. München.

– (1979), Formen narrativer Identität im Höfischen Roman. In: Marquard, O. / Stierle, K. (Hgg.), Identität. (Poetik und Hermenetik VIII) München, 553–589.

Wenzel, H. (1988), Partizipation und Mimesis. Die Lesbarkeit der Körper am Hof und in der höfischen Literatur. In: Gumbrecht, H. U. / Pfeiffer, K. L. (Hgg.), Materialität der Kommunikation. Frankfurt / M., 178–202.

Zink, M. (1988), Materialität und Literarizität des Gebets. Beispiele aus dem französischen Mittelalter". In: Gumbrecht, H. U. / Pfeiffer, K. L. (Hgg.), Materialität der Kommunikation. Frankfurt / M., 161–177.

Zumthor, P. (1972), Essai de poétique médiévale. Paris.

Anschriften der Autoren

BRÜCKNER WOLFGANG, Universität Würzburg, Institut für Deutsche Philologie, Am Hubland, D–8700 Würzburg

FINUCANE RONALD C., Department of History, Oakland University, O'Dowd Hall, Rochester, MI 48309-4401, U. S. A.

HASSAUER FRIEDERIKE, Universität Wien, Institut für Romanistik, Schwarzspanierstraße 4, A–1090 Wien

HERWAARDEN JAN VAN, Erasmus Universiteit Rotterdam, Dr. Molewaterplein 50, NL–3000 DR Rotterdam

HOFMANN-RENDTEL CONSTANZE, Lägernstraße 1, CH–8037 Zürich

KRÖTZL CHRISTIAN, Universität Tampere, Institut für Geschichte, Hammareninkatu 8–10, SF–33101 Tampere

KÜHNEL HARRY, Österreichische Akademie der Wissenschaften, Institut für Realienkunde des Mittelalters und der Frühen Neuzeit, Körnermarkt 13, A–3500 Krems

SCHIMMELPFENNIG BERNHARD, Universität Augsburg, Lehrstuhl für Mittelalterliche Geschichte, Universitätsstraße 2, D–8900 Augsburg

SCHREINER KLAUS, Universität Bielefeld, Fakultät für Geschichtswissenschaft und Philosophie, Abteilung Geschichte, Postfach 8640, D–4800 Bielefeld 1

SCHUH BARBARA, Österreichische Akademie der Wissenschaften, Institut für Realienkunde des Mittelalters und der Frühen Neuzeit, Körnermarkt 13, A–3500 Krems

SPANGENBERG PETER M., Universität – Gesamthochschule – Siegen, Fachbereich 3, Sprach- und Literaturwissenschaften, Adolf-Reichwein-Straße, D–5900 Siegen

WITTMER-BUTSCH MARIA, Universität Zürich, Historisches Seminar, Künstlergasse 16, CH–8006 Zürich